Tabea Rompf

Anfang einer neuen Zeit

TABEA ROMPF

Anfang einer neuen Zeit

ROMAN

SCM
Hänssler

SCM

Stiftung Christliche Medien

SCM Hänssler ist ein Imprint der SCM Verlagsgruppe,
die zur Stiftung Christliche Medien gehört, einer gemeinnützigen Stiftung,
die sich für die Förderung und Verbreitung christlicher Bücher,
Zeitschriften, Filme und Musik einsetzt.

FSC www.fsc.org MIX Papier | Fördert gute Waldnutzung FSC® C014496

Max-Eyth-Straße 41 · 71088 Holzgerlingen
Internet: www.scm-haenssler.de · E-Mail: info@scm-haenssler.de

Die Bibelverse sind folgender Ausgabe entnommen:
Neues Leben. Die Bibel, © der deutschen Ausgabe 2002
und 2006 SCM R.Brockhaus in der SCM Verlagsgruppe GmbH, Holzgerlingen.

Lektorat: Christina Bachmann
Fachlektorat: Prof. Dr. Wolfgang Heinrichs
Umschlaggestaltung: Oliver Berlin, www.oliverberlin.biz
Titelbild: Bilder Composing: AdobeStock und Shutterstock
Autorenfoto: © Tabea Rompf
Satz: typoscript GmbH, Walddorfhäslach
Druck und Bindung: GGP Media GmbH, Pößneck
Gedruckt in Deutschland
ISBN 978-3-7751-6183-1
Bestell-Nr. 396.183

Für alle Menschen, die in ihrem Leben Flucht
und Vertreibung sowie Verfolgung und Unterdrückung
aufgrund ihrer Religion, politischen Denkweise, Ethnie,
Herkunft oder sonstigen Anschauungen erlebt haben
und immer noch erleben.

Für meinen Opa Roland,
der vor der Roten Armee fliehen musste.

INHALT

PROLOG

Königsberg, Ostpreußen
29. August 1944

Die Sirenen des Fliegeralarms rissen die Einwohner von Königsberg aus den Betten.

Emma Hoffmanns Herz raste, als sie schnell aus dem Bett sprang, sich ein Kleid überwarf und dann nach ihren Halbschuhen griff. Verärgert biss sie die Zähne aufeinander. Vor drei Tagen hatte es bereits einen Luftangriff durch die Royal Air Force gegeben. Sie hatten immer noch nicht alle Toten geborgen und viele Straßen waren noch von Trümmern übersät und unpassierbar. Ihre Finger zitterten so sehr, dass sie nicht in der Lage war, ihre Schuhe zuzubinden. Sie stopfte die Schnürsenkel seitlich in den Schuh und hoffte, dass das halten würde. Im Dunkeln tastete sie nach ihrem handlichen Notfallkoffer, als die Tür aufflog und ihre Schwester hereinstürmte.

»Wenn du noch länger brauchst, können wir auch gleich hierbleiben!«, schimpfte Charlotte und griff nach Emmas Arm.

»So wie du hereingestürmt bist, dachte ich schon, dass du ein Brite bist oder gar ein Russe«, gluckste Emma, auch wenn ihre Lippen und ihre Stimme vor Angst zitterten.

Ihre Schwester knurrte verärgert. »Darüber macht man keine Witze«, stieß sie hinter zusammengebissenen Zähnen hervor. »Außerdem würden sie wohl kaum in ihrem eigenen Bombenabwurfgebiet rumlaufen.«

Gezwungenermaßen musste Charlotte an der Treppe langsamer gehen und den Arm von Emma loslassen, um sich am Geländer festzuhalten, damit sie im Dunkeln nicht hinunterfiel. Es sollten keine Lichter angezündet werden und es brannten auch keine Straßenlaternen. Zusammen mit den anderen Menschen, die aus ihren Häusern strömten, rannten sie in Richtung des Luftschutzbunkers zwei Straßen weiter. Hier draußen waren die Sirenen noch lauter und schmerzten in den Ohren.

Emma schnappte nach Luft und hielt sich mit einer Hand die stechende Seite. Die Angst machte ihr bereits das Atmen schwer und das Rennen verschlimmerte das noch. Sie und Charlotte blieben dicht zusammen. Trotz ihres Altersunterschieds von sechs Jahren hatten sie ein enges Verhältnis, das auch nicht von Charlottes Heirat gestört worden war.

»Emma!« Charlotte winkte ihre Schwester zu sich. Vor ihr stand in einem Hauseingang ein kleines Mädchen und weinte bitterlich.

»Hey, Kleine«, sagte Charlotte schnell atmend und ging vor dem Mädchen auf die Knie. Sonst schien es niemand wahrzunehmen. »Wo ist deine Mama?« Sie musste schreien, damit man sie über das Heulen hinweg hören konnte.

Das Kind, das kaum älter als acht Jahre sein konnte, hatte engelsblonde Haare und blaue Augen.

Das perfekte arische Kind, dachte sich Emma leicht spöttisch, die neben ihrer Schwester zum Stehen gekommen war.

»Mama. Mama«, schluchzte das Kind immer wieder.

»Kommen Sie oder wollen Sie Kanonenfutter werden?«, schrie ihnen ein vorüberrennender Mann zu, der sein Tempo allerdings nicht drosselte. Emma warf einen sorgenvollen Blick Richtung Himmel und dann die Straße hinunter. Bis zum Bunker war es nicht mehr weit, aber wenn sie nicht bald weitergingen, würde das auch nichts bringen. Noch waren keine Flugzeuge zu sehen.

»Charlotte«, drängelte sie unruhig. Ihre Schwester warf ihr einen mahnenden Blick zu, der dafür sorgte, dass Emma die Augen verdrehte.

»Wohnst du hier, Kleine?«

Das Kind nickte.

Charlotte hob das Mädchen hoch und drückte es Emma in die Arme, die es perplex entgegennahm. »Geh zum Bunker! Ich schaue nur nach, ob noch jemand im Haus ist! Die Mutter wird wohl kaum ohne sie weitergerannt sein!«, schrie Charlotte und stieß die Haustür auf.

»Du bist verrückt! Lass das! Charlotte!«

Charlotte nahm sich nur eine Sekunde Zeit, um über ihre Schulter zu schauen. »Bring Sie in Sicherheit«, sagte sie, bevor sie zaghaft lächelte und ins Haus verschwand.

Emma blickte sich um. Auf einmal war die Straße wie leer gefegt. Sie schlang den Arm fester um das Mädchen und rannte. Ihre Lungen brannten und sie sah erneut zum Himmel empor. Doch diesmal suchte sie nicht nach Bombern, sondern betete, dass ihre Schwester rechtzeitig wiederkommen möge. Das Kind in ihren Armen zitterte und drückte schwer auf Emmas Hüfte. Selbst wenn die erste Detonation sie nicht treffen sollte, würde das Beben der Erde ihr wortwörtlich den Boden unter den Füßen wegreißen. Mit dem Kind, das sich fest an sie klammerte, konnte das fatale Folgen haben. Eine Verletzung würde es ihr unmöglich machen, Schutz zu suchen. Sie hatte im Lazarett Menschen gesehen, die ein Bombardement überlebt hatten. Es waren höllische Schmerzen, die kaum gelindert werden konnten, und als wäre es nicht schon genug, dass die Menschen durch die Hölle gingen, würden sie früher oder später auch sterben. An einer Infektion oder einer der anderen tausend Möglichkeiten.

Endlich erreichten sie das Gebäude, auf dessen Außenwand mit weißer fluoreszierender Farbe der Hinweis LSR für Luftschutzraum angebracht war. Sie folgte dem weißen Pfeil um die Hausecke und erreichte dann den Eingang zum Bunker.

Emma holte Luft und als sie die sichere, dicke Tür durchquert hatte, setzte sie ihren Koffer und die Kleine ab, die sich die ganze Zeit über die Ohren zugehalten hatte. Doch sofort schlang das Mädchen ihre Arme um Emmas Beine. Ihr Zittern steckte Emma an.

»Wie heißt du?«, fragte sie mit heiserer Stimme und versuchte, sich von dem Gedanken abzulenken, dass jeden Moment die Bomben fallen konnten.

»Eva.«

Emma zwang sich zu einem Lächeln. »Ich heiße Emma.«

Plötzlich fiel ihr Blick auf drei Männer, die mit vereinten Kräften die schwere Schutztür zuzogen.

»Halt! Meine Schwester kommt noch nach, sie müsste jeden Augenblick ...« Sie deutete während des Sprechens in die Richtung, aus der sie gekommen war.

»Tut uns leid, Fräulein, aber sie hatte lange genug Zeit, wir können nicht länger warten.«

Emma schaute den Mann fassungslos an und musste hilflos zusehen, wie die Tür verriegelt wurde. Sie schluckte ihren Unmut herunter und kämpfte gegen die Tränen der Wut und der Angst an, als sie die Hand von Eva nahm und sich einen Platz zwischen den vielen anderen Menschen suchte. Evas Weinen war in einen Schluckauf übergegangen. Immer noch flossen heiße Tränen über ihre Wangen, die Emma immer wieder abwischte. Am liebsten hätte sie mit eingestimmt.

»Ihre Schwester findet sicherlich Zuflucht in einem Keller oder einem anderen Bunker«, sagte auf einmal ein Mann, der neben ihr saß. Er hatte ein Knie angezogen, den Kopf gegen die Wand gelehnt und ein aufmunterndes Lächeln auf den Lippen. Er war attraktiv. Ein Mann, mit dem Emma ohne zu zögern tanzen würde, wenn er sie dazu auffordern würde. Sein Kinn zeigte vereinzelte Bartstoppeln, während ihm sein etwas zu langes schwarzes Haar in die Stirn fiel. Er war schätzungsweise Mitte oder Ende zwanzig.

»Ich hoffe es«, murmelte Emma.

Als die erste Bombe fiel, der kalte Boden erschüttert wurde und ein Krachen ertönte, presste sie fest die Lippen aufeinander. Ihre Schwester würde in so einer Situation anfangen zu beten, und vermutlich tat sie in diesem Moment genau das, denn natürlich war sie noch am Leben und im Nachhinein würde Emma sich über ihre alberne Angst lustig machen – das zumindest redete sie sich ein. Besonders für ihren Mann Louis, der Franzose war und für sein Land kämpfte, betete Charlotte immer. Seit Beginn des Krieges hatten die beiden sich nicht mehr gesehen. Sechs verdammte Jahre.

»Ist das Ihre kleine Schwester?«, fragte der Mann.

Sofort musste Emma daran denken, dass sie selbst Charlottes kleine Schwester war – die sich wahrscheinlich gerade irgendwo da draußen in großer Gefahr befand.

Auch Eva schien die Frage gehört zu haben, denn sie hörte auf zu schluchzen, offenbar, um der Konversation folgen zu können.

»Nein«, sagte Emma nur und strich über das blonde Haar von Eva. Die Kleine kuschelte sich eng an sie.

Nach einem Moment des Schweigens fragte der Fremde: »Woher kennt ihr euch?«

Die Frage überraschte sie genauso wie die Tatsache, dass er sie plötzlich duzte. Doch als sie aufschaute, sah sie, dass sein Blick auf Eva und nicht auf ihr ruhte. Emma hätte sich niemals getraut, diese Frage an Eva zu richten, doch der Mann schien sehr direkt zu sein.

»Diese Frau wollte nach meiner Mama sehen«, begann Eva schüchtern zu erzählen. »Und ich sollte mit Emma schon in den Bunker gehen.«

»Sie stand weinend und allein in einem Hauseingang«, fügte Emma leise hinzu und musste schlucken, um den dicken Kloß in ihrem Hals loszuwerden.

»Warum ist deine Mama denn nicht mit dir rausgegangen?«

»Sie ist nicht aufgewacht. Dabei hat sie immer gesagt, sobald das Geheule losgeht, müssen wir sofort aufstehen.«

Emma erstarrte. Sie warf dem Mann neben sich einen Blick zu und sah, dass er anscheinend dieselben Rückschlüsse gezogen hatte wie sie. Evas Mutter wäre nicht die erste Person, die wegen des Krieges Selbstmord begangen hätte. Auch wenn Emma nicht verstand, wie man sein Kind völlig allein zurücklassen konnte.

»Vermutlich ist sie in den Keller eures Hauses gegangen, nachdem meine Schwester ihr gesagt hat, dass du hier in Sicherheit bist«, versuchte Emma die Kleine zu beruhigen.

Eva nickte. Sie schien das Zittern in Emmas Stimme nicht bemerkt zu haben.

»Und wie ist dein Name, kleines Fräulein?«, fragte der dunkelhaarige Mann. Er lehnte sich beim Sprechen wieder in Evas Richtung.

»Eva.«

»Ich habe hier etwas, ich glaube, das könnte dir gefallen, Eva«, entgegnete er in einem sanften Tonfall. Er kramte in seinem Rucksack, sodass es raschelte. Dann faltete er Papier auseinander und zum Vorschein kam eine Tafel Schokolade. Nicht nur Evas, sondern auch Emmas Augen wurden groß. Er brach ein Stück ab und gab es Eva. Sie nuschelte ein Danke und steckte es sich schnell in den Mund, so als könnte es ihr gleich jemand wieder abnehmen. Die anderen Kinder wurden auf sie aufmerksam und er gab jedem von ihnen auch ein Stück ab. Die Mütter bedankten sich und er schaffte es tatsächlich, ihnen genauso wie ihren Kindern ein Lächeln auf die Lippen zu zaubern.

»Wie heißt du?«, fragte Eva, die sich die Reste der geschmolzenen Schokolade von ihren Fingern leckte.

»Andreas.« Er wandte sich an Emma und streckte die Hand aus. »Andreas Moslehner.«

Emma schüttelte seine kräftige Hand. »Emma Hoffmann.«

»Fräulein Hoffmann?« Er wartete, bis sie bestätigend nickte. Angesichts der Aufmerksamkeit, die er ihr schenkte, flatterte es wild in Emmas Magen. »Nun gut, Fräulein Hoffmann, sollen wir uns das letzte Stück Schokolade teilen?«

»Gerne«, sagte sie und hatte das Gefühl, dass ihre Stimme ungewöhnlich schrill klang. Sie erwartete, dass er das Stück auseinanderbrach, doch stattdessen hielt er es ihr an den Mund. Etwas verwirrt biss sie ein Stück ab und er schob sich die andere Hälfte mit einem breiten Grinsen in den Mund. Sie ließ die Kostbarkeit auf ihrer Zunge schmelzen und genoss die Süße. Wann war das letzte Mal gewesen, dass sie so etwas hatte kosten dürfen? Sie konnte sich nicht erinnern.

In den nächsten Stunden unterhielten sie sich leise. Sie erzählte ihm, dass sie Hebamme war und gerne die Welt bereisen würde. Sie war nie über die Grenzen von Ostpreußen hinausgekommen. Er erzählte ihr von seinen Reisen, die bis nach Nordafrika reichten, und dass er wegen einer Verletzung, die er sich als Junge zugezogen hatte, ausgemustert worden war.

»Meine Fähigkeit zu tanzen, ist davon aber nicht eingeschränkt. Ganz im Gegenteil.« Seine Augen funkelten. In Emmas Bauch begann es wieder zu kribbeln. Durch den Krieg war die Anzahl von Männern in ihrem Alter deutlich gesunken und jeder Junggeselle war hart umkämpft. In den folgenden Stunden hing sie an seinen Lippen. Nur ab und zu döste sie kurz ein, aber wirklich schlafen konnte sie nicht.

Als die Nacht zu Ende ging und der Morgen kam, hörten auch die Erschütterungen und der Krach auf. Die Angst um ihre Schwester, von der Andreas sie in den vergangenen Stunden erfolgreich abgelenkt hatte, gewann wieder die Oberhand. Sie machte sich auch darauf gefasst, dass sie ihr Elternhaus verloren haben könnte. Vor drei Tagen hatten bereits Zehntausende ihr Zuhause verloren und nach dem, was die Männer im Bunker kommuniziert hatten, war der Angriff in dieser Nacht noch heftiger gewesen. Mehr Obdachlose, mehr Tote.

Als die Bunkertür wieder geöffnet wurde, reichte Andreas ihr die Hand und half ihr aufzustehen. Er nahm Eva auf die Schultern und Emma nahm sein Angebot an, mit ihr nach Charlotte zu suchen.

Nach diesem Angriff wurden zweihunderttausend Königsberger obdachlos. Die Zahl der Toten wurde auf über fünftausend geschätzt. Zwei Tage nach der Nacht im Bunker wurde Charlotte Duponts Leichnam aus den Trümmern des Wohnhauses von Evas Eltern geborgen, ebenso der von Evas Mutter.

Aus Emmas Trauer wurde Wut und Hass. Von wegen, Königsberg wäre außer Reichweite der alliierten Bomberflotten! Sie hasste diesen Krieg. Sie hasste die Allliierten und ihre Angriffe genauso wie die Nazis und den Führer selbst.

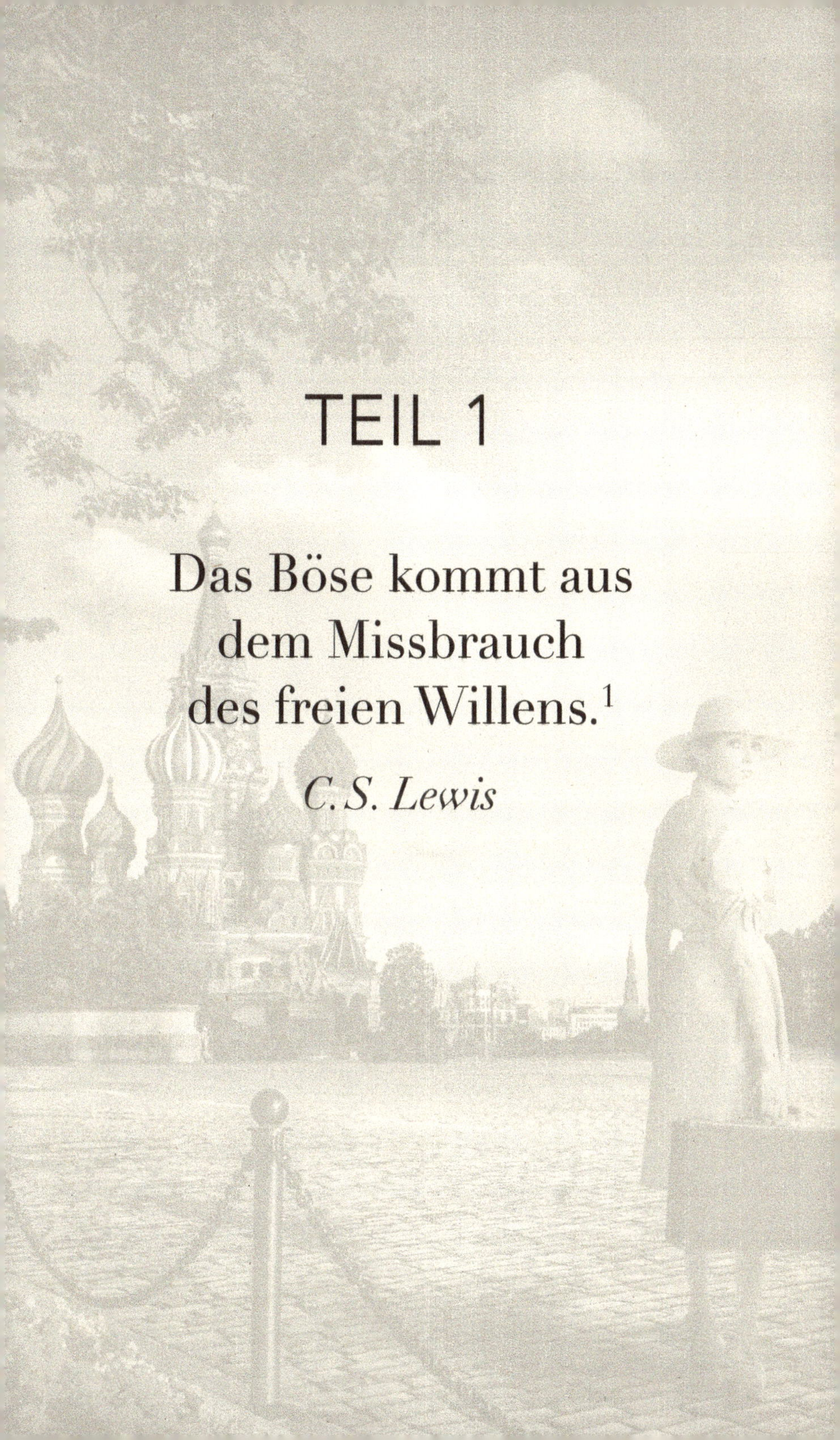

TEIL 1

Das Böse kommt aus
dem Missbrauch
des freien Willens.[1]

C. S. Lewis

1

Außerhalb von Königsberg, Ostpreußen
Mitte Januar 1945

Die Welt glitzerte. Eisblumen zierten die dünnen Fensterscheiben und Eva machte sich einen Spaß daraus, an ihnen zu lecken. Am Anfang hatte Emma es ihr noch verboten, aber mittlerweile lächelte sie darüber. Sie waren bei einem alten Mann namens Heinz auf seinem Bauernhof außerhalb der Stadt untergekommen, nachdem Königsberg im August dem Erdboden gleichgemacht worden war. Im Gegenzug für die Unterkunft und das Essen half Emma ihm, so viel sie konnte.

»Pass auf, sonst friert noch deine Zunge fest«, sagte Heinz und lachte röchelnd in sich hinein. Erschrocken wich Eva von der Scheibe zurück und ließ sich auf den Stuhl fallen, den sie sich vor das Fenster gestellt hatte.

Emma lächelte und schob neues Holz in den Ofen. »Es ist Zeit für das Bett«, sagte sie und klopfte die Hände an ihrem Kleid ab, als sie wieder aufstand. Heinz hob das kleine Mädchen hoch und imitierte Flugzeuggeräusche, als er sie auf ihr Bett setzte. »Wenn das kleine Fräulein jetzt nicht schläft, kommt am Ende noch ein großer Schneemann und nimmt sie mit in die Kälte.«

Emma trat an das Bett und zog Evas Decke bis zu ihrem Kinn hoch.

»Aber Klaus ist doch ein lieber Schneemann«, nuschelte Eva mit piepsiger Stimme und warf einen kurzen Blick aus dem Fenster. Heute Nachmittag hatten sie einen großen Schneemann vor dem Haus gebaut, der auf den Namen Klaus getauft worden war.

»Klaus schon, aber da draußen gibt es viele andere böse Schneemänner«, erklärte Emma mit gespielt ernster Mimik.

»Müssen wir deswegen morgen von hier weggehen?« Tränen glänzten in Evas Augen. Ein Schatten zog über die Gesichter der Erwachsenen und Emma schluckte, bevor sie der Kleinen beruhigend über das Haar strich. Sie hätten dem Mädchen mit den Schneemanngeschichten nicht solche Angst machen sollen. Sie wuchs im Krieg auf, sie hatte schon genug Angst. »Wir müssen morgen gehen, weil es böse Menschen gibt, die uns wehtun wollen. Aber vor Schneemännern musst du dich nicht fürchten. Die sind harmlos.«

»Die meisten zumindest. Der, der dich holen kommt, wenn du jetzt nicht schläfst, ist weniger harmlos«, sagte Heinz und hob wichtigtuerisch den Finger in die Höhe. Seine Geste ließ Eva kichern. Während die beiden noch etwas miteinander herumalberten, ging Emma in das vordere Zimmer des Hauses, in dem sich die Küche und Sitzgelegenheiten befanden. Es gab nur zwei Zimmer. Sie schlief zusammen mit Eva in dem Schlafzimmer, das früher Heinz und seiner Frau gehört hatte. Doch sie war schon vor Jahren verstorben. Heinz hatte sie mit offenen Armen bei sich aufgenommen. Er hatte nie eigene Kinder gehabt und war jetzt froh, mit Eva einen Wirbelwind im Haus zu haben.

Seufzend ließ sich Emma auf einen Stuhl fallen, schlüpfte aus ihren Schuhen und legte ihre Füße auf einem weiteren Stuhl ab. Sie nahm die Tasse mit Brennnesseltee in die Hand, die nur noch leicht dampfend auf dem massiven Tisch stand.

Sie hatte Angst, was die Zukunft bringen würde. Sie hatte in diesem Krieg ihre Familie und ihr Zuhause verloren und jetzt musste sie auch noch den Grund und Boden verlassen, den sie ihre Heimat nannte. Wer weiß, ob sie je wieder zurückkehren und wie lange dieser Krieg noch dauern würde. Sie nahm den letzten Schluck aus ihrer Tasse und stellte sie dann etwas zu laut auf die Tischplatte zurück. Sie horchte kurz, aber Eva und Heinz schienen sich davon nicht gestört zu fühlen.

Schlurfende Schritte ertönten, als Heinz in den Wohnraum kam und sich auf einen Stuhl fallen ließ. »Sie hat wieder nach Andreas gefragt«, sagte er mit gedämpfter Stimme.

Emma schloss mit einem schmerzlichen Ausdruck die Augen und massierte sich mit zwei Fingern die Nasenwurzel. »Ich frage mich, wann das aufhören wird«, murmelte sie. Andreas hatte sie zwei Monate lang mindestens zwei Mal in der Woche hier auf dem Hof besucht, doch dann waren seine Besuche ausgeblieben. Als Emma fast krank vor Sorge gewesen war, war sie in die Stadt gegangen und hat nach ihm gesucht, doch er war weg. Er war einfach gegangen, ohne ein Wort zu sagen; hatte sie verlassen, obwohl er gesagt hatte, er würde sie lieben. Bei einem ihrer letzten Treffen hatte sie gemerkt, dass etwas nicht stimmte, doch er war ihren Fragen ausgewichen. Wieder kam die Wut in ihr hoch und sie presste die Lippen fest aufeinander.

Heinz streckte seine von Altersflecken übersäte Hand aus und legte sie auf ihre. Diese zärtliche Geste ließ Emma aufschauen. »Was ist, wenn er nie wiederkommt? Wenn er gestorben ist?« Ihre Stimme war heiser. »Wie soll er uns finden, wenn wir von hier weggehen? Warum ist er überhaupt gegangen? Habe ich etwas getan, was ihn dazu veranlasst hat?« Sie legte den Kopf in den Nacken und blinzelte gegen die Tränen an.

»Das glaube ich nicht«, begann Heinz. Sein Gesicht verzog sich mitfühlend. Sicherlich dachte er gerade an Gertrud. »Du bist eine wundervolle Frau und jeder Mann, der das nicht erkennt, hat dich auch nicht verdient.« In gewisser Weise war das ein Affront gegen Andreas. Als die beiden Männer sich kennengelernt hatten, hatte Heinz Emma gegenüber klar kommuniziert, dass er ihn nicht für vertrauenswürdig hielt, doch um ihrer und auch um Evas willen hatte er die Treffen toleriert. »Wäre ich fünfundvierzig Jahre jünger …«, begann er und lächelte zufrieden, als die Worte ihre Wirkung erzielten und Emma lachte.

Sie drückte seine Hand. »Ich will dich ja nur ungern enttäuschen, doch du bist nicht der Mann, den ich mir wünsche.«

Mit gespielter Entrüstung zog Heinz seine Hand zurück und stemmte die Hände in die Seite. »Ich bitte dich. Heut mag ich zwar alt sein, aber als ich noch so jung war wie du, war ich ein wahrer Prachtkerl.« Mit einem schiefen Grinsen fuhr er sich durch sein lichter werdendes Haar. »Ich hatte auch mehr Haare.«

Wieder kicherte Emma, was schließlich in ein wehmütiges Seufzen überging. »Dann muss ich wohl aufpassen, dass sich auf dem Weg in den Westen keine Frau unsterblich in dich verliebt.« Sie zog schelmisch die Augenbrauen hoch.

Heinz nickte kurz und zwinkerte ihr zu, als sie aufstand, um ins Bett zu gehen. »Das gilt wohl eher für dich. Du wirst wohl einigen Soldaten den Kopf verdrehen, sodass sie ihre Frauen zu Hause vergessen.«

Doch Emma schüttelte den Kopf. Sie war im Gegensatz zu ihrer Schwester keine Schönheit. Emmas Haar war dunkelblond und keinesfalls so golden wie das von Eva. Oft war es schon als straßenköterblond betitelt worden.

»Süßholzraspler«, trällerte sie mit gedämpfter Stimme über ihre Schulter und huschte dann zu Eva ins Zimmer, um zu Bett zu gehen. Für einen kurzen Moment dachte sie daran, dass auch Andreas, manchmal in übertriebener Weise, ein Süßholzraspler gewesen war. Schnell schob sie den Gedanken beiseite. Sie wollte jetzt nicht an ihn denken. Ihr Körper zitterte vor Kälte, als sie in ihr Nachthemd schlüpfte und sich dann zu Eva unter die Decke kuschelte. Diese grummelte kurz angesichts von Emmas kalter Haut, doch mit der Zeit wärmten sie sich gegenseitig.

Auch wenn Emma womöglich nie heiraten würde, wäre da immerhin noch Eva. Doch was war, wenn ihr Vater aus dem Krieg zurückkehrte? Oder ein anderer Verwandter sie zu sich holen wollte? Dann würde sie den Menschen, dem sie am nahesten stand, verlieren. Genauso war es, wenn Heinz sterben würde. Er war schon alt und auch wenn er es nicht sagte, wusste sie, dass er Angst hatte, die Reise nicht zu überstehen. Oft war es bis zu minus zwanzig Grad kalt. Die Temperaturen und der Schnee würden sicherlich beträchtliche Hindernisse auf ihrer Flucht darstellen. Und sie wussten ja auch noch gar nicht, wohin es gehen würde.

»Hauptsache erst mal Richtung Westen«, hatte Heinz eines Abends zu ihr gesagt. »In Allenstein soll es ein Flüchtlingslager geben. Dort werden wir vorerst unterkommen.«

Allenstein lag im westlichen Ostpreußen, doch Emma war sich unsicher, ob das weit genug weg war. Von Tag zu Tag, besonders seit dem 12. Januar, an dem die russische Großoffensive begonnen hatte, rückte die Front immer näher.

Die NS-Behörden hatten die Flucht verboten und propagierten: »Die Russen? Aber nein. Die kommen nicht bis zu uns! Unsere Wehrmacht, die hält und steht!«

Doch sowohl Heinz als auch Emma glaubten dieser Aussage nicht. Zwar hatte Heinz 1933 die NSDAP, die Nationalsozialistische Deutsche Arbeiterpartei, gewählt, doch er hatte sich schon des Öfteren über seine damalige Dummheit ausgelassen. Emma hingegen war nie in den Genuss gekommen, wählen zu dürfen. Sie war noch zu jung gewesen und als sie alt genug dafür war, war das Deutsche Reich eine vom ach so tollen Führer regierte Diktatur geworden.

Daran, dass ihre Gedanken wieder ins Sarkastische abdrifteten, merkte Emma, dass es Zeit war, an etwas anderes zu denken. Sonst würde sie wohl nie einschlafen können.

~

Emma schlang ihren Mantel enger um sich, als sie durch den Schnee lief. Sie verzog das Gesicht, angesichts der Kälte, die ihre Beine erfasste, während sie immer wieder im weißen Pulver einsank. Die Schneeflocken, so schön sie auch sein mochten, schlugen ihr kalt ins Gesicht.

Heinz stand an dem kleinen zugefrorenen Teich, der ungefähr hundert Meter vom Haus entfernt einst angelegt worden war. Als sie näher trat, sah sie die Tränen, die über seine Wangen liefen. Er gab sich keine Mühe, sie vor ihr zu verbergen.

»Hier habe ich meiner Gertrud den Antrag gemacht«, sagte er nach einer Weile des Schweigens. Eine neue Art von Schauer überkam Emma. Er war immer so bewegt, wenn er von seiner Frau erzählte, dass Emma ebenso eine tiefe Trauer über ihren Verlust empfand. Andererseits wünschte sie sich, dass einmal jemand so über sie sprechen würde, wie Heinz es über Gertrud tat.

»Ich habe auf das Land gezeigt, das ich kurz vorher gekauft hatte. ›Da baue ich dir ein Haus‹, habe ich gesagt und sie hat Ja gesagt.« Seine Mundwinkel zuckten. »Aber leider konnten wir es nie mit Kindern füllen.«

Emma wischte sich mit dem Handrücken über ihr Gesicht. Mittlerweile flossen auch bei ihr die Tränen. Heinz' Gesichtszüge wurden sanft. Es war früher Morgen und noch nicht hell, nur der Mond und die Sterne spendeten ihnen Licht.

Emma schluckte. »Ich leide ja schon darunter, dass ich diesen Ort hier verlassen muss, aber für dich muss es noch viel schmerzhafter sein. Du bist hier geboren, aufgewachsen, hast deine Frau hier kennengelernt, ein Leben mit ihr aufgebaut, bist hierher zurückgekehrt, nachdem du vier Jahre lang im Krieg warst ...« Sie stoppte. »Und du hast hier deine Frau beerdigt«, fügte sie leise hinzu.

Heinz nickte und wandte sich ihr zu. Er deutete auf ihre Tränen und Emma wischte sie mit einer Handbewegung weg. »Nicht, dass sie noch festfrieren«, flüsterte er.

»Spätestens wenn der Sommer kommt, würden sie auftauen«, lachte Emma leise und schniefte.

Der alte Mann ließ die Mundwinkel hängen. »Manchmal kommt der Sommer nie.« Seine Stimme war ungewohnt brüchig. »Versprich mir, dass egal, was passiert, du dich nicht davon unterkriegen lässt.

Dieser Krieg … er hat euch jungen Leuten so viel geraubt. Viel zu früh musstet ihr erwachsen werden. Ich will gewiss sein, dass du das Beste aus deinem Leben machst. Auf irgendeine Weise ist man immer gesegnet und hat Möglichkeiten.«

Emma nickte. Bei Heinz war es ja nicht viel anders gewesen. In der Blütezeit seines Lebens hatte er 1914 in den Krieg ziehen müssen und wurde nun im Alter wieder mit einem solchen Ungeheuer konfrontiert. »Das werde ich«, antwortete sie. Für einen Moment hatte sie Angst, Heinz werde sagen, dass er nicht mitkomme Richtung Westen, doch dann klopfte er ihr auf die Schulter. »Lass uns aufbrechen.«

Heinz erzählte, dass er mal fünf Pferde gehabt habe. Bei Kriegsbeginn hatte er jedoch vier an die Wehrmacht verloren und so blieb ihnen nur ein alter Gaul, der den Wagen zog. Sie hatten schon alles aufgeladen, um am Morgen direkt aufbrechen zu können.

Eva weinte leise, als Emma sie fest in eine Decke wickelte und nach draußen trug. Sie gab sie kurz an Heinz weiter, während sie auf den Kutschbock kletterte, nur damit sie Eva dann wieder auf ihren Schoß ziehen konnte. Sie folgte Heinz mit dem Blick, als er zu dem Gaul namens Fritz ging. Sie verstand nicht alles, aber sie war sich sicher, dass er ihm gut zuredete. Als er um das Tier herum zu seinem Platz auf dem Wagen ging, wurde Emma erschreckend bewusst, wie alt er schon war. Der Rücken war gebeugt, niedergedrückt von all den Sorgen und Lasten, die er hatte tragen müssen. Er atmete schwer, als er aufsaß und die Zügel aus Emmas Hand nahm. Langsam setzte sich das Tier in Bewegung. Als sie fast außer Sichtweite des Hofes waren, drehte Heinz sich schließlich noch mal um. Seine Augen glänzten. Er drückte einen Kuss auf seine Finger und streckte sie dann seinem Zuhause entgegen, während sie sich immer weiter davon entfernten. Er würde es nie wiedersehen. Das war ihm bewusst. Das war ihnen beiden bewusst.

Emma döste eine Zeit lang vor sich hin, bis sie die Zügel nahm und Heinz an ihrer Stelle schlief. Immer wieder warf sie einen besorgten Blick auf die zwei Menschen neben sich, die ihr so sehr ans Herz gewachsen waren.

Mit dem Tag kam auch die Sonne, doch Wärme verbreitete sie kaum. Dem Schnee und dem Eis konnte sie erst recht nichts anhaben. Auf ihrer Route stießen sie auf weitere Flüchtlinge, denen sie sich anschlossen und zusammen weiterreisten. Immer wieder lagen umgestürzte Wagen am Wegesrand, manchmal sogar noch fast voll beladen. Tote Pferde, Hühner oder andere Tiere, die erfroren waren – und manchmal auch Menschen, Kinder. Emma hätte Eva so gerne diesen Anblick erspart, doch das war nicht möglich.

»Halt an«, sagte Heinz auf einmal.

Überrascht zog Emma die Zügel und schaute ihn fragend an. »Was ist los?«, fragte sie und legte ihm die Hand auf den Arm.

Heinz atmete tief ein. »Fritz ist nicht beschlagen und die Straße ist glatt. Wenn wir zu schnell oder unvorsichtig sind, dann kippt der Wagen um. Ich steige ab und führe ihn.«

»Das kann ich doch machen«, protestierte Emma. Sie wollte nicht, dass der alte Mann bei diesem Wetter so lange laufen musste.

Er schüttelte den Kopf, als er schwerfällig vom Kutscherbock kletterte. »Fritz vertraut mir. Er ist mein Freund. Es wird ihn beruhigen, dass ich so nah bei ihm bin.«

Hilflos musste Emma zusehen, wie Heinz seine letzten Kraftreserven aufbrauchte, um sie sicher durch die Steigungen und Gefällstrecken von Ostpreußen zu führen. Sie erzählte Eva unterdessen Geschichten, bis ihr keine mehr einfielen oder es der Kleinen zu langweilig wurde.

Immer wieder wurden sie von anderen Flüchtlingen überholt. Fritz hatte sich Heinz' langsamem Schritttempo angepasst und irgendwann reichte es Emma und sie überredete ihn, dass sie neben dem Tier lief. Sie ließ dabei auch Eva neben sich laufen, damit sie ihre ungenutzte Energie verbrauchen konnte. Doch die ganze Zeit über fürchtete sie, dass entweder der Gaul schlappmachen oder dass sie

Eva zwischen den anderen Flüchtlingen verlieren würde. Sie zwang sich dazu, ihr Tempo soweit zu drosseln, dass sie wenigstens noch bis zum Abend durchhalten würden.

Mittags machten sie eine Pause und sie schmolzen Eis über einem Feuer. Abends machten sie in einem kleinen Dorf Station. Obwohl es bereits voller Flüchtlinge war, erlaubte ihnen ein Bauer, in seinem Stall zu übernachten. Im Stroh und zwischen den Tieren war die Kälte wenigstens halbwegs zu ertragen. Früh am nächsten Morgen fuhren sie weiter.

2

Flüchtlingslager in Allenstein, Ostpreußen
20. Januar 1945

Das Zimmer, das Emma und Eva sich mit einer weiteren Frau teilten, war winzig. Der für die Zuteilung zuständige Beamte hatte sie eigentlich trennen wollen, da sie weder verwandt waren noch Emma als Vormund eingesetzt worden war. Nachdem Heinz ihm jedoch eine Packung Zigaretten zugesteckt hatte, war das Problem erledigt gewesen. Emma stellte keine Fragen.

Ihre Mitbewohnerin war Mitte vierzig und hieß Antonia Schmarowski. Sie hatte einen Sohn namens Roland, der mit seinen dreizehn Jahren in der Männerunterkunft untergebracht worden war. Als Emma, Eva und Heinz abends mit ihnen am Lagerfeuer saßen, erzählten sie einander ihre Geschichten. Antonia berichtete, dass ihr Sohn Heinrich in Russland und ihr Sohn Franz in Belgien gefallen seien. Ihr Mann war bereits 1939 eingezogen worden und immer noch an der Front. Im vergangenen Sommer waren sie schon einmal ins Rheinland geflohen, als es sich aber an der Front beruhigt hatte, waren sie zurückgekehrt. Doch schlussendlich mussten sie wieder fliehen. Sie kamen aus Lyck am großen Selmentsee.

»Ich habe noch zwei Töchter, die verheiratet sind. Eine lebt im Hunsrück, das wird voraussichtlich unser Ziel sein. Wir waren eine Woche lang mit dem Treck hierher unterwegs.« Antonia schluckte und in ihren glänzenden Augen spiegelte sich das Feuer. »Roland und ich haben uns aus den Augen verloren und erst zwei Tage später wiedergefunden. Hätte ich ihn nicht gefunden …« Ihre Stimme brach. Ihr Sohn streckte den Arm aus und legte ihn um seine Mutter. Er sprach nicht viel.

Instinktiv drückte Emma Eva an sich.

»Und woher kommen Sie?«, fragte Antonia und nahm den letzten Schluck der dünnen Suppe, die sie bekommen hatten. Den Hunger stillte sie kaum.

Emma warf Heinz einen Blick zu und hoffte, er würde zuerst antworten, doch das tat er nicht. Sie seufzte innerlich auf. »Wir kommen aus Königsberg.«

Überrascht hob Antonia die Augenbrauen. »Königsberg soll ja eine Festung sein.«

Emma gab sich keine Mühe, ihr verächtliches Schnauben zu unterdrücken. »Was davon übrig ist, wenn überhaupt.« Sie fuhr sich mit der Hand über die Augen und unterdrückte die aufkommenden Emotionen. Oh, wie sehr wünschte sie sich, dass ihre Schwester noch bei ihr wäre! Emma hatte sie immer damit aufgezogen, dass sie gerne Tante werden wollte. Doch damit war es jetzt vorbei.

»Mein Vater ist gefallen, meine Mutter vor einigen Jahren bei einem Unfall gestorben und meine Schwester ist den Luftangriffen letzten Sommer zum Opfer gefallen.« Sie schluckte. »Zusammen mit Evas Mutter. Seitdem kümmere ich mich um sie.« Sie fuhr mit der Hand durch Evas goldene Haare, die im schwachen Licht wunderschön glänzten. »Ich hasse diesen Krieg«, murmelte Emma, den Blick starr ins Feuer gerichtet. »Die Idee, junge und alte Männer einzusetzen …« Sie schnaubte und schüttelte den Kopf. Es war ihr egal, dass es gefährlich war, so etwas zu äußern.

Antonia warf einen Blick über ihre Schulter und vergewisserte sich, dass sie niemand belauschte. »Ich hasse den Krieg und das Jungvolk auch«, sagte Roland und spuckte auf die Erde. Für beides bekam er einen Schlag auf den Hinterkopf, doch man sah in Antonias Augen, dass sie genauso fühlte. »Roland Hartmund Paul Schmarowski, so hast du dich nicht zu benehmen«, schimpfte sie. Doch ihre Erschöpfung raubte ihren Worten die Kraft.

Ihr Gespräch wandte sich einem anderen Thema zu. Bald aber gingen alle ins Bett, denn sie waren todmüde.

21. Januar 1945

Die Russen waren da. Panisch liefen die Menschen umher und versuchten zu fliehen. Verzweifelt suchte Emma die Menschenmassen nach Eva ab. Wo war die Kleine bloß hin?

Mit dem Geräusch der heranfahrenden Panzer im Rücken rannte Emma in Richtung ihrer Unterkunft. Sie hoffte, dass Eva irgendwie dorthin zurückgefunden hatte. Abrupt stoppte sie, als sie Rotarmisten auf der Straße vor sich sah. Sie huschte in einer Seitengasse durch die Eingangstür eines verlassenen Gebäudes. Ihr Herz raste. Sie hatte schreckliche Dinge gehört über die Sowjets. Emma versuchte sich einzureden, dass das sicherlich nur Übertreibungen gewesen waren, als Schüsse fielen und Menschen schrien. Ihren eigenen Entsetzensschrei versuchte sie dadurch zu unterbinden, dass sie sich die Hand auf den Mund drückte – doch das misslang. Zitternd lehnte sie sich gegen eine Wand. Stiefelschritte näherten sich. Sie waren viel zu laut und schwer, als dass sie einem einfachen Zivilisten gehören konnten. Emma schluckte. Ein kleiner Teil von ihr hoffte, dass es Männer der Wehrmacht waren, doch was würde das bringen? Die Deutschen waren den Russen von der Anzahl unterlegen. Sie machte einen vorsichtigen Schritt nach hinten, um möglichst kein Geräusch zu machen. Sie hielt sich am Türrahmen fest und sah dann einen Schatten, der durch die Eingangstür fiel. Die Silhouette mehrerer Männer, die stehen geblieben waren. Vorsichtig wagte sie den nächsten Schritt.

Plötzlich stieß sie gegen jemanden, der sie packte. Sie schrie auf und schlug nach dem Rotarmisten, um sich aus seinem Griff zu winden, doch erfolglos. Die nackte Angst und Panik raubten ihr den Atem. Das erste Mal seit der Nacht des Bombenangriffs betete sie wieder.

Rette mich, es wird doch so gerne gesagt, wie mächtig du bist!

Sie atmete zitternd ein, als der Mann sie um die Taille packte und sie mit ihren ein Meter siebzig mühelos hochhob, sodass ihre Füße über dem Boden schwebten. Er schubste sie gegen die Wand und nutzte den kurzen Augenblick, in dem sie außer Gefecht war, um ihre Handgelenke zu packen, sodass sie auch nicht mehr um sich schlagen konnte.

»Отпусти меня! – Lasst mich los!«, schrie Emma, als sie ihre Sprache wiedergewonnen hatte. Sie sah die Überraschung über das Gesicht des Mannes huschen, doch sie war nur von kurzer Dauer.

»Немецкая шлюха, говорящая по-русски. Это существует? – Eine deutsche Schlampe, die Russisch sprechen kann. Gibt es das denn?«, sagte er abfällig, fast belustigt. Er hatte ergraute Haare und einen mächtigen Körperbau. Als er näher kam, wollte Emma zurückweichen, doch das konnte sie nicht, weil sie bereits mit dem Rücken zur Wand stand. Schmerzhaft vergrub er eine Hand in ihren Haaren.

»Lassen Sie sie los!«

Der Kopf des Mannes fuhr zu der deutschen Stimme herum, genauso wie Emmas. Da stand Heinz und richtete einen Revolver auf den Mann, der sie festhielt. Ihr Gesicht brannte vor Schamesröte.

»Augenblicklich!«, donnerte seine Stimme ungewohnt kräftig.

Die Augen des Rotarmisten flackerten, und dann schrie Emma: »Renn!«

Doch gerade als sie ihren Mund aufmachte, sah sie, wie der Soldat, der schneller war als Heinz, seine Waffe zog und auf den alten Mann richtete. Dann knallte ein Schuss, der Heinz mitten in den Kopf traf. Augenblicklich brach er zusammen.

Ein entsetzter Schrei entwich Emmas Kehle. Ihre Stimme war heiser. Sie schluchzte auf, als sie zu Boden gestoßen wurde. Unsanft landete sie auf ihren Händen und keuchte auf. Er packte sie an der Schulter und drückte sie zu Boden. Benommen von dem Schlag und Sturz krallte sie ihre Fingernägel in die erstbeste Stelle, die sie bei dem

Soldaten zu fassen bekam. Er schrie auf und schlug ihr den Kolben seines Gewehres gegen die Stirn.

Emma wurde schwarz vor Augen. Ihr Herz raste. Während sie noch spürte, wie ihr Mantel geöffnet und ihr Rock aufgerissen wurde, umfing sie die Dunkelheit. Wie von ferne durchfuhr sie ein stechender Schmerz.

~

Gott, ich will zurück zu meiner Mama.

Roland konnte nicht schlafen. Er verspürte die gleiche Angst wie damals, als er zum ersten Mal seine Mutter verloren hatte.

Nachdem die Russen in Allenstein die Kinder zusammengetrieben hatten, waren sie nun nach einem langen Fußmarsch in Richtung Osten in einer Scheune eingesperrt worden. Es war Nacht und furchtbar kalt. Viele hatten sich in den Schlaf geweint. Vereinzelt war noch Wimmern zu hören. Die kleine Eva hielt sich eng an Roland gedrückt und ließ ihn nicht los, die Augen fest zusammengekniffen.

Immer wenn er die Augen schloss, sah er die Leichen und hörte die Schreie der Frauen, die misshandelt wurden. Er versuchte, das Erlebte auszublenden, doch das gelang ihm nicht. Seine ängstlichen Augen flogen über die anderen Kinder, die hier zusammengepfercht waren. Das Jüngste war gerade einmal fünf Jahre alt, das älteste sechzehn. Eins der größeren Kinder hatte gesagt, dass sie nach Russland gebracht würden, um Vieh zu treiben. Dann hatte er etwas vom Führer und Vaterland geredet. Das war der Moment gewesen, in dem Roland auf Durchzug geschaltet hatte. Dieser Krieg hatte seine Brüder und womöglich auch seinen Vater das Leben gekostet. Er verstand nicht, warum es diesen Krieg gab.

Die Nacht schritt voran, doch er wollte nicht, dass Morgen wurde. Er wusste auch, dass er dringend schlafen musste. Er spürte Evas gleichmäßige, warme Atemzüge. Wenigstens einer von ihnen beiden konnte schlafen.

Dann ertönten Schritte, die ihn aufhorchen ließen. Es klang, als wäre es nur eine Person. Er blickte sich um. Anscheinend hörte es sonst niemand. Roland setzte sich auf und zischte dann Eva zu, die wach wurde, sie solle leise sein. Leise klimperte das Schloss und eine große Person huschte herein. Roland und Eva saßen am nächsten zu der Tür, doch sie konnten das Gesicht desjenigen nicht sehen.

»Verschwindet«, sagte der Mann. Er hatte den Blick direkt auf Roland gerichtet. Niemand rührte sich. Langsam stand Roland auf, während sein Herz raste. Er stützte sich mit den Händen an der Scheunenwand ab.

»Komm«, flüsterte er und zog Eva mit sich.

Einerseits hatte er Angst, dass es eine Falle war, aber andererseits bestand die Chance, dass sie entkommen konnten, und diese Hoffnung überwog. Fest umklammerte er Evas Hand und rannte los. Er blickte sich nicht um, sondern folgte dem Weg, auf dem sie hergekommen waren. Seine Lungen brannten, aber er drosselte das Tempo nicht. Er war frei! Mit jedem Meter brachte er mehr Land zwischen sich und die Russen und kam seiner Mama näher.

Roland wurde erst langsamer und drehte sich um, als Eva nicht mehr konnte. Der Schneefall würde ihre Fußspuren schnell verschwinden lassen. Es war niemand zu sehen. Niemand folgte ihnen – weder Russen noch andere Kinder. Seltsam.

~

Emmas ganzer Körper schmerzte und sie wünschte sich, wieder in die Dunkelheit gleiten zu können. Mehrere russische Stimmen, die lachten, entfernten sich. Die des Mannes, der Heinz getötet hatte, war nicht dabei.

Emma stöhnte. Als sie sich auf die Seite drehte, zog sich ihr Unterleib unangenehm und schmerzhaft zusammen. Obwohl sie kaum etwas im Magen hatte, musste sie sich übergeben. Sie wollte, dass es aufhörte. Ihr Körper zitterte und nur langsam traute sie sich, die

Augen aufzumachen. Heinz lag immer noch da, wo der Mann ihn niedergeschossen hatte. Sie wollte weinen, doch es kamen keine Tränen. Da war nur Bitterkeit, die sie von innen heraus erfasste.

Diese Schweine.

Sie musste aufstehen, sie konnte nicht ewig hier liegen bleiben. Draußen war immer noch Gefechtslärm zu hören. Vorsichtig robbte sie zu einer Wand, gegen die sie sich lehnen konnte. Vor Schmerzen wurde ihr schwindlig, doch ihr Körper tat ihr nicht den Gefallen, ohnmächtig zu werden. Ihre Speiseröhre brannte von der Magensäure.

Die Knöpfe von Emmas Mantel waren abgesprungen und lagen auf dem Boden verstreut. Ihre Hand zitterte unkontrolliert, als sie vorsichtig ihren Rock glatt strich. Ihre Strumpfhose und ihr Unterrock waren bis zum Bund eingerissen. Ihr Überrock nur zur Hälfte, aber auf dem braunen Stoff waren dunkle Blutflecke zu sehen. Sie ließ den Stoff los. Ihre Armbanduhr war weg, aber Emma atmete erleichtert auf, als sie immer noch den Ring ihrer Schwester spürte, den sie sich in den Schuh gesteckt hatte, damit er nicht geklaut wurde. Wenigstens etwas.

Sie stützte sich an einer Kommode ab und stand auf. Scharf zog sie die Luft ein, als sie spürte, wie eine warme Flüssigkeit zwischen ihren Beinen hinablief. Ihr Mund öffnete sich, doch sie erlaubte sich nicht zu schluchzen. Stattdessen biss sie die Zähne zusammen. Soweit es ihr möglich war, zog sie ihre kaputte Strumpfhose aus und nutzte den Stoff, um das Blut aufzufangen. Der Geruch ließ sie wieder würgen, doch es kam nichts. Nachdem sie sich sicher war, dass ihre Beine nicht wegknicken würden, ging sie ein paar Schritte.

Ausblenden. Ausblenden. Das Wort hämmerte in ihrem Schädel. Nur nicht darüber nachdenken, was geschehen war, und es erst recht nicht benennen. Sie schüttelte den Kopf, um die Erinnerung abzuschütteln, doch gleich meldete sich der Schmerz, der unangenehm hinter ihren Schläfen pulsierte. Als sie sich an die Stirn griff und dann ihre Finger ansah, entdeckte sie noch mehr Blut. Sie wischte die Hand an ihrem Rock ab. Um ihre Handgelenke hatten sich tiefviolette Blutergüsse gebildet, genauso wie an ihren Armen.

Emma schloss Heinz die Augen und murmelte ein Abschiedswort, bevor sie über seinen Körper steigen musste, um nach draußen zu kommen. Noch mehr Wut kam in ihr hoch, als sie sah, dass Heinz' Taschen durchwühlt worden waren. Wut gegen das Regime, die Sowjets und Gott. Sie torkelte an die Eingangstür. Da draußen waren doch sicherlich noch mehr Russen.

Ach, was soll's, schlimmer kann es doch wohl kaum werden. Hauptsache, ich finde Eva. Ein Kloß bildete sich in ihrem Hals. *Und Hauptsache, Eva geht es gut.*

3

Ajoscha ließ seinen Blick über die rund fünfundzwanzig Frauen gleiten. Einige von ihnen waren verletzt. Seine Einheit hatte sie in ihrer Unterkunft abgefangen. Nun durchforsteten seine Männer ihre Sachen.

Mit der Hand fuhr er sich über den blonden Vollbart. »Sie nicht. Sie passt nicht ins Schema«, sagte er kühl und zeigte auf eine Frau mit Bauchschuss. »Einer der Sanitäter soll sie sich ansehen und sie dann wegschaffen.«

Serschant Sergej Pawlow, der Ajoschas rechte Hand war, folgte ihm und gab seine Befehle weiter. Die Frauen senkten den Blick, als sie vorübergingen. Emma war die Einzige, die für einen Moment Ajoschas Blick standhielt, bevor sie ebenfalls den Kopf beugte. Der Major mit den grau-blauen kühlen Augen war mit seinen dunkelblonden Haaren und dem Bart sehr attraktiv und für diese Feststellung hasste Emma sich selbst. Er hatte harte markante Gesichtszüge und war wahrscheinlich keinen Deut besser als seine Kumpanen. Denn sein Äußeres spiegelte nicht unbedingt sein Innerstes wider.

Die gelben Schulterklappen auf seinem grünen Mantel wiesen ihn als Offizier aus, die Hände hatte er hinter seinem Rücken verschränkt. Autorität war ein Wort, das ihn passend beschrieb. In seiner dicken Soldatenkleidung war ihm wahrscheinlich nicht so kalt wie den Frauen.

Auf der Suche nach Eva war Emma unbemerkt zurück zu ihrer Unterkunft gelangt und hatte dort ihre wichtigsten Sachen in einen Rucksack gepackt, als die Soldaten gekommen waren. Sie und einige anderen Frauen waren mit vorgehaltenen Waffen gezwungen worden, sich vor dem Gebäude zu versammeln, wo sie jetzt selektiert wurden. Sie konnte nicht hören, was die beiden Männer beredeten, doch sie sah, dass immer wieder Namen auf einer Liste durchgestrichen und die entsprechenden Frauen fortgebracht wurden. Ihre Ausweise waren verlangt worden, auf deren Grundlage die Liste entstanden war. Zumindest einige der ausgesonderten Frauen kannte Emma vom Sehen her. Sie stammten aus dem Gebiet von Königsberg.

Auf einmal ergriff der Helfer des Offiziers das Wort und fragte in seiner Landessprache. »Versteht hier jemand Russisch?«

Keine der Frauen rührte sich. Langsam hob Emma den Blick. »Немного. – Ein wenig.«

Aufgrund ihrer relativ guten Aussprache hob der Serschant eine Augenbraue, aber auf dem Gesicht des Offiziers war keine Gefühlsregung zu erkennen. Er schaute sie einfach aus seinen kalten Augen an. Dann nickte er.

Darauf hatte Sergej anscheinend gewartet. »имя? – Name?«

»Emma Hoffmann.« Sie ärgerte sich, dass ihre Stimme so schwach klang. Etwas wurde auf der Liste hinter ihren Namen geschrieben, doch das war es auch schon und sie wurde nicht weiter beachtet. Sie schnaubte leise. Die Russen würden noch überrascht sein, wie gut sie deren Sprache beherrschte. Sie drückte die Hand auf ihren Bauch, als sie die Beine an ihren Körper zog. Die Schmerzen ließen nicht nach.

Fünf Männer bewachten sie, während der Offizier und sein Unteroffizier außer Hörweite redeten.

»Was wollen sie von uns?«, flüsterte eine der Frauen. Sie war schätzungsweise Mitte zwanzig.

»Ja, was wohl?!«, zischte eine zweite zurück. »Unsere Körper. Hast du nicht gesehen, wie sie die Alten und Verletzten aussortiert haben? Sie haben sich schon einmal genommen, was sie wollten, und sie werden es wieder tun. Ich gehe jede Wette ein, dass sie uns nach Russland bringen.«

Es wurde unruhig zwischen den Reihen der deutschen Frauen. Emma beteiligte sich nicht an den Spekulationen. Sie hatte Angst, dass sich ihre Befürchtungen bewahrheiten könnten. Sie fröstelte. Wie viele Frauen hier wohl ihr Schicksal teilten?

Die leisen Gespräche verstummten plötzlich, als weitere Soldaten aus dem Gebäude kamen. Einer nach dem anderen warf Bücher, die sie trugen, in ein großes Feuer. Emma hörte einige Frauen entsetzt nach Luft schnappen, als sie sahen, dass ihr *Mein Kampf* von Hitler, das jeder Deutsche besitzen musste, verbrannt wurde. Sie selbst hingegen hatte nicht eingesehen, dieses als unnötigen Ballast mit auf ihre Flucht zu nehmen.

Auf einmal aber sah Emma, wie einer der Männer ein in schwarzes Leder eingebundenes Buch in das Feuer warf. An dem Goldschnitt identifizierte sie es eindeutig als ihre Familienbibel, in der ihre Schwester alle wichtigen Briefe aufbewahrt hatte.

Das Adrenalin schoss durch ihre Adern und ließ sie für einen Moment ihre Schmerzen vergessen. Als der Soldat, der ihr am nächsten stand, ihr den Rücken zukehrte, sprang sie auf und rannte zu dem Feuer. Sie ließ sich auf die Knie fallen und griff nach der Bibel. Sie ignorierte die warnenden Rufe der Soldaten und bemerkte auch nicht, dass Ajoscha den Lauf eines Gewehres, das auf sie gerichtet war, nach unten drückte. Er machte einen Satz nach vorne, packte sie unsanft um die Taille und stieß sie nach hinten in den Schnee, gerade als sich ihre Finger um das Buch schlossen und die Flammen an ihr leckten.

Angesichts des unangenehmen Schmerzes, der sie durchfuhr, zog Emma scharf die kalte Luft ein und kurz wurde ihr schwarz vor Augen. Ihr Unterleib brannte. Sie blinzelte. Der Offizier starrte sie mit eiskalten und bösen Augen an. Ihm entfuhr ein Wort, das sie nicht verstand. Er beugte sich herunter und entriss ihr unsanft das Buch, sodass Emma unwillkürlich zusammenzuckte. Er schaute sich den Einband an und ließ es dann schnaubend zurück in ihren Schoß fallen. Emma keuchte und konnte es gar nicht fassen. Er erlaubte ihr tatsächlich, das Buch zu behalten! Ihr Herz raste vor Angst und Freude, die sie zeitgleich empfand.

Der Offizier ließ den Blick über die Frauen schweifen, die alle die Luft anhielten und abwarteten, was als Nächstes geschehen würde.

»Остальных женщин возьми с собой. – Nehmt die übrigen Frauen mit.« Die Stimme des Offiziers war emotionslos, genauso wie der Ausdruck in seinen Augen. Schließlich waren das hier nur Deutsche, dachte sich Emma. Die entsetzten Aufschreie der Frauen, die auf die Beine gezogen wurden, und die aufkommende Panik ignorierte er. Mit einer Kopfbewegung zeigte er in Richtung Emma und auch sie wurde unsanft auf die Beine gezerrt, die Bibel fest an sich gedrückt. Er beobachtete das Geschehen mit hinter dem Rücken verschränkten Händen, während er immer mal wieder ein paar Worte mit Sergej wechselte. Die Frauen durften eine Tasche mitnehmen und wurden dann auf die Ladefläche eines Lkw verladen.

Ajoschas Blick fiel auf einen leicht vergilbten Brief, der auf dem Boden lag, an derselben Stelle, an der Emma gerade noch gelegen hatte. Er bückte sich und klopfte mit seiner behandschuhten Hand den Schnee von ihm ab. Er wusste nicht warum, aber eine innere Stimme sagte ihm, er solle ihn einstecken. Also ließ er ihn in seine Manteltasche gleiten, bevor er seinen Männern zu ihren Wagen folgte.

Die Frauen hatten sich Tücher um den Kopf gebunden, um ihre Ohren vor der Kälte zu schützen. Über die Ladefläche, auf der sie saßen, war nur eine Plane gespannt und es war ungeheuer zugig. Der kalte Wind pfiff unangenehm durch jede Ritze.

Emma hatte fürchterliche Angst. Bei jeder Unebenheit, über die der Wagen fuhr, krallte sich ihre Hand in ihren Rock und sie presste die Lippen aufeinander. Nach einer Weile konnte sie nicht mehr verhindern, dass Tränen in ihren Augen brannten, denn jede Erschütterung ließ eine Schmerzwelle durch ihren Körper jagen.

Sie fuhren zwei Stunden, bevor sie zum Stehen kamen. Es wurden Befehle gerufen und dann trat ein Soldat, der sein Gewehr auf dem Rücken trug, an das Ende der Ladefläche und ließ die Klappe herunter, damit die Frauen aussteigen konnten.

Von der Kälte waren Emmas Gelenke ganz steif. Sie kletterte aus dem Wagen und hoffte, nicht zu stürzen. Doch als ihre Füße den Boden berührten, knickten für einen Augenblick ihre Beine ein, sodass sie unsanft auf den Knien landete. Sie unterdrückte einen Aufschrei und biss ärgerlich die Zähne aufeinander. Eine der Frauen half ihr hoch. Der Wind fuhr kalt unter Emmas Rock, weil sie keine Strumpfhose mehr hatte.

Sie standen vor einem verlassenen Bauernhofkomplex mit Haupthaus und einer Art Nebengebäude. Sie wurden zu Letzterem getrieben. Es bildete sich eine Schlange und nacheinander betrat eine nach der anderen das Haus. Als Emma an der Reihe war, durch die Tür zu treten, setzte ihr Herz für einen Moment aus, als ein Soldat sie packte und zurückhielt. »Du nicht«, sagte er auf Russisch.

Drei weitere Frauen wurden ausgewählt und sie mussten dem Serschant folgen. Er brachte sie in eine Küche. Seine Stimme donnerte mit so vielen Anweisungen auf Emma ein, dass sie glaubte, ihr Kopf explodiere gleich, als der Mann auf einmal stoppte. Ein weiterer Soldat stand im Türrahmen.

»Очередь Гофмана – Hoffmann ist an der Reihe«, sagte er und packte Emma am Arm. Sie war viel zu perplex, um sich zu sträuben, doch sie sah, wie sich ihre eigene Angst in den Blicken der anderen Frauen, die kochen mussten, widerspiegelte. Sie wurde in einen anderen Raum geführt. Bis auf zwei Stühle und ein kleines Kellerfenster war er komplett leer. Sie wollte sich aus dem Griff des Mannes winden, als er bereits ihren Arm losließ und dann die Tür hinter sich schloss.

Nun stand Emma allein in dem dunklen und kalten Raum. Sie schlang ihren Mantel enger um sich und wartete. Als ihre Kraft sie verließ, setzte sie sich auf einen der Stühle. Sie spürte, dass sie wieder zu bluten begann. Die Angst und der Druck taten ein Übriges und sie begann, leise zu weinen.

Doch plötzlich wurde die Tür aufgeschlossen. Emma zuckte zusammen und wischte sich schnell mit ihren Händen über die Wangen. Es war der Offizier, der hereinkam. In der Hand hatte er Papiere und einen Stift. Emma wagte nicht, sich zu bewegen, und war froh, dass er auf Distanz blieb.

Vielleicht hat er Angst, dass ich Läuse habe. Der Gedanke bereitete ihr für einen Augenblick Genugtuung.

Der Mann lehnte sich gegen die Wand direkt neben der Tür, die er offen ließ.

»Ich bin Oberst Iwanow. Sie und die anderen Frauen befinden sich in russischer Gefangenschaft. Da Sie die Einzige sind, die Russisch kann, haben Sie die Aufgabe, zu dolmetschen. Wenn Sie alle tun, was wir sagen, passiert Ihnen nichts.«

Ein Schauer überkam Emma angesichts seines kalten Tonfalls. Er hatte eine tiefe und raue Stimmlage. Sie konnte seinem ununterbrochenen Augenkontakt nicht lange standhalten und senkte den Blick. Ihre Wangen brannten und ihr war mulmig zumute. Er redete weiter, doch Emma konnte nicht mehr zuhören. Sie zuckte zusammen, als er mit einer vorher nicht dagewesenen Schärfe in seiner Stimme fragte: »Haben Sie das alles verstanden?«

Sie schluckte nur und nickte. Sie traute ihrer Stimme nicht und hatte viel zu viel Angst zuzugeben, dass sie nicht alles mitbekommen hatte.

»Dann können Sie jetzt zurück zu den anderen gehen.«

Als er sich nicht von der Stelle rührte, erhob sich Emma langsam. Auf dem Weg zur Tür merkte sie, dass sie kurz vor einem Kreislaufzusammenbruch stand. Sie versuchte, den Schleier vor ihren Augen wegzublinzeln, doch es funktionierte nicht. Sie war gerade durch den Türrahmen gegangen, als sie so sehr schwankte, dass sie zu stürzen drohte. Die Hand des Obersts schnellte vor und packte sie fest am Ellenbogen, sodass ein Schmerz ihren Arm heraufzuckte. Sie stieß einen Schrei aus und donnerte unangenehm gegen die Wand, als sie einen Satz weg von ihm machen wollte. Für einen Moment hatte sie gemeint, in ihm einen der Männer erkannt zu haben, die sie …

Als Emma genauso auf einen der Soldaten reagierte, den Ajoscha herbeigerufen hatte, stieß er ein Knurren aus und schließlich kam eine der Frauen aus der Küche ihr zu Hilfe. Sie zwang sich dazu, einen Schritt nach dem anderen zu machen, kämpfte sich durch den Schnee und eine steile Treppe hinauf, bis sie sich endlich wieder hinsetzen konnte.

In dem Raum befanden sich bereits die anderen Frauen. Er hatte keine Möbel und war nur mit Stroh ausgelegt. Es gab einen kleinen Ofen und ein paar Decken. Durch zwei winzige Fenster fiel das letzte Licht des Tages. Auch wenn der Schmerz höllisch war, erledigte Emma ihre Notdurft und legte sich danach auf eine der Decken.

Eine der ältesten Frauen, die aber gerade einmal Mitte dreißig sein mochte, kam und säuberte vorsichtig Emmas Kopfwunde. »Blutest du? Ich meine … unten?«, fragte sie leise und überrascht weiteten sich Emmas Augen. Mitfühlend verzog die Frau das Gesicht. »Es ist nicht zu übersehen«, erklärte sie mit gedämpfter Stimme. Die plötzlichen Falten auf ihrer Stirn ließen sie älter wirken, als sie eigentlich war.

Emma presste die Lippen fest aufeinander und begann wieder zu weinen. Sie sträubte sich, als die Frau, die sich mit dem Namen Margarete vorgestellt hatte, sie in den Arm nehmen wollte, doch das schreckte Margarete nicht ab. Sie gab Emma von einer dünnen Suppe zu essen, die gebracht worden war.

Nach einer Weile fragte eine der anderen Frauen: »Was wollten die gerade von dir?«

Nur mit Mühe konnte Emma ihre müden Augen aufhalten. »Der Offizier hat gesagt, ich soll dolmetschen. Wir sind Gefangene, aber wenn wir tun, was sie sagen, geschieht uns nichts.«

Eine Frau schnaubte. »Von wegen. Diesen Schweinen ist nicht zu trauen!«

Die Stimmung war bedrückt. Auch wenn sich bald alle zum Schlafen hinlegten, blieb die Anspannung und fiel auch nicht während der Albträume von ihnen ab.

4

Irgendwo in Ostpreußen
22. Januar 1945

Ajoscha sah aus dem Fenster des Zimmers, das er bezogen hatte. Er blickte direkt auf das Nebengebäude und den großen Hof. Seit dem Beginn des deutsch-sowjetischen Krieges und der daraus resultierenden Verdunklung von Moskau hatte er nun nachts wieder einen klaren Blick auf den Nachthimmel und die Pracht der Sterne. Auch hier auf dem Land, wo nur ein Feuer von dem aktuellen Wachdienst entzündet worden war, konnte er Stunden gen Himmel schauen und wurde nicht von anderen Lichtquellen gestört.

»Wenn ich den Himmel betrachte und das Werk deiner Hände sehe – den Mond und die Sterne, die du an ihren Platz gestellt hast –, wie klein und unbedeutend ist da der Mensch und doch denkst du an ihn und sorgst für ihn«, murmelte er leise einen Psalmausschnitt vor sich hin.

Von seiner Position aus sah er, wie die deutsche Dolmetscherin geholt und in das Haupthaus gebracht wurde. Es war sechs Uhr morgens. Ajoscha nahm eine Akte von seinem Schreibtisch und verließ dann mit großen Schritten das obere Stockwerk. Die anderen Soldaten teilten sich zu mehreren die anderen drei Zimmer. Als einziger Offizier stand ihm ein Einzelzimmer zu. Auf dem Weg in den Keller begegnete er zweien seiner Männer, die er im Vorübergehen grüßte. Sergej stellte sich stramm hin, als Ajoscha in den Kellergang kam. Die Tür zum Befragungsraum war geschlossen.

»Morgen. Stehen Sie bequem«, sagte der Oberst und gab die Akte, die er bei sich trug, an seinen Unteroffizier weiter.

»Morgen. Ich wollte Ihnen gerade Bescheid geben.«

»Ich habe durchs Fenster gesehen, dass Hoffmann geholt worden ist«, erklärte er und nickte einem weiteren Soldaten zu, der ihm die Tür aufschloss.

»Sind die Frauen durchsucht worden?« Er blickte über seine Schulter und sah Sergejs Nicken. »Lassen Sie es in mein Zimmer bringen.«

Ajoscha zog seine Handschuhe an, denn in dem Kellergewölbe war es sehr kalt. Er musste den Kopf einziehen, als er durch die Tür trat. Eine Glühbirne an der Decke leuchtete dämmrig. Emma Hoffmann saß wie gestern auf dem Stuhl in der Mitte des Raumes. Sie hatte krampfhaft die Hände ineinandergefaltet, sodass ihre Knöchel weiß hervortraten. Ihre rechte Hand war rötlich verfärbt, vermutlich war das passiert, als sie gestern in die Flammen des Feuers gegriffen hatte. Ihre Handgelenke wiesen violette Striemen auf.

Ajoscha bezog seine Position an der Wand, während Sergej sich auf den Stuhl setzte, der der Deutschen gegenüberstand. Ein Protokollant hielt sich im Hintergrund und schrieb auf einer Schreibmaschine mit.

»Nennen Sie Ihren Namen, Ihr Geburtsdatum und Alter«, sagte Sergej, während er die Blätter auf seinem Schoß sortierte.

»Emma Hoffmann. 10. November 1924. Zwanzig Jahre.«

Ihre Stimme war schwach. Ajoscha beobachtete ihre Gestik und Mimik, während er der Befragung zuhörte.

»Sind Sie Mitglied in der NSDAP?«

»Nein.«

»Jemand aus Ihrem engeren Familienkreis?«

Ein Muskel in ihrem Kiefer zuckte. Als sie nicht direkt antwortete, sah Sergej auf, doch sie hatte den Blick fest auf den Boden gerichtet. »Mein Vater war Mitglied«, sagte sie, nachdem sie sich geräuspert hatte.

»War?«

Emma hob den Kopf und sah dem Serschant direkt in die Augen. »Bis er von einem Russenschwein ermordet worden ist«, zischte sie und kassierte dafür einen Schlag von Sergej. Der Schmerz zog durch ihre Wange und dann durch ihren ganzen Kopf. Ihre Kopfschmerzen waren über Nacht nicht verschwunden und die Platzwunde pochte unangenehm. Mit dem Handrücken fuhr sie sich über den Mund. Ihre Lippe war aufgeplatzt. Ihre Augen funkelten böse, als sie Ajoscha anschaute. Er hatte die Arme verschränkt und reagierte auf keine Weise. Emma schnaubte leise. Von wegen, sie würden ihnen nichts tun. Sie waren nicht besser als irgendwelche anderen Russen.

»Sind Sie dem BDM vor 1936 beigetreten?« Das hieß, bevor eine Mitgliedschaft im Bund Deutscher Mädel verpflichtend war.

Alles in Emma schrie. »Ja«, sagte sie. Weil ihr Vater es gewollt hatte, aber das würde für die Sowjets wohl kaum eine Rolle spielen.

»Waren Sie aktiv an der Ermordung von Juden, politisch Andersdenkenden oder von irgendjemand sonst beteiligt?«

Sie runzelte die Stirn. »Nein.« Aber sie war mitschuldig. Sie hatte nichts dagegen unternommen.

So gut wie jede weitere Frage beantwortete sie mit Nein. Die ganze Situation, die Selektion der Frauen, der Transport hierher und die Befragungen wirkten geplant. Aber warum hatten sie dann keinen eigenen Dolmetscher, immerhin hätten sie wissen müssen, dass es Sprachbarrieren geben würde? Und wen suchten sie?

Als sie auf die nächste Frage nicht antwortete, stoppte das Klappern der Schreibmaschinentasten. Emma sah direkt an Sergej vorbei Ajoscha an. »Warum stellen Sie mir nicht die Fragen?« Aus ihrer Körperhaltung und ihrer Stimme sprach kein Selbstbewusstsein, allein ihre Worte strahlten es aus.

»Warum sollte ich? Würden Ihre Antworten dann anders ausfallen?«, fragte Ajoscha ruhig.

Emma zuckte leicht mit den Schultern.

Ajoscha wartete einige Sekunden ab und stieß sich dann mit dem Fuß von der Wand ab. Sergej stand auf und machte seinem Oberst Platz. Doch er setzte sich nicht, sondern stützte sich mit den Händen an der Rückenlehne ab.

»Woher können Sie Russisch sprechen?«, fragte er. Sie brach wieder den Blickkontakt ab. »Sie haben mich gefragt, warum ich die Fragen nicht stelle, jetzt tu ich es und Sie antworten mir nicht.« Er hob eine Augenbraue.

»Mein Vater war Russischlehrer«, sagte sie leise.

Zufrieden nickte Ajoscha. Er streckte die Hand aus und ohne, dass er etwas sagen musste, reichte Sergej ihm einige Fotos. Ajoscha setzte sich auf den Stuhl und ignorierte, dass Emma zurückzuckte. Er beugte sich vor und stützte die Ellenbogen auf den Knien ab. »Kennen Sie eine von diesen Personen?« Er zeigte ihr nacheinander verschiedene Fotos, während er aufmerksam ihre Reaktionen studierte.

Als Emma Andreas' Gesicht sah, setzte ihr Herz für einen Moment aus. Auf der Fotografie hatte er kürzere Haare und war glatt rasiert. Sie konzentrierte sich darauf, sich nichts anmerken zu lassen. Als Ajoscha ihr alle Bilder gezeigt hatte, schüttelte sie leicht den Kopf. »Nein.« Sie wartete einen Moment. »Was wollen Sie von uns? Warum halten Sie uns fest?« Während ihre Stimme lauter wurde, verstärkte sich auch das Zittern darin.

Ajoscha schob die Bilder ungerührt wieder zu einem Stapel zusammen und gab sie Sergej zurück.

»Sind Sie für den Geheimdienst tätig?«

Überrascht hob Emma die Augenbrauen. »Was?! Nein!«

Ajoscha stand auf. »Mitkommen«, sagte er und ging vor. Doch Emma wollte ihm nicht folgen. Würde sie nur in ihren eigenen Untergang laufen? Doch als sie sah, wie sich die Hand des Serschanten bereits zur Faust ballte, presste sie die Lippen zu einer dünnen Linie zusammen und folgte dem Oberst. Sergej ging hinter ihr. Ajoscha nahm keine Rücksicht auf ihre kurzen Beine, sondern nahm mit großen Schritten die Treppenstufen bis zu dem Stockwerk, in dem sein Zimmer lag. Er öffnete die Tür und trat ein.

Emma zuckte leicht zusammen, als Sergej hinter ihr die Tür schloss und sie allein mit dem Oberst in seinem Schlaf- und Arbeitszimmer stand. Hier war es um einiges wärmer als unten, sodass Ajoscha seine Handschuhe abstreifte. Am Bettende eines Einzelbettes stand eine Kiste. Im Kamin brannte nur noch die Glut des Brennholzes. Ein Schreibtisch stand vor einem Fenster und gegenüber dem Bett eine Kommode.

»Warum haben Sie keinen Dolmetscher dabei?«, fragte sie mit leiser Stimme, doch er reagierte nicht. Stattdessen nahm Ajoscha ein Säckchen, das auf der Tischplatte lag, und schüttelte den Inhalt heraus. Es kamen mehrere Ringe zum Vorschein, die metallisch klimperten, als sie aneinanderschlugen.

»Ist einer davon Ihrer?«, fragte er. Er zog einen Stuhl hervor und setzte sich mit dem Rücken zu ihr, während er einen Stapel Papiere durchsuchte.

Emma starrte den aus verschiedenen Materialien gearbeiteten Schmuck an. Was wollte er bezwecken? Fast hätte sie die Hand ausgestreckt und den Ring ihrer Schwester genommen.

»Nein«, log sie. Sie sah, wie er in der Bewegung verharrte. Dann stand er ruckartig auf, sodass die Stuhlbeine über den Boden kratzten. Aus Angst wich Emma einen Schritt zurück, als er mit hinter dem Rücken verschränkten Händen einen Meter vor ihr stehen blieb. Er ließ nicht den Blick an ihr herabgleiten, wie es die anderen Soldaten taten. Stattdessen suchte er den Blickkontakt, doch den Gefallen tat Emma ihm nicht.

»Sergej!«, schrie er auf einmal so laut, dass Emma zusammenzuckte.

Der Serschant kam herein.

»Haben Sie einen der Ringe Fräulein Hoffmann abgenommen?« Er verschränkte die Arme vor der Brust. Sie konnte vom Augenmaß her abschätzen, dass er einen Meter und fünfundachtzig Zentimeter groß sein musste, weswegen er auf Emma herabschaute.

»Ja, Oberst.«

»Welchen?«

Sergej zeigte auf den entsprechenden Ring. Ajoscha nahm ihn zwischen den Daumen und Zeigefinger. Emma biss sich auf die Unterlippe.

»Haben Sie ihn gestohlen?«, fragte Ajoscha und wog das Goldband in der Hand.

Sie schüttelte langsam den Kopf.

Der Oberst streckte die Hand aus und hob grob ihr Kinn an, damit sie ihm in die Augen sehen musste. Erschrocken zog Emma die Luft ein und packte sein Handgelenk, um seine Hand wegzudrücken, doch ihr Versuch ließ ihn völlig kalt.

»Erklären Sie es mir. Sie sind nicht verheiratet und haben den Ring nicht gestohlen. Wem gehört er dann?« Seine Stimme war so leise, dass nur sie sie hören konnte.

Emma schluckte. »Meiner Schwester«, sagte sie mit rauer Stimme.

»Wo ist Ihre Schwester?«

»Tot.«

Er nahm seine Hand von ihrem Kinn und schloss sie kurz zu einer Faust. »Wann starb sie?«

Tränen brannten in Emmas Augen. Seine Gefühllosigkeit machte die Situation noch schmerzvoller. »August letzten Jahres.«

Zufrieden nickte er und entließ sie mit einem Handwinken. Doch sie wurde nicht zurück zu den anderen Frauen gebracht. Den restlichen Tag über musste sie die Befragungen der anderen dolmetschen.

Die Verhörmethoden zeigten ihre Wirkung. Es machten sich zunehmend Erschöpfung und Verwirrung bei den Frauen bemerkbar, stellte Ajoscha fest, besonders bei Emma Hoffmann. Die unregelmäßigen Mahlzeiten raubten ihnen das Zeitgefühl. Stundenlang stellten sie den Frauen dieselben Fragen und zeigten ihnen dieselben Fotos. Stets übersetzte Emma Hoffmann. Manchmal nahm Ajoscha an den Verhören teil. Es kostete oft zehn Stunden an einem Tag, alle Frauen zu befragen. Sie durften erst abends wieder zusammen eingesperrt werden und mussten vorher getrennt festgehalten werden, damit sie keine Absprachen trafen.

Es klopfte an der Tür. »Herein.«

Sergej steckte den Kopf ins Zimmer. »Fräulein Hoffmann will mit Ihnen sprechen.«

Ajoscha wandte sich um und seine Mundwinkel zuckten verdächtig. In ihm keimte die Hoffnung auf, dass sie etwas Nützliches preisgeben wollte. »Sie kann reinkommen.«

Er wandte sich wieder den Papieren auf seinem Tisch zu. Die Tür wurde erneut geöffnet und dann geschlossen. Er lauschte ihren zögerlichen, leichten Schritten. Sie ging nicht mehr als drei Schritte in den Raum hinein.

»Was wollen Sie?«, fragte er in seiner üblichen nüchternen Art.

Emma zögerte. »Eine der Frauen, Margarete Schneider, braucht ärztliche Hilfe.«

Ajoscha runzelte die Stirn. »Warum?«

»Sie hat Fieber und fällt immer wieder ins Delirium wegen einer infizierten Wunde.«

»Woher haben Sie das Wissen, das zu beurteilen?«

Die Frage überraschte und verwirrte Emma gleichermaßen. Bei den Verhören wurde auch nach dem Beruf gefragt und zögernd hatte sie gesagt, dass sie Hebamme sei. Unter den Frauen ging das Gerücht um, die Rote Armee habe südlich von Allenstein alle Patienten, Ärzte, Krankenschwestern und Flüchtlinge in dem improvisierten Feldlazarett umgebracht. Emma hatte Angst, dass ihre medizinischen Kenntnisse gefährlich werden könnten.

»Ich … ich bin Hebamme«, erklärte sie.

Schweigen. Es ließ Emma nervös werden. Sie hörte eine Uhr ticken. Auf der Kommode lag eine Taschenuhr und das erste Mal seit Tagen konnte sie sehen, wie spät es war.

»Es befindet sich unter meinen Untergebenen kein Arzt. Und da wir uns noch im Kriegszustand befinden, sind die Ressourcen begrenzt. Auf eine Besserung kann man erst hoffen, wenn das Deutsche Reich endlich kapituliert.« Er spuckte das Wort förmlich aus. »Aber …«, setzte er wieder an, doch er wurde von Emmas Schnauben unterbrochen. Ajoscha ließ die Papiere in seiner Hand auf die Tischplatte fallen. »Oder glauben Sie etwa, dass Ihr Land und Hitler noch eine Chance hätten?!«

»Sie verweigern einer russischen Gefangenen medizinische Hilfe?« Seine vorhergehende Frage schien sie gar nicht gehört zu haben. »Sie sind es doch, die da draußen auch Frauen und Kinder verletzen?«, stieß sie hinter zusammengebissenen Zähnen hervor.

So ärgerlich hatte Ajoscha sie noch nie gesehen. Ein Muskel in seinem Kiefer zuckte, als er aufstand und sich mit verschränkten Armen gegen seinen Tisch lehnte, damit er sie ansehen konnte. Er legte den Kopf schräg. Er fragte sich, was für eine Vorstellung sie davon hatte, wie feindliche Gefangene im Krieg behandelt wurden.

»Ihr Volk ist es, das die Juden tötet, nur, weil sie die falsche Religion haben«, entgegnete er. »Oder wollen Sie sagen, dass Sie davon nichts wissen?« Er musterte sie, das erste Mal nicht kühl, sondern abschätzend.

Emma machte unweigerlich einen Schritt zurück und ihre Wangen begannen zu brennen. »Die Nazis drucken nicht in den Zeitungen ab, dass sie Juden töten.«

Ajoscha kniff die Augen zusammen. »Sie weichen meiner Frage aus.« Doch im Moment war er nicht an einer ehrlichen Antwort interessiert. Er nahm die Tasse, die neben ihm stand, und nahm den letzten tiefen Schluck daraus. Emma fragte sich, ob es etwas Stärkeres als Kaffee war.

Ajoscha fuhr sich mit dem Handrücken über den Mund. »Glauben Sie, die Deutschen führen einen Krieg, bei dem nur Soldaten verletzt und getötet werden? Die Deutschen haben genauso unsere Frauen vergewaltigt, wie Sie vergewaltigt worden sind.« Er hob kurz den Finger, als könnte Emma ihm wieder ins Wort fallen. Sie fühlte sich gedemütigt, das sah er. »Ich möchte damit keineswegs sagen, dass es richtig ist.« Er atmete langsam ein, denn eine innere Stimme forderte ihn auf, ruhiger zu werden. »Sie haben mich vorhin nicht zu Ende reden lassen. Unsere Ressourcen sind begrenzt, aber ich kann Ihnen Penicillin aushändigen. Allerdings verlange ich dafür eine Gegenleistung.«

Emmas rote Wangen, die auf eine Mischung aus Scham und Zorn zurückzuführen waren, wurden bleich und ihr Körper versteifte sich.

Ajoscha trommelte mit seinen Fingern auf seinen Arm. »Sie fertigen Übersetzungen von deutschen Dokumenten an und Sie erzählen mir alles, was Sie über die anderen Frauen wissen. Zusätzlich werde ich Ihnen und den anderen erlauben, auch mal an die frische Luft zu gehen.« Er wartete auf eine Reaktion und diese ließ ihn fast belustigt schmunzeln.

Emma fiel die Kinnlade nach unten. »Das ist Ihnen ein Leben wert?«

Ungerührt zuckte er mit den Schultern.

Emma biss sich auf die Unterlippe. Die anderen verraten, damit eine Person am Leben blieb? »Sie suchen doch eine ganz bestimmte Frau. Was würde mit ihr passieren, wenn Sie sie finden?«

»Sie würde in Russland vor Gericht gestellt werden.«

»Weswegen?«

Er schüttelte den Kopf. »Das geht Sie nichts an.«

»Aber Sie wird … körperlich unversehrt bleiben?«

»Ich gebe Ihnen mein Wort, dass sie, solange sie kein Gericht verurteilt, nicht angerührt wird.«

Seine Worte verursachten ihr eine Gänsehaut. Langsam begann sie zu nicken. »In Ordnung.«

Doch sie fühlte sich, als hätte sie ihre Seele und die der anderen verkauft.

5

29. Januar 1945

Ajoscha goss Wodka in die Gläser. Er saß in seinem Zimmer mit Generaloberst Bolschakow vor dem Kamin. Bolschakow war für einen Lagebericht gekommen. Er rauchte eine Zigarette, die jedoch in Vergessenheit geriet, als er von den ernüchternden Fortschritten erfuhr.

Ajoscha hatte schon öfter mit ihm zusammengearbeitet und war seine Wutausbrüche gewöhnt. Verhalten beobachtete er seinen temperamentvollen Vorgesetzten. Der Generaloberst war aufgesprungen und stützte sich mit den Händen an der Rückenlehne seines Stuhls ab. Zwischen Zeige- und Mittelfinger hielt er die Zigarette geklemmt. Sein Gesicht war wutverzerrt.

Ajoscha kniff die Augen zusammen und beugte sich vor. Seine Ellenbogen stützte er auf den Knien ab und die Hände hatte er gefaltet. »Sie wollen, dass ich härtere Maßnahmen ergreife?« Als Soldat war es eine Sache, andere Soldaten zu töten und zu verletzen, auch wenn er es hasste, aber eine andere, Gewalt gegen Frauen anzuwenden. Ein Zitat, das Elana in ihrem letzten Brief an ihn geschrieben hatte, kam ihm in den Sinn. Er hatte den Brief so oft gelesen, dass er ihn fast vollständig auswendig konnte. *Mir ist alles erlaubt. Aber nicht alles ist gut. Es ist mir zwar alles erlaubt, doch ich will mich von nichts beherrschen lassen.* Tat er nicht gerade das? Er ließ sich nicht nur von seinem Führer und seinen Vorgesetzten beherrschen, sondern besonders von diesem Krieg, der alles andere als gottgewollt war.

»Dieser Krieg ist nicht nur psychischer Natur, Iwanow, sondern von Anfang an eine physische Sache gewesen«, entgegnete Bolschakow. »Wir sind kurz davor, dieses Stück Scheiße, was sich Deutsches

Reich nennt, auszuradieren und mit ihm alle, die sich gegen uns gestellt haben.«

Ajoscha knirschte mit den Zähnen und sein Vorgesetzter sah das Zögern. »Es sind Deutsche, Ajoscha, vergessen Sie das nicht! Sie sind schuld an diesem Krieg.« Bolschakow stieß ein Seufzen aus, was Ajoscha überraschte. Der stämmige Mann ließ sich zurück auf den Stuhl fallen und griff nach seiner Tasse. Er trank sie in wenigen Zügen leer und wischte sich dann den Wodka, der ihm in den Bart gelaufen war, mit einer Handbewegung fort.

»Am 27. Januar«, begann er in einem nicht mehr ganz so aggressiven Tonfall, »hat die 322. Infanteriedivision der 60. Armee der 1. Ukrainischen Front südlich von hier einen Lagerkomplex, den die Deutschen Konzentrationslager Auschwitz-Birkenau nennen, erreicht.« Er machte eine Pause. Den Blick hatte er auf das Kaminfeuer gerichtet. »Sie sind auf fast 5 800 Menschen gestoßen, die völlig unterernährt und unter katastrophalen Umständen dort eingesperrt waren. Sie sind zurückgelassen worden. Sechzigtausend sind Richtung Westen getrieben worden. Nach bisherigen Kenntnissen war es nicht nur ein Arbeitslager, es … es war ein Vernichtungslager, Iwanow.«

Der Generaloberst suchte den Blickkontakt. »Die Überlebenden haben erzählt, dass bei der Ankunft im Lager selektiert worden ist. Alte und zu junge Menschen sind direkt in die Gaskammer getrieben worden, wo sie einen qualvollen Tod gestorben sind. Die anderen haben vorerst überlebt – nur um dann die Hölle auf Erden durchzumachen. Es gab einen Lagerarzt namens Mengele, der grausame Experimente durchführte. An Frauen und Kindern gleichermaßen wie an Männern. Die Briten haben zwar Luftaufnahmen von Auschwitz gemacht, aber dieses Ausmaß …« Er stoppte und schüttelte den Kopf. Ajoscha hatte noch nie gesehen, dass dieser Mann mit seinen Gefühlen kämpfen musste.

Der Generaloberst fuhr fort: »Vermutlich sind über hunderttausend Menschen dort ermordet worden. Verstehen Sie jetzt, warum wir so drastisch sein müssen? Diese Deutschen sind Abschaum! Jeder von ihnen, der nichts gegen dieses Unheil unternommen hat, hat genauso das Gas in die Kammer geleitet und sollte bestraft werden!« Er schenkte sich die nächste Tasse Wodka ein. Sein Alkoholpegel stieg.

Die deutschen Frauen – Emma Hoffmann – sind auch mit schuld, denn sie haben nichts gegen das Regime getan. Dieser Gedanke schoss Ajoscha durch den Kopf. Aber er machte sich doch genauso schuldig, indem er für sein Regime arbeitete – und das als Christ! Eine gefährliche Angelegenheit. Doch aus irgendeinem Grund hatte ihm Gott sowohl diese Arbeit als auch Emma Hoffmann aufs Herz gelegt. Er wusste nicht, wohin Gottes Ruf führen würde oder was Fräulein Hoffmann damit zu tun hatte, doch was er wusste, war, dass er keine Gewalt den Frauen gegenüber anwenden sollte.

»Wenn Sie sich nicht dazu in der Lage fühlen, meinen Befehl umzusetzen, enthebe ich Sie Ihres Kommandos und setze jemanden ein, der ohne mit den Wimpern zu zucken meinen Worten Folge leisten würde«, drohte Bolschakow.

»Sie zweifeln meine Loyalität an?«, fragte Ajoscha scharf und erhob sich von seinem Stuhl. Als er Bolschakow kurz den Rücken zuwandte, verzog er das Gesicht. Auch wenn es für ihn heftige Konsequenzen haben würde, aufzugeben, hätte er es liebend gerne getan. Doch eine innere Stimme sagte ihm, er solle einwilligen und zumindest vorgeben, als würde er den Befehl ausführen. Ajoscha verstand nicht warum, doch er tat es. Er hatte lange genug unter der strafenden Hand seines Vaters gelebt, um zu wissen, was für einen Hebel er drücken musste, damit sein Gegenüber zufrieden war.

»Wenn an ihr zu zweifeln ist: Ja, dann tu ich das.« Provozierend verengten sich Bolschakows Augen.

Ajoscha legte den Kopf schief. »Sie hätten mich wohl kaum auf diesen Posten gesetzt, wenn Sie nicht glauben würden, dass ich dafür geeignet bin.«

»Der Überzeugung war ich eigentlich, doch dann haben Sie gezögert.«

Für einen Moment zuckten Ajoschas Mundwinkel. »Sehen Sie diese Weichlichkeit als meine einzige negative Eigenschaft an.« Er hasste diesen Begriff so sehr! Sein Vater hatte mit ihm die Prügel, die Ajoscha im Jugendalter bezogen hatte, gerechtfertigt. *Zeige kein Mitgefühl, denn du solltest keins haben.* Seit diesem Zeitpunkt hatte Ajoscha gelernt nach außen einen Schein zu wahren, der im Widerspruch zu seinen inneren Gefühlen stand.

~

Das Penicillin zeigte seine Wirkung und Margarete ging es Stück für Stück besser. Doch Emma fühlte sich schlecht. Zwar nahmen ihre körperlichen Beschwerden ab, aber sie hatte das Gefühl, dass ihr ins Gesicht geschrieben stand, was sie getan hatte. Sie hatten durch eines der Fenster beobachtet, dass hoher Besuch da war. Die Soldaten, die aufeinandertrafen, tauschten sich untereinander aus und tranken. Man hörte, wie jemand Klavier spielte. Die Männer johlten vergnügt und waren so betrunken, dass sie nicht merkten, dass falsch gespielt wurde – aber Emma hörte es.

»Jetzt kommen sie sicher gleich und wollen sich amüsieren«, sagte eine der Frauen namens Klara, die ungefähr in Emmas Alter war. Nervös rieb sie sich die Oberarme. »Ich glaube, ich biete mich ihnen freiwillig an und mache mit«, sprach sie weiter.

»Glaubst du, das macht es erträglicher?!«, entgegnete Ursula schnippisch. Sie war eine treue Befürworterin des Nazi-Regimes, das wusste Emma. »Diese Schweine sollten genauso sterben wie die Juden! Sie sind Dreck!« Sie fluchte weiter, während Emma die

Augen schloss und den Kopf gegen die raue Wand lehnte. Sie wollte, dass Ursula aufhörte. Alles, was sie sagte, könnte die Russen noch mehr gegen sie auflehnen – wenn Emma es dem Oberst erzählte. Die ganze Nacht über hatte sie überlegt, ob er ihr auf die Schliche kommen würde, wenn sie nur bestimmte Informationen an ihn weitergab. Konnte sie das Risiko eingehen? Würde sie im Endeffekt nicht das Leben aller gefährden, wenn herauskam, dass sie Dinge verheimlichte?

Emma öffnete die Augen, als Ursula sie auf einmal in misstrauischem Ton ansprach. »Was weißt du, was wir nicht wissen?«

Emma blinzelte verwirrt. »Was?«

»Du bist so still. Du hast in letzter Zeit viel mit diesem Oberst Iwanow verbracht. Es muss doch einen Grund haben, dass wir plötzlich an die Luft dürfen? Vielleicht hast du ihm ja das Bett gewärmt!«

Empört schnaubte Emma. »Was fällt dir eigentlich ein?! Natürlich habe ich nichts dergleichen getan!« Auch wenn die direkte Anschuldigung falsch war, indirekt war etwas dran an dem Vorwurf. Emma spürte, wie sie rot anlief.

»Was soll das, Ursula?! Wir sind alle auf einer Seite, wir haben alle das Gleiche durchgemacht!«, verteidigte Margarete Emma. »Jede von uns kann bestätigen, dass Emma den ganzen Tag in diesem kalten Raum sitzt und übersetzen muss!« Emma warf Margarete einen dankbaren Blick zu.

»Es gibt immer Verräter!«, blaffte Ursula und starrte Emma mit hasserfülltem Blick an.

»Sie hat mir das Leben gerettet, indem sie das Penicillin besorgt hat!«

»Und was für einen Preis hat das wohl gehabt?!«, kam es schnippisch von Ursula zurück.

Plötzlich hämmerte einer der Wärter gegen die Tür. »нешумный! – Still!«

Emma fuhr sich mit der Hand über den Scheitel und schüttelte leicht den Kopf. Es schien ihr abstrus, das Wort zu übersetzen, die anderen hatten schon verstanden.

»Ich schwöre dir, wenn wir …«, setzte Ursula wieder an.

Doch auf einmal flog die Tür auf und alle Frauen zuckten überrascht zusammen. Es war bereits Nachmittag und heute wurden anscheinend wegen des Besuches keine Befragungen durchgeführt. Vor ihnen stand Sergej, der seinen grimmigen Blick über die Frauen schweifen ließ. Selbst Ursula duckte sich.

»Hoffmann.«

Wieder zuckte Emma zusammen, als sie ihren Namen hörte. Zögernd stand sie auf. Sie warf Margarete einen ängstlichen Blick zu, als sie von Sergej vorwärts gestoßen wurde. Sie gingen nicht den üblichen Weg in den Keller, sondern durchquerten das Haupthaus. Es stank schrecklich nach Schweiß und Alkohol, doch glücklicherweise musste sie nicht in den Aufenthaltsraum der Männer. Stattdessen ging es die Treppe hoch zu dem Zimmer des Obersts.

Emma schrak zusammen, als die Tür hinter ihr zufiel. Ajoscha saß mit freiem Oberkörper vor einer Kommode mit einer Waschschüssel. An seinem Hals baumelte eine Erkennungsmarke.

»Haben Sie schon einmal einen Mann rasiert?«, fragte er, ohne sie anzusehen.

Die Frage überraschte Emma und sie schluckte.

»Und?«, hakte er mit einem ungeduldigen Tonfall nach.

»Ja«, sagte Emma heiser.

Andreas.

Fast hätte sie angesichts der Erinnerungen, die hochkamen, angefangen zu weinen. Ajoscha schaute sie im Spiegel an und hob ihr dann eine Rasierklinge entgegen. Die Sekunden verstrichen, bis Emma sich langsam näherte. Ihre Knie wurden weich. Sie schluckte und nahm das Messer aus seiner Hand. Er drapierte sich ein Handtuch um die Schultern und legte seinen rechten Fuß auf sein linkes Knie.

Emma war verwundert, dass er ihr ungeschützt eine scharfe Klinge in die Hand gab. Aber er wusste wahrscheinlich, dass sie nie den Mut aufbringen würde, etwas Schlimmes zu tun. Sie trug Rasierschaum auf und berührte dann nur mit den Fingerspitzen sein Gesicht, um seinen Kopf leicht nach hinten zu drücken. Vorsichtig setzte sie das Messer an. Stück für Stück verlor er seinen Bart. Als sie ihn aus Versehen schnitt und Blut hervorquoll, schrak sie zusammen und entschuldigte sich schnell. Sie nahm ein Zipfel vom Handtuch und drückte es auf den Schnitt, doch Ajoscha verzog keine Miene. Auch nicht, als es zum zweiten Mal passierte. Sie schluckte schwer. Wenn er nicht gerade die Augen geschlossen hatte, beobachtete er ihr Gesicht.

Als sie fertig war, stoppte sie kurz und erwartete, dass er sie entließ, doch das tat er nicht. Sie seufzte innerlich und nahm dann das Handtuch, um den restlichen Schaum zu entfernen. Ohne Bart kamen seine maskulinen und markanten Züge besser zur Geltung.

»Ist Ihnen kalt?«, fragte Ajoscha plötzlich.

Emma senkte den Blick auf ihre Hände. Schon die ganze Zeit über zitterten ihre Finger. »Nein«, sagte sie. Eigentlich war ihr wegen ihres Mantels furchtbar warm und das sah man sicherlich auch in ihrem Gesicht, doch die Angst ließ sie zittern.

Sie zog scharf die Luft ein, als Ajoscha auf einmal sanft nach ihrem Handgelenk griff und ihre Fingerknöchel küsste. Er zog das Handtuch von seinen Schultern und ließ es auf den Boden fallen. Dann packte er Emma plötzlich und ehe sie sich es versah, hatte sie die Wand im Rücken und Ajoscha mit seinem muskulösen Körper vor sich, sodass sie nirgendwohin entrinnen konnte.

Ihre Angst und die Erinnerungen lähmten sie zunächst. Als sie aus ihrer Starre erwachte und sich zu wehren begann, packte Ajoscha mit seiner rechten Hand ihre Handgelenke und hielt sie fest zusammen.

Verzeih mir, Gott. Er wusste, was sein Verhalten bei ihr auslösen würde.

Panik erfasste Emma. Ihr Kreischen gellte in Ajoschas Ohren. Er agierte aus dem Affekt heraus, beugte sich vor und küsste sie auf den Mund – eine Kurzschlussreaktion. Als er sich von ihr löste, drehte sie den Kopf weg und er sah die Tränen, die ihr über das Gesicht liefen.

»Bitte ... bitte, hören Sie auf!« Sie versuchte, nach ihm zu treten, doch das ließ ihn völlig kalt.

Ajoscha drückte seine Wange gegen ihre. Ihr Körper bebte, das konnte er spüren. Sein Atem streichelte ihre Haut, als er leise sagt: »Ich tu Ihnen nichts.«

Emma erstarrte. Das hatte weniger mit seinen Worten als vielmehr mit der Tatsache zu tun, dass er sie in einem akzentfreien Deutsch sagte.

Ajoscha schämte sich dafür, dass er das Verlangen in sich hochsteigen spürte. Während seine linke Hand immer noch ihre Hände festhielt, berührte er mit der rechten sachte ihr Gesicht. Emmas kompletter Körper versteifte sich. Sie kniff fest die Augen zusammen.

»Alles wird gut«, hörte sie wieder Ajoschas sanfte Stimme an ihrem Ohr, die ungewohnt heiser klang. »Es ist gleich vorbei.«

Ajoscha wandte den Kopf um, während Emmas Wimmern an seine Ohren drang. Dann hörte er die Schritte, die er erwartet hatte, und es klopfte kurz. Ajoscha machte einen großen Schritt rückwärts und wandte sich dann erst zur Tür um. Dass seine Hand zitterte, versuchte er dadurch zu verbergen, dass er sie zu einer Faust ballte.

»Generaloberst.«

Ajoscha ließ den Mann eintreten, dessen Blick direkt auf Emma traf und auch ihren zerrissenen Rock erfasste. Sie war zu Boden gesunken, hatte die Beine angezogen und die Arme fest um sich geschlungen. Ihr Gesicht verbarg sie in ihren Armen. Leise hörte man sie weinen.

Ajoscha nahm sein Hemd und schlüpfte in die Ärmel, ohne eine Miene zu verziehen. Er begann es zuzuknöpfen, als er aufsah und das zufriedene Lächeln auf Bolschakows Lippen erblickte. Ajoscha gefiel nicht, wie er Emma ansah.

»Die hätte ich mir auch genommen«, sagte der General mit einem Zungenschnalzen. Er reichte Ajoscha einige Papiere und verabschiedete sich dann. Ajoscha salutierte, während das Blut in seinen Ohren rauschte. Nachdem Bolschakow den Raum endlich wieder verlassen hatte, ließ er die Unterlagen unbeachtet auf den Tisch fallen und trat dann auf Emma zu. Sie zuckte zurück, also blieb Ajoscha auf Distanz. Er seufzte und setzte sich ihr gegenüber gegen das Bett gelehnt auf den Boden.

»Ich musste das tun und es tut mir auch sehr leid«, begann er auf Deutsch.

Sie rührte sich nicht. Ajoscha biss sich auf die Unterlippe. »Dieser Mann ist mein direkter Vorgesetzter, der diese ... Untersuchung veranlasst hat. Da wir zu keinen nennenswerten Fortschritten gekommen sind, hat er mir die Order gegeben, Gewalt anzuwenden, um Informationen zu bekommen. Ich wusste, wann er kommen und sich verabschieden würde. Ich musste den Eindruck erwecken, als würde ich seinen Anweisungen Folge leisten. Doch es widerspricht meinen Moralvorstellungen, Ihnen oder einer der anderen Frauen körperliche Gewalt anzutun.«

Langsam hob Emma den Kopf, ihre Augen waren verweint. »Wollen Sie, dass ich durch die Androhung von Gewalt bei einer der Personen ein Geständnis erwirke?«

Ajoscha runzelte kurz die Stirn, weil sie auf Russisch geantwortet hatte. »Diese Gewalt wird nicht unter meinem Kommando erfolgen. Früher oder später werde ich ersetzt und dann habe ich nicht mehr die Kontrolle darüber, dass die Schuldige eine gerechte Gerichtsverhandlung bekommt. Ich kann sie nicht beschützen.« Für einen kurzen Moment sprach Mitgefühl aus seiner Stimme, das ihn so viel menschlicher wirken ließ, als er sonst auftrat.

»Ich hoffe, Sie vergeben mir«, sagte Ajoscha und stand auf, als sie nichts entgegnete.

6

In der Nacht schlief Ajoscha nicht. Er schritt nervös in seinem Zimmer auf und ab.

Warum? Warum? Warum?

»Du hast gesagt, ich soll den Auftrag übernehmen, und dann mache ich das und was ist?! Ich bin machtlos und kann nur zusehen, wie die Sache aus dem Ruder läuft!«

Er biss die Zähne zusammen und zwang sich, leiser zu sein. Er faltete die Hände. Ihm war bewusst, dass er mit seinem Verhalten Emma Hoffmann gegenüber gegen Gottes Willen verstoßen hatte.

Vertrauen. Ajoscha stöhnte. *Bittet und so wird euch gegeben.*

Er ließ sich auf die Knie fallen, den Kopf in den Nacken gelegt. »Ich merke davon aber nichts. Ich will Frieden!«

Und ihr dürft zuversichtlich sein, dass ich euch erhöre, wenn ihr mich um etwas bittet, das meinem Willen entspricht, säuselte die innere Stimme.

»Es kann doch nicht dein Wille sein, dass dieser Krieg tobt und Menschen sterben, die du doch so ungemein liebst!«

Diesmal war es nicht die Stimme, die antwortete, sondern Elana in seiner Erinnerung: »Vertraue Gott, so wie Abraham es tat und bereit war, alles zu tun, was Gott von ihm verlangte.«

Ajoscha ließ seine Arme sinken, die er aufgebracht in die Höhe gestreckt hatte. Er sackte ein Stück in sich zusammen. Sein Herz zog sich bei dem Gedanken zusammen.

»Er verlangt nichts von dir, was du nicht schaffen könntest«, hatte Elana sanft gesagt.

»Ich sehe aber nicht, wohin das führt!«, hatte er damals geantwortet.

Sie hatte geschmunzelt und in diesem Moment wirkte es auf ihn so, als würde auch Gott schmunzeln. Nicht gehässig, sondern so, wie ein Vater sein Kind ansah.

»Das hat er auch nie behauptet. Im Nachhinein wirst du womöglich die Erkenntnis haben.«

Ajoscha schloss die Augen und lauschte der Konversation zu Ende, die er vor so langer Zeit geführt hatte.

»Das bedeutet aber nicht, dass es einfach wird«, hatte er gesagt.

»Nein, es gibt keine Garantie. Aber warum fürchtest du dich, diesen Schritt zu gehen, wenn du glaubst? Oder glaubst du etwa nicht mit deinem Herzen, sondern nur mit deinem Kopf? Du musst einen Schritt tun, die Frage ist, ob mit oder ohne Hilfe.«

Ajoscha atmete langsam ein und betete das Vaterunser im vollen Bewusstsein von dessen Worten. Er hielt nichts von bloßen Traditionen und Gewohnheiten.

Dann stand er auf. Er war immer noch hellwach. Die Sorge war einem mulmigen Gefühl gewichen. Er öffnete die metallene Kiste an seinem Bettende und nahm sein Tokarew-Gewehr heraus. Er zog Stiefel, Mantel, Mütze und Handschuhe an und ging nach draußen.

Dort hatte sein Soldat Noyan Wachdienst. Von den Frauen und auch allgemein den Deutschen wurde er gefürchtet, weil die meisten noch nie einen Mongolen gesehen hatten.

»Alles ruhig?«, fragte Ajoscha und stellte sich zu seinem Mann ans Feuer. Das Gewehr trug er auf dem Rücken. Die anderen Wachhabenden patrouillierten gerade, um sich aufzuwärmen.

»Alles ruhig. Wollen Sie jagen? Ich glaube, das Gewehr wird Ihnen nicht viel nützen, außer Sie wollen versuchen, damit Fische aus dem gefrorenen Teich zu schießen.«

Ajoschas Mundwinkel zuckten leicht. »Wollen Sie sich schlafen legen? Da ich sowieso die ganze Nacht wach sein werde, kann ich genauso gut hier meinen Gedanken nachhängen.«

»Solange Sie das konzentriert tun, gerne.«

Ajoscha klopfte ihm auf die Schulter. Es war eisig. Mit der Hand fuhr er sich übers Kinn. Er wünschte sich seinen Bart herbei, aber dafür musste er noch einige Zeit warten. Noch fünf Stunden bis Sonnenaufgang. Würden seine Männer ihn für verrückt erklären, wenn er anfing, einen Schneemann zu bauen? Vermutlich.

31. Januar 1945

Ajoscha knüllte das Telegramm in seiner Hand zusammen.

»Der Geländewagen steht bereit«, sagte Sergej schwer atmend, der gerannt war und sich nun am Türrahmen festhielt.

Ajoscha nahm seinen Rucksack und stopfte das Telegramm in seine Manteltasche. »Sie haben das Kommando, Serschant. Wenn es etwas Dringendes gibt, melden Sie sich über Funk.« Mehr Zeit für Instruktionen nahm er sich nicht, sondern verließ das Haus.

Einige der Frauen hielten sich gerade an der frischen Luft auf. Emma hatte den Kopf in den Nacken gelegt und genoss die warmen Sonnenstrahlen. Sie hatte am Morgen mit den Übersetzungen angefangen, mit denen sie beauftragt worden war.

»Hoffmann, mitkommen!«, bellte Ajoscha und stieg hinten in den bereitstehenden Wagen.

Ein Soldat hielt eine der hinteren Autotüren auf und wartete, bis Emma kam.

Ihr Herz pochte vor Angst. Was sollte das schon wieder? Sie schlang ihren Mantel enger um sich und stieg ein.

Ajoscha hielt den Blick starr aus dem Fenster gerichtet und sagte nichts. Der Fahrer fuhr los. So fuhren sie eine halbe Stunde, bis sich Emma traute zu fragen, wohin es ging.

Doch Ajoscha hatte nicht einmal den Anstand, sie anzuschauen, geschweige denn zu antworten. Verärgert biss Emma die Zähne aufeinander. Sie konnte nicht wissen, dass Ajoscha in Gedanken versunken war. Auch sie sah nach draußen, kniff aber die Augen zusammen, weil der Schnee das Sonnenlicht so stark reflektierte.

Nach einer weiteren Stunde kamen sie an einem Bauernhof an. Auch hier wimmelte es von Rotarmisten. Der Oberst öffnete die Tür und stieg aus, bevor der Wagen überhaupt zum Halten kam. Ein Soldat, dem Ajoscha im Vorbeigehen Anweisungen gegeben hatte, nahm Emma in Empfang. Sie folgten Ajoscha zwar ins Haus, aber sie sah gerade noch, wie er zwei Stufen auf einmal nehmend die Treppe hinaufstieg, während sie in einen Raum im Erdgeschoss gebracht wurde.

»Anziehen«, sagte der Soldat und deutete auf ein Bündel Kleider, die auf einem Stuhl lagen. Dann zog er sich zurück.

Verwirrt blieb Emma für einen Moment stehen. Sie verstand beim besten Willen nicht, was hier los war. Sie griff nach dem Bündel und faltete es auseinander. Es war ein dunkelblaues Kleid, was ihr vermutlich zu groß sein würde, aber sie war froh, endlich ihren kaputten braunen Rock loszuwerden. Schnell zog sie sich um, als sie erstarrte. Frauenschreie drangen an ihr Ohr. Was war das für ein Ort? Was sollte sie hier tun? In ihrem Kopf jagten sich die Gedanken, während sie mit zittrigen Fingern schnell das Kleid verschloss, da der Soldat jeden Augenblick wiederkommen konnte. Sie hatte gerade den Stoff glatt gestrichen, als er zur Tür hereinkam. Emma presste die Lippen aufeinander. Was wäre gewesen, wenn sie noch gar nicht fertig gewesen wäre? Sie unterdrückte ihre aufkommende Wut.

Der Soldat führte sie ins Obergeschoss. Eine beängstigende Stille lag über dem Haus und die Schreie waren verklungen. Der Soldat klopfte kurz an eine Tür, machte sie dann auf und stieß Emma hinein, bevor die Tür wieder ins Schloss fiel. Emmas Mund öffnete sich, doch sie bekam keinen Ton über die Lippen.

Vor ihr stand der Oberst. Er hatte seinen Rucksack unbeachtet auf den Boden fallen lassen und strich einer schwangeren Frau im

Nachthemd, die auf einem Bett lag, ihre verschwitzten Haarsträhnen aus dem Gesicht. Dann traf sein Blick den von Emma.

»Das ist die Hebamme, von der ich dir erzählt habe«, sagte er mit einem sanften Tonfall. Ein Schauer lief Emma über den Rücken. So hatte sie ihn bisher nur reden gehört, als er ihr zu nahe gekommen war.

Die Frau schaute Emma an und wollte gerade etwas sagen, als die nächste Wehe begann und sie aufschrie. Ihre eine Hand hatte Ajoschas fest umklammert, während die andere sich in die Matratze krallte.

Emma erwachte aus ihrer Starre. Sie sah, dass bereits Handtücher und heißes Wasser bereitstanden. »Ich heiße Emma«, sagte sie und zwang sich zu einem Lächeln. Es schien eine Ewigkeit vergangen, seit sie das letzte Mal gelächelt hatte.

»Wie heißen Sie?«, fragte sie und versuchte, das Zittern ihrer Hände unter Kontrolle zu bringen. Sie sollte einer russischen Frau bei der Geburt helfen? Was war, wenn sie oder ihr Kind starben? Was würden die Russen tun? Die Verantwortung lastete so schwer wie noch nie auf Emmas Schultern.

»Elana Iwanowa«, erwiderte die Frau und ließ ihren Kopf erschöpft zurück in das Kopfkissen fallen.

Überrascht sah Emma hoch und ihre Augen weiteten sich. Elana Iwanowa? Ihr Blick traf die Hand der Frau. Sie trug einen Ring. Schnell senkte sie den Kopf und versuchte, sich nichts anmerken zu lassen. Der Oberst war verheiratet? Aus irgendeinem Grund überraschte sie das. Ob Elana wusste, wer Emma war und was ihr Mann tat?

Es war unüblich, dass Männer bei der Geburt dabei waren, doch wenn er sich nicht vom Fleck rührte, würde Emma Ajoschas Gegenwart einfach akzeptieren.

»Wie lange haben Sie schon Wehen?«

»Dreizehn Stunden.«

Ajoschas Augenbrauen schossen in die Höhe, doch Emma klärte ihn nicht auf, dass manche Geburten bis zu sechsunddreißig Stunden dauern konnten.

»Ist das Ihr erstes Kind?«, fragte Emma, während sie die Frau untersuchte.

»Ja«, antwortete Ajoscha an ihrer Stelle. Seine Hand ließ Elana nicht los, doch aus den Augenwinkeln nahm Emma wahr, dass er sie beobachtete.

»Was ist?«, fragte er auf Deutsch, als Emmas Gesichtsausdruck sich veränderte.

Sofort schossen Bilder durch ihren Kopf, als er zum ersten Mal auf Deutsch etwas zu ihr gesagt hatte. Sie schluckte und versuchte, die Erinnerungen zurückzudrängen. Anscheinend verstand seine Frau kein Deutsch. »Das Kind liegt falsch. Es hat sich nicht gedreht. Der Kopf müsste eigentlich unten liegen, doch das tut er nicht«, erklärte sie.

»Was ist los?«, fragte die Frau.

Ajoscha wandte sich ihr wieder zu. Nun griff auch Elanas zweite Hand nach ihm. »Keine Sorge«, murmelte er und drückte ihr einen Kuss auf die Stirn.

»Du Idiot, glaubst du nicht, dass ich nicht merke, dass etwas nicht stimmt?!«

Emma ergriff das Wort und kassierte dafür einen bösen Blick von Ajoscha. »Das Kind liegt falsch herum.« Sie zögerte. »Ich kann eine äußere Wendung versuchen, aber dabei besteht die Gefahr, dass sich die Nabelschnur um den Hals des Babys wickelt.«

Die Frau wollte etwas sagen, doch die nächste Wehe raubte ihr für einen Moment die Stimme. Doch dann schrie sie Ajoscha an: »Du verdammter Idiot!«

Emma wurde rot, als ihr bewusst wurde, warum sie das schrie: Weil er sie in diese Situation gebracht hatte als Vater des Kindes.

Sie verschluckte sich fast an ihrem Schluck Wasser, den sie gerade getrunken hatte.

»Tun Sie es«, murmelte die Frau Emma zu, als sich ihr Körper wieder entspannte.

Angst stieg in Emma hoch. Angst, dass etwas Schlimmes passieren könnte. Doch ohne Komplikationen gelang es ihr tatsächlich, dass das Kind sich drehte. Immer wieder vergewisserte sie sich, dass das Herz des Babys noch schlug. Stundenlang wich sie zusammen mit Ajoscha nicht von Elanas Seite, sondern unterstützte sie, wie sie nur konnte. Nach weiteren zehn Stunden war Elana zunehmend geschwächt.

»Gleich ist das Kind da!«, beruhigte Emma sie. Es war ein Arzt auf dem Weg, doch es konnte sich noch um Stunden handeln.

Endlich wurde das Baby geboren. Emma nahm sich kaum Zeit, es in ein Handtuch zu wickeln, als sie die Nabelschnur abgetrennt hatte und es Ajoscha in den Arm drückte. Es schrie, das bedeutete, es atmete. Jetzt hatte die Mutter für Emma Priorität, die nach der Anstrengung und dem Blutverlust ohnmächtig geworden war.

Hilflos schaute Ajoscha das strampelnde Bündel in seinen Armen an und sein Herz war verloren.

~

Emma schlief bei Elana im Zimmer. Die junge Mutter war sehr geschwächt, aber von Stunde zu Stunde ging es ihr besser. Zwei Stunden nach der Geburt war der Arzt dagewesen und hatte getan, was er konnte. Doch da er an der Frontlinie gebraucht wurde, war er wieder fort.

Elana stillte gerade ihr Baby, als Ajoscha hereinkam und sich auf die Bettkante setzte. Emma nahm eine Veränderung an ihm wahr. Die Falten auf seiner Stirn und um seine Augen herum waren tiefer geworden – sie fragte sich, ob das mit Elana zu tun hatte oder mit etwas anderem. Doch vor allem war er wie ausgewechselt, sobald er das Zimmer betrat. Es schien, als habe die Uniform keine Bedeutung mehr, sondern sei nur noch eine Hülle.

»Und wie willst du ihn nennen?«, fragte Ajoscha mit gedämpfter Stimme.

Elana schaute hoch. »Dimitrij«, sagte sie heiser.

Ajoscha nickte und das erste Mal sah Emma in seinen Augen einen weichen Ausdruck. »Dimitrij«, wiederholte er.

Er unterhielt sich mit Elana, bis diese erschöpft einschlief. Sein Blick schweifte zu Emma, die gerade in einem Buch las, das Elana ihr gegeben hatte. Er wollte Elana vor der Wahrheit beschützen, wer Emma wirklich war. Deswegen hatte er das neue Kleid organisiert. Emma strich sich gerade eine Strähne, die sich gelockert hatte, aus ihrem Gesicht, die Wangen gerötet. Doch die Ärmel krempelte sie nicht hoch. Sein Innerstes zog sich zusammen, als er daran dachte, warum. Zwar waren ihre violetten Blutergüsse, die sie seit Allenstein hatte, nun grünlich verfärbt und nicht mehr so auffällig, doch waren seit dem Vorfall in seinem Zimmer neue dazugekommen. Es war ihm gar nicht bewusst gewesen, wie fest er sie angefasst hatte.

»Warum ist sie hier?«, fragte Emma plötzlich mit leiser Stimme, ohne ihn anzusehen.

Ajoscha blickte zu Elana, die ihren Sohn im Arm hielt, der ebenfalls schlief. Es überraschte ihn, dass Emma eine solche Frage an ihn richtete.

»Das ist polnisches Gebiet. Sie lebt einige Kilometer entfernt von hier in Białystok.«

Białystok war bereits von den Sowjets erobert worden.

»Und warum haben die Soldaten sie geholt?« Das konnte er doch nicht allein durch seine Position bewerkstelligt haben.

»Mein Vater ist ein mächtiger Militär, der seinen Einfluss eingesetzt hat, um seine Schwiegertochter und sein Enkelkind zu beschützen.« Damit war das Thema für ihn offensichtlich erledigt, denn er stand auf und verließ den Raum.

Emma nahm sich ihre Schüssel mit Essen. Es war um einiges besser und nahrhafter als das, was die gefangenen Frauen bekamen. Wahrscheinlich hatten die Russen die Vorräte von deutschen Familien geplündert. Emma verging der Appetit und sie schob die Schüssel von sich.

7

3. Februar 1945

»Schau dir die Augen an! Sie sehen genau aus wie deine. Und diese kleinen Füße!«

Lächelnd beobachtete Ajoscha, wie Elana ihren Sohn anschaute. Sie konnte das stundenlang tun und er konnte ihr stundenlang dabei zusehen. Was für ein Wunder Gottes so ein kleiner Mensch war!

Emma Hoffmann war vor zwei Tagen zu den anderen zurückgekehrt, damit die Befragungen fortgeführt werden konnten und sie auch mit den Übersetzungen anfangen konnte.

»Woher kennst du die Hebamme?«, fragte auf einmal Elana und ließ ihn überrascht hochsehen. Er schluckte.

»Sie dient meinen Männern als Übersetzerin«, sagte er. Gelogen war es nicht, nur nicht die ganze Wahrheit. War seine Angst so groß, dass Elana einen anderen Eindruck oder ein anderes Bild von ihm bekam, wenn er erzählte, was er in diesem Krieg tat?

»Und woher kommt sie?«

»Ostpreußen.« Grimmig verzog Ajoscha das Gesicht. Was sollten diese ganzen Fragen? Da klopfte es an der Tür. Ajoscha stand auf und öffnete.

»Oberst, Serschant Pawlow hat sich über Funk gemeldet und gesagt, Sie sollten so schnell wie möglich zurückkehren«, berichtete ein Soldat.

»Hat er gesagt, warum?«

»Nein.«

»Lassen Sie den Wagen bereitmachen. Wegtreten.«

Ajoscha biss die Zähne verärgert zusammen. Er würde Sergej einen gehörigen Einlauf dafür verpassen, dass er nicht erklärt hatte, weshalb seine Anwesenheit erforderlich war.

»Elana?«

Mit einem Lächeln auf dem Gesicht wandte sie sich zu ihm um, doch es verschwand, als sie seinen ernsten Gesichtsausdruck sah. »Was ist los?«, fragte sie.

Ajoscha nahm Dimitrij auf den Arm und drückte ihm einen Kuss auf die Stirn. »Ich muss zurück zu meinen Männern. Anscheinend sind sie ohne Offizier völlig aufgeschmissen.« Es schwang kein Humor in seiner Stimme mit. So lange hatten er und Elana sich nicht gesehen und er hatte nur sehr wenig Zeit mit Dimitrij verbringen können. Er hatte vor einigen Tagen gebetet, dass Gottes Wille geschehen möge. Was war, wenn das hier der Abschied für immer war?

»Bitte weine nicht«, sagte Ajoscha und sein Gesichtsausdruck wurde sanfter. Er legte das Kind vorsichtig auf das Bett und zog Elana dann in seine Arme. An seiner Brust weinte sie und Ajoscha tat es im Herzen weh, sie so zu sehen. Ihre Hand krallte sich in sein Hemd.

»Kann nicht ein anderer Offizier die Leitung übernehmen?«, fragte sie mit gedämpfter Stimme.

Ajoschas Körper spannte sich an. Jeder, den der Generaloberst an seiner Stelle einsetzen würde, würde sich nicht scheuen, Gewalt anzuwenden, um sein Ziel zu erreichen. Vielleicht schickte Gott ihn deshalb zurück, damit das nicht passierte. Aber er hatte immer noch keine Lösung für sein Problem, dass er bald etwas liefern musste. Alles war nur eine Frage der Zeit, bis das Ganze aus dem Ruder lief.

Früher als geplant musste Ajoscha jetzt auch auf die Schnelle ein bestimmtes Thema mit Elana besprechen. »Bitte versprich mir, dass du nach Moskau gehst. Mein Name wird dir Schutz bieten und im Haus meines Vaters würdest du noch einmal sicherer sein«, bat er heiser.

Elana löste sich von ihm und starrte ihn an. »Die Front rückt doch nach Westen vor. Du hast doch selbst gesagt, dass das Deutsche Reich kurz vor dem Zusammenbruch ist?«

Kurz schloss er die Augen. »Eben deshalb. Wir wissen nicht, was dann ist.«

»Es sind doch Russen, die deutsche Ostgebiete besetzen?«

»Aber es gibt genug antikommunistische Stimmen hier in Polen, die für dich zur Gefahr werden könnten.« Er schluckte. »Ich will, dass wir in Moskau leben. Die Situation in Russland ist mittlerweile weitaus stabiler als in einem Land, das sechs Jahre lang unter deutscher Besatzung gelitten hat!« Er zwang sich dazu, seinen Tonfall zu mäßigen.

»Du weißt doch selbst nicht, wo du stationiert sein wirst, wenn der Krieg vorbei ist!«

»Nein, das weiß ich nicht, aber ich musste sechs lange Jahre mit dem Gedanken leben, dass du dich hinter feindlichen Grenzen aufhältst. Bis auf das eine Mal, wo wir uns zu dir durchgeschlagen haben, hast du dich geweigert, die Flucht anzutreten.« Sein Blick schweifte zu dem kleinen Dimitrij, der eingeschlafen war. In jener Nacht war er gezeugt worden.

Er wartete ab.

»Kehren wir irgendwann zurück?«, fragte sie mit trauriger Stimme.

Ajoscha strich ihr beruhigend über die Oberarme. »Irgendwann vielleicht.«

~

Sergej stand schon vor dem Hauptgebäude und nahm Ajoscha in Empfang.

»Es gab einen Vorfall«, berichtete er.

»Was für einen Vorfall?«, fragte Ajoscha ungeduldig. Er ging durch den Schnee zur Eingangstür und gezwungenermaßen musste der Serschant ihm folgen.

»Besser, Sie sehen es mit Ihren eigenen Augen. Gehen Sie in Ihr Zimmer. Emma Hoffmann fertigt dort gerade Übersetzungen an.«

Verwirrt blieb Ajoscha stehen und drehte sich um. Er sah, dass Sergej schluckte und dabei sein Adamsapfel auf und ab hüpfte. Normalerweise würde er ihn jetzt maßregeln dafür, dass er nicht Bericht erstattete, wie es von ihm verlangt wurde. Doch wieder war da die innere Stimme, die Ajoscha anleitete. Seine Augen verengten sich zu Schlitzen und er betrat das Haus. Auf dem Weg zur Treppe blieb er jedoch im Türrahmen zu dem Aufenthaltsraum der Soldaten stehen. Sie murmelten eine Begrüßung, wichen aber seinem Blick aus. Dieser Vorfall hatte anscheinend nicht nur mit Emma Hoffmann, sondern auch mit den Soldaten zu tun. Eine böse Vorahnung machte sich in ihm breit.

O Gott, habe ich nicht schon genug Probleme am Hals?!

Doch dann rief er sich ins Gedächtnis, dass er gebetet hatte: »Dein Wille geschehe.«

Er seufzte innerlich. Dann zog er seine Handschuhe aus und ließ sie in seine abgesetzte Kopfbedeckung fallen. Noch einmal ging sein Blick über die Männer, bevor er die Treppe nach oben stieg und sein Zimmer betrat. Sergej war ihm nicht gefolgt.

Emma saß wie das letzte Mal am selben Platz und fertigte Übersetzungen an. Auch dass sie zusammenschreckte, wenn er den Raum betrat, war normal. Auch, dass keiner von ihnen etwas sagte. Aber diesmal saß sie nur auf der Stuhlkante. Ihre linke Hand war so fest zu einer Faust geballt, dass ihre Knöchel weiß hervortraten. Auch wenn im Kamin ein Feuer brannte, zitterte sie. Sie hatte ihren Mantel an.

Als er näher trat, sah er Schweißperlen auf ihrer Stirn. Er hatte sie vor einigen Tagen aufgefordert, schneller zu arbeiten. Nur deshalb saß sie wahrscheinlich überhaupt hier.

»Stehen Sie auf«, sagte er mit zusammengekniffenen Augen und ließ seine Mütze auf die Kommode fallen.

Die Stuhlbeine kratzten über den Boden, als sie aufstand. Dass sie leicht die Luft einzog, war kaum zu hören. Sie schaute ihn nicht an, sondern hielt den Kopf gesenkt. Jegliche Farbe war aus ihrem Gesicht gewichen. Mit gerunzelter Stirn legte Ajoscha seinen Finger unter ihr Kinn und hob ihren Kopf an, sodass sie ihm für einen Augenblick in die Augen sah. Es war eine grobe Berührung. Doch dann schlug sie die glasigen Augen wieder nieder. Zurückweichen konnte sie nicht, weil hinter ihr der Schreibtisch war.

»Ziehen Sie den Mantel aus«, sagte er mit der gewohnten Härte in seiner Stimme, als er seine Hand zurückzog und hinter dem Rücken verschränkte. Doch sein Unmut schnürte ihm fast die Stimme ab.

Emmas Mund öffnete sich leicht. »Bitte, ich …«

»Tun Sie es.« Er erhob seine Stimme nicht, trotzdem lief Emma ein Schauer über den Rücken angesichts seines Tonfalls. Sie biss die Zähne zusammen, als sie ihren Mantel aufknöpfte und ihn vorsichtig erst von der einen und dann von der anderen Schulter gleiten ließ.

»Drehen Sie sich um.« Die Härte war verschwunden und das machte Emma Angst, denn so kannte sie ihn nicht. Sie atmete ein und drehte sich um.

Ajoscha zwang sich dazu, keinen Laut von sich zu geben. Er biss so fest vor Wut die Zähne zusammen, dass die Muskeln an seinem Kiefer hervortraten.

Jemand hatte sie ausgepeitscht. Mit einer Peitsche, in die kleine Stacheln eingearbeitet waren, sodass sie die Haut aufschlitzte.

Emmas Zittern wurde stärker und Ajoscha konnte sie gerade noch auffangen, als ihre Beine nachgaben. Sie schrie vor Schmerzen auf, als er sie hochhob und aufs Bett setzte. Er drehte sie auf den Bauch. Ihre Finger krallten sich in die Decke des Bettes. Tränen liefen über ihr Gesicht.

»Sergej!«, schrie Ajoscha laut genug, dass dieser ihn hören würde, wenn er sich unten bei den anderen aufhielt. Aber vermutlich wartete er bereits vor der Tür. Mit einem Ruck zerriss Ajoscha das Rückenteil von Emmas Kleid und für einen Moment verstärkte sich ihr Wimmern. Er nahm einen Lappen, tauchte ihn in das Wasser einer Waschschüssel und wrang ihn aus.

Sergej schlüpfte durch die Tür.

»Ich gebe dir eine Minute, das zu erklären.« Ajoscha sah nicht einmal hoch, als er sich an die Bettkante setzte und begann, die Wunden vorsichtig zu säubern. An Emmas erschlafften Muskeln sah er, dass sie das Bewusstsein verloren hatte. Das war wohl besser so.

Sergej atmete hörbar ein. »Einer der Soldaten war wütend, weil er nicht die Antwort bekommen hatte, die er hören wollte.«

»Wer?!«

Die Lippen seines Untergebenen wurden zum schmalen Strich. Weil die Auspeitschung erfolgt war, als er die Befehlsgewalt über die Männer innegehabt hatte, war es möglich, dass auch er zur Rechenschaft gezogen würde. »Das weiß ich nicht. Ich habe es nicht mitbekommen und die Männer schweigen.«

Ajoscha tauchte den Lappen in die Schüssel und das Wasser färbte sich rot. Sie hatte mindestens zehn Schläge bekommen, was im Vergleich zur gewöhnlichen Strafe des Auspeitschens nicht viel war – aber sie war eine geschwächte und unterernährte Frau. Zwei Striemen, an denen viele kleine Wunden zusammenliefen und zwei große bildeten, waren so tief, dass man den Knochen sah.

»Hat sie nicht gesagt, wer es war? Und du musst doch wissen, wer zur Befragung eingeteilt war?!« Seine Stimme war recht beherrscht, doch in seinem Innern kochte es. Er musste sich dazu zwingen, dass seine Berührungen nicht zu grob waren. Diese Art von Wut war anders als die, die er auf dem Schlachtfeld empfand. Es war eine Sache, wenn sich Soldaten niedermetzelten, aber eine andere, wenn Gewalt gegen Frauen und Kinder angewandt wurde. Alles in ihm drängte danach, nach unten zu stürmen, den Schuldigen zu entlarven und aufzuknüpfen. Gerechtigkeit walten lassen. Doch wann war die Schwelle überschritten, sodass aus der Gerechtigkeit Rache wurde? Er durfte nicht überstürzt handeln, sondern überlegt, immerhin war er ein Offizier mit Vorbildfunktion und Verantwortung.

O Gott, hilf mir doch, einen klaren Verstand zu behalten!

»Sie wollte weder, dass ihr jemand hilft, noch sagen, wer es war. Ich habe den Männern erlaubt, untereinander auszumachen, wer die Schicht bekommt. Ich war den ganzen Tag hier beschäftigt und habe nichts mitbekommen«, sagte Sergej leise und riss ihn aus seinen Gedanken.

Ajoscha sah hoch. Er schluckte. »Hol eine der Frauen her, sie soll sich darum kümmern.«

4. Februar 1945

Emma zog scharf die Luft ein, als sie aufwachte. Sie unterließ es möglichst, sich zu bewegen, damit der Schmerz nicht durch ihren ganzen Körper jagte. Ein sehr maskuliner Duft kitzelte ihre Nase. Sie öffnete die Augen und ihr Atmen stockte. Sie lag in Oberst Iwanows Bett auf der Seite. Sie konnte das Knistern des Feuers im Kamin hören, aber nach ihrem Gehör zu urteilen, war sie allein. Sie wagte es nicht, sich umzudrehen und auf der anderen Seite des Raumes nachzuschauen. Vorsichtig hob sie die Bettdecke an. Ein Verband war um ihren Brustkorb gewickelt. Sie stöhnte und das Blut schoss in ihre Wangen. Sie hoffte inständig, dass es nicht der Oberst gewesen war, der sie verarztet hatte.

Dann schoss ein noch beängstigenderer Gedanke durch Emmas Kopf. Sie sollte gar nicht hier sein. Das würde die Gerüchteküche unter den Frauen nur noch weiter anheizen. Aber konnte sie es tatsächlich wagen aufzustehen? Sie lauschte, konnte aber nichts hören. Ihr brach der kalte Schweiß aus, als sie die Bettdecke gegen ihre Brust drückte und sich hochstemmen wollte. Doch der ziehende Schmerz war zu heftig, sodass sie sich zurück auf das Kissen sinken ließ.

Und jetzt? Sie musste wohl darauf warten, dass der Oberst kam. Sie schloss die Augen und seufzte. Warum war alles so kompliziert? Sie wollte weinen und nicht wieder damit aufhören. Wenn sie abends versuchte einzuschlafen, hörte sie den Schuss und sah Heinz zusammensacken, bevor sie die Vergewaltigung immer und immer wieder durchleben musste.

Versprich mir, dass egal, was passiert, du dich nicht davon unterkriegen lässt. Ich will gewiss sein, dass du das Beste aus deinem Leben machst. Auf irgendeine Weise ist man immer gesegnet und hat Möglichkeiten.

Schmerzlich schloss Emma die Augen, als sie sich an die Worte des alten Mannes erinnerte. *Das werde ich*, hatte sie geantwortet. Doch was für Möglichkeiten hatte sie jetzt? Sollte sie etwa dafür dankbar sein, dass der Oberst sie versorgt hatte? Er war doch schuld daran, dass sie hier war. Die Russen waren schuld an all dem Leid, das sie seit Allenstein durchmachen musste.

Heinz selbst hatte gesagt: *Manchmal kommt der Sommer nie.*

Im Augenblick konnte sie sich eher mit dieser Aussage identifizieren. Die Bitterkeit und der Hass trieben ihr Tränen in die Augen. Wo wohl Eva war? Ging es ihr gut? War sie unbeschadet aus dem Lager herausgekommen? Emma schluchzte auf. Selbst wenn Eva noch lebte, würde sie das Erlebte nie vergessen können. Auch wenn Wunden heilten, würden die Narben bleiben und sie immer wieder erinnern.

Da hörte Emma schwere Schritte. Vor der Tür stoppten sie und instinktiv zog sie die Bettdecke höher. Die Türklinke wurde nach unten gedrückt und der Oberst trat ein. Sein Gesicht hatte den üblichen harten und abweisenden Ausdruck. Emma schluckte.

»Wie geht es Ihnen?«, fragte er. Er kniete sich ans Bettende und schloss die Papiere, die er in den Händen hielt, in die dort stehende metallene Kiste ein. Den Schlüssel dafür trug er um den Hals. Emma presste die Lippen aufeinander. Sie wollte nicht antworten.

»Gut, dann eben nicht«, sagte er und sie sah einen erschöpften Ausdruck auf seinem Gesicht, der sie ein wenig Gewissensbisse verspüren ließ. Er schüttete aus einem Krug Wasser in eine Tasse, kam um das Bett herum und hielt sie ihr hin. Eigentlich wollte sie nichts trinken, damit sie sich nicht so viel bewegen musste, doch sie hatte Angst, wie er reagieren könnte, wenn sie es ablehnte. Sie nahm die

Tasse und konnte nicht verhindern, dass sie das Gesicht verzog. Der Schmerz war zu intensiv.

Als sie ein paar Schlucke genommen hatte, nahm Ajoscha ihr das Gefäß wieder aus der Hand und stellte es auf einen Nachttisch. Er nahm sich einen Stuhl und setzte sich falsch herum darauf, sodass er die Arme auf die Rückenlehne stützen konnte.

»Erzählen Sie mir, was geschehen ist.«

Seine emotionslose Stimme schürte Emmas Wut. Sie musste sich dazu zwingen, ruhiger zu werden. Ihr war die Situation zutiefst unangenehm. Sie schloss die Augen, um nicht die ganze Zeit seinen penetranten Blick, der auf ihr ruhte, sehen zu müssen.

Mit heiserer Stimme begann sie: »Einer der Männer hat mich zur Befragung abgeholt. Er hat nicht mit den üblichen Fragen angefangen, sondern mir direkt die Bilder gezeigt. Ich habe gesagt, dass ich keinen der Männer kenne. Da ... da hat er mich zu Boden gestoßen und mir Gewalt angedroht.« Emma blinzelte in der Hoffnung, die Tränen zurückzuhalten.

»Wer war es?« Ajoschas Hände waren fest zu Fäusten geballt, sodass die Knöchel weiß hervortraten.

»Ich kenne seinen Namen nicht.« Sie schüttelte leicht den Kopf, bereute die Bewegung aber schnell.

»Dann beschreiben Sie ihn.«

Doch Emma wollte sich sein hassverzerrtes Gesicht nicht vorstellen. Sie brauchte einige Sekunden. »Einer der größten Soldaten. Schwarzes Haar, Schnurrbart und buschige Augenbrauen.«

»Hatte er Hilfe?«

»Nein.«

Ajoscha nickte und stand auf, ohne ein weiteres Wort zu sagen. Das schien ihm zu reichen. Er stellte den Stuhl zurück an den Tisch und verschwand.

Die Anspannung fiel von Emma ab und sie seufzte.

8

Ajoscha kochte vor Wut. Er bellte laute Befehle und ließ die Männer vor dem Haus antreten. Sie stellten sich in Reih und Glied auf, den Blick starr nach vorn gerichtet. Ajoscha verschränkte die Arme hinter dem Rücken und ließ den Blick über seine Männer schweifen. Er hatte sie zum Teil selbst ausgewählt.

»Jefreitor Grigorjew, vortreten!«

Der große Soldat trat einen Schritt nach vorne. Ajoscha befahl dem Soldaten nicht, sich bequem hinzustellen.

»Jefreitor, Sie stehen mit sofortiger Wirkung unter Arrest und werden sich vor einem sowjetischen Militärtribunal für die nicht autorisierte Gewalt gegen eine Zivilistin rechtfertigen müssen.«

Der so Beschuldigte schnaubte. »Sie ist eine Deutsche, die hat es nicht besser verdient!«

Ajoscha verzog keine Miene, als er vortrat, sodass er nur noch wenige Zentimeter von dem Gesicht des Mannes entfernt war. »Noch ein Wort, Grigorjew, und Sie können die nächsten zwanzig Jahre in einem Gulag verbringen!«, raunte Ajoscha mit eisigem Blick.

Die Kiefermuskulatur des Mannes spannte sich an und man sah, wie er die Zähne zusammenbiss. Die Unruhe unter den anderen Soldaten nahm zu. Ajoschas Nasenflügel blähten sich auf, doch er sagte nichts mehr. Als Kommandant hatte er die Macht, Vergehen seiner Soldaten von der Auspeitschung bis hin zur Erschießung zu ahnden.

Seine Truppe war nicht an den direkten Angriffen auf Allenstein beteiligt gewesen. Erst recht spät hatte sie die Geheimdienstinformation erreicht, dass sich dort eine Frau aus Königsberg aufhalten solle, die schuld an dem Tod eines sowjetischen Spions sei. Aber hätte er mitbekommen, dass einer seiner Männer eine Frau angerührt hätte, hätte er drastische Maßnahmen ergriffen. Immer wieder stellte er sich die Frage, ob er die Männer kannte, die Emma Hoffmann und die anderen Kriegsgefangenen vergewaltigt hatten. Er hoffte es nicht.

Das Tribunal, vor das er seinen Untergebenen jetzt stellte, konnte auch eine Strafe im Arbeitslager verhängen. So war das Rechtssystem.

Ajoscha streckte die Hand aus. »Ihre Waffe«, sagte er fordernd. Provokant wartete der Jefreitor einige Augenblicke, bevor er die Pistole aus seinem Halfter nahm und sie Ajoscha in die Hand legte. Der Oberst nickte zwei Männern zu, die Grigorjew packten und einsperrten.

Äußerlich ließ sich Ajoscha nicht anmerken, dass er das Wort Feigling durchaus vernommen hatte. Er blickte hoch zu seinem Zimmerfenster und sah dort Emma stehen.

~

Ajoscha blieb einen Moment vor der Zimmertür stehen, um Emma Hoffmann Zeit zu geben, sich gegebenenfalls zuzudecken. Er schluckte und trat dann ein.

Sie saß auf dem Bett, in ihrem Gesicht einen schmerzerfüllten Ausdruck.

Ajoscha legte ein Kleid, das der ehemaligen Besitzerin des Hauses gehört hatte, auf das Bettende. »Das ist dann wohl schon das zweite Kleid, das ich Ihnen schulde«, sagte er trocken, ohne eine Spur Humor. Und er fügte hinzu: »Der Soldat, der Sie ausgepeitscht hat, wird vor ein Kriegsgericht gestellt werden.«

»Tatsächlich?« Emma verzog das Gesicht, als sie die Decke etwas enger um sich schlang.

»Manche Soldaten mögen sich wie Tiere aufführen – auf beiden Seiten, doch trotzdem gibt es Gesetze. Ob ein Rechtssystem sonderlich gerecht oder effektiv ist, ist eine andere Sache.« Er legte seinen Mantel ab und schmiss ihn auf die Stuhllehne. Er schien jedes Mal betonen zu müssen, dass sowohl die Sowjets als auch die Deutschen sich nicht rechtens verhielten. Er ging wieder, kam aber kurze Zeit später zurück und reichte Emma eine Schüssel Suppe mit Kartoffeln und ein wenig Fleisch.

»Die anderen Frauen würden das auch bekommen, wenn ihnen dasselbe widerfahren wäre«, erklärte Ajoscha, als sie das Essen nicht anrührte. Er setzte sich an seinen Schreibtisch und begann mit dem Bericht des Vorfalls. Der Verhörprotokollant würde den Text später auf der Schreibmaschine abtippen.

»Hassen Sie alle Russen?«, fragte Ajoscha auf einmal, sodass Emma überrascht aufsah.

Sie legte den Löffel in die Schüssel, kaute und schluckte zu Ende, bevor sie antwortete. »Es hat mir noch keiner einen Grund gegeben, warum ich es nicht tun sollte«, sagte sie leise und zögerlich. Sie wusste nicht, wie er reagieren würde. Er hatte sich zwar noch nie sonderlich aggressiv ihr gegenüber verhalten, aber die Kälte und Nüchternheit, die er vermittelte, machten ihr Angst. Sie war etwas überrascht, dass er nur leicht nickte und keinen Einspruch erhob. Anscheinend war ihm ihre Antwort völlig egal.

Ajoscha stand auf. Mehrmals fuhr er mit seinen Fingern die Knicklinie an dem Stück Papier in seinen Händen entlang, bevor er es in seine Hosentasche steckte. Er kniete sich vor die metallene Kiste am Bettende.

»Lesen Sie gerne?«

»Was?«, fragte Emma verwirrt.

»Ob Sie gerne lesen«, wiederholte Ajoscha die Frage und hob den Kopf. In der Hand hielt er ein Buch. »Ich kann Ihnen *Krieg und Frieden* anbieten, allerdings nur im russischen Original. Oder ich kann Ihnen auch eine Bibel geben.«

Emma schnaubte, was Ajoscha überraschte, da sie doch ihre Bibel aus dem Feuer gerettet hatte. »Bloß nicht.«

Ajoscha zuckte mit den Schultern. »Jedem das seine.«

Emma brauchte einige Augenblicke, um die Informationen, die er ihr mit der Frage gegeben hatte, zu verarbeiten. Eine Bibel als Sowjet zu besitzen, war eine heikle Sache, das wusste sie.

Er schloss die Bücher wieder ein und erinnerte sich daran, dass er den Brief aus ihrer Bibel eingesteckt hatte.

»Darf ich zurück zu den anderen?«, fragte Emma leise.

Ajoscha nahm sich ein Hemd zum Wechseln aus seinem Rucksack. »Wenn Sie das wollen und dazu in der Lage sind, wobei ich Letzteres bezweifle. Es bringt mir nichts, wenn sich Ihre Wunden entzünden und Sie dann an einer Blutvergiftung sterben.«

Sie haben doch Penicillin, hätte Emma fast gesagt, doch dann biss sie sich auf die Unterlippe. Er war wohl kaum eine Apotheke. Und an ihrem Wohl lag ihm nur deshalb etwas, weil er sich in seinen Ermittlungen, deren Ursache ihr schleierhaft war, irgendetwas von ihr erhoffte.

Sie zuckte zusammen, als Ajoscha ihr den Rücken zudrehte und sein Hemd über den Kopf zog. Was hatte er vor? Doch dann wurde ihr bewusst, dass er nur seine Kleidung wechselte. *Der hat aber Nerven.*

Ajoscha stopfte das benutzte Hemd in einen Beutel. Ohne etwas zu sagen, verließ er den Raum. Draußen holte er tief Luft. In gewisser Weise konnte er die Männer verstehen, die nicht nur aus Rache die Nähe zu Frauen suchten. Er merkte selbst, was für eine Selbstbeherrschung es ihn kostete, mit Emma Hoffmann auf so engem Raum zusammen zu sein. Dreieinhalb Jahre in diesem Krieg sorgten dafür, dass bereits bei den kleinsten Reizen etwas in ihm ausgelöst wurde. Bei Emma Hoffmann besonders.

Er blieb kurz auf der Treppe stehen und nahm sich die Zeit, die Augen zu schließen.

Jetzt lass mich nicht noch mehr Mist bauen oder gar etwas Unüberlegtes tun.

7. Februar 1945

Die letzte Befragung des Tages begann gegen sieben Uhr abends, als es bereits dunkel war. Der Schnee und die Kälte hielten sich hartnäckig. Noyan stand wieder an seinem Feuer, als sich Ajoscha zu ihm gesellte. Die eisige Luft hatte was Belebendes, und wenn man die Augen schloss, konnte man meinen, man sei in Russland.

»Wie lange meinen Sie noch, dass der Krieg dauert?«, fragte Noyan und steckte sich eine Zigarette an.

Ajoscha verzog überlegend den Mund und rieb seine Hände wärmend aneinander. »Eigentlich ist der Widerstand der Deutschen nur noch ein reiner Verzweiflungsakt. Die ganz jungen und alten Leute einzusetzen … Das geht nicht lange gut. Aber ich schätze, in Berlin wird uns noch eine Menge Widerstand erwarten.«

Noyan blies den Rauch durch die Nase in die Luft. Das Zigarettenende glühte. »Beteiligen wir uns an dem Vormarsch, wenn das hier vorbei ist?«

Nachdenklich rümpfte Ajoscha die Nase. »Von meinem Bauchgefühl her würde ich sagen: Ja.« Er verkniff sich den Kommentar, dass Männer, die in die erste Reihe gestellt und vom Trommelfeuer durchlöchert wurden, immer ersetzt werden mussten.

Vier Frauen befanden sich gerade im Hof und standen unter der Bewachung von acht Soldaten. Ajoscha hatte sie mit diesem Dienst bestrafen wollen, da er sich sicher war, dass sie von der Auspeitschung etwas mitbekommen, aber nichts getan hatten. Auch wenn er es persönlich nicht gerne sah, dass die Frauen im Dunkeln hier draußen waren. Im Grunde vertraute er nur Noyan und Sergej. Wie weit war es gekommen, dass Ajoscha den Leuten, denen er auf dem Schlachtfeld blind vertraut hatte, hier nicht mehr vertrauen konnte?

»Sofort stehen bleiben!«, ertönten mehrere Schreie von der anderen Seite des Hofes. Ajoschas Kopf schnellte in die Richtung und sein Blick suchte den Horizont ab.

Da! Eine Gestalt rannte durchs Dunkel.

»Halte die anderen zurück!«, schrie Ajoscha Noyan zu, als er sich in Bewegung setzte und losrannte. Verschreckt schrien die Frauen auf. Es waren nur noch drei, Margarete Schneider war nicht mehr unter ihnen.

Einer der Soldaten hatte bereits das Gewehr in der Hand. Er war der beste Schütze der Einheit und würde auch im Dunkeln aus der Distanz treffen. Ajoscha schloss im Rennen zu ihm auf.

»Stehen blieben oder wir schießen!«, schrie Ajoscha auf Deutsch. Mit seinem Gewehr gab er einen Warnschuss ab. Doch die Frau wurde nicht langsamer. Sie strauchelte kurz, fing sich aber wieder und rannte weiter.

Verärgert biss Ajoscha die Zähne aufeinander. Er gab seinem Scharfschützen mit einer Geste zu verstehen, dass er anhalten solle. Der Mann legte an und entsicherte. »Oberst?«

Ajoscha wartete noch ein paar Sekunden. *Bitte, bitte, bitte.*

»Sie dürfen«, sagte er emotionslos und neben ihm krachte der Schuss. Er selbst konnte die Frau in der Dunkelheit fast nicht mehr ausmachen. Doch er sah einen Schatten fallen. Sie war getroffen.

»Bringt Taschenlampen!«, schrie er über seine Schulter.

Wie konnte das nur passieren?! Wütend auf seine Männer und auch auf sich selbst, rannte er los, das Gewehr in der Hand. Mit der Waffe im Anschlag näherte er sich der Frau, die im Schnee lag. »Ich brauche Licht!«, schrie Ajoscha ärgerlich. Was dauerte da so lange?

Margarete Schneider rührte sich nicht. Als das Licht endlich ankam, hielt sein Scharfschütze die Waffe für alle Fälle bereit, während Ajoscha sich hinkniete und die Frau auf den Rücken drehte, wo sie der Schuss getroffen hatte. Er zog seinen rechten Handschuh aus und hielt seine Hände über ihren Mund und ihre Nase. Sie atmete nicht. Er tastete nach ihrem Puls am Hals. Nichts.

»Sie ist tot.« Ajoscha nickte seinem Scharfschützen zu. Aus dieser Entfernung war nichts anderes zu erwarten gewesen. »Guter Schuss. Durchsucht ihre Taschen und bringt sie zum Haus.«

Die Männer durchwühlten die Kleidung der Frau. Ajoschas Griff um seine Waffe war angespannt, bevor er sich den Gurt über die Schulter legte und das Gewehr auf den Rücken drehte. »Etwas gefunden?«, fragte er ungeduldig. Ihm wurde ein Stück Papier gereicht.

»Sie hat auch einen Stift dabei«, sagte Noyan.

Ajoscha runzelte die Stirn. Sie hatten die Frauen anfangs durchsucht und ihnen alles abgenommen. Er faltete das Papier auseinander und stieß einen Pfiff aus, sodass sich ein Mann mit einer Taschenlampe näherte und ihm leuchtete. Ajoschas Augen flogen über die deutschen Worte. Sein Mund wurde trocken.

~

Ein Gefühlschaos jagte durch Ajoschas Körper. Er war aufgewühlt und erfreut zugleich. Er betrat gerade das Haupthaus, als er draußen einen Aufschrei hörte.

»Was ist da schon wieder los?«, murrte er leise zu sich selbst, als er kehrtmachte und nach draußen trat.

Emma Hoffmann sollte gerade ins Nebenhaus zurückgebracht werden, als der Wagen, auf dessen Ladefläche Margarete Schneiders Leiche lag, ankam. Emma riss sich aus dem Griff von Sergej los und wollte zu ihrer Freundin rennen, als Ajoscha vortrat und sie packte. Sie schrie und weinte zugleich. Ajoscha musste mit grimmiger Miene feststellen, dass sein harter Griff um ihre Taille vermutlich Tausende Nadelstiche über ihren Rücken jagen würde. Doch er ließ nicht locker.

»Beruhigen Sie sich«, zischte er, doch das tat sie nicht. Er hielt sie fest, als er sie zurück ins Haupthaus zerrte. Erst im Aufenthaltsraum, der leer war, weil alle Soldaten nach draußen geströmt waren, ließ er sie los und stieß mit dem Fuß die Tür hinter sich zu. Emma wollte an ihm vorbei durch die Tür, doch das ließ er nicht zu.

»Hören Sie auf!«, knurrte Ajoscha. Er packte sie. Gegen seinen kräftigen Körper hatte sie keine Chance. Sie war zwischen ihm und der Wand gefangen.

»Sie haben sie getötet! Sie haben sie getötet!«, wiederholte Emma immer und immer wieder und trommelte mit ihren zu Fäusten geballten Händen auf seine Brust. Sie wurde ganz hysterisch. Ajoscha wusste sich nicht anders zu helfen und griff nach dem erstbesten Becher, den er zu fassen bekam. Er roch kurz daran und setzte ihn an Emmas Lippen. Der Wodka rann teilweise an ihrem Kinn entlang, doch das, was in ihrem Körper landete, ließ sie husten. Es brannte fürchterlich in ihrem Hals. Als sie an der Wand hinabglitt, ließ Ajoscha sie los und gab ihr ein paar Schritte Freiraum. Sie presste die Hand auf ihren Mund und ihre Schultern bebten.

Ajoscha verschränkte die Arme. »Sie ist weggerannt und hat nicht auf unsere Warnungen gehört«, erklärte er so ruhig wie möglich. Doch er war sich nicht sicher, ob Emma es hörte. Die Sekunden verstrichen und ein Muskel in seinem Kiefer spannte sich an, als er fragte: »Haben Sie ihr einen Bleistift zukommen lassen?« Sein Ton klang vorwurfsvoll.

Emma ließ die Hände von ihrem Gesicht sinken, doch ihre Augen waren geschlossen. »Sie hat gesagt, dass sie gerne zeichnen würde«, erklärte sie mit tränenerstickter Stimme.

»Sie hat damit einen Brief geschrieben … einen Abschiedsbrief.«

Emma schlug die Augen auf und starrte ihn an. Er hielt den Kopf leicht schräg.

»Sie hat vermutet, dass sie schwanger ist«, sagte sie mit hohler Stimme.

Ajoscha runzelte die Stirn. »Davon war nicht die Rede. Sie hat gestanden, dass sie eine Beziehung mit einem der Männer auf den

Fotografien eingegangen ist.« *Mit dem sowjetischen Spion, der in Königsberg sein Leben gelassen hat – vermutlich, weil die Beziehung zu einer deutschen Frau ihm zum Verhängnis wurde.*

Verblüfft öffnete sich Emmas Mund, doch sie brachte keinen Ton heraus. Dann schnaubte sie und rieb sich mit den Handflächen übers Gesicht. »Dann haben Sie wohl, was Sie schon die ganze Zeit wollten«, blaffte sie.

Stille.

Langsam atmete Ajoscha ein. Abrupt öffnete sich die Tür, doch als Ajoscha einen bösen Blick dorthin warf, verschwand der Soldat wieder.

»Nein«, sagte er schließlich und wandte seinen Kopf wieder Emma zu. »Das haben wir nicht – zumindest nicht so, wie es uns nützt.« Sie würden nicht die Informationen bekommen, die sie dringend brauchten. Dass Margarete Mitschuld an seinem Tod trug, war eine Vermutung, und wenn es so war, würde sie wohl kaum selbst die Brücke in die Luft gejagt haben. Das machte ihn ungemein wütend. Das einzig Gute war, dass Emma und die anderen nun gehen konnten.

»Sie haben mich benutzt, um Margarete zu diesem Schritt zu treiben«, begann Emma. »Wegen mir ist sie tot! Nur weil ich den Frauen mitgeteilt habe, dass Gewalt angewendet würde, um irgendjemandem ein womöglich erzwungenes und falsches Geständnis zu entlocken«, schrie sie Ajoscha an. Er sah die Wut und den Hass in ihren Augen lodern. Sie hatte Temperament, was bisher nicht so offensichtlich gewesen war. Und ihre Wut ließ sie anscheinend auch ihre Angst vergessen.

»Sie haben mich absichtlich benutzt!«, schluchzte Emma.

»So ist der Krieg«, sagte Ajoscha und ging ans Fenster. Der Wagen war zwar noch da, aber die Leiche war weggebracht worden. »Der Krieg tobt überall, nicht nur an der Front, sondern auch besonders in uns selbst.« Er war von seinem plötzlichen, persönlichen Eingeständnis überrascht.

»Ihr Russen seid alle gleich! Ihr seid alle Monster!«, schrie Emma.

Doch die Worte ließen Ajoscha äußerlich völlig kalt. Er beauftragte Sergej damit, Emma zurück zu den anderen zu bringen.

9

Ajoscha lag wach und konnte nicht schlafen. Den Blick hatte er starr zur Decke gerichtet, die Hände auf der Brust gefaltet. Von seinem Bett ging noch ein leicht femininer Duft aus. Er richtete sich auf und schwang die Beine über die Bettkante. Es juckte ihn in jeder Faser seines Körpers, sich zu bewegen.

Gott hatte seine Gebete erhört und nun war Ajoscha an dem Punkt, an dem er sein wollte. Es fühlte sich so irreal an. Aber er war zutiefst dankbar. Jetzt musste er den nächsten notwendigen Schritt tun. Er setzte sich an seinen Schreibtisch und starrte das weiße Papier an, das vor ihm lag. Er biss sich auf die Unterlippe und nahm einen Füllfederhalter.

Warum fiel es ihm so schwer, das zu schreiben? Vielleicht, weil er sich selbst damit seine Niederlage eingestand.

~

8. Februar 1945

Frühmorgens um sechs Uhr betrat Ajoscha zum ersten Mal das Nebengebäude. Der Soldat, der derzeit Wachdienst hatte, schloss ihm die Tür auf. Ajoscha zog seinen Kopf ein, um nicht an den Türrahmen zu stoßen.

Wie immer sah er die Angst und den Hass in den Augen der Frauen. Die ganze Nacht hatte er sich gefragt, was er sagen sollte, und darüber gebetet.

»Fräulein Hoffmann, es tut mir leid, dass Sie bisher immer nur schlechten Russen begegnet sind«, begann er auf Russisch, die Hände hinter dem Rücken verschränkt. »Ich weiß, dass Sie viel durchgemacht haben, was Unrecht war, doch ich habe eine Frage an Sie …« Er machte eine Pause und ließ seine Worte verhallen. »Würden Sie glauben, dass es auch gute Russen gibt, wenn ich Sie«, er machte eine ausholende Handbewegung, »und die anderen gehen lasse?«

Ajoscha sah, wie Emmas Augen sich weiteten. Sie waren vom Weinen noch gerötet. »Ja«, stotterte sie, nachdem sie ihre Sprache wiedergefunden hatte. Die Frauen hatten die ganze Nacht über geredet und waren zu der Annahme gekommen, dass sie vermutlich nach Russland gebracht würden.

Der Oberst nickte langsam. »Gut.« Er wechselte ins Deutsche. Viele Frauen erschraken, sie hatten ihn noch nie in Deutsch sprechen gehört. »Sie dürfen alle gehen. Sie sind frei. Ihnen werden Schreiben ausgestellt, die Ihnen helfen werden, falls sie wieder in russische Hände fallen sollten.«

Er nahm einen Umschlag aus seiner Manteltasche. Es war der Brief, den er heute Nacht aufgesetzt hatte. Er hielt ihn Emma Hoffmann hin. Sie streckte die Hand aus und er konnte an ihrem Gesicht sehen, dass sie immer noch nicht so ganz begriff, dass sie frei war. Ein wohlwollendes Gefühl durchströmte ihn und er lächelte innerlich. Ohne etwas zu sagen, drehte er sich wieder zur Tür um.

»Danke«, hörte er ihre brüchige Stimme leise. Er hielt kurz inne und jetzt lächelte er tatsächlich auch äußerlich.

Beschütze sie, Gott.

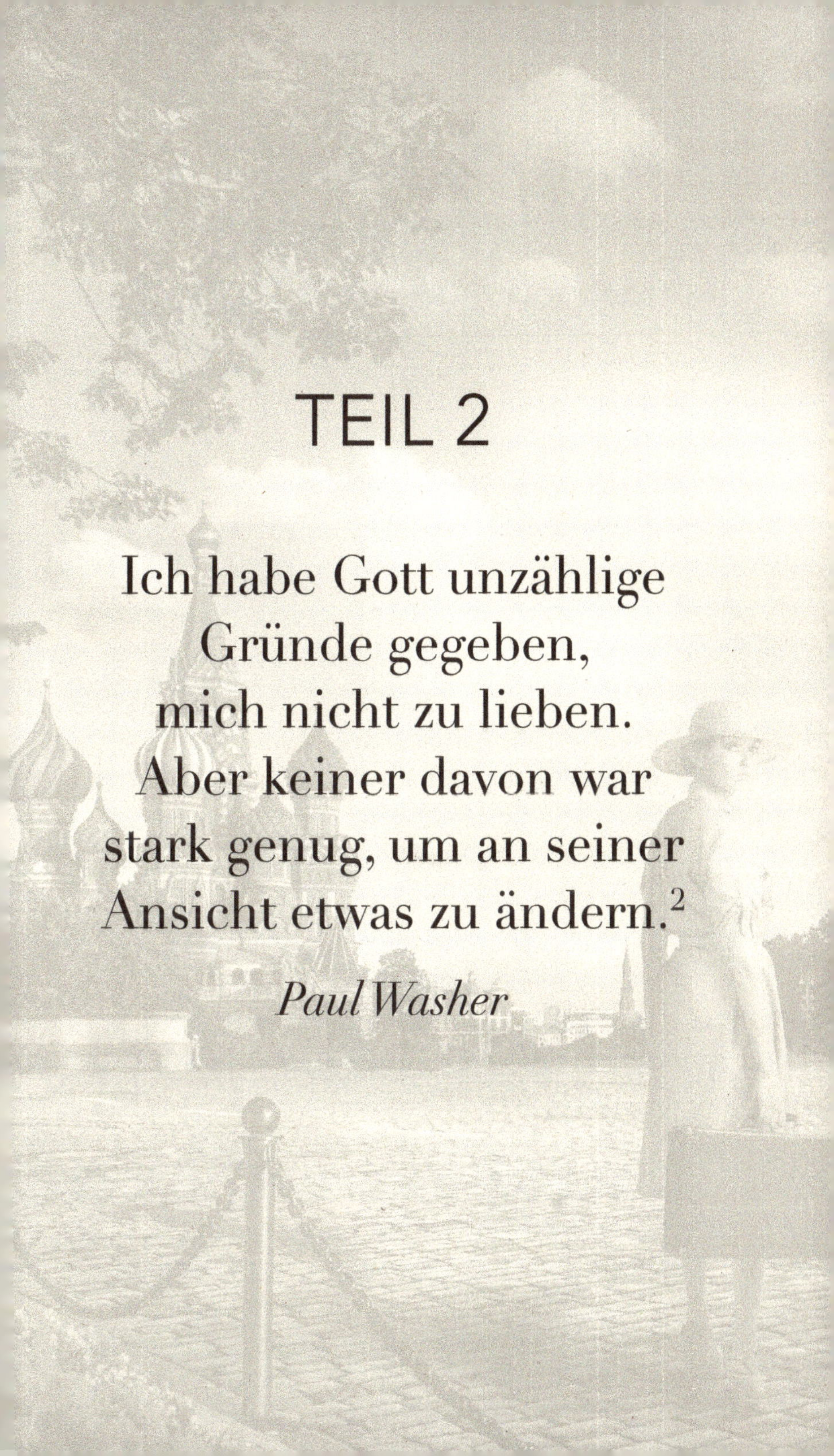

TEIL 2

Ich habe Gott unzählige
Gründe gegeben,
mich nicht zu lieben.
Aber keiner davon war
stark genug, um an seiner
Ansicht etwas zu ändern.[2]

Paul Washer

10

24. Februar 1945

Der Zug hielt und dann ertönten die Rufe.

»Raus! Alle raus!«

Die folgenden Wörter konnte man nicht mehr verstehen, denn man hörte schon die Motoren der Flugzeuge knattern.

Adrenalin schoss durch Emmas Adern. Sie konnte sich einfach nicht an das Gefühl der Angst und der Panik gewöhnen. Sie packte ihre Tasche und kletterte zusammen mit den anderen Frauen und Kindern aus dem Viehwaggon. Ihre Beine und ihr Körper waren völlig kraftlos und steif von der langen Fahrt. Seit Tagen hatte sie fast nichts mehr gegessen. Sie bekamen keine Verpflegung. Wenn sie am Bahnhof hielten, hasteten viele aus dem Zug und suchten nach etwas Essbarem. Emma hatte Angst, es ihnen gleichzutun. Immer wieder kam es vor, dass der Zug losfuhr, obwohl noch nicht alle Flüchtlinge zurückgekehrt waren. Mütter wurden von ihren Kindern getrennt.

Emma bekam keine Luft mehr. Sie rannten in Richtung eines Waldstücks über ein unbestelltes Feld. Dann kam das Knattern der Maschinengewehre. Emma hörte Schreie und sah neben sich Menschen zu Boden gehen.

Fünfzig Meter. Dreißig. Zehn.

Endlich tauchte Emma unter die schützenden Baumkronen ein. Zitternd saß sie neben den anderen Flüchtlingen. Nach zehn Minuten hörten die Schüsse auf. Doch dann fielen die Bomben auf den Zug und die Waggons wurden zerstört. Emma weinte. Würde der Krieg denn nie aufhören? Ihr wurde schlecht und sie übergab sich. Aber es kam nicht viel mehr als Magensäure, die in ihrer Speiseröhre brannte.

2. April 1945

Die Flüchtlinge kamen nicht weiter. Die Russen wollten nicht, dass man das Gebiet, das sie erobert hatten, verließ. Emma wartete zwei Wochen ab in der Hoffnung, dass sich etwas tun würde. Ihr Rücken schmerzte. Die Wunden heilten einfach nicht.

Jedes Mal, wenn ein Russe mit seinen schweren Stiefeln vorüberging oder sie eine russische Stimme hörte, begann sie unkontrolliert zu zittern. Sie musste eine Menge Mut fassen, bevor sie jetzt einen Soldaten ansprach und verlangte, den Kommandanten zu treffen. Jede Faser ihres Körpers schrie danach, zu verschwinden, als sie aufgefordert wurde, dem Unteroffizier zu folgen. Es waren einfach zu viele schlechte Erinnerungen.

General Timofejew sah hoch, als Emma eintrat. »Was wollen Sie?«, fragte er. Er rauchte eine Zigarette, von deren Geruch sich Emma der Magen umdrehte.

»Ich … ich habe ein Schreiben von Oberst Iwanow. Es gewährt mir die Weiterreise.« Ihre Finger zitterten, als sie den Brief auseinanderfaltete und ihn dem General über seinen Tisch hinweg reichte.

Er zog seine buschigen Augenbrauen zusammen, als er seine Zigarette zwischen seinen Zeige- und Mittelfinger klemmte und das Dokument entgegennahm. Während er las, blickte er immer wieder auf und musterte Emma. Sie wollte nur noch weg von hier.

Es schien, als habe er sich das Büro eines einflussreichen Nazis unter den Nagel gerissen. Ein mächtiger Schreibtisch, hinter dem er fast schon majestätisch thronte, und Unmengen an Karaffen, in denen bernsteinfarbene Flüssigkeiten enthalten waren, füllten fast den ganzen Raum aus.

»Wie es scheint, Fräulein Hoffmann«, begann General Timofejew, »können Sie Ihre Reise fortsetzen. Ich kenne zwar nicht den

Oberst persönlich, aber der Name Iwanow in Verbindung mit dem Militär hat Macht in Moskau.« Er schob ihr das Papier über die Tischplatte hinweg zu.

»Danke«, murmelte Emma und steckte das kostbare Stück zurück in ihre Tasche.

»Kann ich noch etwas für Sie tun? Etwas zu trinken?« Er machte eine ausholende Handbewegung zu seiner Sammlung an Spirituosen.

Emma biss sich auf die Unterlippe, während ihr Mund trocken wurde. Ihre Alarmglocken schrillten. »Könnte ich Sie um … um einen Gefallen bitten?«, fragte sie zögerlich und bekam fast keine Luft mehr. Sie würde ihm etwas schuldig sein und hatte Angst, was er womöglich als Gegenleistung verlangen würde.

Interessiert beugte sich der General nach vorne und faltete vor sich die Hände. »Was für einen Gefallen?«

»Mein Schwager ist Mon Colonel in den französischen Streitkräften.« Sie nahm einen Brief aus ihrer Tasche, den ihre Schwester Charlotte in der Bibel ihrer Familie aufbewahrt hatte. Er enthielt den genauen Namen von Louis' Einheit. Sie gab ihn weiter. »Könnten Sie herausfinden, wo er ist?«, fragte sie.

Die Augen des Mannes verengten sich. »Warten Sie.« Timofejew stand auf und verschwand.

Emmas Hände krallten sich in die Rückenlehne eines Stuhls. Würde sie die Informationen bekommen, die sie brauchte? Wie groß war die Gefahr, dass Louis etwas passiert war und er sich gar nicht innerhalb der deutschen Grenzen aufhielt?

Nach zehn Minuten kam der Offizier zurück. »Heute ist Ihr Glückstag, ich habe einen Termin und muss mich beeilen. Mon Colonel Louis Dupont ist in Niederlahnstein und unterstützt dort die amerikanischen Truppen.« Er reichte Emma einen Zettel. Das Blut rauschte in ihren Ohren, sodass sie nicht mehr mitbekam, was der General noch zu ihr sagte.

11

Berlin
21. April 1945, 17 Tage bis Kriegsende

»Sind hier Männer der SS oder Wehrmacht?«, rief Ajoscha laut auf Deutsch. Mit dem Gewehr im Anschlag stand er im Eingang zu einem langen Kellergang.

Ein Raunen ging durch die Anwesenden. Ajoscha blickte in eingeschüchterte Gesichter. Es waren hauptsächlich Frauen, Kinder und alte Menschen in dem Keller. Sie hatten sich teilweise in Decken gewickelt und versucht, ihren Hausrat so gut wie möglich hier unten in Sicherheit zu bringen.

Ajoscha war der fünften Stoßarmee zugeordnet worden, die zur Einheit von Generalstabschef Schukow gehörte und Generaloberst Bersarin unterstand. Seine Männer waren in anderen Einheiten gelandet. Er selbst hatte jetzt hauptsächlich junge Soldaten unter seinem Kommando. Heute waren sie im Nordosten Berlins in das Stadtgebiet eingedrungen. Als die schwere Artillerie, deren Beschuss um 11 Uhr 30 begonnen hatte, verstummte, hatten sich der Oberst und die Männer darangemacht, die Häuser zu durchsuchen. Sie mussten jederzeit damit rechnen, dass sie auf verbliebene bewaffnete Deutsche stießen.

Mit vier weiteren Männern hatte sich Ajoscha in das erste Wohnhaus begeben. Es hatte unter den bisherigen Bombardements bereits erheblich gelitten. Die Tapeten an den Wänden wiesen große Risse auf und alle Fensterscheiben waren zersprungen, deren Scherben unter den Stiefeln der Soldaten knirschten. Ajoscha war der Erste, der den Keller betrat, in dem die Bewohner Schutz gesucht hatten. Die Stromversorgung war nicht mehr funktionstüchtig, weswegen sie Taschenlampen benutzen mussten.

Nun sah Ajoscha auch die Verblüffung in den Gesichtern. Er und seine Kollegen spiegelten nicht unbedingt das Bild wider, das die deutsche Propaganda von ihnen gezeichnet hatte. Ihre Uniformen waren sauber. Ajoscha hatte sich zwar wieder seinen Bart wachsen lassen, doch der verbarg eher seine grimmigen Gesichtszüge, als dass er sie hervorhob.

Langsam machte er einen Schritt nach dem anderen in den Kellergang hinein. Er schien sehr weitläufig zu sein. Mit dem Schein seiner Taschenlampe erkannte Ajoscha kaum das Ende. Er blickte in jedes Gesicht und riss auch mal einen Arm nach unten, der den Kopf von jemanden verdeckte, um sicherzugehen, dass sich kein Soldat unter den Schutzsuchenden befand.

»Bitte tun Sie ihr nichts!«, ertönte der entsetzte Aufschrei einer Frau. Sie schien die ältere Version eines Mädchens zu sein, dem Ajoscha gerade eine Decke vom Kopf gezogen hatte.

»Wenn Sie uns nicht an den Kragen gehen, dann gehen wir Ihnen auch nicht an den Kragen«, knurrte er laut. »Sind hier Männer der SS oder Wehrmacht?«, wiederholte er ungeduldig seine Frage. Diesmal bekam er mehrere Neins zu hören. Sie durchsuchten trotzdem noch den ganzen Raum und verschwanden dann ohne ein Wort. Auf diese Weise durchsuchten sie Haus für Haus.

Als sie gerade wieder ans Tageslicht traten, begann einer der jungen Männer zu fluchen. »Verdammte Drecksviecher!«

Ajoscha blieb stehen und wandte sich um. Ein Soldat – ein sehr junger Soldat – war in Pferdeäpfel getreten und begutachtete gerade mit verzogenem Gesicht seine Schuhsohle. Die Männer, die gerade noch über ihren Kameraden gelacht hatten, verstummten.

»Das können Sie heute Abend sauber machen!«, bellte Ajoscha. »Jetzt bewegen Sie Ihren Hintern vorwärts! Vielleicht sehen Sie das ja anders, aber ich habe keine Lust, die Zielscheibe der Deutschen zu sein!«

Grunzend setzte der Soldat wieder seinen Fuß ab.

Die Durchsuchung ging weiter. Die feindlichen Kämpfer, die entdeckt wurden, kamen in Kriegsgefangenschaft und wurden abgeführt. Ajoscha war die ganze Zeit wachsam und duldete keine Gespräche. Sein Finger war immer in unmittelbarer Nähe zum Abzug. Die allgegenwärtige Anspannung zehrte an den Nerven.

Seine vier Untergebenen durchsuchten gerade mehrere Wohnungen, als Ajoscha an ein Fenster trat und über Funk Rücksprache mit den anderen Suchtrupps hielt.

»Das gibt es doch nicht!«, entfuhr es ihm, als er auf die Straße sah und den Soldaten erblickte, der auf dem Bürgersteig versuchte, mit einem Stock seinen Stiefel zu reinigen. »Rjadowoi! Sie haben ganz andere Probleme als die Scheiße an ihrem Schuh, wenn Sie nicht unverzüglich zurückkommen!«, schrie Ajoscha hinunter. Solch ein Vergehen konnte als unerlaubtes Entfernen von der Truppe geahndet werden.

Erschrocken blickte sein Untergebener zu ihm nach oben, als auf einmal Artilleriefeuer ertönte. Mehrere Schüsse trafen den Soldaten und er ging direkt zu Boden. Ajoscha duckte sich sofort hinter eine Wand, genauso wie seine restlichen Männer. Er atmete schwer. Das war nicht der erste seiner Soldaten, der unmittelbar vor Ajoschas Augen starb, doch es war immer wieder der gleiche Schock. Wut packte ihn und sein Herz raste. *Oh, Gott!*

Er warf das Funkgerät einem Kameraden zu, der Meldung machen sollte, kniete sich hin und stützte den Lauf seines Gewehres auf die Fensterbank. Durch das Zielfernrohr suchte er nach dem Ursprung der Schüsse.

Da! Ajoscha sah auf der gegenüberliegenden Seite der Straße, zwei Häuser weiter, aus einem der obersten Fenster Mündungsfeuer, das sich auf eine weitere Truppe Rotarmisten auf der Straße richtete. Ajoscha zielte, entsicherte sein Gewehr und wartete eine Pause seines Herzschlags ab. Der Kolben seiner Waffe, einer Tokarew, drückte sich in seine Schulter, als er mit mehreren Schüssen das Feuer erwiderte.

Von anderen Positionen meldeten sich weitere Russen, deren Schüsse durch die Häuser hallten. Über Funk kam eine kurze Warnung, sodass sich Ajoscha aus dem Fensterrahmen zurückzog. Kurz darauf war die deutsche Stellung durch einen Panzer zerstört worden. Es waren Leute der Waffen-SS und Jugendliche des Volkssturms, die als Scharfschützen Position bezogen hatten.

Verärgert biss Ajoscha die Zähne zusammen. Wie viele Menschenleben würden noch vernichtet werden, bevor Hitler aufgab?

~

Die Stimmung beim Abendessen war bedrückt. Ajoscha verfolgte zwar die Gespräche seiner Männer, ließ es sich aber nicht anmerken. Er nahm einen Schluck von seinem verdünnten Kaffee und verzog das Gesicht. Er hasste die knappen Rationen, aber insbesondere hasste er diesen Krieg.

»Wäre er nicht von diesen Nazi-Schweinen erschossen worden, hätte der Oberst ihn wahrscheinlich ins Gulag geschickt wie einen der Soldaten in seiner letzten Einheit«, tuschelte einer der Soldaten mit den anderen. Er war gerade einmal neunzehn Jahre alt.

»Wenn du noch lauter redest, kommst du ins Gulag«, stichelte ein anderer zurück und ein leises Grölen ging durch die Reihen. Der Sprecher hieß Iwan und war für Ajoschas Geschmack zu aufmüpfig und zu sehr von sich selbst überzeugt.

Ajoscha warf ein neues Holzscheit auf das ausgehende Feuer.

»Stimmt das, Oberst?«, fragte Iwan. »Dass Sie einen Ihrer Männer ins Gulag geschickt haben?«

Ajoscha sah nicht auf. Er wischte sich die Hände an der Hose ab. »Ich habe ihn vor ein Militärtribunal gestellt, das ihn ins Gulag geschickt hat«, sagte er.

»Und warum?«

»Insubordination und unautorisierte Waffengewalt gegen Zivilisten.«

Iwan schnalzte mit der Zunge.

Die Gespräche der Jungen wandten sich der aktuellen Lage zu. »Ich hoffe, wir sind bei den Einheiten dabei, die ins Regierungsviertel vordringen. Ich würde so gerne Hitlers Gesicht sehen! Auf dem Weg zum großen Nazi machen wir die anderen Nazis platt! Die Deutschen haben ihren Führer an die Macht gewählt, dafür sollen sie jetzt auch büßen!«

»Am besten wäre es, wenn wir alle Deutschen gefangen nehmen. Denen kann man doch nicht erlauben, eigenständig weiterzuleben! Das ist nun schon das zweite Mal, dass sie Unheil über ganz Europa gebracht haben!«

Als Ajoscha sprach, fuhren die Köpfe der jungen Männer zu ihrem Vorgesetzten herum.

»Sind Sie ein Vergewaltiger, Jefreitor?«, fragte Ajoscha und sah kurz auf, um Iwan anzuschauen. Der Oberst erhob sich und schüttete den restlichen Kaffee – den man eigentlich so überhaupt nicht nennen konnte – auf die Glut des Feuers, sodass diese erlosch. Ein Zeichen, dass es so langsam Zeit wurde, dass alle schlafen gingen.

»Was?! Ich glaube, ich verstehe nicht …«, stammelte Iwan. Ajoscha hat ihn noch nie so verunsichert gesehen. Er lehnte sich gegen die Wand.

»Das war keine schwierige Frage. Hatten Sie schon mal mit einer Frau, einer deutschen Frau, Sex, obwohl sie das nicht wollte?« Er verschränkte die Arme. Seine dissidentische Meinung war gefährlich, das war ihm bewusst.

»Nein! Natürlich nicht!«, sagte Iwan entrüstet. Ajoscha konnte es bei dem schwachen Licht nicht genau ausmachen, aber er glaubte zu sehen, dass die Wangen des Soldaten knallrot waren.

Gut. Jetzt konnte Ajoscha sich sicher sein, dass Iwan nur ein großes Mundwerk hatte, aber nicht gewalttätig den deutschen Frauen gegenüber Rache übte.

Langsam nickte er. »Sehen Sie. Aber trotzdem haben viele Deutsche das Bild von uns, dass wir Vergewaltiger sind. Aber genauso, wie nicht alle Russen Vergewaltiger sind, sind nicht alle Deutschen Nazis. Lernen Sie zu differenzieren.« Er machte eine kurze Pause. »Gehen Sie jetzt alle schlafen.« Ajoscha stieß sich mit dem Fuß von der Wand ab. Die Soldaten trauten sich nicht, etwas zu erwidern, selbst, wenn sie eine andere Meinung hatten. Ajoscha strahlte eine unglaubliche Autorität aus, der nur wenige trotzten.

Berlin
24. April, 14 Tage bis Kriegsende

Das Frühstück heute fiel eiliger aus als sonst.

Die fünfte Stoßarmee hatte sich am Tag zuvor mit der ersten Gardepanzerarmee zusammengetan. Heute würden sie weiter vorrücken.

Ajoscha hatte die Augen geschlossen und betete. Er wusste, dass jeden Tag noch Tausende Menschen sterben würden, bis der Krieg zu Ende war. Das machte ihn traurig. Er musste für Elana und Dimitrij sorgen, doch was war, wenn er nicht zurückkam? Wer würde die Vaterrolle für den Kleinen übernehmen?

Dann wanderten seine Gedanken zu Emma Hoffmann. Schuldgefühle machten sich in ihm breit und zähneknirschend musste er daran denken, wie er sich ihr gegenüber verhalten hatte. Er schloss sie in sein Gebet ein. Als er das stumme Amen gesprochen hatte, ließ er die Augen geschlossen und konzentrierte sich auf seine Atmung. Er war bemüht, innerlich Ruhe zu empfinden, während die Welt draußen tobte. Sein Glaube, dass einer die Kontrolle hatte und, auch wenn es nicht den Anschein hatte, nur Gutes anstrebte, gab ihm Stabilität. Wenigstens das änderte sich in so unsicheren Zeiten nicht, sondern blieb immer gleich.

Ajoscha lauschte den Gesprächen der anderen Soldaten. Sie träumten gerade davon, was sie tun wollten, wenn sie wieder in der Heimat waren und Frieden herrschte. Die meisten Wünsche zielten auf das Feiern und die Aufmerksamkeit von Frauen ab.

»Was würden Sie tun, Oberst?«, fragte Micha. Er war respektvoll, konzentriert und kameradschaftlich zugleich, auch zu seinen Vorgesetzten.

Ajoscha öffnete die Augen. Er wurde nicht gerne beim Beten gestört – auch wenn das Schlusswort eigentlich schon gefallen war. »Ich kehre zu der Frau und dem Kind heim, die auf mich warten, und sorge dafür, dass mein Bruder die Trauerfeier bekommt, die er verdient.«

»Das sind gute Pläne, Oberst.« Micha hielt Ajoscha eine offene Zigarettenpackung hin und nahm selbst eine Zigarette heraus. »Ich bin sicher, dass Ihnen aufgrund Ihrer Stellung eine Menge einsame Frauen an den Hals fallen werden.« Er hielt sich theatralisch den Handrücken gegen die Stirn, schloss die Augen und sprach mit hoher Stimme weiter: »Oh, Oberst, ich glaube, Sie müssen mich vor mir selbst retten! Ich bin unsterblich in Sie verliebt und weiß mir nicht zu helfen!«

Der junge Soldat stoppte abrupt mit seiner Scharade, als Ajoscha ihm die Zigarette aus dem Mund zog und in die Brusttasche steckte.

»Ihnen ist wohl das Nikotin zu Kopf gestiegen. Wenn Sie nicht aufpassen, bringt Sie das noch vor dem Krieg um«, grunzte Ajoscha mit leicht zuckenden Mundwinkeln und zog dem lachenden Soldaten die Kopfbedeckung über die Augen.

»Oberst Iwanow.« Einer der Laufboten salutierte kurz vor Ajoscha und reichte ihm ein Blatt Papier.

»Der Panzerbär von gestern, den Sie sehen wollten.«

Ajoscha entließ den Soldaten mit einem Nicken und nahm die deutsche Frontzeitung in Augenschein. Die Überschrift war in großer Schrift gedruckt worden. *Merkt Euch!*

Ajoscha überflog den Text. Jeder, der vermeintlich nicht das deutsche Bestreben des Endsiegs teilte, sollte hingerichtet werden. Gezeichnet war das Schreiben mit Adolf Hitler. Verärgert knüllte Ajoscha das Papier zusammen und warf es ins Feuer. Was für ein machtgieriger und realitätsferner Mensch!

Es ertönten Rufe, die den Aufbruch signalisierten. In den nächsten Stunden gelangte ihr Korps zur Spree und bis in den Treptower Park. Als sie in Friedrichshain ankamen, ging die Schlacht erst so richtig los. Die Männer hatten das Gefühl, dass alle deutschen Soldaten an einem Ort zusammengezogen worden waren, um sie platt zu machen.

Ajoscha zielte, schoss und lud nach. Sein Rücken schmerzte mit der Zeit von der Haltung, die er einnehmen musste, und seine Ohren dröhnten von den lauten Geräuschen der Artillerie. Panzer beschossen ihre Stellungen. Immer wieder erklang das pfeifende Geräusch der Katjuscha, einem russischen Raketenwerfer, den sie auch Stalinorgel nannten, und erinnerte sie daran, dass sie die Oberhand hatten. Die Deutschen würden nie und nimmer diesen Krieg gewinnen. Das war der Gedanke, der den Männern durch den Kopf schoss, selbst wenn sie hier ihren letzten Atemzug tun würden.

Die nächste heftige Detonation erschütterte den Boden und Ajoscha biss die Zähne fest zusammen, während er sich hinter eine Steinwand duckte. Die Wand wies mehrere Löcher auf, die groß genug waren, dass man zumindest sein Gewehr in Stellung bringen und selbst einen Blick nach draußen werfen konnte, während man noch halbwegs gut geschützt war. Ajoschas Herz hörte nicht auf zu rasen. Er bewegte leicht den Fuß, da dieser drauf und dran war, einzuschlafen. Patronenhülsen klimperten metallisch. Ein Schrei, der ihm durch Mark und Bein ging, ließ ihn den Kopf nach links reißen. Einer der Männer war in den Hals getroffen worden. Ajoscha robbte zu ihm hinüber und drückte dann seine Hand auf die Eintrittswunde, doch das gurgelnde Geräusch verriet ihm, dass der Mann sterben würde.

»Wir werden siegen, ich verspreche es dir«, sagte Ajoscha, bevor er die Augen des Soldaten zudrückte. Auch wenn sie einander nicht mal beim Namen kannten, verursachte der Verlust einen unglaublichen Schmerz in seinem Inneren. Es spürte wie Tränen der Wut in ihm hochstiegen und seine Sicht beeinträchtigten.

Ernsthaft? Jetzt?!

Er wollte sie mit einer Handbewegung wegwischen, doch er hatte Unmengen von Blut an den Händen kleben. Was wäre, wenn er jetzt einfach aufhörte? Sein Gewehr ablegte und wartete, bis alles vorbei war? Dann wäre er ein Feigling. Er würde jedes Ansehen verlieren. Doch was war das schon in so einer vergänglichen Welt? Was brachte es, wenn man die Welt gewann, aber seine Seele verlor? Legitimierte der Krieg die Tat des Tötens, obwohl es Gottes Willen widersprach?

Ein warnender Schrei riss ihn aus seinen Gedanken und er schob den toten Körper von sich. »Panzerfaust!«

Doch bevor Ajoscha reagieren konnte, gab es plötzlich eine gewaltige Detonation. Das letzte, was er sah, war ein riesiger Feuerschein und dann hüllte ihn Dunkelheit ein.

~

Ajoscha hörte nichts mehr. Er brauchte einen Moment, um zu begreifen. Sein Trommelfeld war geplatzt. Er wollte sich bewegen, keuchte jedoch – er konnte nicht. Ein fürchterlicher Schmerz lähmte jede Faser seines Körpers. Seine linke Schulter und sein rechtes Bein pochten wie verrückt.

Langsam zwang er sich dazu, seine Augen zu öffnen. Er war in einem Lazarett. Um ihn herum waren überall andere Verletzte. Der Geruch, der ihm in die Nase stieg, ließ ihn würgen. Fäulnis. Blut. Exkremente.

Der Soldat links von Ajoscha war übel zugerichtet. Wo einmal sein rechter Arm gewesen war, befand sich nun ein durchbluteter Verband an einem Stumpfende. Seine rechte Gesichtshälfte war bis aufs Fleisch aufgerissen und er hatte keine Augen mehr. Diesen Anblick würde Ajoscha niemals vergessen.

Er schrie auf, als ihn plötzlich jemand berührte. Erst jetzt sah er an sich hinunter. Um seine linke Schulter und den Oberarm war ein dicker, blutgetränkter Verband gewickelt. Sein Hemd war aufgerissen und ein Luftzug kitzelte seine nackte Haut. Doch was ihn am meisten schockierte, war die Metallstange, die in seinem rechten Oberschenkel steckte. Ein ergrauter Mann, dessen Kleidung über und über mit Blut besudelt war, war eindeutig als Arzt zu identifizieren. Er hatte die Augenbrauen eng zusammengezogen und die Augen zusammengekniffen, während er Ajoschas Wunde inspizierte. Ein Sanitäter hatte gerade den Gürtel, der Ajoschas Bein abband, wieder festgezogen. Der Gesichtsausdruck des Arztes veränderte sich nicht, als er in Ajoschas verzerrtes Gesicht sah.

Ajoscha hörte nur sehr gedämpft seine Worte.

Bein abnehmen. Blutverlust groß. Wundinfektion.

Panik erfasste ihn und seine Atmung wurde schneller. Was meinte der Arzt?

Der Mann setzte gerade eine Spritze an und wollte Schmerzmittel verabreichen, doch Ajoscha packte sein Handgelenk und schüttelte den Kopf.

»Kein Morphium, kein Morphium«, murmelte er vor sich hin. Diese einzige Bewegung raubte ihm so viel Kraft und verursachte so viele Schmerzen, das Ajoscha wieder bewusstlos wurde.

Jeden Tag kam Micha, sofern es seine Pflichten erlaubten, und besuchte Ajoscha. Dessen Zustand wechselte zwischen Lethargie und einem Dahindämmern hin und her. Wenn er wach war, konnte er kaum einen klaren Gedanken fassen. Er wollte keine Opioide. Er hatte gesehen, was diese mit Männern anstellen konnten. Deswegen machten ihm die Schmerzen so stark zu schaffen. Langsam heilte sein Trommelfell und nun konnte er den Dingen, die er sah, auch Geräusche zuordnen. Die Schreie Verwundeter. Das letzte röchelnde Atmen eines Mannes, der ohne Beistand verstarb. Ein Soldat, der erfuhr, dass ein oder mehrere Gliedmaßen hatten amputiert werden müssen.

Die Finger seiner linken Hand konnte er immer noch nicht bewegen. Es sei eine Frage der Zeit, meinten die Ärzte, aber sie hatten ihn auch gewarnt, dass es sein könne, dass er nie wieder dieselbe Kraft in dem Arm haben würde wie zuvor.

Am 29. April erzählte Micha, dass Marschall Schukow tags zuvor zum Stadtkommandanten und Chef der Sowjetischen Garnison in Berlin ernannt worden sei. Zwei Tage später wurde die Nachricht im Lazarett verkündet, dass die sowjetische Fahne auf dem Reichstagsgebäude gehisst worden war. Jubel brach aus, doch Ajoscha würde sich erst so richtig freuen können, wenn der Krieg vorbei war. Knapp vier Jahre hatte er ohne schwerwiegende Verletzungen überstanden. Mal ein Streifschuss hier, mal eine gebrochene Rippe da, und dann hatte es ihn kurz vor dem fast sichtbaren Ende noch so richtig erwischt. Doch er war dankbar, dass er am Leben war und sein Bein noch hatte.

Als am 1. Mai die Nachricht kam, dass Hitler tot sei, und einen Tag später, dass Berlin kapituliert habe, war Ajoscha so erleichtert, dass im einige Tränen übers Gesicht und in seinen Bart liefen.

Er wurde mit einem der nächsten Lazarettzüge nach Russland gebracht. Doch auf der Heimkehr bekam er Fieber und fiel ins Delirium.

12

Niederlahnstein, Rheinprovinz
20. Mai 1945

Seit Wochen war Emma nun keine Gefangene der Russen mehr und seitdem war sie unterwegs. Sie hatte weite Teile der Strecke von Ostpreußen in die Rheinprovinz laufen müssen. Wenn sie es geschafft hatte, in einem Zug einen Platz zu bekommen, wurde die Fahrt wegen Luftangriffen oft unterbrochen. Sie hatte auch große Umwege nehmen müssen, da manche Schienennetze entweder durch Angriffe zerstört oder von den Russen demontiert worden waren. Ihr war bewusst, dass sie noch längst nicht so weit gekommen wäre, hätte Oberst Iwanow ihr und den anderen Frauen nicht einen Freifahrtschein ausgehändigt.

Nun saß sie auf der Kante eines Stuhls auf dem Gang der Kaserne, in der die Amerikaner sich eingerichtet hatten. An der ihr gegenüberliegenden Wand sah sie ein helles Rechteck, das ein Bilderrahmen hinterlassen hatte. Wahrscheinlich hatte da ein Bild von Hitler gehangen. Krampfhaft hielt Emma die Hände in ihrem Schoß gefaltet. Bei jedem Soldaten, der den Flur passierte, spannte sich ihr ganzer Körper an. Zu der körperlichen Erschöpfung kam eine bleierne Müdigkeit hinzu. Sie vermied es, zu schlafen, um nicht Albträumen ausgesetzt zu sein. Es war ihr Versuch, wenigstens ansatzweise über irgendetwas Kontrolle zu haben.

Auf ihrem Weg hatte sie nicht die Schönheit der unbeschädigten alten Häuser in Niederlahnstein wahrgenommen, sondern nur die Trümmer gesehen, die zerstörten Häuser und die leeren Blicke der Menschen. Der Krieg war vorbei, doch es schien, als könnten die Spuren dessen, was in den letzten sechs Jahren passiert war, niemals beseitigt werden.

Die Menschen in der Stadt waren ihr mit größtem Argwohn begegnet. Keiner wollte ihr sagen, wie es zu dem Lazarett ging, in dem Franzosen arbeiteten. Sie hatten Emma stets mit angespannter Miene angeschaut und waren dann ohne ein Wort weitergegangen – wobei das noch eine milde Reaktion war. Manche beleidigten sie auch, spuckten nach ihr und machten keinen Hehl daraus, dass ihnen sowohl ihre ostdeutsche Herkunft, die ihr anzumerken war, als auch ihr Flüchtlingsdasein missfielen. Der Besitzer eines Hauses, auf dessen Eingangsstufen sie sich kurz zum Ausruhen gesetzt hatte, hatte sie förmlich davongejagt. Dadurch waren amerikanische Soldaten auf sie aufmerksam geworden, die ihren Ausweis hatten sehen wollen. Im Laufe der Kontrollen von Ostpreußen hierher hatte irgendwann ein alliierter Beamte einen Stempel mit den Initialen *DP – Displaced Person* auf ihre Papiere gedrückt gehabt. Ein Ausdruck für Menschen, die bedingt durch den Krieg ihre Heimat verlassen mussten oder vertrieben worden waren. Deshalb hatten die Amerikaner sie zu einem Auffanglager für *Displaced Persons* bringen wollen. Es hatte eine Weile gedauert, bis Emma in der Lage gewesen war, den Mund aufzumachen und zu erklären, nach wem sie suchte. In den Wagen der Soldaten war sie aber nicht eingestiegen. Trotz ihrer Erschöpfung hatte sie lieber zur Kaserne laufen wollen.

Und nun wartete sie. Sie wusste nicht, wie lange schon. Seit der Gefangenschaft besaß sie kein Zeitgefühl mehr. Manchmal hatte sie auf ihrer Flucht aufschnappen können, welcher Tag war, doch sie war sich nicht mal sicher, welches Datum heute war. Sie schlang die Arme fest um sich. Ein Scheingefühl von Geborgenheit in einer Welt, in der niemand da war, der sie festhielt.

»Fräulein Hoffmann?« Die Stimme des amerikanischen Soldaten klang genervt.

Sowohl die Alliierten als auch die Deutschen standen gegen Emma. Doch wer war da, um für sie zu kämpfen? Ihr beizustehen?

Langsam stand sie auf, nahm ihren Rucksack und folgte dem Mann in einen Raum mit einer Liege, einem Schreibtisch und zwei Stühlen. Sie setzte sich. Die Erschöpfung ließ sie zittern. Sie erwachte erst aus ihrer Starre und hob den Kopf, als sie eine Bewegung an der Tür wahrnahm.

Emma blinzelte mehrmals. Sie konnte es nicht glauben. War das tatsächlich Louis, der da im Türrahmen stand? Er war älter geworden – natürlich, sechs Jahre waren eine lange Zeit. Er starrte sie genauso entgeistert an wie sie ihn. Mit offenem Mund ging er auf sie zu und blieb wenige Schritte vor ihr stehen.

»Ich … ich …«, stammelte sie. Sie konnte keinen klaren Gedanken fassen.

»Oh, Emma!« Louis riss sie in eine Umarmung, die sie nicht erwiderte.

Als seine Hände ihren Rücken berührten, zuckte sie zusammen. »Lass mich los!«, rief sie aus.

Überrascht ließ Louis sie los und blinzelte mehrmals mit seinen dunklen, braunen Augen. Er wollte nach ihren Händen greifen, doch Emma zog sie weg.

Er runzelte die Stirn. »Ich tu dir nichts, Emma«, sagte er mit einem leichten Kopfschütteln.

Emma konnte ihm nicht in die Augen sehen. Sie begann zu schluchzen.

»Was ist los?«, fragte er mit seinem starken französischen Akzent. Er war verwirrt, er wusste nicht, wie er sich verhalten sollte.

Emma presste die Lippen fest aufeinander und fokussierte einen unbestimmten Punkt.

Ihre Schmerzen konnte man ihr ansehen und das war ein Bereich, in dem Louis zumindest auf der beruflichen Ebene etwas tun konnte. »Emma, ich muss … will dich untersuchen. Du hast Schmerzen, oder?« Er versuchte geduldig zu klingen, doch das misslang.

»Überall«, antwortete Emma leise.

Louis nickte. »Setzt du dich auf die Liege?« Er streckte die Hand aus in der Hoffnung, dass Emma sie ergriff, doch das tat sie nicht. Sie hatte den Blick starr auf den Holzfußboden gerichtet und wippte leicht mit dem Oberkörper vor und zurück. Louis war der Einzige, der zumindest ansatzweise zu ihrer Familie gehörte, obwohl sie ihn kaum kannte. Sie brauchte Zeit, um sich zu überwinden, die Worte auszusprechen. Noch nie hatte sie es beim Namen genannt, denn dann würde sie sich unwillkürlich selbst konfrontieren und es als real ansehen müssen.

»Die Russen …« Sie atmete zitternd aus, bevor sie leise weitersprach. »Sie haben mich vergewaltigt.«

Blankes, unverhülltes Entsetzen zog über Louis' Gesicht. Dann sah Emma die Wut in seinen Augen und blickte schnell weg. Es machte ihr Angst. Er stand auf und ging ein paar Schritte, die Hände zu Fäusten geballt. Dann wandte er sich wieder zu ihr um. »Wann?«, fragte er gepresst.

Emma verzog das Gesicht. »Januar.«

»Wie vi…«

»Das spielt doch keine Rolle!«, unterbrach sie ihn. Sie wollte nicht darüber nachdenken.

Angespannt atmete er aus. »Bist du noch …anders verletzt worden?«

Emma hob die Hand, verzichtete dann aber doch darauf, ihre Schulter zu berühren.

»Mein Rücken«, sagte sie nur.

Vorsichtig half Louis ihr aus dem Mantel. Emma biss die Zähne fest zusammen, aber trotzdem ließ der Schmerz ihr die Tränen in die Augen schießen.

»Ich muss das Kleid aufschneiden.«

Als Emma nicht reagierte, drückte Louis ihr eine Decke in die Hand, die sie sich ausbreitete und an ihre Brust drückte. Während er sich ihre Verletzungen ansah, gab er keinen Mucks von sich. Er war Arzt, für ihn war es wahrscheinlich ein gewöhnlicher Anblick, besonders in einem solchen Krieg.

»Ich hole eine Schwester«, sagte er dumpf und ging aus dem Zimmer.

Mit zittrigen Fingern schob Emma die Decke über ihre nackten Schultern, um sich so weit wie möglich zu bedecken. Dann hörte sie schwere Schritte, die näher kamen. Ihre Hand krallte sich in die Decke.

»Keine Russen, keine Russen«, murmelte sie leise vor sich hin. Trotzdem hörte sie die russischen Stimmen und deren Worte.

Es schien, als würde dieser Klang nie verstummen, genauso wenig der Schmerz in ihrem Inneren.

~

Moskau, Sowjetunion
26. Mai 1945

Als Ajoscha die Augen öffnete, sah ihn Elana mit hochgezogenen Augenbrauen und verschränkten Armen an.

Er stöhnte und fuhr sich mit der rechten Hand über das Gesicht. »Was für ein Anblick«, murmelte er, lächelte dann aber. Es hatte Momente gegeben, in denen er nicht mehr damit gerechnet hatte, dass er sie wiedersehen würde.

Elana setzte sich auf die Bettkante und verzog auf eine süße Weise den Mund. »Du hast dich knapp zwei Wochen vor Kriegsende verwunden lassen?!«

Ajoscha wollte etwas erwidern, runzelte dann jedoch die Stirn, weil er sich umsah und ihm bewusst wurde, wo er war. »O nein.«

»O doch.«

»Das kann doch nicht dein Ernst sein!«

»Doch das ist es.« Sie lächelte und beugte sich vor, um ihm einen Kuss auf die Stirn zu drücken.

Ajoscha verzog das Gesicht und wollte sich aufrichten, sank jedoch angesichts der Schmerzen zurück in die Kissen. Er wollte nicht hier sein. Nicht in dem Haus seines Vaters. Er wollte in seine eigene Wohnung.

»Ist er da?«

»Nein, er lässt sich kaum blicken. Hast du Schmerzen?«

Ajoscha biss die Zähne zusammen. »Wie geht's dir? Und Dimitrij? Wo ist er?«

Elana erhob sich abrupt. »Ich habe dich gefragt, ob du Schmerzen hast?«

Sie füllte ein Glas mit Wasser und setzte es ihm an die Lippen. Als er es ihr aus der Hand nehmen wollte, schlug sie seine Hand weg. Ajoscha warf ihr einen vorwurfsvollen Blick zu, konnte ihr jedoch nicht lange böse sein.

»Die Schulter und das Bein brennen und schmerzen ziemlich stark«, gab er zu. Mit der rechten Hand berührte er durch die Decke hindurch leicht den dicken Verband um seinen Oberschenkel.

»Der Arzt hat dir ein Schmerzmittel dagelassen.«

Ajoscha versuchte mit grimmiger Miene, seine linke Hand zu bewegen, doch die Finger zuckten nur leicht. Er unterdrückte ein Fluchen.

»Du brauchst Geduld und sollst regelmäßig deine Übungen machen.«

»Wie lange bin ich schon hier?«, fragte Ajoscha verwirrt. Durch das große Fenster sah er, dass die Kastanienbäume im Garten blühten.

»Zwei Wochen. Du hattest Fieber. Die Beinwunde hatte sich infiziert und du warst nicht oft bei Bewusstsein.«

Ajoscha versuchte sich an irgendetwas zu erinnern, doch das konnte er beim besten Willen nicht. »Was ist, wenn ich körperlich eingeschränkt bleibe?«, fragte er mit heiserer Stimme. Die Angst stieg in ihm hoch. Als Krüppel würde er entlassen werden. Zwar ehrenhaft, aber er hatte keinen Beruf, den er ausüben konnte. Seit er alt genug gewesen war, war er beim Militär gewesen – auf Drängen seines Vaters.

»Du brauchst eine positive Grundeinstellung, um gesund zu werden! Da hilft es nicht, wenn du dir die ganze Zeit die schlimmsten Szenarios vorstellst.« Sie blickte ihn tadelnd an, doch Ajoscha hatte das leichte Zittern aus ihrer Stimme heraushören können.

~

Die Uhr auf dem Kaminsims tickte im Gleichklang mit den pulsierenden Schmerzen.

Es machte Ajoscha verrückt. Er schlug die Bettdecke beiseite und schwang erst sein gesundes und dann sein verletztes Bein über die Bettkante. Er stützte sich mit der rechten Hand am Bettpfosten ab und biss die Zähne zusammen, als er vorsichtig sein linkes Bein belastete. Es zitterte, bevor sein Knie nachgab und er unsanft hinfiel. Er unterdrückte einen Schmerzensschrei, als er auf seiner Schulter landete. Für einen Moment blieb er auf dem weichen Teppich liegen, bis die Schmerzen weniger wurden, bevor er sich hochstemmte und wieder aufs Bett setzte. Der Schweiß rann ihm den Rücken hinunter.

Schritte näherten sich. Irgendjemand hatte sicherlich seinen kläglich gescheiterten Versuch gehört und würde nachsehen kommen, ob alles in Ordnung war. Doch mit ihm hatte Ajoscha nicht gerechnet.

»Was willst du denn hier?!«, schnaubte Ajoscha und zwang sich dazu, ruhiger zu werden. Er hatte gelernt und verstanden, dass er seinem Vater vergeben musste, um wahren Frieden zu empfinden, auch wenn er es ihm gegenüber nie so ausgesprochen hatte. Dementsprechend musste er sich verhalten.

Der stämmige Mann schob seine Hände in die Hosentaschen seiner Uniform. »Das ist zufällig mein Haus.«

Armeegeneral Wassilij Iwanow war grau geworden. Es waren fünf Jahre ins Land gezogen, seit sie sich das letzte Mal gesehen hatten. Er trat an einen Beistelltisch, auf dem eine Karaffe mit Wodka stand, und schenkte sich ein Glas ein. Er schwenkte es in seiner Hand. »Dimitrij ist ein stämmiger junger Kerl. Er kommt ganz nach seinem Großvater.« Seine Augen leuchteten provokant.

Ajoschas Hand krallte sich in die Matratze. »Ich werde mich um seine Ausbildung und Erziehung kümmern. Du musst dir also keine Gedanken darüber machen. Es ist nur noch eine Frage der Zeit, bis Elana und ich in meine Wohnung zurück können.« Die Erziehung war einer der größten Streitpunkte zwischen ihnen.

Mit gerunzelter Stirn nahm Wassilij einen Schluck aus seinem Glas und legte dann den Kopf schräg. »Du siehst noch nicht so aus, als würde das in Bälde geschehen. Ich habe mit einem deiner Männer gesprochen. Die Panzerfaust hätte dich auch wie die anderen in Stücke reißen können, doch du hattest Glück.«

Ajoscha führte die Tatsache nicht auf Glück, sondern Gottes Fügung zurück, doch in der Hinsicht war er von seinem Vater sehr verschieden. Es wunderte ihn, dass sein Vater mit seinen Männern gesprochen hatte, immerhin interessierte er sich nur selten für sein Leben. Er öffnete gerade den Mund, um etwas zu erwidern, als Elana mit Dimitrij auf dem Arm hereinkam. Sie blieb überrascht stehen. Anscheinend hatte sie nicht mit der Anwesenheit des Generals gerechnet. Ihr Blick wanderte zwischen den beiden Männern hin und her. »Störe ich?«

»Nein«, sagte Ajoscha schnell.

Wassilij schnalzte mit der Zunge, bevor er ging, jedoch nicht, ohne vorher sein Enkelkind in Augenschein zu nehmen. Hinter ihm fiel die Tür ins Schloss.

»Ich kann die Gewitterwolken förmlich sehen«, murmelte Elana und musterte Ajoscha dann skeptisch. »Wenn deine Beinwunde aufreißt, fessele ich dich ans Bett, klar?« Sie setzte ein Lächeln auf.

»Klar«, erwiderte er grimmig. Immer noch mit ihrem Sohn auf den Arm bückte sich Elana und half Ajoscha dabei, sein Bein auf den Kissen zu lagern.

»Du kannst die Füße auch nicht stillhalten, was?« Sie legte Dimitrij neben Ajoscha und sorgte mit einem Kissen dafür, dass er nicht vom Bett rollte. Der Kleine hatte den Daumen im Mund und sah sich mit großen Augen um.

Ajoschas Gesichtszüge wurden weich. »Nein, das kann ich nicht«, sagte er leise und kitzelte das Baby. »Hier bin ich gezwungen, meinen Gedanken nachzuhängen.«

»Und was sind das für Gedanken?«, fragte Elana sanft über ihre Schulter, als sie ein Fenster öffnete.

Ajoscha blieb stumm. Emma Hoffmann. Er hatte den unglaublich starken Drang, sich bei ihr zu entschuldigen. »Der Krieg, die Männer, die gestorben sind, die Frauen, die so viel Leid durchmachen mussten …« Er biss sich auf die Lippe.

~

Erst drei Wochen später, als er bereits an einem Stock kleine Strecken gehen konnte, sah Elana wieder seinen nachdenklichen Gesichtsausdruck. Sie sprach ihn darauf an und Ajoscha starrte weiter aus dem Fenster.

»Ich muss dir etwas sagen«, begann er. Elana wartete ab. Kurz biss er sich auf die Unterlippe. »Emma Hoffmann … sie hat sich mit fast dreißig anderen Frauen in Gefangenschaft unter meinem Kommando befunden und ist Befragungen ausgesetzt gewesen.« Er schüttelte den Kopf. »Ich kriege sie nicht aus meinem Kopf.«

»Du hast ihr doch nichts getan?« Elanas Stimme war gedämpft, aber trotzdem noch ungewohnt schrill.

»Nein. Andere Männer haben ihr wehgetan.« In diesem Moment fragte sich Ajoscha, ob er zugeben sollte, dass er so getan hatte, als würde er ihr Gewalt antun, nur um seinen Vorgesetzten zufriedenzustellen. Er fuhr sich mit der Zunge über die Innenseite der Wange und überlegte.

Herr, willst du wirklich, dass ich zu ihr gehe? Aber warum? Was soll ich sagen? Was ist dann?

Während seiner Genesung nahm er sich die Zeit, Gott zu fragen und auf Antworten zu warten. In der Bibel lesen konnte er nur, wenn er sicher war, dass ihn niemand sah. Sie war weiterhin in seiner Metallkiste eingeschlossen.

Es schien Ajoscha, als sei Gott mit ihm und Emma Hoffmann noch nicht fertig. Das Gefühl, dass sie ihm aufs Herz gelegt worden war, hatte nicht nachgelassen, auch nicht, nachdem er sie und die anderen Frauen hatte gehen lassen.

Gott hatte einen Plan und dem wollte er vertrauen.

13

29. Juni 1945

Es war warm. Sonnenstrahlen fielen durchs Fenster und Ajoscha machte einen kleinen Schritt rückwärts, damit sie ihn nicht blendeten. Die Hände hatte er hinter dem Rücken gefaltet, während er vor dem mächtigen Schreibtisch des Generaloberst Bolschakow stand. Er spürte, dass die Muskeln in seinem rechten Oberschenkel angespannt waren. Ein Ziehen ging durch jede Faser seines Körpers, wenn er das Bein bewegte, doch es war fast einwandfrei funktionstüchtig und das war das Wichtigste.

»Sie können sich auch setzen«, sagte Bolschakow mit kritischer Miene und sah kurz auf.

»Danke, General«, erwiderte Ajoscha, blieb aber stehen. Mit dem Zeigefinger klopfte er gegen seine andere Hand.

»Sie wollen sich in die sowjetische Besatzungszone versetzen lassen …«, fasste der General Ajoschas Bitte zusammen.

Ajoscha wartete ab. Es hatte ihn viel Gebet und Zuspruch sowohl von Gott als auch von Elana gekostet, diese Entscheidung zu treffen, immerhin würde er Elana und Dimitrij allein hier in Moskau lassen. Doch Elana hatte gesagt, wenn Gott ihn auf diesen Weg schicke, dann solle er diesen auch gehen. Gott solle vor allem anderen in seinem Leben Priorität haben, auch vor ihr und ihrem Sohn.

Die provokante Art seines Vorgesetzten war Ajoscha gewohnt und ließ ihn deswegen kalt.

»Sie sind seit gerade einmal einer Woche wieder im Dienst?«

Den Vorwurf, den Ajoscha aus seiner Stimme heraushörte, stieß ihm sauer auf. Sein Finger stoppte in der Bewegung. »Ich schiebe sowieso nur Akten hin und her.«

»Nun: Heute Morgen habe ich die unbestätigten Augenzeugenberichte des NKWD erhalten. Unser Mann ist laut denen noch am Leben.« Bolschakow schob eine Akte über den Tisch.

Ajoscha löste sich aus seiner Position und nahm die Papiere in die Hand. NKWD war die Bezeichnung für den sowjetischen Geheimdienst. Mit gerunzelter Stirn sah er die Seiten durch. »Unbestätigt?«, hakte er skeptisch nach.

Der General lehnte sich nach hinten und zuckte leicht mit den Schultern, während er die Hände faltete. Ajoscha verkniff sich den Kommentar, dass Bolschakow ihn fast von den Befragungen abgezogen hätte, jetzt aber wollte, dass er unbestätigten Aussagen nachging. »Ich glaube nicht, dass das meine Meinung ändert«, sagte er und ließ die Akte zurück auf die Tischplatte fallen.

Der General schnalzte mit der Zunge. »Ich werde Ihrer Bitte, versetzt zu werden, nicht stattgeben. Die Entscheidung hängt nämlich nicht von Ihrer Meinung ab, sondern von meiner.«

Ajoschas Nasenflügel blähten sich auf und er kochte innerlich. »Dann nehme ich mir meinen restlichen Urlaub, der mir zusteht.«

Bolschakow blickte ihn verwirrt an und fuhr sich mit der Hand über den Mund. »Was gibt es in den Gebieten des ehemaligen Deutschen Reiches, das es nicht hier gibt?«

»Jemanden, den ich suche«, antwortete Ajoscha knapp und wartete, ob er wenigstens Urlaub bekommen würde. Zwei Wochen im Juli waren es letztlich, die Bolschakow ihm gestattete.

~

Französische Besatzungszone
10. Juli 1945

Je näher Ajoscha seinem Ziel kam, desto unsicherer wurde er. Immer wieder öffnete er seine Bibel, die auf seinem Schoß lag, und schaute die Fotografie von Elana und Dimitrij an. Es war ein seltsames

Gefühl zu wissen, dass der Krieg vorbei war. Er musste nicht mehr rund um die Uhr angespannt und aufmerksam sein. Er musste nicht befürchten, dass feindliche Bomber den Zug attackierten und er musste nicht mehr befürchten, dass Elana und jetzt auch ihrem Sohn etwas passierte. Ajoscha atmete tief durch und lehnte den Kopf gegen das Zugfenster. Er spürte die Vibration und hörte dann die Lok pfeifen. Man sah die Landschaft vorbeifliegen. So viele einzelne Momente und Dinge, derer man sich gar nicht bewusst war und die nicht wertgeschätzt wurden.

»Muss ziemlich frustrierend sein«, murmelte Ajoscha.

»Bitte?«, fragte eine Frau mittleren Alters, die ihm gegenübersaß.

»Verzeihung, nichts«, sagte Ajoscha und schluckte. Er musste sich noch daran gewöhnen, Deutsch zu sprechen. Aus Höflichkeit wechselte er mit den Mitreisenden ein paar Worte, wenn diese ein Gespräch begannen, doch seinen Namen und seine Herkunft nannte er nicht. Seit zwei Tagen saß er im Zug und er war todmüde.

Sie wurden langsamer und dann folgte die Lautsprecherdurchsage: »Wir erreichen in Kürze Niederlahnstein.«

Ajoscha stand erst auf, als das Gefährt ganz zum Stehen kam, nahm seine Tasche von dem Gepäckfach über den Sitzen und betrat den Bahnhof. Es war später Nachmittag und er wusste, dass er erst morgen seine Pläne in die Tat umsetzen würde, doch die Aufregung wuchs. Die Stadt hatte wie so viele andere unter dem Krieg gelitten. Häuser waren zerstört, Menschen obdachlos. Viele Frauen und einige Männer schippten Trümmerreste in Eimer und Schubkarren und räumten die Wege frei. Das Gebiet war von den Amerikanern befreit worden und gehörte nun zur französischen Besatzungszone.

Ajoscha mietete sich über Nacht in dem Hotel Becker ein. Amerikanische Soldaten patrouillierten auf der Straße und Ajoscha fragte sich, ob einer vielleicht Louis Dupont war, doch als Arzt war er wahrscheinlich wo anders eingeteilt. In der Nacht konnte Ajoscha nicht schlafen, zu groß war seine innere Unruhe.

Niederlahnstein, Französische Besatzungszone
11. Juli 1945

Emma strich sich eine Haarsträhne hinters Ohr und ging weiter den Bürgersteig entlang. Sie hatte ihre Lebensmittelrationen abgeholt. Wieder waren Beschwerden von Bürgern laut geworden, dass sie mit einem Flüchtling ihr Essen teilen mussten. Emma war es leid, verbal attackiert zu werden. In den vergangenen drei Monaten hatte sie versucht zu beweisen, dass die Vorwürfe den Ostdeutschen gegenüber unbegründet waren, doch die Menschen ließen sich nicht überzeugen. Flüchtlinge galten als unehrlich und dass man trotz der schwierigen Versorgungslage für sie mitsorgen musste, schürte eine ungeheure Wut. Zusätzlich stellten die konfessionellen Unterschiede ein Problem da: Emma war ein evangelischer Flüchtling in einer überwiegend katholischen Stadt. Solch eine Vermischung war nicht gerne gesehen. Sie war nicht willkommen, sie gehörte nicht hierher – das ließen die Bewohner sie deutlich spüren.

Die Sonne war warm und trieb ihr Schweißperlen auf die Stirn.

»Emma Hoffmann!«

Sie zuckte zusammen und für einen Moment blieb ihr Herz stehen, bevor es doppelt so schnell weiterschlug. Sie warf einen Blick über die Schulter und erblickte tatsächlich die Person, an die die Stimme sie erinnert hatte. Oberst Iwanow. Panik und Angst, die sie in den letzten Wochen gut unter Kontrolle gehabt hatte, stiegen gleichzeitig in ihr hoch. Was tat er hier? Was wollte er von ihr? Sie beschleunigte ihre Schritte und versuchte, möglichst nicht auf sein Rufen zu reagieren. Zum Glück war viel los und so wurde ihr Verfolger auf dem Gehweg durch die anderen Menschen erheblich ausgebremst.

»Fräulein Hoffmann!«

Er soll verschwinden!

»Пожалуйста остановись – Bitte bleiben Sie stehen!«

Seine Stimme war direkt hinter ihr. Wie hatte er sie gefunden? Emma biss die Zähne zusammen und fuhr zu ihm herum. Sie funkelte ihn böse an. »Sie sollten hier kein Russisch sprechen!«, zischte sie.

Der Oberst sah gut aus, wenn auch müde. Er hatte keine Uniform an. Er starrte sie mit offenem Mund an – und dann wanderte sein Blick zu ihrem Schwangerschaftsbauch. Emma spürte, wie das Blut in ihre Wangen schoss und Tränen der Wut und Scham ihr in die Augen stiegen. Sie machte auf dem Absatz kehrt und lief weiter. Doch sie merkte, wie er ihr erst langsam folgte, dann aber zu ihr aufschloss und neben ihr herging.

»Also nicht mehr Fräulein Hoffmann?«, fragte er auf Deutsch.

Emma schnaubte und presste für einen Moment die Lippen zu einer dünnen Linie zusammen. »Immer noch Fräulein Hoffmann.«

Es dauerte einen Moment, bis Ajoscha verstand, und sie sah die Verblüffung in seinem Gesicht, bevor er sich wieder fing. »Ich … will mit Ihnen reden«, sagte er.

»Ich aber nicht mit Ihnen.« Hinkte er leicht?

»Ich tu Ihnen nichts. Von mir aus können wir auch reden, wenn Ihr Schwager dabei ist.« Das war Ajoscha eigentlich gar nicht recht, aber wenn es die einzige Option war, dann musste er sie ergreifen.

Emma blinzelte verwirrt. Wie hatte er sie gefunden und woher wusste er von Louis? Zusätzlich, neben den Gefühlen der Panik und Angst, die sie überrollten, war da etwas, was sie nicht identifizieren konnte und was im Zusammenhang mit der Art, wie er mit ihr sprach, stand. Sie kannte ihn fast nur kalt und distanziert, doch jetzt, ohne Uniform, erschien er anders. Fast schon freundlich.

»Das können Sie vergessen und wenn Sie mich jetzt nicht in Ruhe lassen, schreie ich.« Emma warf ihm nur kurz einen Seitenblick zu und überquerte dann die Straße. Er brauchte nicht zu wissen, dass sie hier fast wie eine Aussätzige behandelt wurde und die wenigsten ihr zu Hilfe eilen würden.

Ajoscha blieb stehen, während sie weiterlief. Nachdem sie sich sicher war, dass sie außer Sichtweite war, blieb sie stehen und legte schwer atmend eine Hand auf ihren Bauch. Sie brauchte ein paar Minuten, um sich zu fangen, und blickte dann andauernd über ihre Schulter, während sie zu ihrer Unterkunft eilte.

~

Emma und Louis waren spazieren gewesen. Während Emma innerlich mit sich gerungen hatte, ob sie Louis von der Begegnung mit dem Oberst berichten sollte, hatte er auf einmal gesagt: »Ich glaube, das Beste wäre, wenn ich dich heirate. Dann hätte das Kind einen Vater und … immerhin bist du Charlottes Schwester.« Abrupt war Emma stehen geblieben. Die plötzlich aufkommende Panik hatte sie fast vergessen lassen, zu atmen. Sie hatte gemerkt, dass Louis in letzter Zeit oft in Gedanken woanders gewesen war, aber mit diesem Vorschlag – der nicht mal ein Vorschlag war, es klang, als hätte er es bereits beschlossen – hatte sie nicht gerechnet.

Das Verhältnis zwischen den beiden war eigentlich eher distanziert. Bis auf Charlotte gab es nichts, was sie miteinander verband, und in ihrer Trauer wollten sie nicht über sie reden. Abgesehen davon war ihre Verwandtschaft für sie beide von Nachteil. Unter den Franzosen und Amerikanern wurde es nicht gern gesehen, dass Louis mit einer Deutschen verheiratet gewesen war. Und Emma war nicht nur mit ihrer unehelichen Schwangerschaft und dem Ruf eine »Russenhure« zu sein, gestraft, sondern auch damit, dass sie öfter mit einem alliierten Soldaten gesehen wurde. Dass dieser ihr Schwager war, schien für die Bevölkerung genauso schlimm zu sein, als wäre er ihr Liebhaber.

Emma hatte angesichts von Louis' Heiratsplänen kein Wort herausbringen können, woraufhin Louis weitergesprochen hatte. Auch jetzt, fast zurück in Emmas Unterkunft, rauschte ihr noch das Blut in den Ohren und der fade Geschmack war aus ihrem Mund noch nicht verschwunden.

Mit vor Nervosität zitternden Fingern kramte sie den Haustürschlüssel aus ihrer Handtasche. Noch hatte sie nichts zu Louis' Vorschlag gesagt. Doch sie war ihm wohl eine Antwort schuldig, bevor sie hineinging.

»Louis, ich…« Emma erstarrte, als sie Oberst Iwanow sah, der auf der untersten Stufe der Treppe saß, die zur Eingangstür ihres Wohngebäudes führte.

Emma konnte seinen Blick nicht deuten, als er seine Hände in die Hosentaschen schob und aufstand.

»Fräulein Hoffmann«, sagte er.

»Wer sind Sie?«, fragte Louis mit einem verwirrten Stirnrunzeln, da er gesehen hatte, wie bleich Emma geworden war.

»Mein Name ist…«

Bevor Ajoscha seinen Satz beenden konnte, fand Emma ihre Sprache wieder. »Oberst Iwanow, der Mann und Russe, der der Leiter während meiner Gefangenschaft war«, sagte sie leise. »Ich habe Ihnen schon heute Mittag gesagt, dass Sie mich in Ruhe lassen sollen!« Ihre Stimme zitterte und sie machte sich keine Mühe, ihre Abscheu zu verbergen.

Tiefe Falten zeigten sich auf Ajoschas Stirn und als er schluckte, hüpfte sein Adamsapfel auf und ab. »Und ich habe Ihnen gesagt, dass ich mit Ihnen reden will.« Er trat einen Schritt auf sie zu, doch dann stellte sich Louis ihm in den Weg und legte ihm die Hand auf die Brust. »Keinen Schritt näher!«

Ajoschas Augen verengten sich zu Schlitzen, während er die Hand, die ihn zurückhielt, ansah und dann seinen Kopf hob und den Blickkontakt zu dem Franzosen suchte. »Mischen Sie sich nicht in Sachen ein, die Sie nichts angehen«, sagte er und Emma konnte die gewohnte Härte aus seiner Stimme heraushören. Sie fröstelte und musste Halt am Zaun des Nachbargrundstücks suchen.

Nur langsam ließ Louis seine Hand sinken, bevor er sie zur Faust ballte und dann zuschlug. Ein überraschter Aufschrei entfuhr Emma. Wäre es noch früher am Tag gewesen, hätten sie spätestens jetzt die Aufmerksamkeit aller Passanten auf sich gezogen. Ajoscha taumelte ein paar Schritte zurück und stolperte fast über den Treppenabsatz, fiel aber nicht hin und machte keine Anstalten, sich zu wehren. Er fuhr sich mit der Zunge über die blutende Lippe.

»Das ist wohl Ihre Art von Selbstjustiz«, knurrte er.

Louis schnaubte. »Glauben Sie mir, die sieht anders aus.«

»Ich will nur reden«, wiederholte Ajoscha sein Anliegen. Er sprach Emma an, hielt aber den Blickkontakt mit Louis.

»Wer sagt, dass auf Ihr Wort Verlass ist?!«, blaffte Louis. »Emma befindet sich auf Gebiet des westlich alliierten Protektorats, Sie haben hier keine Befugnis!«

Ajoschas Blick wanderte zwischen Emma und ihrem Schwager hin und her. »Warum sollte ich ihr etwas tun?«, fragte er verständnislos. Er beobachtete, wie Emma unruhig wurde und seinem Blickkontakt auswich. Offiziell war die Sache zwischen ihnen erledigt. Margarete Schneider war als die gesuchte Frau identifiziert worden. Es sei denn …

»Andreas Moslehner, kennen Sie diesen Namen?«, fragte er bewusst an Louis gewandt. Die Namen der anderen Gesichter hatten keine Relevanz, es waren bis auf Andrzej Kusnezow – der richtige Name von Andreas Moslehner, willkürlich Fotografien ausgesucht worden.

»Louis, antworte …« Doch bevor Emma die Warnung aussprechen konnte, hatte Louis bereits zu nicken begonnen. Emma verzog das Gesicht. Sie hätte Louis nicht von Andreas erzählen sollen und wenn, dann nur im Zusammenhang mit den Befragungen. Denn so schien die Frage des Obersts für ihn nicht verdächtig. Wüsste er dagegen, dass sie an Margaretes Stelle hätte sein sollen, sähe die Sache anders aus.

Ajoschas Kiefermuskulatur spannte sich an. »Sie sind es und nicht Margarete Schneider«, sagte er.

»Wer ist Margarete Schneider? Was ist hier los?«, schrie Louis verärgert, sodass Emma zusammenzuckte.

Sie stöhnte und stützte den Kopf in die Hand. »Margarete Schneider ist die Frau, die er hat umbringen lassen und von der er angenommen hat, sie sei die Frau, die er sucht.«

»Die Verräterin«, fügte Ajoscha mit eisiger Stimme und grimmiger Miene hinzu.

»Weder sie noch ich sind eine Verräterin!«

»Dann erklären Sie es mir!« Ajoscha ignorierte Louis und trat näher an Emma heran.

Sie schloss wieder kurz die Augen, bevor sie hochblickte und ihn anschaute. »Erklären Sie es mir! Ich verstehe nämlich nicht, wieso meine Beziehung zu Andreas Sie dazu veranlasst zu glauben, dass ich eine Verräterin bin!«

Stille.

Ajoscha fuhr sich mit der Hand über die Augen. »Andreas Moslehner heißt eigentlich Andrzej Kusnezow. Er hat für den sowjetischen Geheimdienst gearbeitet. Er hat in Königsberg spioniert und hat mal verlauten lassen, dass er einer blonden Frau Avancen mache. Zwei Wochen später ist eine Brücke, auf der er sich mit seinem Informanten treffen sollte, von der SS in die Luft gesprengt worden.« Er machte eine Pause. »Vermutlich verraten von der blonden Frau. Von Ihnen.«

Emmas Atmen stockte. Die Nachricht, dass er tot war und spioniert hatte, schockierte sie. »Was? Ich … ich wusste nicht, wer er war! Er hat mir weder gesagt, dass er aus der Sowjetunion kommt, noch, dass er für die Russen arbeitet!« Ihre Stimme wurde ungewöhnlich schrill.

Bevor Ajoscha antworten konnte, trat Louis zwischen die beiden, sodass der Blickkontakt abbrach. »Sie werden ihr nichts anhaben können! »Wenn sie meine Frau ist, wird sie unter dem Schutz der französischen Regierung stehen.«

Ajoscha blickte an ihm vorbei und Emma an. Er wechselte ins Russische in der Annahme, dass der Franzose das nicht verstehen würde. »Sie heiraten ihn doch nicht? Ihre Schmach würde doch nur größer werden und Ihr Leben nicht erträglicher.«

»Urteilen Sie nicht über mein Leben!«, fauchte Emma auf Russisch.

»Sprechen Sie gefälligst Deutsch!«, fuhr Louis Ajoscha an.

Der Oberst knirschte mit den Zähnen. »Es gibt gerade nichts mehr zu bereden«, sagte er in einem überraschend ruhigen Tonfall. Doch seine plötzliche Reserviertheit machte Emma Angst. Die Angelegenheit war noch lange nicht geklärt. Der Oberst ging, ohne sie noch einmal anzusehen.

14

In der Nacht weinte Emma leise. Ihre Angst war groß: Was würde der Oberst jetzt tun, da er wusste, dass sie mit Andreas liiert gewesen war? Außerdem beschäftigte sie die Frage, warum er eigentlich hierhergekommen war. Dass er sie als Andreas' Freundin identifiziert hatte, schien ein spontaner Einfall gewesen zu sein. Gleichzeitig überkam sie der Kummer, dass Andreas – Andrzej –, sich ihr nicht anvertraut hatte. Hatte er ihr nur etwas vorgespielt? War das gar nicht echt gewesen, was zwischen ihnen gewesen war? Obwohl sie nun wusste, wer er wirklich war, war sie sich relativ sicher, dass ihre Beziehung nicht im Zusammenhang mit der Spionage stand, sondern aus Zufall und wirklichen Gefühlen heraus entstanden war.

Emma wollte Louis nicht heiraten. Das bedeutete aber, dass der Schutz, den ihr die französische Regierung als Schwägerin eines französischen Offiziers bot, begrenzt war. Charlotte und Louis hatten sich wirklich geliebt, dass wusste Emma. Aber es war reines Pflichtgefühl seiner verstorbenen Frau gegenüber, das Louis dazu bewogen hatte, von Heirat zu sprechen. Es gab nicht die geringste Spur von freundschaftlicher oder geschwisterlicher Zuneigung zwischen ihnen.

Emma drehte sich auf die Seite. Sie wollte nicht mehr darüber nachdenken, was für ein Albtraum das Ganze war. Doch sie konnte nicht schlafen, viel zu sehr nagte die Angst an ihr.

~

14. Juli 1945

Drei Tage lang geschah nichts und Emma hegte fast schon die Hoffnung, dass die Sache erledigt sei. Doch dann traf es sie mit voller Wucht.

Oberst Iwanow tauchte erneut auf. Diesmal erklärte er Louis und ihr, dass Emma gebeten werde, mit ihm nach Moskau zu kommen, um die Angelegenheit zu regeln. Dabei würde sie ein Gast sein und mit dem höchsten Respekt behandelt werden. Emma wusste nicht, ob sie lachen oder weinen sollte. Der Oberst ließ sie einige Augenblicke allein, damit Louis und sie sich besprechen konnten.

»Ich habe mit meinen Vorgesetzten gesprochen. Sie wollen die Sache möglichst friedlich geklärt haben.« Louis machte eine Pause und schluckte.

Emma schloss die Augen und wappnete sich für das, was jetzt kommen würde.

»Du sollst Oberst Iwanow nach Moskau begleiten. Dabei stehst du aber unter dem Schutz der Franzosen, wenn dir also ein Haar gekrümmt wird, werden sie eingreifen.«

Emma schnaubte und stemmte die Hände in die Seite. »Glaubst du das wirklich? Dass ein Alliierter einen anderen angeht wegen einer Deutschen?! Russen und Franzosen standen im Krieg gegen uns Deutsche, warum sollte einer jetzt einen Finger für mich krumm machen? Außerdem werdet ihr doch gar nicht erfahren, wenn etwas passiert.« Sie legte sich die Hand auf die Stirn und ging unruhig auf und ab. Louis presste die Lippen aufeinander. Mit ihrer Aussage hatte sie auch ihn in seiner Ehre angegriffen.

Als sie gemeinsam zum Oberst gingen, versuchte Emma, nicht hysterisch zu werden. Wie in Trance nahm sie wahr, wie Louis die Abmachung traf und die Männer sich dann tatsächlich die Hand gaben. Sie konnte es nicht glauben. Wieder einmal musste sie zusehen, wie die Alliierten über sie und ihr Schicksal entschieden.

~

15. Juli 1945

Einen Tag später saßen sie zusammen im Zug Richtung Sowjetunion.

Ajoscha nahm aus den Augenwinkeln wahr, dass Emma Angst hatte. Unruhig rutschte sie auf ihrem Sitz hin und her. Ihre Hände zitterten. »Sie müssen keine Angst haben«, sagte er. »Der Krieg ist vorbei und Sie sind nicht mehr meine Gefangene.« Sein Tonfall klang nicht beruhigend, sondern sachlich.

Sie saßen allein in einem Abteil, weswegen Ajoscha Russisch sprach. Er saß auf der ihr gegenüberliegenden Bankreihe mit drei Sitzen. Während er an der Tür saß, saß sie direkt am Fenster.

»Das genau ist das Problem. Ich war einmal Ihre Gefangene.« Emma biss die Zähne zusammen und sprach nicht weiter.

Ajoscha fuhr sich mit der Zunge über die Innenseite seiner Wange. Jetzt konnte er das Gespräch führen, wegen dem er ursprünglich zu ihr gekommen war. »Es war nie meine Absicht, Ihnen wehzutun. Ich habe irgendwie das Gefühl, dass ich mit Ihnen über das, was geschehen ist, reden muss. Es war unrecht.«

»Woher wussten Sie, wo ich war?«, fragte Emma.

Ignorierte sie jetzt alles, was er sagte und ihr missfiel? »Wissen Sie, wer der Mann war?«, stellte Ajoscha ruhig eine Gegenfrage.

Ihr Kopf fuhr zu ihm herum. »Welcher Mann?«

Er antwortete nicht, sondern sah sie nur an, bis sie verstand und sich auf die Unterlippe biss. War es nicht schon schlimm genug, dass sie ein Stigma trug? Musste das Ganze jetzt auch noch zwischen ihnen Thema sein?

»Ich weiß nur, dass sie Rotarmisten waren«, sagte sie abweisend.

»Sie?« Das überraschte Ajoscha. Warum hatte er die Möglichkeit, dass es mehrere gewesen waren, nicht in Betracht gezogen?

Emma nickte leicht und blinzelte mehrmals, um die Tränen zurückzudrängen. Ihre Wangen brannten.

»Sonst nichts? Was für Dienstgrade sie hatten? Ob Namen genannt wurden?«

»Was kümmert Sie das?!«, fuhr Emma ihn an. Seine offensichtliche Ruhe machte sie verrückt.

»Wie gesagt: Es war unrecht. Ich möchte tun, was ich kann, um Gerechtigkeit walten zu lassen.«

Er wartete ab, während Emma nervös ihre Hände knetete. »Ich sehe Ihre Gesichter jede Nacht und höre ihre Stimmen … Aber da waren keine Namen, und an die Uniformen kann ich mich nicht erinnern.« Sie presste die Lippen aufeinander.

Ajoscha wollte die Sache auf sich beruhen lassen und schlug die Beine übereinander, als Emma weitersprach: »Sie haben einen Mann, der mich beschützen wollte und den ich aus meiner Heimat kannte, erschossen.« Sie schloss die Augen und wischte ihre Tränen mit ihren Blusenärmel weg. Als sie wieder aufblickte, hielt Ajoscha ihr ein Taschentuch entgegen. Langsam ergriff sie es, bedankte sich aber nicht. Dazu konnte sie sich nicht überwinden.

»Als Sie Ihre Bibel aus dem Feuer gerettet haben, ist ein Brief herausgefallen. Darin stand die Stellung Ihres Schwagers. Ich konnte ausfindig machen, wo er stationiert ist«, beantwortete er endlich ihre Frage.

»Sie haben ihn gelesen?« Das überraschte sie – und vielmehr noch, dass er ihn augenscheinlich aufbewahrt hatte.

Ajoscha nickte leicht. Er griff in das Außenfach seiner Tasche und schob etwas Glänzendes über den Tisch hinweg zu Emma. Es war der Ring ihrer Schwester. Emmas Mund öffnete sich, doch sie brachte keine Silbe über ihre Lippen. Sie nahm das Goldband in die Hand und schloss ihre Finger darum. Dann räusperte sie sich. »Wie geht es Ihrem Sohn und Ihrer Frau?«

Als er nicht antwortete, schaute sie ihn an und sah seinen verwunderten Blick. Dann war es an ihr, verwirrt zu sein, denn er legte den Kopf in den Nacken und begann so herzhaft zu lachen, wie sie es von ihm noch nie gehört hatte. Es überraschte und faszinierte sie zugleich.

Ajoscha fuhr sich mit der Hand über den Bart, als er sich beruhigt hatte. Auf seinen Lippen lag noch ein Lächeln. »Ich bin nicht verheiratet. Elana …« Er schüttelte leicht den Kopf und dann verschwand sein Lächeln ganz. »Sie ist die Frau meines Bruders gewesen, der im Krieg gefallen ist. Dimitrij ist mein Neffe.«

Emmas Lippen formten ein stilles *Oh* und sie wurde rot.

»Aber ihnen geht es sehr gut«, erklärte der Oberst schließlich, nun wieder amüsiert.

Die nächsten Stunden verliefen schweigend. Ajoscha organisierte ihnen etwas zu essen und als es draußen dunkel wurde, konnte Emma sogar einschlafen.

~

16. Juli 1945

Ajoscha und Emma hatten den Zug wechseln müssen, da das deutsche Schienennetz nicht mit dem sowjetischen übereinstimmte und ein deutscher Zug nicht auf den sowjetischen Schienen fahren konnte.

»Waren Sie schon mal in der UdSSR?«, fragte Ajoscha am nächsten Morgen.

Emma aß nichts und sah aus, als sei ihr übel. »Nein«, sagte sie und nahm nur einen Schluck Wasser. »Was erwartet mich dort?«, fragte sie unruhig.

»Ihnen werden viele Fragen gestellt werden. Es geht um die Treffen mit Andrzej Kusnezow, die Befragungen unter meinem Kommando und Ähnliches«, antwortete Ajoscha distanziert.

»Kann ich dafür belangt werden, dass ich gelogen habe?« Ihre Stimme zitterte.

Ajoscha streckte die Beine aus. »Halte ich für unwahrscheinlich. Die Russen wollen keinen Ärger mit den Franzosen.« Er stand auf und ohne etwas zu sagen, verschwand er aus dem Abteil, seine Dokumente unter dem Arm geklemmt. Emma schaute ihm nach und erlaubte sich, einmal tief durchzuatmen. Sie hatte das Gefühl, dass sie dazu in nächster Zeit nicht kommen würde. Er hatte ihre Frage ziemlich schnell abgetan und das beunruhigte sie irgendwie. Sie hatte Angst vor der UdSSR. An ihrem Akzent war sie eindeutig als Deutsche zu erkennen, was unweigerlich wieder für Konfliktpotenzial sorgen würde. Sie schnaubte frustriert und strich sich die Haare glatt.

Ajoscha zog die Tür des Abteils auf und kam hinein. In einer Hand hatte er eine Tasse und mit der anderen hielt er sich an dem oberen Gepäckfach fest. »Setzen Sie sich auf die andere Seite«, sagte er und zeigte mit dem Kinn auf die Sitze, bei denen man nicht mit dem Rücken in Fahrtrichtung saß. Etwas verwirrt nahm Emma ihre Tasche und setzte sich an den Platz genau gegenüber von ihrem bisherigen. Dann stellte Ajoscha die Tasse vor ihr auf den Tisch.

Er selbst nahm seine Sachen und wechselte auf die andere Seite. Er klemmte sich wieder seinen Bleistift zwischen Zeige- und Mittelfinger und bearbeitete seinen Bericht. Emma schaute ihn mit gerunzelter Stirn an und inspizierte dann den Becher vor ihr. Überrascht schossen ihre Augenbrauen in die Höhe, als sie daran roch. Pfefferminztee! Sie führte ihn an ihre Lippen und nahm einen vorsichtigen Schluck von dem heißen Gebräu. Wo hatte er Pfefferminztee her? Und da dämmerte es ihr. Er hatte sie die Plätze tauschen lassen und ihr den Tee geholt, damit sich ihr Magen beruhigte. Sie schluckte.

»Danke«, sagte sie verlegen.

Ajoscha schaute nur kurz auf, um ihr zu zeigen, dass er es gehört hatte, senkte den Blick dann aber wieder. Immer und immer wieder las er die Augenzeugenberichte, die behaupteten, Andrzej gesehen zu haben. War er tatsächlich das Risiko eingegangen und auf deutschem Gebiet geblieben? Eigentlich hatten ihn die Deutschen für tot gehalten, aber was war, wenn er woanders entdeckt worden wäre? Und wenn es stimmte, dass Emma Hoffmann nichts von seinem Auftrag gewusst hatte, wer hatte ihn dann verraten? Ajoscha fuhr sich mit der Hand über den Bart. Eigentlich hatte er mit der ganzen Sache nichts mehr zu tun haben wollen, und doch war es ihm wieder vor die Füße gefallen.

Wolltest du deswegen, dass ich zu Emma Hoffmann gehe? Weil ich das rausbekommen würde? Er schnaubte leicht. *Natürlich. Was für eine lächerliche Frage meinerseits.*

Seine Gedanken wanderten wieder an den Tag zurück, an dem Emma Hoffmann ihn rasiert hatte. Schnell ließ er die Hand wieder sinken und schüttelte leicht den Kopf, um die Erinnerungen abzuschütteln.

Warum hatte sich Andrzej nicht gemeldet? Spätestens nach Kriegsende hätte er sich melden können. Mit dem Stift trommelte Ajoscha auf das Papier – eine unbewusste Geste. Er hielt es für nicht sehr wahrscheinlich, dass Andrzej noch am Leben war. Außer natürlich, er hätte sich seinem Land gegenüber als untreu erwiesen und wäre deswegen abgetaucht. Berlin schien dafür aber ein seltsamer Ort zu sein. Die UdSSR war groß. Irgendwo hätte es einen Fleck gegeben, wo ihn niemand kannte und wo er hätte leben können. Bei seinen Sprachkenntnissen wären auch deutschsprachige Gebiete infrage gekommen. Die Schweiz. Ajoscha blätterte ein paar Seiten weiter und überflog eine Aussage. Bei Zürich glaubte ein Informant ihn gesehen zu haben. Warum nicht? Nur vom Datum her schien es nicht sehr wahrscheinlich. Anfang März? Da waren die Grenzen noch dicht gewesen. Außer er hatte irgendeinen Weg gefunden … Ajoscha seufzte. Dieses Nein-aber-es-könnte-sein-Denken machte ihn fertig.

Ajoscha stieß einen Pfiff aus und winkte dann einen Bahnangestellten zu sich, der ihre Koffer trug. Die wenige Bewegung auf der Reise hatte Ajoschas Bein nicht sonderlich gutgetan. Er biss die Zähne fest zusammen. Sein Hinken war stärker als sonst. Er warf einen Blick zur Seite. Emma schien noch erschöpfter zu sein als er.

»Sie werden in einem Hotel untergebracht und morgen hole ich Sie dann zu den Befragungen ab«, erklärte er. Sie nickte nur.

Sie nahmen ein Taxi und Emma schien jeden Anblick in sich aufzusaugen von diesem ihr unbekannten Land, von dem sie bisher nur die Sprache kannte. Das Hotel lag ziemlich zentral und relativ nah an Ajoschas Arbeitsplatz. Er sprach mit dem Rezeptionisten und begleitete dann Emma bis zu ihrer Zimmertür. Auf dem Weg dorthin bekam sie Angst, dass er womöglich mit auf ihr Zimmer kommen würde. Sie wollte mit dem Mann nicht länger als nötig auf engem Raum zusammen sein.

Ajoscha ließ sie zuerst eintreten und wartete dann, bis der Hotelangestellte den Koffer hereingetragen hatte und wieder verschwunden war. Da er Emmas nervöses Verhalten bemerkt hatte, ließ er die Zimmertür offen. Er schob die Hände in seine Hosentaschen. »Lassen Sie niemanden rein, den Sie nicht kennen. Ich hole Sie morgen früh um sieben ab. Auf dem Zettel am Telefon steht meine Nummer und auch die eines Arztes, wenn Sie Hilfe benötigen.«

Emma senkte mit roten Wangen den Kopf. Davon ließ sich Ajoscha nicht beirren. »Sie können jederzeit anrufen, wenn etwas ist.« Er machte eine Pause und für einen Moment verschwand die Härte aus seinen Augen und seiner Stimme. »Versuchen Sie zu schlafen. Sie brauchen keine Angst zu haben. Ich werde die ganze Zeit bei Ihnen sein, falls Sie das beruhigen sollte, und wenn dem nicht so ist …« Er zuckte mit den Schultern. »Nacht.«

Er verschwand, ohne auf eine Antwort zu warten, und zog die Tür ins Schloss. Eine gespenstische Stille lag auf dem Hotel. Erst auf der Straße empfingen ihn wieder die Geräusche des Lebens und … des

Friedens. Das war noch nicht ganz in seinem Innersten angekommen. Manchmal erwartete er noch, dass es jeden Moment zu einer Detonation kommen und der Boden erschüttert werden konnte.

Der Taxifahrer hatte auf Ajoschas Bitte hin gewartet und fuhr nun weiter. Seine Wohnung lag acht Minuten entfernt. Er zahlte, ließ seine Tasche ausladen und kämpfte sich dann in das dritte Stockwerk hinauf. Er hatte noch nicht mal seinen Schlüssel herauskramen können, da flog die Haustür auf und Elana fiel ihm in die Arme. Für einen Moment verzog er kurz das Gesicht, als er das Gewicht verlagerte und sein Bein dabei schmerzte, doch dann lachte er und drückte seiner Schwägerin einen Kuss auf den Scheitel.

»Schön, dass du wieder da bist! Ich hoffe, es ist alles gut gegangen?«

Ajoschas Miene verdüsterte sich etwas und das nahm Elana zum Anlass, nach seiner Hand zu greifen, ihn in die Küche zu führen und zu einem Bericht zu zwingen. Ajoschas Versuch, das Gespräch auf Dimitrij umzuleiten, scheiterte, als Elana die Frage mit »Er schläft« abtat. Also erzählte Ajoscha. Natürlich konnte er keine Details preisgeben, sondern nur kurz die Situation erklären. Elanas Gesichtsausdruck veränderte sich und sie verschränkte die Arme.

»Die arme Emma! Allein in einem Land, das sie nicht kennt. Morgen musst du mich unbedingt zu ihr bringen!« Elana war Emma gegenüber zweifelsohne aufgeschlossen, was sicher auch damit zu tun hatte, dass sie ihr bei der Geburt geholfen hatte.

Eigentlich ließ Elanas Tonfall keine Widerrede zu, doch Ajoscha widersprach ihr trotzdem: »Elana, hör zu. Sie ist nicht unser … Gast. Sie ist der Gast der Regierung und wir wissen nicht, inwieweit sie schuldig ist oder nicht. Du kannst sie nicht so behandeln, als wäre sie deine beste Freundin, die hier auf einem Wochenendtrip ist.« Er versuchte, möglichst ruhig zu sprechen, erntete aber trotzdem einen ärgerlichen Blick.

»Du kannst sie aber auch nicht … so behandeln.«

»Was meinst du damit?«, fragte Ajoscha und stand auf, um sich ein Glas Wasser einzuschenken.

»So, wie du eben bist.« Elana fuchtelte mit den Händen wild in der Luft herum.

»Ich fürchte, ich kann dir nicht ganz folgen«, sagte Ajoscha trocken und lehnte sich gegen den Herd.

Elana seufzte. »Mir ganz vorenthalten kannst du sie auf jeden Fall nicht, das steht fest!« Sie wartete auf eine Reaktion, als Ajoscha ein Knurren ausstieß. Er setzte sich zurück an den Tisch und Elana griff nach seinen Händen.

»Bete«, sagte sie und schloss die Augen. Ajoscha schaute sie noch einen Moment an, bevor er ihrem Beispiel folgte. Er verstand, was sein Bruder in Elana gesehen hatte.

»Ich bitte dich, Papa, dass Emma Hoffmann schlafen kann«, betete er. »Sie hat eine anstrengende Reise hinter sich und noch mehr anstrenge Tage vor sich. Sie hat Angst und du bist der Einzige, der ihr momentan Sicherheit geben kann. Tröste sie und lass sie sich nicht allein fühlen.«

Sie schlossen gemeinsam mit einem Amen und Elana lächelte ihn zufrieden an.

15

17. Juli 1945

Emmas Herz hörte nicht auf zu rasen. Mit unsicheren Schritten folgte sie dem Oberst durch das imposante Gebäude des Verteidigungsministeriums. Überall liefen Soldaten in Uniformen umher und auch Ajoscha trug seine wieder.

Sie gingen gerade eine große Treppe hinauf, als ihnen ein Unteroffizier von oben entgegenkam und kurz vor Ajoscha salutierte. Er bedachte Emma nur mit einem Blick, grüßte sie aber nicht aktiv. »Guten Tag, Oberst.«

»Guten Tag. Bringen Sie das bitte in mein Büro und suchen Sie mir alle weiteren Zeugenberichte raus, die uns vorliegen.« Er drückte seinem Assistenten die Akte in die Hand. Er musste nicht erwähnen, um welche Berichte es ging, sie beide wussten, wovon er sprach.

»Sonst noch etwas?«

Ajoscha schüttelte den Kopf. »Das war es.« Er entließ den Unteroffizier mit einem Kopfnicken.

»Lassen Sie sich von den mächtigen Männern, die anwesend sein werden, nicht aus der Ruhe bringen. Die wollen sich nur wichtigmachen«, erklärte er an Emma gewandt.

Sie warf ihm einen unsicheren Seitenblick zu. »Seit wann sind Sie so nett zu mir?«, fragte sie.

Er antwortete nicht. »Atmen Sie tief durch«, sagte er stattdessen nüchtern. Es klang nicht sonderlich beruhigend. Er klopfte kurz an eine große Holztür, bevor er sie Emma aufhielt. Mit zittrigen Knien trat sie ein.

Sofort hefteten sich vier Augenpaare auf sie und die Gespräche verstummten. Sie sah Männer mit einer Menge Orden an der Brust und goldenen Schulterklappen. Generäle. In diesem Moment schoss ihr etwas durch den Kopf, doch bevor sie länger drüber nachdenken konnte, deutete Ajoscha auf einen Stuhl, der vor einer langen Tischreihe aufgestellt war.

Auf dem silbernen Präsentierteller.

Emma setzte sich und Ajoscha nahm neben den Generälen Platz. In einer Ecke des großen Raumes mit einem orientalischen Teppich saß ein Protokollant an der Schreibmaschine. Emma hätte sich am liebsten unter den Blicken der Männer gewunden. Besonders wegen einem. Sie hatte sich seinen Namen nicht gemerkt, aber sie wusste, dass er der Vorgesetzte von Oberst Iwanow war – der Mann, dem Ajoscha vorgemacht hatte, dass er ihr Gewalt antun würde.

Sie wurde abrupt aus ihren Gedanken gerissen, als einer der Männer die erste Frage stellte: »Wann und wo haben Sie Andreas Moslehner kennengelernt?«

Ihr Magen zog sich zusammen. Das war nicht sein richtiger Name. »Am 29. August 1944 in einem Luftschutzbunker in Königsberg.«

»Was ist da passiert?«

Emma zuckte leicht mit den Schultern. »Wir haben geredet.«

»Über was?«

Sie biss für einen kurzen Moment die Zähne aufeinander. Musste sie jetzt jede einzelne Konversation wiedergeben, die sie je miteinander gehabt hatten? Ganz sicher nicht. Sie holte Luft und erzählte, an was sie sich aus jener Nacht erinnern konnte. Zwei Stunden lang beschrieb sie ihre Treffen.

»Wann haben Sie ihn zum letzten Mal gesehen?«

»Anfang November. Er ist, ohne etwas zu sagen, verschwunden.«

Für einen Moment verstummte das klickende Geräusch der Schreibmaschine, als sich der Fragesteller Zeit ließ. Dann nahm er seine Brille ab und faltete die Hände vor sich auf der Tischplatte. Sein Verhalten machte Emma nervös und sie wischte sich ihre schweißnassen Hände an ihrem Rock ab.

»Wer ist der Vater Ihres Kindes?«

Emmas Mund öffnete sich und sie schnaubte leicht. Ihr Blick huschte zu Ajoscha, doch der sah sie einfach abwartend an und schien nicht eingreifen zu wollen. Sie schluckte und nahm sich Zeit, tief durchzuatmen, in der Hoffnung so den Tränen Einhalt zu gebieten. »Das weiß ich nicht«, sagte sie.

Die Männer tauschten Blicke miteinander aus und am liebsten wäre Emma vor Scham im Boden versunken. Vermutlich hielten sie sie für eine, die zu viele Männer gehabt hatte, um das sagen zu können.

»Ich denke, die Frage tut nichts zur Sache.« Ajoscha sprach in seinem üblichen emotionslosen Tonfall und sah noch nicht mal von dem Blatt vor sich hoch, auf dem er die ganze Zeit herumkritzelte. Emma hielt die Luft an, bis der Redeführer nickte und das Thema so vom Tisch war. Eigentlich wollte sie dem Oberst nicht dankbar sein. Er war ihr nicht geheuer, schien unberechenbar zu sein.

Weitere zwei Stunden später wurde die Befragung fürs Erste beendet. Ajoscha trat mit Emma hinaus auf den Flur.

»Ich muss noch mal kurz in mein Büro, wenn Sie wollen, dann können Sie entweder warten oder ich organisiere Ihnen jemand anderes, der Sie zurück zum Hotel bringt.«

Auf ihrem müden Gesicht tauchten Falten auf. »Darf ich mich nicht frei allein bewegen?«, fragte sie.

Ajoscha musterte sie kurz. »Sie können schon, wenn Sie sich als Deutsche trauen, allein in Moskau rumzulaufen.«

Auf einmal kam ihr ihre Frage extrem dämlich vor. Ihr Akzent würde sie sofort verraten. »Ich warte«, sagte sie.

Ajoscha nickte und wandte sich zum Gehen.

»Ich müsste noch auf die Toilette.« Emma biss sich auf die Lippe.

Der Oberst nickte wieder leicht und zeigte ihr, wo sie hinmusste. Er wartete vor der Tür und sie begleitete ihn dann in sein Büro. In einem Sessel sitzend sah sie zu, wie Ajoscha den hohen Stapel der Papiere auf seinem Schreibtisch durchsuchte. Emma strich mit der Hand über ihren Bauch. Sie schluckte. Das Kind trat sie.

Das Zimmer war relativ klein im Gegensatz zu dem Raum, in dem sie sich die letzten Stunden aufgehalten hatte. Bis auf den Platz, wo sie saß, hatten sich überall Unterlagen angesammelt. Sie wunderte sich, dass der Oberst überhaupt noch den Überblick behielt. Es roch leicht staubig und die Vorhänge waren nur zur Hälfte geöffnet. Anscheinend hatte er hier nicht viel Zeit verbracht.

»Wir können gehen«, sagte Ajoscha schließlich und schob mehrere Stapel Papiere in einen Aktenkoffer, den er verschloss und in die Hand nahm. Emma stand auf und er schloss hinter ihr die Tür ab. Sie gingen über den langen Flur zurück Richtung Treppe, als eine Stimme von hinten sie zurückhielt.

»Iwanow, ich habe gehört, du warst in der französischen Besatzungszone.«

Ajoscha blieb stehen und wandte sich zu der Person um, während Emma wie angewurzelt stehen blieb. Ihr Puls beschleunigte sich und sie spürte Panik aufsteigen. Sie musste weg hier. Einfach nur weg. Aber vielleicht irrte sie sich ja auch? Sie warf einen kurzen Blick über ihre Schulter. Nein, sie irrte sich ganz und gar nicht! Emma fing an zu laufen und stolperte fast, doch schnell stützte sie sich an der Wand ab und brachte Abstand zwischen sich und die Männer. Erst nachdem sie hinter der nächsten Abzweigung eines Ganges verschwunden war, blieb sie stehen. Ihre Kehle schnürte sich zu und sie spürte, wie sie kaum noch Luft bekam. Als sie eine Hand an der Schulter berührte, stieß sie einen kleinen Schrei aus und öffnete die Augen. Der Oberst sah sie mit gerunzelter Stirn an.

»Verzeihung«, sagte er nüchtern und zog seine Hand zurück. »Was ist los?«

Emma warf einen Blick hinter ihn. Er war allein. Doch aus irgendeinem Grund beruhigte sie das nicht, sie spürte, wie die Tränen über ihre Wangen liefen. »O Gott!«, murmelte sie auf Deutsch und sank an der Wand hinunter auf den Boden. Sie drückte ihre rechte Handfläche gegen ihre Stirn. Sie spürte, wie sie kurz davor war, hysterisch zu werden.

Ajoscha nahm sie beim Ellenbogen und zog sie hoch. »Kommen Sie.« Er brachte sie zurück in sein Büro, wo Emma nun richtig anfing zu weinen.

Ajoscha kniete sich vor den Stuhl, auf dem sie saß. »Beruhigen Sie sich«, sagte er und reichte ihr ein Glas Wasser. Sie nahm es mit zittrigen Fingern entgegen und nahm einen Schluck, bevor sie es wieder sinken ließ. Erst nach Minuten beruhigte sich ihr Gemütszustand. Sie presste die Lippen fest aufeinander.

»Was ist los?«, fragte Ajoscha.

Die erneute Härte in seiner Stimme ließ sie fast wieder zu weinen beginnen. Zitternd holte sie Luft. »Der Mann«, begann sie flüsternd, »ich … ich habe ihn schon mal gesehen.« Ihre Stimme brach und sie schüttelte den Kopf.

Verwirrung trat in Ajoschas Augen. »Wo?«, fragte er.

Emma brauchte ein paar Sekunden, um sich unter Kontrolle zu bekommen, und sah ihn dann mit feuchten Augen an. »Er war einer der Männer, die mich … geschändet haben.«

~

Fassungslos ließ sich Ajoscha auf einen Stuhl sinken und fuhr sich mit der Hand über seinen Bart. »Sie dürfen mit niemandem darüber reden. Hören Sie?! Sie müssen das unter allen Umständen für sich behalten.«

»Was?! Sie haben doch gesagt, dass Sie wollen, dass die Männer zur Verantwortung gezogen werden? Und jetzt sagen Sie, ich soll es auf sich beruhen lassen?!«, schrie Emma wütend.

»Sie können diesen Kampf aber nicht gewinnen! Der General hat die mächtigsten Männer der ganzen UdSSR auf seiner Seite. Verstehen Sie doch! Er bezeichnet Stalin als seinen Freund und gegen so einen haben Sie definitiv keine Chance.«

Emma öffnete den Mund, um etwas zu erwidern, als ihr Atmen stockte und sie ihre Hand auf ihren Bauch legte. Ihr Unterleib zog sich schmerzhaft zusammen.

»Was ist los?«, fragte Ajoscha entsetzt. Zum ersten Mal konnte sie Panik aus seiner Stimme heraushören.

»Vermutlich nur eine Übungswehe«, tat Emma die Sache ab und biss die Zähne zusammen.

»Vermutlich?!«

Angesichts seines schrillen Tonfalls lächelte Emma grimmig. »Ich rate meinen Patientinnen immer, dass sie sich von Stress fernhalten sollen, um vorzeitige Wehen zu verhindern, und was machen Sie? Schleppen mich nach Russland, setzen mich Befragungen aus, die mich den Kopf kosten könnten, und sagen mir, dass ich völlig hilflos zuschauen muss, wie mein Vergewaltiger davonkommt.«

Ajoscha presste die Lippen aufeinander und setzte wieder sein undurchdringliches Gesicht auf. »Sie sollten vorsichtshalber zu einem Arzt gehen.«

Emma verzog das Gesicht. »Ich habe meine Zweifel, dass sich ein passender Arzt im Großraum Moskau finden lässt, immerhin bin ich Deutsche, falls Sie das vergessen haben sollten«, sagte sie mit einer Spur Spott in der Stimme.

»Keine Sorge, ich kenne jemanden.«

~

Kritisch beäugte Emma den Arzt, der durch die Tür kam. Er hatte einen freundlichen Gesichtsausdruck und musste etwa Anfang dreißig sein.

»Guten Tag, ich bin Doktor Paul Brückner«, sagte er in akzentfreiem Deutsch, in dem ein Hauch schlesischer Dialekt mitschwang, nahm seine Arzttasche in die linke Hand und reichte ihr die rechte Hand.

»Sie sehen nicht so aus, als wären Sie in einem Kriegsgefangenenlager aufgegabelt worden«, sagte Emma mit einer Spur von Sarkasmus.

Seine Mundwinkel zuckten. »Ich arbeite für die Rote Armee. Der Oberst hat gesagt, dass Sie Wehen haben?« Seine Stimme wurde professionell und er nahm auf einem Stuhl Platz, der Emma gegenüberstand.

Sie saß auf der Bettkante in ihrem Hotelzimmer. Sie senkte den Blick und fuhr mit der Hand über ihren Bauch. Sie misstraute Männern, die sie nicht kannte.

»Vermutlich nur Übungswehen.«

»Die, wie Sie als Hebamme wissen sollten, nicht schmerzhaft sein sollten.« Brückner zog beide Augenbrauen hoch. Emma fragte sich, was der Oberst dem Arzt noch alles erzählt hatte.

»Gibt es sonst noch Auffälligkeiten?«, fragte er.

»Nein.«

Er nickte und schien einen Moment zu überlegen. Die Arme hatte er verschränkt. »Wie oft hatten Sie jetzt Wehen?«

»Drei Mal?« Sie klang unsicher. »Aber immer nur sehr kurz und das über einen Zeitraum von fünf Stunden.«

»Der Oberst hat gesagt, dass Sie sehr viel Stress in letzter Zeit hatten. Ich bin mal so frei und widerspreche Ihrer Aussage, dass es Übungswehen sind, sondern behaupte, dass es vorzeitige Wehen sind. Einigen wir uns darauf, dass Sie die Füße stillhalten, sich möglichst keinem Stress aussetzen und Tee trinken?«

Emma schaute ihn ein paar Sekunden ungläubig an. Sie hatte die ganze Zeit über gefürchtet, dass der Arzt verlangen würde, sie zu untersuchen.

»Ja«, sagte sie schließlich und lächelte leicht. »Danke.«

Für einen Moment funkelten seine Augen freundlich. »Gut. Dann können wir jetzt ja über Ihren Tremor reden.«

Augenblicklich verschwand Emmas Lächeln und sie senkte den Blick auf ihre zitternden Hände. Sie schloss die Finger zu Fäusten und schluckte. »Das ist nichts«, sagte sie und sah wieder auf.

Brückner legte den Kopf schräg und stützte die Unterarme auf den Knien ab, als er sich leicht nach vorne beugte. »Wenn Iwanow sagt, dass Sie einen Tremor haben, dann haben Sie einen Tremor. In der Hinsicht vertraue ich auf sein Wort. Was andere Dinge angeht … nicht unbedingt.« Er schnalzte kurz belustigt mit der Zunge und der Schalk leuchtete in seinen Augen. Dann wurde er wieder ernst. »Sie müssen nicht reden, wenn Sie nicht wollen. Nicken Sie einfach oder schütteln Sie den Kopf.«

Er wartete, bis Emma zustimmte. Mit der Zunge befeuchtete er seine Lippen. »Haben Sie das Zittern seit Januar oder Februar regelmäßig?«

Ein zögerliches Nicken.

»Tritt es auch in völligen Ruhephasen auf?«

Emma schloss die Augen, als sie zustimmte.

»Hat es von März bis Juni aufgehört?«

Sie schüttelte den Kopf. Wie viel hatte der Oberst ihm erzählt?

»Ist die Frequenz immer unterschiedlich?«

»Ja.« Emma presste die Lippen aufeinander. Warum war ihre Stimme so schwach? Hatte sie so eine Angst, dass einer aussprach, was sie schon längst vermutete?

Sie hörte den Arzt tief seufzen. »Sagt Ihnen der Begriff Kriegsneurose etwas? Er wird immer nur auf Männer angewendet, aber ich bin der Überzeugung, dass Frauen genauso davon betroffen sind.«

Emma schnaubte leise. »Weil Sie meinen, dass wir das schwache Geschlecht sind?«

»Nein, weil Sie genauso schlimme Dinge erleben mussten.«

Emma schluckte. Ihre Anschuldigung ihm gegenüber war unrecht gewesen. »Sehr scharfsinnige Diagnose von Ihnen«, sagte sie.

»Dafür bin ich bekannt. Haben Sie mit jemandem über das Erlebte gesprochen?«

»Mit wem denn?«, fragte Emma leise und starrte auf einen unbestimmten Punkt auf dem Boden. »Meine Familie ist tot.« Ihre Stimme hallte hohl in ihrem Kopf nach.

»Ich kann verstehen, dass die derzeitige Situation eine Belastung ist. Doch das Erlebte verarbeiten, können Sie am besten, wenn Sie es aussprechen und loslassen.« Paul Brückner stand auf. »Sie können mich gerne jederzeit wieder benachrichtigen, wenn etwas ist.« Er lächelte ihr aufmunternd zu und verabschiedete sich dann.

Emma hörte die Männer auf dem Flur leise reden, als sie sich hinlegte und die Augen schloss. Doch schlafen konnte sie nicht.

16

»Und?«, fragte Ajoscha und stieß sich mit dem Fuß von der Wand ab. Die Hand legte er im Laufen auf die Schulter seines Freundes.

»Die nächsten Tage wird das nichts mit euren Befragungen.«

Der Oberst stieß einen tiefen Seufzer aus und fuhr sich mit der Hand über die Augen. »Das ist nicht gut.«

Paul Brückner zuckte mit den Schultern und hielt ihm die Tür zum Treppenhaus auf. »Du kannst dich auch auf mich berufen, wenn du es deinem Vorgesetzten sagst.«

»Der mag dich aber nicht sonderlich.«

Paul war als Kind einer litauischen Mutter und eines deutsch-jüdischen Vaters in Deutschland geboren und in den Dreißigerjahren mit ihnen nach Litauen geflohen, um den Repressionen des NS-Regimes zu entkommen. Er war kein überzeugter Kommunist, wusste aber genauso wie Ajoscha in der UdSSR zu überleben.

»Was für mich kein Problem ist, solange mir alle Frauen zu Füßen liegen.« Er grinste kurz. »Ich kann es nicht verantworten, dass Fräulein Hoffmann so viel Stress ausgesetzt ist. Das ist eine Gefahr für ihr Kind. Weißt du von einem Auslöser für die Wehen?«

Auf Ajoschas Stirn bildeten sich tiefe Falten. »Sie ist im Flur von meinem Büro … einem Mann begegnet.«

Sie verließen das Treppenhaus und kamen in die Hotellobby. »Einem Mann? Erstaunlich«, gluckste Paul, als Ajoscha verärgert knurrte, seinen Arm packte und ihn um eine Ecke zog, sodass niemand in Hörweite war.

»Sie hat diesen Mann als ihren Vergewaltiger erkannt.« Er war überrascht, wie beherrscht sein Tonfall war.

Augenblicklich verschwand die heitere Miene des Arztes und er wurde ernst. »Was? Wer? Kenne ich ihn?«

Ajoscha biss die Zähne fest zusammen und schlug impulsiv mit der flachen Hand gegen die Wand. »Ja«, presste er zwischen den Lippen hervor. »Armeegeneral Wassilij Iwanow sollte dir ein Begriff sein.«

Pauls Mund klappte auf und er schnaubte entsetzt. »Das kann doch nicht dein Ernst sein? Bist du sicher, dass sie die Wahrheit sagt?«

Ajoscha holte tief Luft und lehnte sich mit verschränkten Armen gegen die Wand. »Leider schon. Ich glaube nicht, dass sie lügt, was das angeht.« Ihm war danach, zu schreien oder irgendetwas zu zerschlagen – am liebsten den Kopf seines Vaters. Die Möglichkeit, dass sein Vater der Vater von Emma Hoffmanns Kind war, versetzte ihn in ungeheure Wut. Wäre er allein gewesen, hätte er Gott angebrüllt, und er war sich sicher, dass dieser ihm dafür keinen Vorwurf gemacht hätte.

»Und was willst du jetzt tun?«

Pauls Stimme holte ihn zurück aus seinen Gedanken. »Ich weiß es nicht. Aber weder ich noch Emma Hoffmann können etwas unternehmen. Wassilij ist ein zu mächtiger Mann mit zu vielen Freunden.« Er atmete tief durch. »Wir sollten über etwas anderes reden. Wie geht es Emma Hoffmann?«

Paul zuckte mit den Schultern und seufzte. »Ich hoffe, ihr Zustand wird sich bessern, wenn ihr mit den Befragungen pausiert. Mehr kann ich dir nicht sagen. Aber bei der Gelegenheit kannst du mir sagen, wie es dir geht.« Er zog die Augenbrauen hoch, als er Ajoschas grimmigen Gesichtsausdruck sah. »Komm schon. Das Bein scheint sich angesichts deiner Gangart nicht verschlimmert zu haben, was ist mit der Schulter?«

Die beiden Freunde wussten, dass das keine ernsthafte Unterhaltung war. Sie wollten sich ablenken und auf andere Gedanken bringen. Sie verließen das Hotel und redeten eine Weile über Ajoschas

Gesundheit, der seine langsamen Fortschritte, was die Genesung anging, nur ungern zugab.

Als sie an der nächsten Straßenecke ankamen, an der sich ihre Wege trennten, setzte Paul sich seinen Hut auf und klopfte auf Ajoschas linke Schulter. Dieser zuckte leicht zurück und knurrte. »Du bist mein Arzt, du sollst mich heilen und mir nicht wehtun!«, schrie Ajoscha seinem Freund hinterher, der sich im Laufen noch mal umdrehte.

»Manchmal ist Schmerz während des Heilungsprozesses unabdingbar«, trällerte er grinsend zurück und verschwand dann in der Menge der Menschen.

Emma weinte, bis keine Tränen mehr kamen. Ohne sich dem wirklich bewusst zu sein, war Andreas für sie nicht mehr Andreas. Sie dachte nicht einmal mehr an diesen Namen. Für sie war er nur noch Andrzej – der Spion.

Selbst wenn die Russen ihr glaubten, dass sie nichts von seinen Geheimdiensttätigkeiten gewusst hatte, was würde dann mit ihr sein? Wie würde ihr Leben aussehen? Louis heiraten, wollte sie nicht. Doch es würde schwer werden als alleinerziehende Mutter, die nebenbei noch einer Arbeit nachgehen musste. Wie konnte sie ein Kind großziehen? Sie fuhr sich mit der Hand über ihren Bauch. Was sollte sie ihrem Kind sagen? Was sollte sie sagen, wenn es fragte, wer sein Vater war?

Es klopfte an der Tür und für einen Moment war Emma wie erstarrt. Sie löste sich aus ihrer Position an dem Fenster. »Wer ist da?«, rief sie.

»Elana Iwanowa.«

Überrascht zog Emma die Augenbrauen hoch und öffnete die Tür. Elana lächelte sie an. »Hallo. Ich habe gehört, Sie könnten etwas Gesellschaft gebrauchen.« Bevor Emma reagieren konnte, trat Elana ein und stellte ihren Korb ab. »Es ist schön Sie zu sehen, auch wenn die Umstände nicht ganz die besten sind.«

Emma drückte die Tür ins Schloss und ging ins Zimmer hinein. »Ähm, ja. Wie geht's Ihnen und Dimitrij?«

»Prächtig! Also, der Kleine ist ein wahres Geschenk des Herrn!« Elana schwärmte weiter von ihrem Sohn. Wie konnte eine Frau, die ihren Mann im Krieg verloren hatte, so positiv und lebensfroh sein? Aber immerhin hatte sie noch ihren Schwager, der anscheinend die Vaterrolle einnahm, und vielleicht hatte sie selbst noch Eltern und Geschwister.

»Ich hoffe, mein Schwager behandelt Sie gut«, riss Elana sie aus ihren Gedanken.

»Auf seine Art … ja, das kann man wohl so nennen.« Emma setzte sich auf einen Stuhl.

Elana lachte und winkte ab. »Sehen Sie es ihm nach. Er trennt strikt sein Privatleben von seinem Berufsleben, und das hat bei ihm diesen Einfluss auf seine Verhaltensweise.« Sie zuckte leicht mit den Schultern.

»Er hat mir noch nie Anlass dazu gegeben, ihn als eine nette Person zu sehen«, sagte Emma leise.

Elanas Gesichtsausdruck wurde ernst. »Ich weiß, dass die derzeitige Situation für Sie die Hölle sein muss. Wenn Sie wollen, dann können Sie mit mir reden. Ich kann Ihnen etwas zu lesen vorbeibringen, mit Ihnen spazieren gehen …«

»Warum sollten Sie? Wir kennen uns kaum und ich habe meine Zweifel, dass es dem Oberst recht ist.« Emma biss sich auf die Lippe. Ihre Stimme war schärfer als beabsichtigt.

Elana sah sie eine Weile schweigend an, bevor sie sich leicht vorbeugte. »Der Oberst war derjenige, der mich hergeschickt hat.« Sie hob kurz die Hand. »Ich gebe zu, ich habe zuerst das Thema angesprochen, aber nachdem Paul bei Ihnen gewesen ist, ist er von selbst noch mal auf das Thema zurückgekommen und jetzt bin ich hier. Also: Wie geht es Ihnen?«

Emma seufzte. »Die Wehen haben aufgehört, aber ich habe Angst«, sagte sie mit gedämpfter Stimme. Was wusste Elana? Von den Befragungen musste sie wohl wissen, aber was war mit allem anderen?

»Sie müssen keine Angst haben. Wenn jemand Ihre Unschuld anzweifelt und Ihnen schaden will, dann wird mein Schwager alles tun und sich für Sie einsetzen.«

Emma hatte darüber so ihre Zweifel. Der Oberst war es doch gewesen, der ihr ins Gesicht gesagt hatte, dass sie ihren Vergewaltiger nicht zur Rechenschaft ziehen könne. Konnte sie ihm das glauben?

»Darf ich für Sie beten?«, fragte Elana auf einmal.

Überrascht blinzelte Emma. Sie hatte in der letzten Zeit nur an Gott gedacht, wenn sie ihm ihre Wut an den Kopf geschmissen hatte, aber sonst nicht. »In Ordnung«, sagte sie schließlich zögerlich. Sie wollte Elana nicht vor den Kopf stoßen, sondern ihr das Gefühl geben, dass sie ihr dankbar wäre.

~

24. Juli 1945

Eine Woche lang fühlte sich Emma, als würde sie auf ihre Hinrichtung warten, und sie schaffte es nicht wirklich, sich auszuruhen. Nichts half ihr, die Angst auch nur für einen Augenblick zu vergessen.

Als die Befragungen dann wieder losgingen, fürchtete Emma sich schon auf der Fahrt zum Verteidigungsministerium davor, dem einen General wieder über den Weg zu laufen. Erst als sie wieder in dem großen Raum saß, fiel diese Angst von ihr ab – eine andere jedoch vergrößerte sich. Sie musste möglichst detailliert berichten, was für eine Geschichte Andreas – Andrzej – ihr von sich erzählt hatte. Ihr wurde bewusst, dass das meiste davon gelogen gewesen sein musste – das machte sie ungemein wütend und sie dachte sich, dass Andrzej vermutlich auch nicht besser als die restlichen Russen gewesen war.

Die Befragung dauerte diesmal deutlich kürzer. Vermutlich hatte da der Arzt seine Finger im Spiel. Er war wenigstens nett. Mit Elana dagegen war sie nicht warm geworden. Vermutlich lag das an deren Nähe zum Oberst.

Emma wurde zum Warten in Ajoschas Büro gesetzt, während er mit den Generälen Rücksprache hielt. Ein Soldat hatte ein Auge auf sie, doch glücklicherweise blieb die Tür zum Gang offen. Sie stützte den Kopf in die Hand. Sie war müde, dabei war es erst mitten am Tag.

»Könnte ich ein Glas Wasser bekommen?«, fragte Emma zögerlich. Für einen Moment dachte sie, der Soldat würde sie ignorieren, doch dann ging er durch die Verbindungstür ins Nebenzimmer. Die Tür ließ er offen.

»Ist der Oberst nicht da?«

Emma schrak zusammen und ihr Atmen stockte, als sie die tiefe Stimme hörte. Sie schluckte und drehte sich langsam auf ihrem Stuhl um. Würde er sie erkennen? Sie schaute ihm direkt in die Augen, doch er schien nichts zu bemerken. In Emma stieg bitter die Galle auf. Vermutlich hatte er zu vielen Frauen dasselbe angetan und konnte sich an kein einziges Gesicht erinnern.

»Nein«, sagte sie überraschend beherrscht, auch wenn ihre Stimme zitterte. Wenn Sie doch nur seinen Namen wüsste … »Soll ich ihm etwas von Ihnen ausrichten?«

»Nein.« Er musterte sie noch mal kurz mit zusammengekniffenen Augen und verschwand dann wieder. Hatte er ihren Akzent herausgehört?

Emma atmete auf, als er weg war, und versuchte, das Engegefühl aus ihrer Brust zu kriegen. Der Soldat kam mit einem Glas Wasser zurück und gab es ihr. Sie nuschelte ein Dankeschön, da sie es sich nicht mit ihm verscherzen wollte. »Wissen Sie, wie der General gerade hieß?«, fragte sie und nippte an dem Getränk.

»Das war Armeegeneral Wassily Iwanow«, sagte er und positionierte sich wieder an seinem Platz. Emma verschluckte sich an dem Wasser und musste husten. Fassungslos schnaubte sie. Sie war wie vor den Kopf gestoßen. Der Oberst wollte nicht, dass sie den General anzeigte, weil er mit ihm verwandt war! Dem Alter nach war der General wahrscheinlich sein Vater oder Onkel. Auch wenn sich der Körperbau der Männer unterschied, war eine gewisse Ähnlichkeit zwischen ihnen nicht zu leugnen.

~

Ajoschas Augen überflogen die Protokolle. Als Schritte zu hören waren, sah er kurz auf. Bolschakow kam herein und beteiligte sich an der Konversation mit den anderen Generälen. Ajoscha lehnte sich gegen einen Tisch und fuhr sich mit der Hand über den Bart.

An und für sich waren sich die Männer einig, dass Emma Hoffmann die Wahrheit sagte. Das lag hauptsächlich daran, dass sie die Tarngeschichte wiedergeben konnte, die Andrzej vor seiner Mission auswendig gelernt hatte. Aber die Generäle wollten etwas finden, was sie ihr vorwerfen konnten. Immerhin war sie eine Deutsche.

»Sie haben mich doch gefragt, wer der Vater meines Kindes ist«, ertönte auf einmal Emma Hoffmanns Stimme und die Köpfe der Anwesenden fuhren zu ihr herum.

Sie stand im Türrahmen und rang sichtlich um Fassung, doch bevor Ajoscha reagieren konnte, sprach sie weiter: »Armeegeneral Wassily Iwanow hat mich vergewaltigt.«

Fassungslos starrte Ajoscha sie an, als wäre ihr gerade ein zweiter Kopf gewachsen. Als er den ersten Schreck überwunden hatte, kochte in ihm die Wut hoch. Er nahm aus den Augenwinkeln wahr, dass sich unter anderem sein Vorgesetzter zu ihm umdrehte.

»Geben Sie mir einen Moment«, knurrte Ajoscha hinter zusammengebissenen Zähnen, ließ die Akte aus seiner Hand auf den Tisch fallen und ging mit großen Schritten auf Emma Hoffmann zu. Wo war nur der Soldat, der sie im Auge behalten sollte?!

»Raus!«, blaffte er mit böser Miene, packte ihren Arm und bugsierte sie vor die Tür.

»Was soll das?«, sagte Emma verärgert und schüttelte ihn ab. Mit verschränkten Armen baute sich Ajoscha im Gang vor ihr auf. »Was das soll? Ihr Todesurteil steht gerade so gut wie fest, ist Ihnen das eigentlich klar?!«, fuhr er sie impulsiv an.

»Sie wollen doch nur das Ansehen Ihres Vaters, Onkels oder wie auch immer er zu Ihnen stehen mag, schützen!«, schrie sie ihn an. »Deswegen haben Sie mir doch nur nicht gesagt, wer er ist!«

Ajoscha starrte sie fassungslos an. Er schüttelte den Kopf. »Das Ansehen meines Vaters ist mir egal. Es spielt keine Rolle, in welcher Verbindung ich zu ihm stehe. Deswegen hat alles, was ich über ihn gesagt habe, immer noch seine Gültigkeit.«

Er machte eine Pause. Einen kurzen Moment lang sagte keiner von beiden etwas, sondern sie sahen sich nur an. Ajoscha schluckte und schickte ein Stoßgebet Richtung Himmel.

Es gibt nur einen Weg.

Er machte auf dem Absatz kehrt und betrat wieder den Raum. Dass ihn Emma Hoffmann hören würde, war ihm egal. Sofort ruhten alle Blicke auf ihm. Ajoscha richtete sich zu voller Größe auf und holte tief Luft.

»Können Sie das erklären?!«, donnerte der ranghöchste Offizier im Raum.

Ajoscha blickte zu seinem Vorgesetzten und wusste, was er tun musste. »Emma Hoffmann wird niemals wieder über diese Anschuldigung sprechen. Ich werde persönlich dafür sorgen und die Sache wird vergessen sein.« Zumindest offiziell.

»Und wie wollen Sie das bitte schön gewährleisten?«, fragte Bolschakow.

Ajoscha musste aufpassen, was er sagte und tat. Er war sich sicher, dass Wassily notfalls mit Berufung auf Bolschakow behaupten würde, dass Ajoscha der Vater von Emma Hoffmanns Kind sei. Immerhin hatte ihn sein Vorgesetzter dabei erwischt, wie er ihr Gewalt angetan hatte.

Ajoscha holte Luft, und er wusste, dass er das Richtige tat.

»Ich werde sie heiraten, dann ist die Sache erledigt.«

TEIL 3

Jedes Erlebnis,
das Gott uns schenkt,
jeder Mensch, den er uns
im Leben schickt, ist die
vollkommene Vorbereitung
auf die Zukunft, die allein
er sehen kann.[3]

Corrie ten Boom

17

»Ich will Sie nicht heiraten!«

Emma war außer sich. Sie fühlte sich hintergangen und wanderte unruhig in Ajoschas kleinem Büro auf und ab, eine Hand in den Rücken gestützt.

»Das müssen Sie jetzt aber, nachdem Sie gesagt haben, wer der Vater Ihres Kindes sein könnte. Sie können nicht mal sicher sein, dass es der General war!« Ajoscha war überrascht, dass er gerade eine Entscheidung getroffen hatte, die sein restliches Leben beeinflussen würde, die ihn aber trotzdem nicht wahnsinnig beunruhigte. Er stand am Fenster, die Hände hinter dem Rücken gefaltet, und schaute auf die Straße hinunter. Er verspürte lediglich Gewissensbisse, dass er es über ihren Kopf hinweg entschieden hatte und sie womöglich wegen des Stresses wieder Wehen bekommen würde. Überraschenderweise hatten die Generäle seinen Vorschlag direkt angenommen. Sie wollten die Sache schnell vertuscht wissen – mit Ajoscha als Werkzeug.

Fürchte dich nicht. Vertraue.

»Sie sollen das nicht tun, nur um Ihren Vater zu schützen!«

Abrupt drehte sich Ajoscha zu ihr um. »Sie glauben doch nicht, dass Sie gegen ihn in irgendeiner Form gewinnen könnten? Sie würden nur nach Sibirien in den Gulag kommen, wo ihr Kind mit ziemlicher Wahrscheinlichkeit sterben würde, genauso wie Sie früher oder später, wenn Sie nicht sogar schon morgen tot in einer Gasse liegen würden!«

Ängstlich wich Emma einen Schritt vor ihm zurück, auch wenn zwischen ihnen der Schreibtisch stand. »Gulag?«, fragte sie leise, fast schon im Flüsterton.

Ajoscha seufzte und massierte mit zwei Fingern seinen Nasenrücken. »Die Deutschen haben es KZ genannt, in der UdSSR ist es der Gulag. Jedoch mit dem großen Unterschied, dass hier kein systematischer Massenmord wie bei den Deutschen begangen wird.« Er hob beschwichtigend die Hände. »Hören Sie: Ich verspreche, dass ich Ihnen nichts antun werde. Ich werde Sie nicht anrühren und auch nicht Ihr Kind. Ich verlange nicht, dass Sie irgendwelche ehelichen Pflichten erfüllen.« Er sah, wie ihr die Röte in die Wangen stieg. »Sie und das Kind werden unter meinem Schutz stehen. Es wird meinen Namen tragen und dieser wird Sie beschützen.«

Emma sank auf einen Stuhl. »Aber … aber …«, begann sie zu stottern. »Das Kind bedeutet nichts als Schande. Ich bin Abschaum für die Russen …«

»Sagen Sie so was nicht!«, entgegnete Ajoscha verärgert. »Kein Mensch sollte so bezeichnet werden. Ich weiß, dass Gott Sie liebt und das ist das Einzige, was für mich zählt.« Er stoppte und verdrehte die Augen, als er den Kopf in den Nacken legte. Das war definitiv der falsche Zeitpunkt für dieses Thema gewesen.

»Gott?!«

Seine Mundwinkel zuckten. »Überrascht Sie das so sehr, dass ich ein gläubiger Mensch bin?«

»Sehen Sie, ich kenne Sie doch gar nicht! Ich … ich kenne noch nicht mal Ihren Vornamen.«

Fast hätte er wieder geschmunzelt, aber ihm war bewusst, dass sie mit der Situation überfordert war. Er spürte, was für eine Panik sie hatte, und aus irgendeinem Grund machte sich ein Beschützerinstinkt in ihm breit. Mit ernstem Gesicht schaute er sie an. »Ajoscha«, sagte er und seine Stimme war ungewohnt heiser. »Mein Name ist Ajoscha.«

~

Ajoscha war überrascht, wie schnell die Generäle seinen Worten Taten folgen lassen wollten. Ein Standesbeamter war bestellt, der innerhalb von zwei Stunden erscheinen sollte. Emma saß in seinem Büro und sprach gar nicht mehr.

Tatsächlich stieg in Ajoscha der Wunsch hoch, die Ehe auch vor Gott zu besiegeln – doch das war nicht möglich. Er ließ sich auf einen Stuhl fallen.

Wie kann ich ihr die Angst nehmen? Ihr zeigen, dass ich nur wohlmeinende Absichten habe? »Fragen Sie mich etwas«, forderte er sie auf. Es kam ihm zwar lächerlich vor, sie zu siezen, wo sie doch gleich Mann und Frau sein würden, doch er wollte sie nicht überfordern.

»Und was?«, fragte sie verwirrt.

Er zuckte mit den Schultern und lächelte leicht. »Alles, was Sie über mich wissen wollen.« Er streckte seine Beine aus.

Emma biss sich auf die Unterlippe und ließ sich Zeit. »Woher können Sie so gut Deutsch?«

»Ich habe als Kind zeitweise in Deutschland gewohnt und in Leningrad eine deutsche Schule besucht.«

»Leningrad?«

»Ja, ich bin dort geboren.«

Er legte leicht den Kopf schief, als er sah, dass Emma zögerte. Auch wenn es eine Zweckehe sein würde, wollte er, dass sie ehrlich zueinander waren – und besonders, dass sie keine Angst vor ihm hatte. »Sie wollen wissen, ob ich da gewesen bin? Während der Blockade?«, fragte er leise.

Emma sah ihn fast schon schüchtern an und nickte.

Ajoscha legte den Kopf in den Nacken und sah Richtung Decke. »Nein.« Er schluckte und ließ sich einen Moment Zeit. »Ich war nicht dort. Mein Bruder allerdings schon.« Tränen brannten in seinen Augen und er wusste, dass er Emmas Bild von ihm damit durcheinanderbringen würde. »Es ist schrecklich, was da passiert ist.«

Zweieinhalb Jahre lang hatte die Wehrmacht die Stadt belagert. Eine Millionen Menschen waren gestorben, hauptsächlich verhungert. Auf diese Weise hatten die Deutschen die Bevölkerung ausrotten wollen.

»Ich habe Bücher gelesen, als die Stadt noch Sankt Petersburg hieß. Besonders Katharina die Große hat mich fasziniert, aber leider war ich noch nie da«, sagte Emma.

»Lesen Sie gerne?«

Sie nickte. »Eigentlich schon, doch die meisten meiner Bücher sind bei den Luftangriffen verbrannt.«

»Ich habe einige Bücher, Sie können sie gerne lesen.«

Tatsächlich zog ein Schmunzeln über Emmas Gesicht und es tat Ajoschas Herz gut, das zu sehen. »Dafür müsste ich wohl Leo Tolstoi mögen.«

Ajoscha lachte leise und begutachtete seine Hände. »Ehrlich gesagt habe ich *Krieg und Frieden* das letzte Mal gelesen, als ich fünfzehn war, seitdem nicht mehr. Ich habe es neben der Bibel zwar als einziges Buch dabei gehabt, aber ich bin nicht über Seite zwanzig hinausgekommen.«

Kurz trafen sich ihre Blicke und das erste Mal stand in ihren Augen so etwas wie Freundlichkeit.

»Ich kann Ihnen noch Lermontow und Puschkin anbieten.«

»Das klingt schon besser. Ich nehme an, nur im russischen Original?« Etwas leicht Spöttisches schwang in ihrer Stimme mit.

Ajoscha schnalzte mit der Zunge. »Ich bitte Sie. Wenn Sie schon Klassiker lesen und die Sprache beherrschen, sollten Sie es auch im Original tun. Da … ich weiß nicht.« Er zuckte mit den Schultern. »Übersetzungen verfälschen viel und man kann nicht die ganze Bedeutung der Worte erfassen, wie sie der Autor vielleicht gemeint hat.«

Einmal hatte er die Chance gehabt, mit einem Theologen zu reden, der ihm viel über die Bedeutung der hebräischen und griechischen Wörter, die im Urtext der Bibel standen, erzählt hatte. Es war faszinierend, dass Worte so viel mehr aussagten, als es ein Übersetzer vermitteln konnte.

»Aber lassen Sie mich überlegen … ich glaube, ich habe auch zwei oder drei deutsche Bücher.«

Emma strich sich mit der Hand über den Scheitel. »Das ist doch schon mal was.«

»Anscheinend können Sie sich langsam mit der Situation anfreunden.«

Etwas verwirrt runzelte sie angesichts seines neckenden Untertons die Stirn. »Wie alt sind Sie?«

»Siebenundzwanzig.«

Sieben Jahre älter als sie. »Woher wussten Sie, nach welchen Frauen Sie in Allenstein suchen mussten?«

Die plötzliche ernste Frage vertrieb augenblicklich die leicht heitere Stimmung von vorher. Das Funkeln verschwand aus Ajoschas Augen. Er war wieder so, wie sie ihn kennengelernt hatte. »Er trennt strikt sein Privatleben von seinem Berufsleben und das hat bei ihm diesen Einfluss auf seine Verhaltensweise«, hatte Elana gesagt. Nun hatte Emma es mit eigenen Augen gesehen.

Leicht trommelte Ajoscha mit den Fingern auf die Tischplatte. »Um einen Teil Ihrer Frage zu beantworten: Andrzej Kusnezow hat manchmal in seinen Berichten von einer jungen Frau, die er kennengelernt hat, gesprochen und mit weiteren Informationen haben wir den Kreis eingeengt.«

»Aber woher wussten Sie, dass die Richtige in Allenstein zu finden war?«, hakte Emma scharf nach.

»Wie gesagt: Um einen Teil Ihrer Frage zu beantworten. Es steht mir nicht zu, mehr Informationen preiszugeben.«

»Auch nicht, wenn ich Ihre Frau bin?«

Er schüttelte den Kopf. »Auch nicht, wenn Sie meine Frau sind«, sagte er nüchtern. Er schluckte und holte langsam Luft. »Ich würde sagen, dass Sie ein Jahr warten sollten, bevor Sie sich scheiden lassen. Dann steht Ihnen Ihr Leben offen. Vielleicht verlieben Sie sich, Sie können nach Deutschland zurückkehren … Was auch immer.«

Emma sah betrübt auf den Boden und ihre Knöchel traten weiß hervor, weil sie ihre Hände so fest umklammerte. Als es an der Tür klopfte, schreckte sie zusammen.

»Der Standesbeamte ist da.«

Die nächste Stunde nahm Emma wie in Trance wahr. Noch immer begriff sie nicht so ganz, dass das Ganze real geschah – dass sie gerade heiratete. Und dass sie dadurch sowjetische Staatsbürgerin wurde, was ihr mehr als missfiel.

Der Standesbeamte war ein wortkarger, hochgewachsener Mann, der die Trauung erheblich abkürzte, vermutlich auf Drängen der Generäle.

Ajoscha wirkte völlig nüchtern und fast schon resigniert, als er Ja sagte. Emma konnte ihm dabei nicht in die Augen sehen. Auf einmal griff er sanft nach ihren zitternden Händen. Sie war an der Reihe. Sie fühlte sich schlecht, weil sie bewusst log. Weder liebte sie diesen Mann, noch würde sie bis zu ihrem Tod mit ihm zusammen sein. Trotzdem schaffte sie es schließlich, das kleine Wort über ihre Lippen zu bringen. Für eine Millisekunde meinte Emma Ajoschas Mundwinkel zucken zu sehen, bevor er sachte einen Kuss auf ihre rechte Hand drückte und sie dann losließ.

Der Standesbeamte erklärte sie zu Mann und Frau. Ajoscha nickte mit stumpfem Blick und stand auf. Emma folgte ihm langsam, während ihr Herz raste.

Ganz anders, als ich es mir immer ausgemalt habe.

»Glückwunsch«, sagte Bolschakow ironisch und musterte Emma auf eine unangenehme Weise, die sie frösteln ließ. Ihr Magen rebellierte schon den ganzen Tag. Sollte es zum Äußersten kommen, würde sie sich einfach vor seinen Füßen erbrechen. Sie lächelte bei dem Gedanken leicht in sich hinein.

Ajoscha verlangsamte sein Tempo etwas, sodass er den Blick des Generals auf Emma versperrte. »Danke«, sagte er kühl.

»Wohin fahren wir?«, fragte sie, als sie in einem Taxi saßen.

»Zu einem Heldendenkmal, um einen Blumenstrauß niederzulegen – eine sowjetische Tradition.«

Emma fröstelte, während sie aus dem Fenster starrte. »Jetzt duzen wir uns wohl«, stellte sie fest.

»Scheint so, Emma Iwanowa.«

Sie verzog leicht das Gesicht, doch er reagierte nicht darauf. Emma Iwanowa. Das war jetzt ihr Name – sein Nachname. Sie stöhnte leicht und fuhr sich mit der Hand über die Augen.

»Was ist?«, fragte Ajoscha.

»Ich muss Louis schreiben«, sagte Emma und zog die Nase kraus. Ihm das hier zu erklären, würde schwer werden.

»Ich kann ein Telegramm für dich aufgeben.«

Sie erschauderte angesichts der Tatsache, dass er sie jetzt wirklich duzte. Ihr würde das schwerfallen. Es war so persönlich, dabei hatte sie bis vor drei Stunden noch nicht mal seinen Vornamen gekannt.

»Das ist … nett, aber ich sollte es lieber selbst tun.« Sie wartete auf seine Antwort, aber er nickte nur. Sie hatte kurz die Angst gehegt, er würde ihr jeglichen Kontakt mit anderen verbieten. Ihr Blick fiel auf ihren braunen Rock und die weiße Bluse. Kein Blumenstrauß. Keine romantische Zeremonie. So hatte sie ganz sicher nie heiraten wollen. Alle Träume waren durch diesen verdammten Krieg zerstört worden.

Sie folgten der sowjetischen Tradition, einen Blumenstrauß, den Ajoscha schnell bei einem Straßenhändler besorgte, an einem Denkmal für die russische Revolution niederzulegen, und fuhren dann weiter.

18

»Rechts ist mein Arbeitszimmer, das ist für dich tabu. Links sind die Küche und das Esszimmer und geradeaus das Schlafzimmer und das Bad. Ich schlafe im Arbeitszimmer, du kannst das Schlafzimmer haben.«

Ein beklemmendes Gefühl machte sich in Emmas Brust breit, als sie Ajoschas Wohnung – ihre Wohnung – betraten. Ajoscha wartete ihre Reaktion nicht ab, sondern ging an ihr vorbei. Sie blieb verloren im Flur stehen. Er legte ihre Sachen aufs Bett, die sie im Hotel noch geholt hatten, und nahm seine Kleidung aus der Kommode und dem Schrank heraus.

»Wo ist Elana?«, fragte Emma, die zögerlich das Zimmer betrat und ihren Blick über das große Bett, das lange Bücherregal, den Sessel, die Kommode und den Schrank schweifen ließ. Hatte er mal geplant, mit jemand anderem hier einzuziehen?

»Sie wohnt bei meinem Vater.« Ihr Einzug hierher hatte sich verschoben, weil der Kleine krank geworden war, und würde nun gar nicht mehr stattfinden. Während Ajoscha mit ihr sprach, brachte er seine Kleidung und die anderen Sachen in sein Arbeitszimmer.

Er spürte Emmas Unruhe und er sah, wie erschöpft sie war. Er ging in die Küche und setzte Wasser auf. Während es aufheizte, öffnete er den obersten Knopf seiner Uniform, da der Kragen ziemlich eng war. Er war jetzt ein verheirateter Mann. *Unglaublich.* Er hörte, wie das Wasser durch die Wasserleitung gluckerte. Emma war im Badezimmer.

Als der Wasserkessel pfiff, goss Ajoscha eine Tasse Tee auf und ging dann zum Schlafzimmer. Er klopfte kurz an und trat ein. Emma hatte noch nicht begonnen, ihre Sachen auszupacken. Der Koffer stand noch genauso unberührt auf dem Bett, wie Ajoscha ihn dort abgestellt hatte. Sie stand inzwischen am Fenster und blickte auf das Treiben der Straße hinab. Sie drehte sich um, als er hereinkam.

Ajoscha stellte die Tasse auf einen kleinen Tisch neben den Sessel. »Setz dich.«

Sein Blick suchte systematisch das Bücherregal ab und er verzog überlegend den Mund, bis er fand, wonach er suchte. Er zog ein Buch heraus, blies den Staub vom Einband und legte es Emma auf den Tisch. Für einen Moment ruhte seine Hand auf der Gedichtsammlung von Puschkin und er sah ihr in die Augen. »Russisches Original«, sagte er trocken.

Emma schluckte. »Danke.«

Ajoscha ging ans Fenster und schob seine Hände in die Hosentaschen. »Wir müssen ein paar Dinge klarstellen.« Er machte eine kurze Pause. »Die Befragungen werden fortgesetzt, aber ich bin relativ sicher, dass das bald ein Ende hat. Es liegen nämlich keine klaren Beweise gegen Sie … gegen dich vor. Du mischst dich nicht in meine privaten Angelegenheiten ein und ich mich nicht in deine, solange ich sichergehen kann, dass du nichts tust, was gegen irgendwelche Gesetze verstößt. Trotzdem lege ich dir ans Herz, dass du möglichst immer nur in Begleitung auf die Straße gehst.« Er stoppte kurz und sprach dann weiter: »Ich lege Paul Brückners Nummer und auch die von meinem Büro neben das Telefon in der Küche, falls mal etwas sein sollte. Immer mittwochs hole ich Lebensmittel ab, dann musst du das nicht tun. Willst du lieber, dass ich mit dir Russisch oder Deutsch spreche?«

»Russisch ist in Ordnung.«

Ajoscha nickte. »Du musst keine Hausarbeiten erledigen, das kann ich machen. Du sollst dich ausruhen.«

Für andere hätten sich diese Sätze sicherlich mitfühlend angehört, doch angesichts seines nüchternen Tonfalls schnürte sich Emmas Kehle zu. Würde der Inhalt seiner Worte wenigstens nicht so freundlich sein, dann würde er zumindest in ihr nicht ein derartiges Gefühlschaos hinterlassen.

»Ich kann auch kochen«, sagte Emma.

»Von mir aus.«

Emma biss die Zähne fest zusammen. *Das hätte er auch freundlicher sagen können.*

Ajoscha fuhr sich mit der Hand durch die Haare, als er Richtung Tür ging.

»Hast du Hunger?«, fragte sie.

»Nein.« Als er keine Anstalten machte, noch etwas zu sagen, öffnete sie erneut den Mund. »Wie sind … bist du verletzt worden?« Sie biss sich auf die Lippe, als sie sah, wie er innehielt. Und für einen Moment flackerte Angst in ihr auf, dass sie ihn verärgert hätte. Er zögerte sichtlich.

»Ich glaube, du hattest genug Aufregung für heute. Gute Nacht, Emma Iwanowa.«

Ajoscha ging und schloss die Tür hinter sich.

Emma lag auf der Seite und konnte nicht schlafen. Jedes Mal, wenn sie die Augen schloss, konnte sie seine Stimme hören. Sie hatte gelesen, um sich von den Erinnerungen abzulenken, doch irgendwann waren ihre Augen zu müde geworden, zudem war das Kyrillische anstrengend zu lesen.

Die Nachttischlampe warf Schatten an die Wand. Sie wollte das Licht nicht ausschalten. Sie sehnte sich nach Geborgenheit und Schutz – doch das würde sie hier in diesem Land, bei diesem Mann nie bekommen. Ein Jahr war eine so lange Zeit. In einem Jahr konnte viel passieren. Sie presste die Lippen fest aufeinander. Vor fast einem Jahr war Charlotte gestorben. Und was wäre nach einem weiteren Jahr, wenn sie geschieden sein würde? Tief in ihrem Inneren hatte sie Angst, dass er die Scheidung verweigern würde, dass er sich nicht an sein Wort hielt. Er gab ihr auch keinen Grund, ihm zu vertrauen. Jedes Mal, wenn sie ihn ansah und wenn sie das Gesicht ihres Kindes ansehen würde, würde sie nur den Mann dahinter sehen. Sie würde doch gar keine gute Mutter sein können, ihr Kind gar nicht lieben können? Bestünde vielleicht die Möglichkeit, dass das Kind bei Ajoscha bleiben würde, wenn sie ihn verließ? Wenn sie einfach allein ein ganz neues Leben anfing, wo niemand sie kannte und wo sie nicht zurücksehen müsste?

Emmas Blick fiel auf die Bibel ihrer Schwester und sie zog das Foto, das zwischen den Seiten hervorschaute, heraus. Das Einzige, was ihr half, die Gesichter ihrer Familie nicht zu vergessen. Dann wanderten ihre Gedanken zu Eva. Wo war sie? Was hatten die Russen mit ihr gemacht? Hatte ihr Vater überlebt? So viele unbeantwortete Fragen!

Emma schlug die Decke beiseite und setzte sich auf, da ihr das Liegen mit dem dicken Bauch unangenehm wurde. Sie schnaubte. Niemals hätte sie sich vorgestellt, dass sie so ihre Hochzeitsnacht verbringen würde.

Von Louis hatte sie bisher noch keine Antwort auf ihr Telegramm erhalten und sie hatte auch ihre Zweifel, dass er überhaupt reagieren würde. Ihr Entschluss festigte sich, nicht nach Niederlahnstein zurückzukehren – oder dorthin, wo auch immer Louis stationiert war. Sie war sich sicher, dass sie beide nicht wirklich erpicht darauf waren, den Kontakt aufrechtzuerhalten. Zudem schien der Schutz der Franzosen nicht sonderlich effektiv, da sie offenkundig nichts gegen ihre Heirat mit dem Oberst unternommen hatten. Außerdem hatte Emma den starken Drang, einfach alles hinter sich zu lassen. Am liebsten würde sie ein komplett neuer Mensch werden, an dem kein Schmutz und keine Last mehr hingen.

Erschrocken schnellte ihr Kopf hoch, als das Licht zu flackern begann. Dann erlosch die Glühbirne und Emma schrie vor Schreck auf.

Ajoscha hatte das Geschirr abgewaschen und war ins Arbeitszimmer gegangen.

Er schaltete die Schreibtischlampe an und ließ sich auf den Stuhl fallen. Er wusste, dass er nicht würde schlafen können – vermutlich ebenso wie Emma.

Er knöpfte die ersten vier Knöpfe seiner Uniform auf und fuhr mit der Hand unter den Stoff. Seine Finger massierten seine Schulter und er verzog das Gesicht. Tausend Nadelstiche fuhren durch seinen Arm und seine Hand verkrampfte sich. Seine Jacke hing über der Rückenlehne. Seine rechte Hand glitt an dem Stoff entlang und schob sich dann in die Tasche. Die kleine Flasche Morphin, die ihm Paul gegeben hatte, fühlte sich kalt an. Stöhnend ließ er sie los, setzte sich gerade hin und ließ die Schulter kreisen.

Vor ihm lagen die neusten Augenzeugenberichte und mit grimmiger Miene schob er sie von sich weg. Er zündete eine Kerze an und zog dann sein Oberteil aus. Er hatte es sich gerade über den Kopf gezogen, als das Licht der Tischlampe flackerte und dann ganz ausfiel.

Emmas überraschter Aufschrei drang an seine Ohren.

Auch das noch.

Ajoscha nahm seine Kerze und ging zum Schlafzimmer. Er klopfte einmal kurz an die Tür und trat dann ein.

»Es ist alles in Ordnung. Wegen der Stromrationierung wurde der Strom abgestellt«, erklärte er möglichst ruhig. Er stellte seine Kerze auf den Nachttisch und ging zum Regal, um weitere Kerzen zu holen. Er versuchte, möglichst nicht in Emmas Richtung zu schauen. Sie trug bereits ihr Nachthemd und er wollte die Situation für sie nicht noch unangenehmer machen.

Er drückte die neuen Kerzen in zwei Halterungen und entzündete sie. Der Raum wurde heller und der Geruch von Wachs hing in der

Luft. »Im Regal sind noch mehr, wenn du noch welche brauchst«, sagte Ajoscha und legte eine Packung Streichhölzer bereit.

»Danke«, sagte Emma leise, während ihre Hand sich in die Bettdecke krallte.

»Ich hätte dich vorwarnen sollen«, murmelte Ajoscha. Als er aufsah, bemerkte er, dass Emma mit geweiteten Augen seine Schulter ansah. Er biss die Zähne zusammen und drehte sich weg, sodass sie die Narben nicht mehr sah. Es war keine Überraschung, dass sie entsetzt war, er selbst erschreckte sich immer wieder neu, wenn er in den Spiegel schaute. Es war abscheulich, wie sehr ein Mensch entstellt werden konnte durch Dinge, die er selbst gebaut hatte.

»Ich dachte, es wäre nur das Bein«, sagte sie und ihre Stimme klang irgendwie hohl.

Ajoscha wollte nicht über das Thema sprechen. »Morgen früh sollte das Licht wieder funktionieren. Brauchst du noch was?«

Sie schüttelte den Kopf. Ajoscha machte auf dem Absatz kehrt und ging zurück in sein Schlafzimmer. Er flüchtete vor ihr und den Erinnerungen. Den Weg fand er auch in der Dunkelheit. In den letzten Jahren hatte er gelernt, nachts auch ohne Licht zurechtzukommen, doch er konnte sich ausmalen, was die Dunkelheit mit Emma machte.

~

25. Juli 1945

Emma hörte am Morgen das Wasser durch die Leitungen gluckern, als Ajoscha im Badezimmer war. Sie lauschte den Geräuschen und stellte sich dazu die Szenerie vor. Sie wurde aus ihrem Kopfkino gerissen, als sie Schritte bis vor ihrer Zimmertür vernahm. Sie zog die Bettdecke enger um sich und schloss die Augen.

Ajoscha öffnete die Tür leise, sah aber an ihren unregelmäßigen Atemzügen, dass sie nicht schlief. »Hast du schlafen können?«, fragte er.

Emma presste die Lippen fest zusammen. Sollte sie ihm für seine vermeintliche Freundlichkeit etwa noch dankbar sein? Sie öffnete die Augen, wandte sich aber nicht zu ihm um, sondern blieb mit dem Rücken zu ihm liegen.

»Was ist los?«, fragte Ajoscha. Sie hörte, wie er ein paar Schritte auf und ab ging.

Keine Antwort.

»Ist etwas mit dem Kind?«

»Dem Kind geht's super«, schnaubte Emma und drückte ihr Gesicht in das Kissen.

»Du musst schon sagen, was ist. Ich will dir helfen.«

Sie verzog grimmig das Gesicht. Wie schrecklich nüchtern er das sagte. »Ich bin durch eine Vergewaltigung schwanger. Einer der Schuldigen ist ein hoher Militär, der nicht zur Rechenschaft gezogen wird, und damit er mich nicht umbringt, musste ich seinen Sohn heiraten, den ich nicht liebe. Ganz nebenbei gesagt ist der Mann, den ich liebte und der mich angelogen hat, tot und auch die Frau, die wegen mir in Gefangenschaft war. Sind das nicht genug Gründe? Mhm?«, sagte sie leise mit zittriger Stimme.

Ajoscha setzte sich in den Sessel und streckte sein Bein aus. Er stützte den Ellenbogen auf die Armlehne und strich sich mit der Hand über den Bart. »Hast du Louis oder irgendjemand anderem alles erzählt, was passiert ist? Und auch, was dich belastet?«

Emma spürte ihr Herz rasen. »Was sollte das helfen?«, blaffte sie.

Ajoscha legte den Kopf schief. »Du solltest das, was dich bedrückt, aussprechen, damit du frei davon wirst.«

So etwas Ähnliches hatte Paul Brückner zu ihr gesagt. Ihre Unterlippe zitterte, doch sie wollte nicht weinen. »Schlägst du dich etwa als Zuhörer vor? Weil du ja so ein guter Mensch bist, der zudem noch empathisch ist?«

Wenn ihr Zynismus ihn ärgerte, ließ sich Ajoscha nichts davon anmerken. Er faltete die Hände zwischen den Knien, als er sich vorbeugte. »Ich habe nicht mich gemeint. Vielleicht Elana, egal. Glaubst du an Gott?«

»Was? Also … na ja … vermutlich gibt es ihn«, stammelte sie verunsichert.

Er schmunzelte. »Du kannst es auch einfach leise in den Raum sagen mit dem Hintergedanken, dass es jemand hört.«

»Heißt es nicht, dass Gott allwissend ist? Er muss es also schon wissen! Er hat zugesehen und es geschehen lassen.« Verärgert biss sie die Zähne aufeinander.

»Es geht nicht darum, dass Gott davon erfährt, sondern, dass du es laut aussprichst. Dass du das Gefühl hast, es jemandem zu erzählen, der die Last mit dir teilt.« Er machte eine kurze Pause, doch sie sagte nichts. »Es wird heute Abend spät werden. Auf dem Herd steht Eintopf.« Er stand auf und der Teppich dämpfte seine Schritte, als er zur Tür ging.

19

Ajoscha stand neben dem Sofa, auf dem Elana saß. In seiner Hand hielt er ein Glas Wasser, die andere Hand hatte er in der Hosentasche seiner Galauniform vergraben.

Zu der Gedenkfeier für seinen Bruder waren viele hochrangige Militärs gekommen, die eher mit seinem Vater als mit seinem Bruder bekannt gewesen waren.

Ajoscha ballte die Hand in der Hosentasche zur Faust. Es stieß ihm sauer auf, dass die Feier für seinen Bruder wie eine Soiree ablief. Das Haus von Wassily Iwanow war bis zum Bersten gefüllt. Seinem Vater selbst war er nur kurz über den Weg gelaufen, aber es war kein Wort über Emma gefallen – zumindest noch nicht. Der Alkoholpegel nahm von Stunde zu Stunde zu und im Nachbarzimmer wurde schon seit geraumer Zeit Faro gespielt. Bewusst machten Elana und er einen Bogen um diesen Raum. Sie hielten beide nichts vom Glücksspiel.

»Ich gehe zu Bett, bevor jemand noch auf die Idee kommt, russisches Roulette zu spielen«, sagte Elana.

Ajoscha reichte ihr die Hand, um ihr aufzuhelfen. Es wunderte ihn, dass sie bislang noch nicht geweint hatte, aber er wusste, dass das noch kommen würde. Sie wechselten beide einen wissenden Blick und Elana begab sich in eins der oberen Geschosse, in dem sie ein Zimmer zusammen mit Dimitrij bezogen hatte. Ajoscha sah es zwar nicht gern, dass sie hier wohnte, aber er wusste, dass sein Vater ihr nichts tun würde. Er musste ihr noch sagen, dass sie nicht bei ihm einziehen können würde. Über seine Heirat hatte er bisher kein Wort verloren.

Sein Blick verfinsterte sich. Es war schwer sich vorzustellen, dass bis vor Kurzem noch Krieg geherrscht hatte, wenn man diese Gesellschaft hier sah. Sein Vater hatte alles herangeschafft, was das Herz der Leute begehrte. Das Geld dafür hatte er.

Ajoscha nahm den letzten Schluck aus seinem Glas und stellte es im Vorbeigehen auf das Tablett eines Lakaien. Er nickte einem Ehepaar zu, das sich gerade die Mäntel bringen ließ, um zu gehen. Diejenigen, die genauso Anstoß an der Ausgelassenheit des Abends fanden, machten sich nun auf den Nachhauseweg.

Wassily unterhielt sich gerade mit Bolschakow – wie sollte es auch anders sein.

»Ich wünsche den Herren eine gute Nacht«, sagte Ajoscha, als die beiden keine Anstalten machten, ihr Gespräch zu unterbrechen. Er wollte gerade auf dem Absatz kehrtmachen, doch da hielt ihn die Stimme seines Vaters zurück.

»Ich habe gehört, dass du geheiratet hast.« Durch den Alkohol war seine Stimme noch tiefer und rauer als ohnehin schon.

Ajoscha biss die Zähne fest zusammen. »Ja, das habe ich.«

Einige andere Militärs wurden aufmerksam und ihre Gespräche verstummten.

»Eine Deutsche«, blaffte Bolschakow und nahm einen tiefen Zug aus seinem Glas. Er stank nach Wodka. Zwischen den Fingern hielt er eine qualmende Zigarette.

»Emma Hoffmann. Vielleicht erinnerst du dich an sie?« Ajoscha biss sich fast auf die Zunge, um zu verhindern, dass seine Worte so scharf klangen.

Sein Vater kniff leicht die Augen zusammen. »Nun ja, ich bin vielen deutschen Frauen begegnet …« Ein schelmisches Grinsen zog über sein Gesicht.

Ajoscha verzog keine Miene, als er sich zum Gehen wandte.

»Glaubst du ihr wirklich, dass ich der Vater von ihrer Brut bin?«, rief ihm sein Vater hinterher. »Eine Vaterschaft ist nicht klar zuzuordnen, meist waren es so viele, die …«

Das Blut rauschte in Ajoschas Ohren und er hielt inne. Langsam holte er Luft, bevor er sich abrupt umdrehte und zuschlug.

Wassily war zu betrunken, als dass er rechtzeitig hätte reagieren können, doch schaffte er es tatsächlich, sich auf den Beinen zu halten. Nur sein Glas zersprang auf dem Boden in tausend Scherben. Mit dem Handrücken fuhr er sich über den Mund, um das Blut abzuwischen. Er lachte und hob kurz die Hand, um seinen Freunden zu signalisieren, dass sie nicht eingreifen sollten. »Den Schlag habe ich dir beigebracht.«

Ein steifes und freudloses Lächeln tauchte auf Ajoschas Lippen auf. »Du hast ihn oft genug bei mir angewendet, sodass ich weiß, wie er auszuführen ist.« *Und dass ich noch weiß, wie weh er tut.*

Für einen Moment flammte Zorn in den Augen seines Vaters auf. Ajoscha war diese Auseinandersetzung zuwider. Eigentlich war der Abend seinem Bruder gewidmet. Die Menge an Männern, die sich um sie versammelt hatte, teilte sich in der Mitte, sodass er zwischen ihnen hindurch zur Tür gehen konnte.

Langsam wurden die unterbrochenen Gespräche wieder aufgenommen. Ajoscha nahm seine Mütze und verließ das Haus. Draußen stand hinter einer Ecke bereits Elana und reichte Ajoscha einen schwarzen Mantel, den er über seine Uniform ziehen konnte, damit er nicht auffiel.

»Musstest du lange warten?«, fragte er und schlüpfte in die Ärmel.

»Nein. Was ist bitte schön mit deiner Hand?!« Elana griff nach seinem Handgelenk, doch Ajoscha wich ihr aus. Er verzog das Gesicht, als er den Kragen richtete. Seine linke Hand war immer noch lädiert von der Schulterverletzung und jetzt hatte er tatsächlich mit dem Schlag auch noch seine Rechte geschädigt.

Sie sah ihn auffordernd von der Seite an, während sie durch die dunklen Straßen Moskaus gingen. Es war zu riskant, ein Taxi zu nehmen. Der Fahrer hätte ein Geheimdienstspitzel sein können und sie wollten kein Risiko eingehen.

Ajoscha stieß ein Seufzen aus. Er senkte den Kopf leicht und sprach mit gedämpfter Stimme. Auch wenn es schon später Abend war, waren noch einige Leute unterwegs. »Ich habe Wassily geschlagen …«

»Warum?«

»Versprich mir, dass du nicht ausrasten wirst.«

»Ja, ja«, beteuerte Elana ungeduldig.

»Emma Hoffmann«, setzte Ajoscha an und stoppte kurz, denn das war eigentlich nicht mehr ihr Name, »sie ist nicht mehr Emma Hoffmann, sondern Emma Iwanowa. Ich habe sie gestern geheiratet, um sie zu beschützen, als sie offenbart hat, dass Wassily der Vater ihres Kindes sein könnte.« Er zuckte mit den Schultern, musste aber gezwungenermaßen seine Schritte verlangsamen, da Elana stehen geblieben war.

»Warum in Gottes Namen hast du mir das nicht gesagt?!«

Ajoscha unterdrückte den Drang, die Augen zu verdrehen, und zog sie am Ellenbogen weiter. »Weil du heute ganz andere Dinge im Kopf hast«, sagte er. Elanas Lippen bildeten eine dünne Linie.

»Empfindest du etwas für sie?« Sie klang gepresst.

Ajoscha runzelte die Stirn. »Nein.« Er blieb stehen.

»Wann hättest du es mir gesagt, wenn du heute nicht die Auseinandersetzung mit deinem Vater gehabt hättest?« Provokant reckte sie das Kinn in die Höhe.

»Auf jeden Fall nicht an dem Tag, an dem du zum zweiten Mal den Tod deines Mannes verkraften musst.«

»Ich glaube, wir sehen die Nachricht deiner plötzlichen Ehe aus unterschiedlichen Perspektiven. Mich freut es nämlich ungemein.«

Ajoscha seufzte und strich sich die Haare nach hinten. Seine Kopfbedeckung hatte Elana in ihren Korb gelegt. »Nur, weil ich jetzt mit ihr verheiratet bin, ändert das nichts an der Situation, dass sie eine Deutsche ist, die immer noch für schuldig befunden werden kann. Außerdem ist es eine reine Zweckehe«

»Schuldig für was?«

»Etwas, was sie das Leben kosten könnte.« Er entschied sich dafür, dass Gespräch in eine andere Richtung zu lenken. »Tut mir leid, dass Dimitrij und du jetzt doch bei Wassily wohnen bleiben müsst.«

»Für mich wird das wahrscheinlich weniger ein Problem sein als für dich.«

Ajoscha schmunzelte. »Du bist ein herzensguter Mensch. Wir sollten uns beeilen, wir sind ohnehin schon spät dran.«

Je näher sie ihrem Ziel kamen, desto weniger sprachen sie, bis sie schließlich ganz verstummten. Sie bogen in eine Seitengasse ein und eine beängstigende Stille legte sich über den Ort, als Elana an die Tür geklopft hatte. Sie warteten darauf, dass ihnen jemand aufmachen würde. Ajoscha lauschte auf jedes Geräusch, während sein Herz das Adrenalin durch seinen Körper pumpte. Elana wirkte zumindest äußerlich weitaus entspannter. Ajoscha war angespannt und vergewisserte sich öfter, dass sie niemand beobachtete. Nach einer Weile hörte man, dass die Tür aufgeschlossen und dann auch einen Spaltbreit geöffnet wurde.

»Was wollt ihr?«

»Wir bringen Decken«, sagte Ajoscha. In dem Gang hinter der Tür brannte kein Licht, und er ließ seine Schwägerin zuerst in die Dunkelheit eintreten.

»Friede mit euch«, sagte Elana und umarmte den alten Mann, dem sie nun gegenüberstanden. Sie strahlte, wie sie es den ganzen Tag über nicht getan hatte. Der Mann, Simeon, war ein guter Freund von ihnen. Gemeinsam mit ihm und seiner Enkelin Maria wollten sie in dieser Nacht einen wirklichen Gedenkgottesdienst für Dimitrij abhalten.

Schon seit einiger Zeit war Ajoscha Teil dieser Untergrundkirche, die im Geheimen gegründet worden war, da sie sonst der Verfolgung durch den Staat ausgesetzt wäre. Simeon war ein alter Freund von Ajoschas Mutter, die heimlich Christin gewesen war. Seit nun auch Elana in Moskau lebte, kam sie mit zu den Treffen.

Simeon klopfte Ajoscha mit einem Grinsen, das seine gelben Zähne entblößte, auf die Schulter. Sie gingen in das Wohnzimmer und begrüßten Maria.

Beim anschließenden Gedenken an Dimitrij konnte Ajoscha sich jedoch kaum auf Simeons Worte konzentrieren. Immer wieder schossen ihm verschiedene Situationen aus seinem Leben durch den Kopf, die er mit seinem Bruder erlebt hatte. Zwei Monate vor seinem Tod hatten sie sich das letzte Mal gesehen. Als der Krieg begonnen hatte, hatte Dimitrij ihm das Versprechen abgenommen, dass er sich um Elana kümmern würde, sollte er nicht wieder nach Hause kommen. Dimitrij hatte damals noch nicht einmal gewusst, dass er Vater werden würde.

»Dimitrijs Lieblingsvers steht in 2. Korinther 6,10.« Elana räusperte sich und strich mit zittrigen Fingern die wellige Seite ihrer Bibel glatt. »Unser Herz ist voller Leid, und doch erleben wir ständig neue Freude. Wir sind arm, aber wir machen andere reich. Wir besitzen nichts und haben doch alles.« Für einen Moment herrschte eine andächtige Stille. »Er hat gesagt, neben Gott hat er mich als sein Ein und Alles. Er hat gesagt: ›Wenn es bei dir, meine Liebe, schon so schön ist, wie schön muss es dann erst bei Gott sein? Ich will an keinem anderen Ort sein in der Ewigkeit als dort, an einem Ort, an dem es alle Dinge gibt, nach denen sich unsere Seele sehnt. Friede, Freude, Gesundheit, Liebe …‹« Sie schüttelte den Kopf. »Er hat in seinem letzten Brief geschrieben, er könne sich gar nicht vorstellen, selbst unter Beschuss nur Angst zu empfinden und hoffnungslos zu sein. Er war sich sicher, dass dieser Krieg Staub auf seiner Seele war, den er einfach nur abschütteln müsste, um davon frei zu werden und dann im Himmel zu sein. Ich freue mich für ihn, dass er jetzt schon dort ist …« Ihre Stimme brach und sie presste die Lippen fest aufeinander. Ajoscha streckte die Hand aus und legte sie ihr auf die Schulter. Mit einem glasigen Blick hob sie den Kopf und rang sich zu einem unsicheren Lächeln durch.

»Ajoscha hat geheiratet«, platzte es auf einmal aus ihr heraus.

Darauf war Ajoscha nicht vorbereitet gewesen. Augenblicklich verschwand der weiche Ausdruck aus seinem Gesicht. Seine Nasenflügel blähten sich auf, bevor er einen tiefen Seufzer ausstieß.

Simeon blinzelte überrascht. »Oh«, begann er, als er seine Sprache wiedergefunden hatte, »das kommt überraschend, aber natürlich freuen wir uns für dich.« Er wechselte einen Blick mit seiner Enkelin Maria. »Wie heißt sie? Wer ist sie? Du hättest sie eigentlich heute auch mitnehmen können, damit…« Er verstummte, als er Ajoschas grimmigen Gesichtsausdruck sah.

Ajoscha fuhr sich mit den Händen über das Gesicht. »Sie ist Deutsche und es war eine Zweckehe, damit sie sicher ist, weil eine mächtige Person sie bedroht.« Betretene Stille. »Außerdem ist sie nicht wirklich gläubig.« Angespannt knetete er mit seiner rechten Hand seine linke Handfläche.

Als Elana erneut zum Sprechen ansetzte, warf Ajoscha ihr einen wütenden Blick zu. Ihm wäre es lieber gewesen, sie hätte das nicht herausposaunt. Sie zögerte einen Moment. »Willst du nicht das Abschlussgebet sprechen?«, fragte sie an Simeon gewandt. Mit den Lippen formte Ajoscha ein tonloses Danke, das sie mit einem leichten Nicken quittierte.

20

Es war fast schon Mitternacht, als Ajoscha seine Haustür aufschloss.

Er verharrte für einen Moment an Ort und Stelle und lauschte. Er hörte Emma leise summen. Er machte einen vorsichtigen Schritt in die Wohnung hinein, doch eine knarzende Diele verriet ihn und das Summen brach ab. Ajoscha verzog das Gesicht und drückte die Tür ins Schloss. Als er sich umdrehte, sah er Emma im Türrahmen zu ihrem Schlafzimmer stehen.

»Abend«, sagte er und setzte seine Mütze ab. Mit der Hand fuhr er sich durchs Haar und schlüpfte aus seinem Mantel.

»Abend«, erwiderte Emma mit gedämpfter Stimme.

Ajoscha zog einen Schlüssel aus der Tasche und schloss sein Arbeitszimmer auf. Emma verdrehte die Augen. Sie hatte am Morgen zu ihrem Verdruss festgestellt, dass er das Zimmer tatsächlich abgeschlossen hatte, um zu verhindern, dass sie es betrat.

Er ging hinein, warf seinen Mantel auf ein Sofa und ließ sich auf den Schreibtischstuhl fallen, um seine schweren Stiefel auszuziehen. »Ich dachte, du würdest schon schlafen«, sagte er.

Überrascht zog Emma die Augenbrauen hoch. Sie hatte nicht gedacht, dass er gemerkt hatte, dass sie ihm gefolgt war. »Wie kann ich schlafen, wenn mein Mann noch nicht zu Hause ist«, entgegnete sie bissig und mit verschränkten Armen. »Hattest du so viel zu tun auf der Arbeit?«

Für einige Sekunden herrschte Stille und sie fragte sich, ob er überhaupt antworten würde.

»Heute war die Gedenkfeier für meinen Bruder.«

Emmas erster Gedanke war, warum er ihr das nicht vorher gesagt hatte. Aber sie hätte ihn ja sowieso nicht begleitet. Nie wieder wollte sie Wassily Iwanow über den Weg laufen. Dennoch trug sie seinen Namen. Ihr wurde übel.

»Ich habe gebetet«, begann sie leise und biss sich dann auf die Lippe. Warum erzählte sie das?

Überrascht hob Ajoscha den Kopf und sah sie an.

»Kurz bevor …« *Dein Vater ein Arschloch war.* Sie sprach den Gedanken nicht laut aus, aber sie musste ihren Satz auch nicht vollenden. Ajoscha verstand.

Auf Socken stand er auf und holte aus der Schublade einer Kommode eine Bürste und Schuhcreme. Er stülpte den ersten Schuh über seine linke Hand und begann, ihn zu säubern. Er verzog das Gesicht. Seine rechte Hand schaffte es tatsächlich, den Schmerz in seiner Schulter und seinem Bein zu übertrumpfen. Mittlerweile zeigte der Handrücken eine bläuliche Verfärbung.

Emmas Blick, der durch den geheimen Raum geschweift war, blieb an ihm hängen. Sie löste sich von ihrer Position an der Tür und nahm ihm den Schuh aus der Hand, genauso die Bürste. Verblüfft und mit gerunzelter Stirn beobachtete Ajoscha sie.

»Dass ich dich mal überrascht sehe«, schnaubte Emma leicht und nahm auf dem Sofa Platz. Sie begann mit dem Säubern.

Es faszinierte Ajoscha, dass sie nicht weiter nachfragte. Vermutlich hatte sie Angst vor ihm, wobei ihre sarkastische Art heute Abend dem entgegenstand.

Seine Frau putzte gerade tatsächlich seine Schuhe. *Meine Frau?* Von dieser Ausdrucksweise in seinem Kopf war er genauso überrascht wie von der Tatsache, dass Emma gerade seine Arbeit übernahm.

»Ich habe *Staat und Revolution* gelesen«, sagte Emma und hielt den schwarzen Schuh prüfend ins Licht.

Ungläubig lachte Ajoscha auf, jedoch schwang in dem Lachen keine Spur von Humor mit. »Ist das dein Ernst?«, fragte er.

Mit gerunzelter Stirn sah Emma auf und legte den Kopf schief. »Was ist daran so witzig, immerhin liegt dem Buch der Aufbau dieses Staates zugrunde?«

»Ich halte von diesem Buch so viel, wie du vermutlich von Hitlers *Mein Kampf* hältst.«

»Du dienst einem marxistischen Staat und repräsentierst damit seine Werte!«

Ajoscha streckte die Beine aus und musterte sie für einen Augenblick. »Ich bin gläubiger Christ.«

»Das heißt nicht, dass du Lenins und Stalins Ansichten an anderen Punkten nicht teilst.« Provokation – darauf war sie aus. Sie war sich sicherlich bewusst, dass sie eine Menge Schaden anrichten konnte, wenn sie Ajoscha den Behörden meldete – vielleicht tat sie das ja auch aus Rache.

»Ein Staatssystem, das mir meinen Glauben austreiben will, nein, das unterstütze ich nicht.«

»Du machst wohl keinen Hehl daraus.« Emma trug noch etwas Schuhcreme auf.

»Dir gegenüber nicht. Wenn ich das aber überall tun würde, würde mich das über kurz oder lang den Kopf kosten.« Er machte eine Pause. »Ich kann dir nicht den Mund verbieten«, stellte er schweren Herzens klar. Er gab ihr mit den Worten quasi die Erlaubnis, ihn anzuzeigen.

Sie hielt in der Bewegung inne und sah ihn an. Sie schluckte und sie musste sich selbst überwinden, um zu sprechen: »Du hast mich geheiratet und mich so beschützt, ich schweige und werde so dich beschützen – wir sind also quitt.«

Erleichtert nickte Ajoscha und dachte schon, das Thema wäre erledigt, als Emma weitersprach: »Warum? Warum glaubst du an Gott, wenn es dich das Leben kosten könnte?«

Er zuckte leicht mit den Schultern. »Weil es alles bedeutet. Im schlimmsten Fall werde ich mein Leben verlieren – mein irdisches Leben, doch ich werde so viel mehr gewinnen. Wäre es andersrum, würde ich auf Erden vielleicht ein tolles Leben führen, was mir aber auch nichts nützt, wenn ich dann in der Ewigkeit getrennt von Gott leben muss.« Er sah, dass sie die Stirn runzelte. »Ich glaube, wir beide haben schon erlebt, was die sprichwörtliche Hölle auf Erden ist.« Er holte tief Luft, bevor er aufstand. »Du solltest jetzt schlafen gehen, Emma Iwanowa. Ich mache das fertig.« Er nahm ihr die Reinigungsutensilien aus der Hand und auch den linken Stiefel. Er wich einige Schritte zurück, damit sie an ihm vorbei zur Tür gehen konnte. »Danke«, fügte er hinzu. »Und eine gute Nacht.«

»Nacht«, erwiderte Emma und ging.

Mit der Hand fuhr sich Ajoscha über den Bart und lauschte ihren Schritten, bis sie verklungen waren. Wie anders wären die Dinge gelaufen, wenn Emma nicht diesen Krieg erlebt hätte – wenn die Welt nicht diesen Krieg erlebt hätte. Sie hatte gesagt, dass sie den Mann, den sie geliebt hatte, verloren hatte – Andrzej.

Ajoscha ging zurück zu seinem Tisch und setzte sich. Er griff nach seiner Aktentasche und zog einen Stapel Unterlagen heraus. Viele Leute behaupteten, dass sie immer wieder jemand sahen, der eigentlich tot sein sollte. Keine der Zeugenaussagen hatte Hand und Fuß, keine stammte von einer Geheimdienstquelle.

Er schob die Blätter von sich. Wenn er sich schon den ganzen Tag mit dieser Angelegenheit befasste, musste er es nicht auch noch am Abend tun. Außerdem war es schon spät. Er machte sich für die Nacht fertig und legte sich dann auf das Sofa. Die Hände hatte er auf dem Bauch gefaltet, als er leise in den Raum sprach: »Ich habe Angst, wie sich die Dinge entwickeln.«

Er drehte sich auf die Seite und klemmte seinen rechten Arm unter seinen Kopf, das rechte Bein konnte er nicht anwinkeln. Vor seinem inneren Auge ließ er den Tag Revue passieren. Die Gedenkfeier. Die Konfrontation mit seinem Vater. Der Schlag. Der geheime Gottesdienst. Das Gespräch mit Emma.

Simeon hatte gesagt, dass die Nachfrage nach Nachschub groß sei. In sechs Tagen würde die neue Lieferung ankommen und Ajoscha musste dafür sorgen, dass alles unbemerkt über die Bühne ging. Er seufzte. Er war sich nicht sicher, ob er Emma einweihen sollte. Eigentlich gab es ja noch nicht mal eine Vertrauensbasis zwischen ihnen beiden. Sollte er es ihr erzählen in der Hoffnung, sie würde ihm dann mehr Vertrauen entgegenbringen? Doch was, wenn sie verlangte, dass er aufhörte? Was sollte er dann tun? Hatte sie aber nicht ein Recht zu erfahren, was hier passierte? Immerhin brachte er sie damit in Gefahr.

In einem kurzen Gebet fragte Ajoscha Gott, was er tun solle, bevor er erschöpft einschlief.

~

26. Juli 1945

Emma erwachte, als Licht durch die Vorhänge fiel.

Sie schlug die Augen auf und setzte sich im Bett auf. Überrascht zog sie die Luft ein, als sie sich umdrehte und das Tablett sah, das auf der anderen Bettseite abgestellt worden war. Auf ihm standen eine dampfende Tasse Tee, ein Glas Wasser und ein Teller mit Pfannkuchen und sogar Honig!

Auch ein Zettel lag darauf, auf dem in säuberlicher Handschrift in Deutsch stand: *Gott dagegen beweist uns seine große Liebe dadurch, dass er Christus sandte, damit dieser für uns sterben sollte, als wir noch Sünder waren. – Römerbrief 5,8.*

Erst zeigte ihr Gesicht Freude angesichts des Frühstücks, doch dann verschwand dieser Ausdruck und sie erschauderte. Sie hatte Ajoscha nicht gehört, als er hereingekommen war, und das machte ihr Angst.

Mit einem beklemmenden Gefühl in der Brust ging sie in das Badezimmer. Ihr Bauch wurde von Tag zu Tag größer und damit wuchs auch ihre Angst vor der Geburt und dem Muttersein. Das Kind würde offiziell das von Oberst Ajoscha Iwanow sein.

Emma zog sich das Nachthemd über den Kopf und wandte dann dem Spiegel den Rücken zu. Sie sah über ihre rechte Schulter. Die

Striemen auf ihrem Rücken waren immer noch rot. Sie verblassten nur langsam und leider würden sie nie ganz verschwinden, sondern sie immer erinnern.

Emma seufzte, zog sich an und löste dann die beiden Zöpfe, die sie sich am Abend geflochten hatte. Sie kämmte sich die Haare und band sie erneut zusammen. Durch die Zöpfe in der Nacht waren sie jetzt leicht gewellt.

Sie kleidete sich an und überwand sich schließlich auch dazu, die Pfannkuchen zu essen, die Ajoscha gemacht hatte. Sie waren ziemlich gut, doch das würde sie ihm gegenüber nie zugeben. Sie nahm das Tablett und ging in die Küche. Im Türrahmen stoppte sie kurz, als sie sah, dass Ajoscha am Tisch saß. Eigentlich war er um diese Zeit schon auf der Arbeit. Doch er trug keine Uniform.

Er sah kurz auf. »Guten Morgen.«

War das die Andeutung von einem Lächeln in seinem Gesicht? Wut packte sie.

»Hat es dir geschmeckt?«, fragte er und führte seine Tasse zum Mund.

Emma biss die Zähne fest zusammen und stellte das Tablett unsanft vor ihm ab, sodass das Geschirr klirrte. Dass er nicht zusammenzuckte, vergrößerte ihren Ärger nur noch. Er schien erst den Satz, den er gerade begonnen hatte, zu Ende zu lesen, bevor er sie über die Zeitung hinweg mit einem neutralen Gesichtsausdruck ansah.

»Du sollst mir kein Frühstück ans Bett bringen«, sagte sie in einem möglichst beherrschten Tonfall, der aber trotzdem ziemlich scharf klang.

Er schluckte und nickte dann leicht. »In Ordnung. Ich wollte dir nur einen Gefallen tun, aber wenn du das nicht willst, dann akzeptiere ich das.« Er stellte seine Tasse ab und fuhr sich mit der Zunge über die Lippen. Er wandte sich wieder der Zeitung zu und blätterte zur nächsten Seite.

Am liebsten hätte Emma ihn für seine ruhige Art geohrfeigt. Mit so einer zur Schau gestellten Gelassenheit konnte sie nur schwer umgehen. So verkniff sie sich nur einen giftigen Kommentar und räumte das schmutzige Geschirr in das Spülbecken. Den Zettel mit dem Bibelvers hatte sie weggeworfen.

»Fühlst du dich heute gut genug, dass ich dir Moskau zeigen kann?«, fragte Ajoscha auf einmal und Emma verharrte für einen Moment in der Bewegung. Dann stemmte sie die Hände in die Seiten und fuhr herum. »Warum bist du so nett zu mir?«, fuhr sie ihn an.

Ajoscha sah sie an. »Warum nicht? Du bist meine Frau.«

Aber du bist ein Monster, dachte sich Emma, sprach es aber nicht laut aus.

»Und irgendwann wirst du eine Gegenleistung fordern und ich werde aus allen Wolken fallen!«

Er legte den Kopf leicht schief. Er erkannte das Problem. Sie hinterfragte alles und glaubte, dass ihr alle und vor allem er nur Böses wollten. Das konnte er nachvollziehen, doch wollte er ihr ja genau das Gegenteil beweisen. Dass ihr nicht alle erst Honig ums Maul schmieren wollten, nur um sie daraufhin auszunutzen.

Bevor er jedoch den Mund aufmachen konnte, sprach Emma erzürnt weiter: »Ich bin eine Deutsche. Dein Feind. Du führst irgendetwas im Schilde, das kannst du nicht leugnen!«

Ajoscha runzelte die Stirn. »Du sollst deine Feinde lieben. Der Krieg ist vorbei, Deutschland büßt für das, was es getan hat, da muss ich jetzt nicht noch Selbstjustiz an dir üben.«

»Du scheinheiliger Moralapostel!«, schnaubte Emma und verdrehte die Augen. »Leute wie du verstecken sich hinter ihrer Religion. Du willst mich nur besitzen! Du willst Macht ausüben, weil du keine Macht mehr über deine Männer auf dem Schlachtfeld hast!«

Zeige ihr, dass ich nicht so bin!

Ihre Aussage versetzte Ajoschas Herz einen Stich, doch er antwortete resigniert: »Ich verlange nicht, dass wir irgendwelchen ehelichen Pflichten nachkommen.« Er faltete seine Zeitung zusammen und nahm den letzten Schluck von seinem Tee. Mit einer Serviette fuhr er sich über den Mund und ließ sie dann neben seinen Frühstücksteller fallen.

»Warum nicht?«

Seine Stirn zeigte leichte Falten, als er aufstand und den Stuhl an den Tisch schob. »Ganz einfach: Weil du es nicht willst.« Er nahm seinen Teller und die Tasse und ging an Emma vorbei zum Spülbecken. Er stellte beides hinein und krempelte sich dann die Ärmel hoch.

»Das heißt nicht, dass du es nicht willst«, erwiderte sie leise. Mittlerweile war sie knallrot angelaufen.

Ajoschas Mundwinkel zuckten leicht und sie meinte, etwas Amüsiertes aus seiner Stimme herauszuhören, als er den Wasserhahn aufdrehte. »Da hast du recht.« Die Aussage schockierte sie, während zeitgleich ein kribbeliges Gefühl durch ihren ganzen Körper lief.

»Willst du dir nun Moskau anschauen?«

Emma biss sich auf die Unterlippe. Dafür, dass sie ihn gerade so heftig angefahren hatte, klang er immer noch erstaunlich ruhig.

»Gerne«, sagte sie leise und er nickte.

Sie seufzte innerlich und nahm ein Geschirrtuch, um abzutrocknen. Einen Wasseranschluss zu haben, war echter Luxus.

»Übrigens: Du bist von jeglicher Schuld freigesprochen worden, was den Tod von Andrzej Kusnezow angeht.« Bevor Emma aufgestanden war, hatte er einen Anruf erhalten, in dem er von dem Ergebnis der Untersuchung in Kenntnis gesetzt worden war.

Emma erstarrte, als sie gerade einen trockenen Teller auf den Stapel mit den anderen stellen wollte. Das fiel ihm jetzt erst ein? Das hätte er ihr auch früher erzählen können! Erleichterung überkam sie. Sie hatte damit gerechnet, noch einige Male zu Befragungen zitiert zu werden. Doch dann verfluchte sie sich selbst. Hätte sie nur bezüglich Wassily ihren Mund gehalten! Sie könnte nun auf den Weg nach

Deutschland zurück sein. Aber war sie nicht insgeheim dankbar, dass sie einen Mann hatte, der sich um sie kümmerte? Das konnte sie sich selbst nicht eingestehen.

»Und wer hat ihn verraten?«, fragte sie mit heiserer Stimme und versuchte den Gedanken zu verdrängen, dass Ajoscha nur so nett zu ihr war, weil ihre Unschuld anerkannt worden war.

»Das wissen wir nicht und ich habe meine Zweifel, dass wir das überhaupt erfahren werden.«

Er ließ das schmutzige Wasser ablaufen und als sich Emma gerade wieder dem Spülbecken zuwandte, zog er ihr sanft, aber bestimmt das Handtuch aus den Händen. »Den Rest mache ich, Emma Iwanowa. Wir können in zwanzig Minuten los.«

21

Sie näherten sich von Osten her dem Kreml und dem Roten Platz. Ajoscha lief in einem gemütlichen Tempo und Emma war sich nicht sicher, ob er das aus Rücksicht auf sie tat oder wegen seines Beins.

Was würde sich nun ändern, da sie an der Mitschuld an Andrzejs Tod freigesprochen worden war? Hatte das einen Einfluss auf Ajoschas Verhalten? Änderte es seine Meinung ihr gegenüber in irgendeiner Weise?

Möglichst unauffällig warf Emma ihm einen Seitenblick zu. Das Licht beschien ihn von der Seite, sodass sein Profil deutlich zu erkennen war. Sie musste schlucken, als sie sich seiner Attraktivität bewusst wurde.

»Da vorne ist die Große Moskwa-Brücke, die zum Roten Platz führt«, erklärte Ajoscha und zeigte kurz vor sich, sodass Emmas Aufmerksamkeit auf das Stadtbild gelenkt wurde. Hinter der Brücke stachen die Türme des Wahrzeichens Moskaus in die Höhe.

»Die Basilius-Kathedrale«, sagte sie beeindruckt. Aus den Augenwinkeln nahm sie wahr, dass Ajoscha nickte. Die Hände hatte er in den Taschen seiner Hose vergraben.

»Teil des Staatlich Historischen Museums«, sagte er mit einem abfälligen Zungenschnalzer.

»Wird sie nicht mehr für Gottesdienste benutzt?«, fragte Emma und schüttelte dann schnell den Kopf. »Natürlich nicht«, sagte sie und schalt sich innerlich für ihre unüberlegte Frage.

Ajoscha schaute sie nur kurz an, zeigte aber kein Anzeichen eines spöttischen Lächelns. »Von innen ist sie … beeindruckend, doch schön ist etwas anderes.«

Sie überquerten die Brücke. Ajoscha beobachtete Emma, die den Kopf in den Nacken legte, um die Kirche in ihrer ganzen Größe erfassen zu können. Während das Mauerwerk in rotem Stein gebaut worden war, waren die Turmspitzen bunt und sahen wie Mützen aus.

»Komm mit links herum. Von der Seite siehst du die Symmetrie der Türme.« Ajoscha schlenderte an die Westseite und lächelte leicht, als Emma ein beeindrucktes »Oh« entfuhr.

»Eigentlich besteht sie aus neun einzelnen Kirchen.« Er trat direkt neben Emma und nahm das erste Mal wahr, dass sie auf seine Nähe nicht beunruhigt reagierte. Er zeigte an dem Gebäude hoch. »Die goldene Kuppel in der Mitte ist die Mariä-Schutz-und-Fürbitten Kirche. Jede der acht anderen bunten Kuppeln krönt eine weitere Kirche. Sie stehen für die bedeutendsten Schlachten der Moskau-Kasan-Kriege.« Er schob seine Hand zurück in seine Hosentasche.

»Die Zwiebeltürme stehen für die Turbane der besiegten Tataren, oder?«, fragte Emma. Von rechts wurde sie von der Sonne bestrahlt, weswegen sie ihre Augen mit der Hand von dem Licht abschirmte.

»Das ist umstritten. Kommt drauf an, wen du fragst.« Er ging weiter in Richtung des Roten Platzes, der sich nun vor ihnen auftat. Emma schaffte es, ihren Blick von der Kathedrale loszureißen und sich dem Platz zuzuwenden. Ajoscha blieb kurz stehen, damit sie wieder zu ihm aufschließen konnte.

»Das ist so faszinierend! Davon zu lesen oder Fotos zu sehen ist nicht das Gleiche!«

Ajoscha dankte Gott stumm dafür, dass er sich zu dieser Stadtführung durchgerungen hatte. So gelöst und strahlend hatte er Emma noch nie gesehen – und immerhin war sie seine Frau.

»Läuten die Glocken zur vollen Stunde?«, fragte Emma und warf einen prüfenden Blick auf ihre Armbanduhr.

»Nein. Die Glocken sind 1929 abmontiert worden.« Er zuckte entschuldigend mit den Schultern, doch Emmas Strahlen verblasste kaum.

Sie erkundete mit ihren Blicken gerade die Gebäude zu ihrer Rechten, als Ajoscha seine Hand hob und sie auf das Mausoleum von Lenin hinweisen wollte. Doch er hielt inne und sein Mund wurde trocken. Er hörte Emma scharf die Luft einziehen und als er sich umdrehte, sah er, dass sie die Hand vor den Mund geschlagen hatte.

»Sieh nicht hin«, presste er hinter zusammengebissenen Zähnen hervor, während ein Muskel in seinem Kiefer zuckte. Auf der anderen Seite des Mausoleums, die von der Basilius-Kathedrale nicht einsehbar gewesen war, waren drei Galgen errichten worden, vor denen sich eine Menschentraube gebildet hatte. Ajoscha legte Emma die Hand auf den Rücken und drückte sie vorwärts, da sie keine Anstalten machte, sich zu bewegen.

»Das sind doch keine Deutschen, oder?«, fragte sie mit heiserer Stimme.

Ajoscha unterdrückte ein Schnauben. Auf ihrem Weg über den Platz wurden sie erheblich ausgebremst, weil die Dichte an Menschen zugenommen hatte. »Ich bin mir nicht sicher, aber ich vermute, dass es sowjetische Offiziere sind«, sagte er.

»Was? Warum?!«, fragte Emma schockiert.

Die Sonne hatte auf ihrem Gesicht eine leichte Röte hinterlassen. In einem anderen Moment hätte Ajoscha es vielleicht schön gefunden. Er schluckte, da seine Kehle so trocken war. Sein Herz pochte vor Zorn schneller und er musste den Drang unterdrücken, die anderen Leute nicht wegzustoßen, um ihnen den Weg freizumachen. »Sie waren deutsche Kriegsgefangene.«

»Und die Russen wollen sie bestrafen, weil sie Informationen verraten haben könnten?«

Er schüttelte den Kopf und atmete seufzend aus. »Eher weniger. Von Offizieren wird erwartet, dass sie lieber für den Obersten Sowjet auf dem Schlachtfeld sterben, als dass sie in Gefangenschaft kommen.«

Emma zog die Augenbrauen zusammen und schaute ihn verständnislos an.

»Du hast doch selbst unter einem Führerregime gelebt und müsstest wissen, was für ein Kult das ist.« Er machte eine kurze Pause und fügte dann noch hinzu: »Außerdem hast du doch *Staat und Revolution* gelesen.«

»Aber ihr habt den deutschen Führer gestürzt – unter anderem ihr, es war ja nicht allein euer Verdienst.«

Angesichts dieses Kommentars musste Ajoscha schmunzeln. »Wir haben uns gegen Hitler gestellt, als er sich gegen uns gestellt hat. Abgesehen davon hat er den Großen Vaterländischen Krieg angezettelt und Millionen von Menschen aufgrund ihrer Religion getötet. Die Ideologien sind entgegengesetzt: Auf der einen Seite Linkextremismus, auf der anderen Seite Rechtsextremismus. Aber das Prinzip ist auf beiden Seiten gleich.«

»Touché«, murmelte Emma.

War sie blasser geworden? War das angesichts ihres Sonnenbrandes überhaupt möglich?

»Oberst«, sagte auf einmal ein Soldat in Uniform, der ihnen in den Weg trat. Mit einem aufgesetzten Grinsen ließ er den Blick an Emma hinabgleiten. Ajoschas Hand an ihrem Rücken spannte sich an und ließ sie frösteln.

»Major, sind Sie dienstlich hier?« Ajoschas kühler Tonfall rief Emma ins Gedächtnis, wie er zu ihr gewesen war – und wie er jeden Moment wieder sein konnte.

»Ich schaue mir die Hinrichtung an. Sind Sie deswegen auch hier?« Sein Blick wanderte wieder zu Emma und schnell sprach Ajoscha, um die Aufmerksamkeit des Mannes wieder umzulenken: »Wir haben einen Spaziergang gemacht«, erklärte er knapp.

»Ich habe mich gar nicht vorgestellt: Major Fedor Komarow.« Er streckte Emma die Hand hin. Kurz sah sie verwirrt zu Ajoscha, doch in seinen Augen konnte sie nur die gewohnte Härte sehen. Sie schluckte und hoffte, dass ihr Zögern nicht bemerkt worden war.

»Emma Ho … Iwanowa.« Sein Händedruck war fest, sodass sie kurz zusammenschreckte. Er hielt ihre Hand unnötig lange fest.

Für einen Moment verblasste Fedors Lächeln. Hatte er ihren Akzent herausgehört? »Iwanowa? Ich wusste gar nicht, dass Sie verheiratet sind, Oberst, ich sah bei der Dame gar keinen Ring. Und ich wusste auch nicht, dass Sie Vater werden.«

Der heuchlerische Tonfall gefiel Ajoscha genauso wenig wie das Getue des Majors. Er öffnete gerade den Mund und wollte etwas erwidern, als Emma seinen Arm ergriff und sich zu seinem Erstaunen bei ihm unterhakte.

»Durch die Schwangerschaft sind meine Finger geschwollen und ich kann meinen Ring nicht tragen. Wenn Sie uns bitte entschuldigen? Wir müssen weiter.«

Sie schaffte es nicht, sich zu einem Lächeln durchzuringen, doch das brauchte sie auch gar nicht. Ajoscha tippte sich an den Hut und zog Emma sachte hinter sich her, als er den Major an Ort und Stelle stehen ließ.

»Einer der Hingerichteten soll Christ sein«, rief Fedor ihnen hinterher. »Er hat es nicht anders verdient.« Er spuckte hörbar auf den Boden, doch Ajoscha tat, als hätte er die Aussage überhört.

»Du hättest nicht lügen sollen«, sagte Ajoscha und wurde langsamer, als ihm bewusst wurde, dass er fast gerannt war, um größtmöglichen Abstand zwischen sich und den Offizier zu bringen.

»Danke, dass du uns aus der Situation gerettet hast, wäre doch nicht nötig gewesen, das war zu freundlich von dir«, imitierte Emma ihn in einer überzogenen Tonlage und schnaubte anschließend. Ajoscha hatte das Gefühl, dass sie durch den Sarkasmus versuchte, das Zittern in ihrer Stimme zu verbergen. Sie entzog ihm ihren Arm.

»Du hast ihn misstrauisch gemacht«, sagte Ajoscha.

»Hast du Angst, dass er riechen kann, dass du Christ bist, oder was?«, blaffte Emma. Mit einem harten Blick mahnte Ajoscha sie, leiser zu reden. Sie waren von Unmengen an Menschen umgeben. Sie seufzte. »Entschuldigung. Ich habe mich einfach nicht wohlgefühlt.«

Ajoscha nickte stumm. Ihm lag fast die Frage auf der Zunge, ob sie sich etwa einen Ring wünschte, doch er bezweifelte es. Sie war froh, wenn sie ihn los war.

»Kennst du noch andere Offiziere, die Christen sind? Könnte einer von ihnen hier …« Sie sprach nicht weiter.

»Ein paar, aber sie haben sich nichts zuschulden kommen lassen. Wir sollten zurück nach Hause gehen. Du siehst erschöpft aus.«

Und er hinkte mehr als sonst. Innerlich hatte er die berechtigte Angst, dass tatsächlich einer seiner Bekannten exekutiert werden könnte, doch es gab keinen Grund, warum er Emma davon erzählen sollte.

Bitte niemanden, den ich kenne, bitte, bitte, bitte.

~

Ajoscha setzte sich an den Küchentisch und sah ab und zu von seiner Bibel auf, um Emma beim Kochen zuzusehen. Er spürte ihre Unruhe, die wahrscheinlich mit seiner Anwesenheit zusammenhing.

Was muss ich tun, damit sie mich nicht als Bedrohung wahrnimmt?

»Woher beziehst du die Lebensmittel?«, fragte sie auf einmal, wandte sich aber nicht zu ihm um.

»Was meinst du damit?«, stellte er mit leicht zusammengekniffenen Augen eine Gegenfrage. Er platzierte das Lesezeichen zwischen den Seiten und schlug das Buch vor sich zu.

»Selbst die Sowjetunion kann doch nicht solche Mengen an Zucker, Kaffee und Tee an ihre Leute ausgeben, ohne dass die Versorgung einbricht. Draußen auf den Straßen verhungern Menschen jeder Altersgruppe. Zweigst du als Offizier nebenbei was für dich ab?«, fragte sie provokant. Sie drehte sich um und setzte ihm einen Teller mit Eintopf vor.

Er sah ihr in die Augen. »Danke«, sagte er trocken.

Er beobachtete, wie sich ihre Kiefermuskulatur anspannte, weil er nicht auf ihre Frage antwortete. Sie holte sich selbst auch einen Teller und schien dann zu zögern. Wollte sie in ihr Zimmer gehen?

»Setz dich doch«, sagte Ajoscha. Mit seinem Fuß schob er ihr unter dem Tisch den Stuhl hin, der ihm gegenüberstand. Sie biss sich auf die Unterlippe und setzte sich ihm missmutig gegenüber.

»Ich bekomme die Lebensmittel über den Haushalt meines Vaters«, sagte er ruhig. Da er nicht anfing zu essen, fühlte sich Emma gezwungen, auch zu warten. Empört blähten sich ihre Nasenflügel.

»Das war doch die Antwort, die du hören wolltest«, stellte Ajoscha fest und schenkte sich aus einem Krug Wasser in ein Glas ein. Sie reagierte nicht und er nahm es so hin. Plötzlich wurde ihm bewusst, dass sie noch nie zusammen als Ehepaar gegessen hatten.

»Ich würde gern beten.« Sein Herz schlug höher, als er die Hand ausstreckte und wartete, was passierte.

Emma sah seine von harter Arbeit geprägte Hand an. Sie war um einiges größer als ihre – genauso wie die von Andrzej. Leicht schüttelte sie den Kopf.

Er nickte. »In Ordnung.« Er faltete die Hände vor sich und neigte den Kopf. Unsicher tat Emma es ihm gleich.

»Himmlischer Vater, ich danke dir für diese Mahlzeit. Ich danke dir, dass du uns jeden Tag das gibst, was wir zum Leben brauchen, obwohl wir in so schwierigen Zeiten leben. Segne Emma, die dieses Essen zubereitet hat, und schenke ihr und unserem Kind Gesundheit. Amen.«

Ajoscha nahm einen Löffel und begann zu essen.

Emma saß wie betäubt da. Ein seltsames Gefühl hatte sich in ihrer Brust ausgebreitet. *Unser Kind.* Er hatte für ihre Gesundheit gebetet und ihr gemeinsames Kind. Sie wusste nicht, wie sie die Reaktion ihres Körpers ihren Gefühlen zuordnen sollte. Es war eine Mischung aus Dankbarkeit, Verwirrung, Angst und Unsicherheit.

»Willst du jetzt in Hungerstreik treten?«, fragte Ajoscha nach einer Weile und riss sie aus ihren Gedanken.

Sie hob den Kopf. »Eventuell.« Es verletzte sie, dass er mit dieser Frage die Umstände und die Gefühle, mit denen sie jeden Tag aufs Neue kämpfte, ins Lächerliche zog. Sie sollte Essen zu sich nehmen, das von ihrem Vergewaltiger stammte. Das gefiel ihr nicht. Ihr Magen begann zu rebellieren.

»Ich besorge mir die Lebensmittel nur über ihn, weil ich weiß, dass eine ausgewogene Ernährung für deine Gesundheit und die Entwicklung unseres Kindes wichtig ist.«

Ungerührt aß er weiter. Emma starrte ihn an. Er hatte es schon wieder gesagt. »Sag so was nicht.«

Verwirrt blickte er hoch. »Was meinst du?«

»Dass es unser Kind ist.« Es war nicht mehr als ein schüchternes Flüstern. »Denn das ist es nicht.«

Seine Kaubewegungen wurden langsamer und dann schluckte er. »Es wird offiziell aber meins sein.«

»Das klingt so besitzergreifend.«

»Soll es gar nicht sein. Es ist eine bürokratische Angelegenheit und dient zu deinem und seinem Schutz.« Er führte ein Glas an seine Lippen. Wie viel Wahrheit steckte in seinen Worten?

»Der Eintopf schmeckt gut.«

Emma sah ihren Teller an und begann dann langsam zu essen. Durch den Vorsprung war Ajoscha viel schneller als sie fertig und las weiter in der Bibel.

Als Emma den Teller von sich schob, seufzte er, lehnte sich in den Stuhl zurück und rieb sich mit der Hand den Nacken.

»Bei der Schlacht um Berlin ist meine Stellung von einer Panzerfaust getroffen worden. Ich bin verschüttet worden, eine Metallstange hat sich durch mein Bein gebohrt und die Explosion hat fast meine Schulter zerfetzt.«

Überrascht blinzelte Emma. Sie hätte nicht gedacht, dass er ihr irgendwann die Frage beantworten würde, die sie an ihrem ersten Abend als Ehepaar gestellt hatte. Was hatte ihn dazu veranlasst, ihr jetzt die Antwort zu geben?

»Es ist überraschend, wie schnell du dich erholt hast«, sagte sie. Er zuckte leicht mit den Schultern. Sein Finger fuhr über die Seite des Buches, bis er die Stelle fand, an der er aufgehört hatte zu lesen. »Wie kommst du damit zurecht? Wie kannst du Abstand von den Erinnerungen nehmen?«, fragte Emma leise.

An seinem leeren Blick sah sie, dass er nicht mehr las, sondern die Seite vor sich einfach nur anstarrte. Sein Adamsapfel hüpfte auf und ab, als er schluckte. »Das kann ich nicht«, seine Stimme klang ungewohnt heiser. »Ich kann nur versuchen, es zu verarbeiten und nicht zu verleugnen.«

Er sah kurz hoch, als sie nichts erwiderte, doch sie schaute nur einen unbestimmten Punkt auf der Tischplatte an. Seine vermeintliche Offenheit passte nicht zu dem Bild, das sie sich von ihm gemacht hatte. Seiner kühlen und rauen Art nach zu urteilen, hätte sie niemals angenommen, dass er ihre so intimen Fragen beantwortete.

Sie schob ein Fleischstück auf ihrem Teller hin und her. »Was fasziniert dich nur so an dem Text?« Sie ließ ihren Löffel fallen und lehnte sich mit verschränkten Armen zurück in den Stuhl, den Mund kritisch verzogen.

»War das eine ernst gemeinte Frage oder einfach ein Ausdruck deines Spotts?« Er blätterte in den dünnen Seiten weiter.

Verwirrt zuckte Emma mit den Schultern. »Was tut das zur Sache?«

»Wenn es eine wirklich ernst gemeinte Frage ist, weil es dich interessiert, werde ich sie dir beantworten. Wenn nicht, dann nicht.« Ajoscha lächelte, als er sie kurz ansah.

Emma starrte ihn mit gerunzelter Stirn und leicht geöffneten Lippen an. Für einen Moment blieb sein Blick an ihrem Mund hängen. Dann räusperte er sich. »Ich zeige es dir.«

Ajoscha schlug eine bestimmte Stelle auf und begann zu ihrer Überraschung zu lesen. Ein Schauer überkam sie. Seine Stimme war ruhig und angenehm, sie ließ Emma das erste Mal ein Gefühl von Heimat empfinden. Sie besann sich darauf, seinen Worten zu folgen. Er las eine Geschichte vor, die Jesus erzählt hatte. Sie handelte von einem Sohn, der seinen Vater um sein Erbe gebeten hatte und dann fortgegangen war. Er verlor all sein Geld und musste schließlich in der Fremde Schweine hüten. Er erinnerte sich daran, dass es den Arbeitern bei seinem Vater viel besser ging als ihm in der derzeitigen Situation, weswegen er sich dazu entschied, nach Hause zurückzukehren. Er wollte selbst für seinen Vater arbeiten, denn ihm war bewusst, dass er nicht mehr würdig war, sein Sohn zu sein.

»So kehrte er zu seinem Vater nach Hause zurück. Er war noch weit entfernt, als sein Vater ihn kommen sah. Voller Liebe und Mitleid lief er seinem Sohn entgegen, schloss ihn in die Arme und küsste ihn. Sein Sohn sagte zu ihm: ›Vater, ich habe gesündigt, gegen den Himmel und auch gegen dich, und bin es nicht mehr wert, dein Sohn zu heißen.‹«

Der Vater veranstaltete ein Fest für seinen Sohn, während der Älteste auf den Feldern arbeitete. Als dieser nach Hause kam, wurde er zornig und eifersüchtig, denn für ihn hatte es nie ein derartiges Spektakel gegeben.

»Sein Vater sagte zu ihm: ›Sieh, mein lieber Sohn, du und ich, wir stehen uns sehr nahe, und alles, was ich habe, gehört dir. Wir mussten diesen Freudentag feiern, denn dein Bruder war tot und ist ins Leben zurückgekehrt! Er war verloren, aber jetzt ist er wiedergefunden!‹«

Als Ajoscha mit dem Lesen fertig war, trank er einen Schluck. Sein Blick ruhte aber die ganze Zeit über auf Emma. Er legte den Kopf leicht schief. »Weißt du, was diese Geschichte bedeutet?«

Verunsichert zuckte Emma leicht mit den Schultern. Sie kannte diese Geschichte, aber sie hatte sich nie genauer damit beschäftigt. »Ich bin sicher, du erklärst es mir gleich.« Der Spott in ihrer Stimme gefiel Ajoscha nicht und er runzelte die Stirn.

»Der Vater in diesem Gleichnis steht für Gott und der Sohn sind wir, die Menschen. Wenn wir uns von Gott entfernen, ist es egal, was wir in dieser Zeit gemacht haben«, er klopfte kurz mit den Fingern auf seine Bibel, »in diesem Fall hat der Sohn sein Geld mit Huren verprasst, solange wir zu Gott unserem Vater zurückkehren, wird er uns vergeben und uns behandeln, als wäre nie etwas Derartiges geschehen.«

Emma sah ein Leuchten in seinen Augen, das sie noch nie wahrgenommen hatte. »Warum sollte jemand das tun, für den wir nichts mehr als kleine, unbedeutende Wesen sind?«, fragte sie.

»Das sind wir nicht«, sagte Ajoscha, während er leicht den Kopf schüttelte. »Gott liebt uns, wie ein Vater sein Kind liebt.« Auf einmal wirkte er verunsichert. Sie nahm wahr, dass er zögerte und sich kurz auf die Unterlippe biss. »Jedes Mal …« Er machte eine kurze Pause und holte Luft. »Wenn ich einen Menschen getötet habe, habe ich diesen Punkt übertreten, sodass ich der Sohn war, der sein Zuhause verlassen hat. Als ich dir zu nah gekommen bin, habe ich diesen Punkt übertreten. Jedes Mal, wenn wir sündigen, ist es so. Aber Gott nimmt uns wieder an, weil er nicht will, dass wir in der Ewigkeit verdammt sind.«

Er sprach so leidenschaftlich davon, dass Emma sich fast wünschte, es möge wahr sein. Sie hoffte, dass er nicht das Zittern in ihrer Stimme wahrnahm, als sie sprach: »Ich dachte, man müsse für seine Fehler büßen.«

Ihre Stimme klang gepresst. Ajoscha fragte sich, ob sie gerade an seinen Vater dachte. »Wenn etwas kaputtgegangen ist, muss jemand den Schaden bezahlen. Derjenige ist man selbst, wenn man nicht akzeptiert, dass es jemand anders schon getan hat. Das ist der Grund, warum Jesus gestorben und schließlich wieder auferstanden ist. Er hat den Schaden bezahlt und dadurch uns die Möglichkeit der Vergebung geschenkt.«

Geduldig faltete er seine Hände vor sich und sein Blick ruhte auf ihr. Emma fühlte sich unbehaglich, aber was sprach dagegen, dass sie die Fragen stellte, die ihr auf der Zunge brannten?

»Ist es nicht ungerecht, wenn der Älteste auf dem Feld schafft und nie so ein Fest bekommen hat? Was hat er falsch gemacht?«

Wieder schüttelte er den Kopf. »Er hat in erster Linie nichts falsch gemacht, er hat nur was falsch verstanden. Er hat hart gearbeitet, um seinem Vater zu gefallen. Er wollte durch Leistung die Liebe zu seinem Vater gewinnen, doch das musste er nicht und das müssen wir nicht, denn weder Gottes Liebe noch seine Vergebung können wir verdienen. Sie besteht schon und bleibt bestehen. Außerdem hat der ältere Sohn nie um ein Fest gebeten und sein Vater hat beide Söhne gerecht behandelt, indem er das Erbe zwischen ihnen beiden aufgeteilt hat.«

»Wenn er die Menschen so sehr liebt, warum lässt er dann überhaupt zu, dass sie in der Hölle landen?«

Ihre Frage war impulsiv und fast schon aggressiv. Ajoscha fragte sich, was der Grund dafür war. »Er lässt den Menschen eine Wahl, weil er sie liebt und zu nichts zwingen will.«

Emma presste die Lippen aufeinander. »Du scheinst auf alles eine Antwort zu haben.« Sie klang eingeschnappt.

»Nein, das habe ich nicht«, sagte Ajoscha überrascht.

»Aber du tust so.«

»Nein. Ich glaube, mein ruhiges Auftreten bringt dich aus der Fassung. Du klingst so, als würdest du mir eine Frage stellen wollen, die ich nicht beantworten kann, damit du dein Gewissen beruhigen kannst.«

»Du glaubst doch an etwas, das du dir selbst nicht erklären kannst!« Emma stand auf und brachte ihren Teller zur Spüle. Sie nahm sich mehr Zeit, als eigentlich nötig war, um ihn abzuspülen, damit sie ihn nicht ansehen musste.

»Warum sollte sich jemand etwas ausdenken, was unlogisch ist?«, fragte Ajoscha. »Wer würde auf die Idee kommen, sich etwas wie die Dreieinigkeit auszudenken?«

Emma erstarrte. *Warum sollte sich jemand etwas ausdenken, was unlogisch ist?* Im ersten Moment wusste sie darauf nichts zu erwidern und das verunsicherte sie. »Immerhin gibt es ja nicht nur das Christentum als Religion«, stellte sie schließlich fest.

Ajoscha lehnte sich nach hinten und nahm seine Hände vom Tisch, damit er sie beim Abräumen seines Tellers nicht behinderte. »Andere Religionen dienen dazu, den Menschen vom wahren Weg der Erlösung abzubringen. Sie sind ein Konstrukt des Bösen.«

»Das klingt ja sehr tolerant«, blaffte Emma. »Du könnest dich fast dem Nationalsozialismus mit seinem Antisemitismus anschließen, du mit deinem scheinheiligen Gerede.«

Sie schreckte zusammen, als Ajoscha abrupt aufstand, sodass die Stuhlbeine über den Boden kratzten. Sie warf einen Blick über ihre Schulter. Er hatte die Hände in die Hosentaschen geschoben und ging ein paar Schritte auf und ab. Seine Miene war nicht zu deuten.

»Es soll jeder glauben, was er will, dafür hat er den freien Willen.« Seine Stimme klang im Vergleich zu vorher ungewohnt scharf und hart. »Aber ich würde behaupten, dass jede Religion den Anspruch erhebt, die einzig Richtige zu sein und dass sie die anderen als falsch ansieht.«

Ein Anflug von Reue machte sich in Emma breit. Es war nicht fair gewesen, was sie gesagt hatte. Doch sie war zu stolz, das gerade jetzt zuzugeben und ihn um Verzeihung zu bitten. Ohnehin sträubte sich jede Faser ihres Körpers dagegen, in irgendeiner Form zu akzeptieren, dass er sie gut behandelte.

»Ich mache den Abwasch und zünde dann im Arbeitszimmer den Kamin an. Wenn du willst, kannst du dich dazusetzen«, sagte Ajoscha. Sein Tonfall klang wieder völlig neutral.

Doch Emma folgte seinem Angebot nicht. Den restlichen Abend über ließ sie sich nicht mehr blicken und bis auf die gluckernde Wasserleitung hörte Ajoscha auch nichts mehr von ihr.

22

2. August 1945

Ajoscha bekam die Worte von Major Fedor Komarow nicht aus dem Kopf.

Einer der Hingerichteten soll Christ sein. Er hat es nicht anders verdient.

Kannte Ajoscha einen der Männer, die exekutiert worden waren?

Er fuhr sich mit der Hand über den Bart und ließ dann den Kopf im Nacken kreisen. Er konnte nicht sagen, warum, aber ihn erfasste jedes Mal ein beklemmendes Gefühl, wenn er daran dachte, dass er heute Abend die Lieferung in Empfang nehmen und an Simeon weiterleiten würde. Die ganze Sache wäre in Gefahr, wenn sein Glaube publik würde.

»Oberst?«

Ajoscha setzte sich in seinem Stuhl auf und sah zur Tür, auf deren Schwelle ein Unteroffizier stand. »Kommen Sie herein.«

»Ich habe hier einige Berichte von General Bolschakow für Sie.«

Der Mann machte einen Schritt nach vorne und reichte dem Oberst die Akten über den Tisch hinweg. Ajoscha schob den Stapel von Augenzeugenberichten bezüglich Andrzej beiseite, um Platz zu schaffen.

»Danke«, sagte er nüchtern. »Sie können wegtreten.«

Der Unteroffizier salutierte und ging zurück zur Tür. Für einen Augenblick zögerte Ajoscha, hob dann jedoch den Kopf: »Einen Moment noch.« Er fuhr sich mit der Zunge über die Lippen. »Am 26. Juli sind auf dem Roten Platz Offiziere hingerichtet worden. Besorgen Sie mir die Namen.«

Ein verwirrtes Stirnrunzeln trat in das Gesicht des Mannes, aber pflichtbewusst antwortete er: »Natürlich.«

Ajoscha konnte nicht arbeiten, während er auf die Namen wartete. Unruhig stand er auf und lief im Zimmer auf und ab. Er wollte sich vergewissern, dass es keinen Grund zur Beunruhigung gab. Gleichzeitig machte ihm sein Verhältnis zu Emma Sorge. Ihm war bewusst, dass er sich mit seiner Offenheit ihr gegenüber verletzbar machte und dass das für ihn gefährlich werden könnte. Doch er wollte damit anfangen, ihr Vertrauen entgegenzubringen, in der Hoffnung, dass sie es ihm irgendwann gleichtat. Derweil musste er geduldig sein. Ihm schien es so, als habe Gott diese Heirat geplant.

Zwanzig Minuten später bekam Ajoscha einen Zettel mit den Namen. Insgesamt waren es zwölf Männer gewesen. Ajoschas Finger wanderte unruhig die Zeilen hinab, bis sein Herz einen Satz machte und er in der Bewegung verharrte.

Roman Lebedew.

»Nein, nein, nein!«, stöhnte Ajoscha und knüllte das Papier zusammen. Mit einer Handbewegung warf er es ins Kaminfeuer, schnappte sich seinen Mantel und seine Kopfbedeckung und eilte nach draußen.

Emma starrte das Telegramm von Louis an, das ein Bote überbracht hatte. Sie hatte es noch nicht gewagt, den Umschlag zu öffnen. Sie hatte Angst, wie Louis' Reaktion ausfiel. Dass er vielleicht wütend war, nicht nur auf die Russen, sondern auch auf sie. Außerdem musste es irgendeinen Grund haben, dass er sich mit seiner Antwort so lange Zeit gelassen hatte.

Sie nahm den Umschlag in die Hand und wollte gerade mit dem Finger unter die Lasche fahren, als es so fest an der Haustür klopfte, dass sie erschrocken zusammenzuckte. Ihr Herz raste und für einen Moment blieb sie sitzen, bevor sie aufstand und zur Tür ging. Sie wollte nicht öffnen. Wer war das und was wollte er? Sie schluckte und entschloss, sich so zu verhalten, als wäre niemand zu Hause.

»Открыть! Тайная полиция! – Aufmachen! Geheimpolizei!«

Emmas Herz setzte einen Schlag aus und ihre Hand musste am Türrahmen Halt suchen, damit sie aufgrund ihrer weichen Knie nicht hinfiel. Sie presste die Lippen zu einer dünnen Linie zusammen und musste kämpfend darum ringen, die Tränen zurückzuhalten. Sie hatte fürchterliche Angst. Sie holte zitternd Luft, streckte dann ihre Hand aus und drückte die Türklinke nach unten.

Augenblicklich wurde von außen die Tür weiter aufgedrückt und Emma stieß einen kleinen Schrei aus, als sie einen Satz nach hinten machte. Vier finster dreinschauende Männer in schwarzen Mänteln und Hüten betraten die Wohnung.

»Was soll das? Sie haben kein Recht, hier zu sein. Mein Mann ist Oberst Ajoscha Iwanow, wenn er davon erfährt, dass Sie einfach so hier eingedrungen sind …«, schrie Emma verärgert, als sie ihre Stimme wiedergefunden hatte und die Angst sie nicht mehr lähmte.

Der größte der Männer stieß sie abrupt gegen die Schulter, sodass sie mit voller Wucht gegen die Wand donnerte. Ihr wurde die Luft aus der Lunge gepresst und sie keuchte entsetzt. Schützend legte sie sich die Hände auf den Bauch, während sie die Tränen nicht mehr zurückhalten konnte. Ein dumpfer Schmerz pochte in ihrer Schulter.

Bitte nicht! Bitte nicht schon wieder!

»Wir wissen sehr wohl, wer Ihr Mann ist.« Er taxierte sie mit einem eisigen Blick, der sie erschaudern ließ.

Würde es etwas bringen, wenn sie schrie? Oder würden die Nachbarn darüber hinweghören, immerhin waren die Männer von der Geheimpolizei?

Der Mann, der anscheinend der Anführer war, blickte über seine Schulter und bellte Befehle. Sie sollten die Wohnung durchsuchen. Panisch sah Emma, wie sie sich dem Arbeitszimmer näherten. Fieberhaft suchte sie nach einer Ausrede, die erklärte, warum Ajoscha den Raum unter Verschluss hielt. Was sollte sie nur sagen?

»Halt!«, sagte sie, weil ihr nichts Besseres einfiel.

Doch es war zu spät. Der Anführer der Gruppe hatte gerade die Hand auf die Türklinke gelegt und hinuntergedrückt.

Die Tür ging auf.

Was?! Hat Ajoscha heute vergessen abzuschließen?

Auf einmal überkam sie ungeheuerliche Wut, die ihr Mut gab. Sie folgte den Männern, die sich durch ihren Protest nicht beirren ließen.

»Was soll das?«, blaffte sie, doch das Zittern konnte sie nicht aus ihrer Stimme verbannen.

»Halt deinen Mund, Deutsche«, wurde sie angegrunzt und erschrocken wich sie zurück. Sie machte auf dem Absatz kehrt und ging in die Küche. Sie ließ sich auf einen Stuhl fallen, weil sie ihren Beinen nicht mehr traute, und wählte das erste Mal die Nummer von Ajoschas Büro, die er neben das Telefon gelegt hatte.

Hat einer der Männer gerade den Ofen geöffnet und sich vergewissert, dass sich dort nichts befindet?!

Emmas Aufmerksamkeit richtete sich wieder auf das Tuten in der Leitung. Mit einer Hand fuhr sie sich über die Wangen. Ihre Tränen wollten nicht versiegen und Ajoscha nahm nicht ab. Sie unterdrückte ein Fluchen. Da fiel ihr Blick auf die anderen zwei Nummern. Die eine gehörte Elana und die andere Paul Brückner. Sie zögerte keinen Augenblick und wählte die des Arztes. Sie wollte keine Minute länger hier allein mit Russen sein.

~

Als Simeon die Haustür öffnete, schlüpfte Ajoscha schnell hinein und drückte hinter sich die Tür ins Schloss. Der alte Mann starrte den Oberst verblüfft an. Sein Blick glitt an seiner Uniform herab.

»Ajoscha?! Bist du verrückt? Was in Gottes Namen tust du hier?«

Ajoscha war noch nie am helllichten Tag hier aufgetaucht und schon gar nicht in Uniform.

»Mein Lieferant ist exekutiert worden.«

Simeon wurde kreidebleich und Ajoscha führte ihn zu einem Stuhl, damit er sich hinsetzen konnte.

»Wir müssen unsere Treffen unterlassen. Ich habe das Gefühl, dass die Regierung anfängt, die Christen wieder auszusondern.«

»Aber sie konnten doch deinen Lieferanten nicht einfach so umbringen?«

Ajoscha zuckte mit den Schultern und schob die Hände in die Hosentaschen. »Sie müssen ihm irgendetwas angehängt haben.«

»Und weißt du, ob er was verraten hat? Ob sie wissen, was er getan hat und dass er in Kontakt mit dir steht?«

Der Oberst ging vor ihm in die Knie und legte ihm die Hand auf den Arm. Simeon hob den Blick und Ajoschas Gesicht verzog sich mitfühlend. Er selbst hatte sich schon dieselben Fragen gestellt. Seit Jahren lebte er mit dem Wissen, dass sein Glaube jederzeit für ihn gefährlich werden konnte. Jetzt kam noch die Angst dazu, dass er verheiratet war und ein Kind bekam – zumindest auf dem Papier.

»Ich weiß es nicht.« Er machte eine kurze Pause. »Ich hätte heute die neueste Lieferung der Bibeln bekommen sollen, doch es wird erst mal keine mehr geben. Ich werde Elana darüber in Kenntnis setzen, dass wir uns nicht mehr treffen.« Ajoscha erhob sich. Er wollte nicht mehr Zeit als nötig hier verbringen.

»Du solltest aufpassen, was du tust, mein Sohn. Deine Herkunft wird dich nicht für immer schützen.«

»Klar«, entgegnete Ajoscha mit einem Zungenschnalzen. Schnell verabschiedete er sich und kehrte ins Büro zurück, nachdem er sich zuerst vergewissert hatte, dass er nicht verfolgt wurde.

~

Der Wagen von Paul Brückner stand vor dem Haus. Eine unbändige Angst um Emma überfiel Ajoscha. Im Treppenhaus nahm er zwei Stufen auf einmal. Fast gelang es ihm nicht, die Tür aufzuschließen. Er trat ein und blieb abrupt stehen.

Paul war gerade im Begriff gewesen zu gehen und sah ihn überrascht an.

»Was ist mit Emma?«, platzte es aus Ajoscha heraus. Er warf einen Blick den Gang hinunter, doch die Schlafzimmertür war geschlossen.

»Ihr geht es gut«, sagte Paul sichtlich zögernd. »Sie hat mich angerufen, weil sie dich nicht erreichen konnte.«

»Was war los?«, fragte Ajoscha und wollte gerade an seinem Freund vorbeigehen, als dieser ihm die Hand auf die Brust legte, um ihn zurückzuhalten.

»Männer des Geheimdienstes haben die Wohnung durchsucht. Den Rest sollte sie dir selbst erzählen.« Er nickte kurz zum Abschied.

Ajoscha zwang sich zur Ruhe und öffnete seine Hand, die zu einer Faust geballt gewesen war. Er klopfte vorsichtig an die Zimmertür an und trat ein. Emma saß auf einem Sessel vor dem Fenster. Sie hatte geweint, ihre Hände waren im Schoß ineinanderverkrampft.

»Paul hat gesagt, dass Männer hier waren«, sagte er mit heiserer Stimme.

»Haben sie dir was getan, dich angefasst?« Er trat auf sie zu und wollte ihre Wange berühren, um sich zu vergewissern, dass es ihr wirklich gut ging.

Emma zog den Kopf zurück und schluckte. »Nicht der Rede wert.«

Doch Ajoscha sah an ihrem gesenkten Blick, dass dem nicht so war.

Die echte Besorgnis, die aus seinem Tonfall und seinem Blick zu lesen war, rührte Emmas Herz an und das machte ihr Angst. Sein Stirnrunzeln war nicht kritisch, sondern sorgenvoll. Sie biss die Zähne fest zusammen. Hätte sie bloß nicht sein anderes Ich im Kopf!

»Erzähl mir bitte genau, was passiert ist. Was wollten sie?«

Emma starrte auf einen unbestimmten Punkt auf dem Teppich.

Am liebsten hätte Ajoscha sie in seine Arme gezogen, um sie zu trösten, doch er zwang sich dazu, auf Distanz zu bleiben. Er verschränkte die Hände hinter dem Rücken, während er ihr zuhörte. Seine Muskulatur war angespannt und er musste dem Drang widerstehen, gegen die Wand zu schlagen.

Warum werden es immer mehr Steine, die in meinem Weg liegen, Gott?

»Kennst du die Namen der Männer?«, fragte Ajoscha schließlich.

Emma schloss die Augen und schüttelte den Kopf.

»Und was wollten sie? Haben sie was mitgenommen?« Diese Fragen hatte sie mit ihrer Erzählung noch nicht beantwortet und Ajoscha hatte vor der Antwort Angst.

»Sie haben die Bücher in deinem Arbeitszimmer durchgesehen …« Ihr Satz brach ab, als Ajoscha auf dem Absatz kehrtmachte und in das besagte Zimmer stürmte. Langsam folgte Emma ihm. Ein Teil seiner Bücher war über den Boden verteilt worden. Ajoscha ließ seinen Blick über jeden einzelnen Einband gleiten. Augenscheinlich suchte er etwas.

»Sie haben sogar im Kamin und Ofen nachgesehen, ob sich da befindet, was auch immer sie gesucht haben«, sagte Emma leise.

Ajoscha war in die Knie gegangen und drehte gerade ein Buch mit schwarzem Einband um, die Stirn gerunzelt. »Ja, das haben sie das letzte Mal auch gemacht«, murmelte er mit grimmiger Miene.

Emma starrte ihn fassungslos an und schnaufte wütend, während sie entrüstet die Arme in die Seite stemmte. »Was?! Ist das dein Ernst? Das«, sie machte eine ausholende Handbewegung, »ist schon mal geschehen? Wie wäre es mit einer Vorwarnung gewesen?«

Ajoscha erhob sich und hob beschwichtigend die Hände, als er sich an sie wandte. »Das war vor sechs Jahren und auch das einzige Mal, dass so etwas geschehen ist. Hätte ich gewusst, dass es wieder passieren würde …« Er seufzte. Als er in der französischen Besatzungszone gewesen war, um Emma zu suchen, hatte er die Möglichkeit genutzt und einem alten Bekannten aus dem Westen geschrieben. Vielleicht war er dabei zu unvorsichtig gewesen und die Geheimpolizei hatte das mitbekommen.

Es herrschte eine bedrückende Stille.

Emma musterte Ajoscha, der das Chaos betrachtete, und sah einen gebrochenen Mann. Sie hatte schon vermutet, dass ein Mann wie er sich in seiner Ehre verletzt sehen würde, wenn auf diese Weise seine Wohnung durchsucht werden würde, aber da war noch etwas anderes.

»Sie haben gesagt, dass Christen Mörder sind. Terroristen, die Anschläge planen.« Fröstelnd rieb sich Emma die Oberarme.

Ajoscha fuhr zu ihr herum. »Glaubst du ihnen etwa?«

Emma lachte leise und freudlos auf. »Nein – mindestens nicht in Bezug auf dich. Ich bin in einem christlichen Land groß geworden und weiß, dass es so nicht ist.«

»Das heißt ...«

»Ich habe kein Wort über deine Religionszugehörigkeit verloren«, vollendete Emma seinen Satz.

Erleichtert atmete Ajoscha auf und schloss kurz die Augen. »Danke«, flüsterte er. Er sah auf und starrte sie mit einer unglaublichen Intensität an, die sie erschaudern ließ. »Einer der Männer, die hingerichtet worden sind, als wir auf dem Roten Platz waren, war Christ.« Er zögerte kurz und deutete dann auf das Sofa.

Langsam löste sich Emma aus ihrer Position, setzte sich und strich ihren Rock glatt. Ajoscha stützte eine Hand am Kaminsims ab. Erschreckt musste er feststellen, dass ihr Bauch in den letzten Tagen erheblich gewachsen war. Sie schwieg und ließ ihm Zeit, die richtigen Worte zu finden.

Ajoscha fuhr sich mit der Hand über den Mund. »Er war mein Lieferant.« Er ließ ein paar Sekunden verstreichen, bevor er sie ansah. Sie hatte den Kopf leicht schief gelegt und blickte ihn verwirrt an.

»Dein Lieferant?«, wiederholte sie.

Ajoscha begann langsam zu nicken und ließ sich nun auch auf das Sofa fallen. Emma rückte etwas von ihm weg, doch er ließ sich nicht beirren. Er stützte die Ellenbogen auf den Knien ab. »Er hat Bibeln geschmuggelt, die ich an Gläubige verteilen ließ.«

Ist es richtig, ihr davon zu erzählen?

»Ich dachte, die Christen würden toleriert.«

»Das war so um des Krieges willen. Doch es ist nur eine Frage der Zeit, bis es wieder umschlägt. Deshalb halte ich mich auch bedeckt, was meinen Glauben angeht.«

»Heißt das, dass dein Lieferant dich verraten hat?«

Ajoscha zuckte mit den Schultern. »Ich weiß es nicht, es ist möglich oder besser gesagt wahrscheinlich.« Sein Blick wanderte zu den Büchern.

»Haben sie dir deine Bibel weggenommen?«, fragte er und warf ihr einen Seitenblick zu.

»Überraschenderweise nicht. Sie konnten sie vielleicht nicht als solche identifizieren.«

Hat Ajoscha gerade tatsächlich geschmunzelt? Emma biss sich kurz auf die Unterlippe. »Ich bin gleich wieder da.« Sie stand auf und verschwand.

Ajoscha dachte sich nichts dabei, faltete die Hände hinter dem Kopf und lehnte sich seufzend zurück. Als ihre Schritte wieder lauter wurden, öffnete er die Augen.

»Hier.«

Er starrte das Buch in Emmas Händen an. Langsam erhob er sich. Sein Mund öffnete sich, doch die Überraschung hatte ihm die Sprache verschlagen. Er nahm langsam seine Bibel entgegen und fuhr mit der Hand über den Einband. »Was? Wie? Ich dachte …«

Sein Blick wanderte von dem Bücherchaos zu Emma. Sie lächelte zaghaft. »Als mir bewusst wurde, was die Männer wollten, habe ich sie schnell unter meinem Kleid versteckt.« Sie wurde rot.

Ajoscha lachte erleichtert auf und hielt die Bibel ganz fest, während sein Blick auf ihr ruhte. »Vielen Dank. Du bist wahrlich ein Geschenk des Himmels, Emma Iwanowa.«

Emma kräuselte die Nase und ihr Mund verzog sich leicht. Das brachte Ajoscha völlig aus dem Konzept. Er schluckte und senkte den Blick, in der Hoffnung, seine aufwogenden Gefühle unter Kontrolle zu bringen.

»Es hat mich überrascht, dass du dein Arbeitszimmer nicht abgeschlossen hast«, sagte sie auf einmal.

Ajoschas schürzte die Lippen. Ihm lag schon die Frage auf der Zunge, woher sie wissen wolle, dass er überhaupt eine Zeit lang diesen Raum unter Verschluss gehalten habe, doch er wollte sie nicht in Verlegenheit bringen. »Ich habe alle Papiere, die dich nichts angehen, mit ins Büro genommen.« Er ging zu seinem Schreibtisch und legte die Bibel ab. Mit einem missbilligenden Blick folgte Emma seiner Bewegung und Ajoscha lachte leise auf, als er über seine Schulter blickte. »Nimm doch nicht immer alles so ernst, was ich sage.« Ihr immer noch den Rücken zugewandt, verschwand sein Lächeln und er biss sich auf die Unterlippe, während er mit den Fingerspitzen die Maserung der Tischplatte entlangfuhr. Er drehte sich um und sah sie an. »Ich danke dir für deine Diskretion.«

»Was bedeutet es, dass du nun keinen Lieferanten mehr hast?«, fragte Emma und ignorierte seinen erneuten Dank. Sie wollte nicht, dass er so nett zu ihr war. Es machte ihr Angst, dass er ihre Fassade ins Wanken brachte. Jedes Mal, wenn er nett zu ihr war, wurde ihr ein Stück weit bewusst, dass es falsch war, alle Russen zu verurteilen. Ajoscha war höflich zu ihr, obwohl sie Deutsche war, während die meisten Russen ihr mit Verachtung begegneten. Wenn er nicht ein ganzes Volk verurteilte, wie konnte sie das tun? Doch immer, wenn diese Frage in ihrem Kopf auftauchte, erinnerte sie sich daran, was sein Vater ihr angetan hatte.

»Es wird keine Bibeln mehr für die Menschen geben, die sich dafür interessieren. Jemand anderen zu finden, wird schwer werden, weil es eine Vertrauensbasis geben muss, bevor ich das Risiko eingehe, mit ihm zusammenzuarbeiten.« Ajoscha warf einen Blick auf die Kaminuhr. Kurz nach zehn Uhr abends. »Haben sie deine Sachen irgendwie beschädigt? Gibt es etwas, was ersetzt werden muss, oder irgendetwas, was du brauchst?«

»Nein.« Sie zögerte und sagte dann zaghaft: »Danke.« Sie schlug die Augen nieder. »Was wirst du jetzt unternehmen? Kannst du das überhaupt?«

»Ich werde mich beschweren. Sie haben meine Wohnung durchsucht, ohne mich davon in Kenntnis zu setzen, und meine Frau dabei grob behandelt. Wenn ich mich an die richtigen Leute wende, kann es durchaus sein, dass die Männer vom Geheimdienst Ärger bekommen.«

»Zum Beispiel an deinen Vater«, sagte Emma heiser.

Ajoscha zuckte leicht mit den Schultern. »Er ist eben ein sehr mächtiger Mann.«

Emma schnaubte verächtlich und schüttelte den Kopf. »Glaub mir, das habe ich nicht vergessen«, blaffte sie. Mit einem Mal war die Stimmung umgeschlagen. Sie presste die Lippen zu einer dünnen Linie zusammen. »Weiß dein Vater, dass du Christ bist?«

»Nein. Als ich vor sechs Jahren dessen beschuldigt wurde, hat er gesagt, ich solle mir das Zeug aus dem Kopf schlagen.« Er machte eine kurze Pause. »Ich bin auf die Offiziersschule gegangen und nachdem ich mich nicht mehr auffällig verhalten habe und der Beste meines Jahrgangs wurde, haben wir nie wieder darüber geredet.« Er verschränkte die Arme und lehnte sich an den Schreibtisch.

»Bist du mit der Religion in Kontakt gekommen, als du in Deutschland gelebt hast?«, fragte Emma nach.

»Eigentlich durch meine Mutter. Als ich noch klein war, haben sich meine Eltern getrennt und sie hat mich und Dimitrij mit nach

Deutschland genommen. Als sie gestorben ist, hat uns unser Vater zurückgeholt und na ja … seine Erziehungsmethoden angewandt.«

»Das muss schwer gewesen sein. Von einem Moment auf den anderen seine Religion verheimlichen zu müssen.«

Ajoscha nickte und wandte den Blick ab. »Spätestens, nachdem man für die Umsetzung von christlichen Werten wie Erbarmen geschlagen wurde, mal mit dem Rohrstock, mal mit dem Gürtel, hat man gelernt, dass jetzt andere Sitten herrschen.« Harte Züge überzogen sein Gesicht und als er Emma wieder ansah, fiel ihm auf, dass sie blass geworden war. Er seufzte und machte eine Handbewegung, als könne er das Gesagte wegwischen. »Verzeih, ich hätte dir das nicht erzählen sollen.«

»Schon gut«, sagte sie mit rauer Stimme. »Ich habe ja gefragt. Soll ich dir beim Einräumen helfen?« Sie deutete hinter ihn.

»Nein, nein«, sagte er schnell und hätte er nicht gelächelt, hätte sie seine Worte negativ assoziiert. »Du solltest zu Bett gehen, ich mache das schon. Du hast schon genug getan.«

Mit großen Schritten war Ajoscha vor ihr an der Tür und hielt sie ihr auf. »Ich wollte dich nicht verstören oder … Erinnerungen wecken«, sagte er.

Emma sah ihn nicht an. Sie wollte nicht, dass er in ihren Augen sah, wie aufgewühlt sie war. Sie war es nicht gewohnt, dass autoritäre Männer sich entschuldigten und Fehler eingestanden. Besonders von einem Russen hatte sie das nicht erwartet.

»Emma?«, sagte Ajoscha heiser, als sie gerade durch den Türrahmen gehen wollte.

Als sie keine Anstalten machte, den Blick zu heben, legte er aus einem Impuls heraus sanft die Hand unter ihr Kinn, damit sie ihn ansah. Sie zuckte zusammen, aber zu seiner Überraschung tolerierte sie die Berührung. Er zog seine Hand zurück und sah sie forschend an. Konnte er es wagen?

Doch er konnte nicht widerstehen. Jede Faser seines Körpers schrie danach. Er beugte sich zu ihr hinunter und seine Lippen berührten sachte ihren Mund. Eine Hitzewelle jagte durch seinen Körper.

Innerhalb eines Bruchteils einer Sekunde versteifte sich ihr kompletter Körper und sie riss sich von ihm los. Ajoscha sah sie mit offenem Mund an. Sie atmete schwer und ihre Brust hob und senkte sich. Panik und Tränen standen ihr in den Augen und daran war er schuld. Ihre Reaktion zeigte ihm, dass er eine Schwelle überschritten hatte. Sie hatte Angst vor ihm.

Emma schlug die Hand vor ihren Mund und rannte aus dem Zimmer.

23

Ajoscha fühle sich schrecklich. Sein Fehltritt hatte das dünne Band an Vertrauen und Beziehung, das in den letzten Tagen zwischen ihnen geknüpft worden war, reißen lassen. Und alles nur, weil er sich vorschnell von seinem Verlangen hatte leiten lassen. Was war in ihn gefahren, dass er einem Gefühl, das nur oberflächlich sein konnte, weil er Emma kaum kannte, nachgegangen war?

Er zog sich etwas Bequemes an und setzte sich dann im Schneidersitz vor das Bücherregal. Bei der Gelegenheit staubte er die Bücher gleich ab, bevor er sie wieder einsortierte. Manche hatten Eselsohren, bei einem hatte sich der Buchrücken abgelöst, aber das war ihm egal. Er war viel zu froh, dass es Emma gut ging. Na ja, zumindest auf der körperlichen Ebene.

Er seufzte tief. *Ist das tatsächlich dein Plan? Dass ich mich in eine Frau verliebe, die ich kaum kenne und die nichts als Ablehnung für mich empfindet?*

Sein schmerzendes Bein machte sich bemerkbar. Mit einer Hand stützte er sich an der Tischplatte ab und stand auf. Kurz verzog er das Gesicht und sah sich nach einer Sitzgelegenheit um. Er ließ sich auf den Klavierhocker fallen und streckte das Bein aus.

Emma musste sich gerade schrecklich fühlen. Er verspürte den Drang, sie trösten zu wollen, doch würde ihm das wohl kaum gelingen. Mit der Hand strich er nachdenklich über das Klavier. Das Holz knarzte leicht, als er den Deckel öffnete. Es war lange her, dass er ein deutsches Lied gehört oder gar selbst gespielt hatte, doch eine Melodie hielt sich hartnäckig und ging ihm immer wieder durch den Kopf. *Leite mich, Herr*, betete er.

Er ließ seine Finger zunächst nur leicht über die Elfenbeintasten gleiten, um sich zu vergewissern, dass er auch wirklich den richtigen Ton traf. Doch nach ein paar Takten wurde er sicherer und spielte die

Mondscheinsonate lauter. Er wusste, dass man es im angrenzenden Schlafzimmer hören konnte, jedoch fast nicht mehr im Hausflur.

Die Musik erfüllte Ajoscha mit Melancholie und er bekam Zweifel, dass er das richtige Stück ausgewählt hatte. Seine Fingerbewegungen wurden unsicherer und schließlich war der Schlussakkord fast nicht mehr zu hören. Die Töne verklangen in der Dunkelheit. Die Kerze, die er sich angezündet hatte, war schon längst erloschen. Länger als nötig ließ Ajoscha seinen Fuß auf dem Pedal und seine Finger auf den Tasten liegen. Er spürte eine unglaubliche Endgültigkeit. Wenn er jetzt seine Finger hob, wäre auch die letzte Verbindung zu dem Stück verschwunden und es blieben nur noch die Erinnerungen.

Er presste die Lippen fest aufeinander. War es bei Emma auch so? Würde sie bald auch nur noch der Hauch einer Erinnerung sein, weil es ihm nicht gelingen würde, sie festzuhalten?

~

Emma starrte Louis' Telegramm an, das auf ihrem Nachttisch lag.

Melde dich, wenn du etwas brauchst.

Mehr nicht. Nur diese sechs Worte. Wieder brannten die Tränen der Wut und tiefen Traurigkeit in ihren Augen. Hätte sie denn gewollt, dass er mehr schrieb? Dass er ihr Vorwürfe machen würde? War dieser eine Satz nicht besser?

Sie fühlte sich zerrissen. Wenn sie ehrlich zu sich war, wollte sie weder bei Louis noch bei Ajoscha sein. Aber wo wollte sie eigentlich sein? In ihre Heimat konnte sie nicht mehr, diese stand unter russischer Verwaltung. Sie hatte nichts mehr. Keine Heimat und keine Familie.

Emma zuckte zusammen, als das Kind in ihrem Leib sie trat. Das Kind. Was konnte das Kind für die Situation, in die es hineingeboren wurde? Sie empfand einen Anflug von Scham. Je näher die Geburt rückte, desto mehr freute sie sich auf ihr Baby. Und doch hatte sie mit der Möglichkeit gerungen, es abzutreiben.

Emmas Augen begannen zu tränen, diesmal vor Müdigkeit. Doch sie wollte die Augen nicht schließen. Es würde die Erinnerungen vor ihrem inneren Auge noch lebendiger machen. Die Stimmen von Ajoscha und seinem Vater in ihrem Kopf vermischten sich immer wieder zu diesem einen Satz: *Eine deutsche Schlampe, die Russisch sprechen kann. Gibt es das denn?* Wie die Stimmen verschmolzen auch die Gesichter miteinander und es war Ajoscha, der über ihr stand und sich seiner Hose entledigte. Emma presste die Lippen zusammen und unterdrückte ein Wimmern, als derselbe Schmerz wie damals durch ihren Unterleib fuhr.

»Das ist nur in deiner Erinnerung, es ist nicht real«, flüsterte sie leise in den Raum hinein, um sich zu beruhigen. Sie bekam Angst um ihr Kind. Was war, wenn dieser irreale Schmerz Wehen auslöste? Auch wenn sie Paul Brückner heute zu Hilfe geholt hatte, fürchtete sie sich davor, ihn zu rufen, wenn das Kind kam. In ihr kam erneut der Gedanke hoch, einfach wegzurennen. Eigentlich müsste Ajoscha doch froh sein, sie loszuwerden. Vielleicht gab er ihr genug Geld, dass sie nach Deutschland fahren konnte.

Auf einmal drangen Klavierklänge an ihr Ohr. Die sanfte Melodie der Mondscheinsonate hatte trotz ihrer Melancholie eine beruhigende Wirkung auf sie. Ihr Verstand konzentrierte sich von allein darauf, den Tönen zu folgen, und als diese verklangen, wurde Emma ganz ruhig und schlief ein.

~

3. August 1945

Emma war noch nicht aus ihrem Zimmer gekommen, als Ajoscha die Wohnung verließ und zuerst das Haus seines Vaters ansteuerte. Er nahm sich ein Taxi, in Gedanken noch ganz bei dem Vorfall des letzten Abends.

»Liebeskummer?«, fragte der Fahrer auf einmal.

Ajoscha blickte auf. »So ungefähr«, gab er zu.

»Ja, ja.« Für Ajoschas Geschmack schaute der Taxifahrer etwas zu lange in den Rückspiegel, bevor er sich wieder dem Verkehr zuwandte. »Liebeskummer kenne ich. Ich war im Krieg und was ist? Ich kehre heim und dann …!« Er schnipste bedeutungsvoll mit den Fingern. »Mein Mädchen, der einzige Grund, warum ich durchgehalten habe, hat einen anderen geheiratet.«

»Bedauerlich«, murmelte Ajoscha. »Welche Einheit waren Sie?«

»75. Schützen-Division der achten Armee.«

Ajoscha nickte wissend, während er mit der Offiziersmütze in seinen Händen spielte. »Sie haben einen guten Job bei Leningrad gemacht.«

»Danke, Major!«

Von seiner Position auf der Rückbank aus musterte Ajoscha den Mann, unterließ es aber, ihn bezüglich des Offiziersrangs zu verbessern. Er war nichts Besseres, nur weil er diesen Rang innehatte. Manchmal fragte er sich, ob seine Taten in diesem Krieg nicht noch schlimmer waren als die der einfachen Soldaten. Immerhin war Ajoscha derjenige, der viele Männer in den Tod geführt hatte. Diese Schuld lastete schwer auf ihm.

»Mein Bruder war auch in Leningrad«, sagte Ajoscha leise. Er wunderte sich, dass er diesem fremden Mann so etwas Persönliches erzählte.

»Und Sie?«

Ajoscha blinzelte und bemühte sich um Fassung. »Zum Schluss war ich bei der fünften Stoßarmee unter Schukows Kommando.«

»Berlin! Ich wäre zu gerne ins Reichsgebiet gegangen und hätte die Deutschen plattgemacht! Ich schwöre Ihnen, wenn ich jemals in meinem Leben noch einem Deutschen begegne, werde ich ihm das antun, was er uns angetan hat!«

Dieser Satz stieß Ajoscha sauer auf. Er musste an Emma denken. Er wollte sie durch ihre Heirat ja gerade beschützen. Doch wie konnte er das, wenn sie ihn selbst als Bedrohung wahrnahm?

Als sie am Haus seines Vaters ankamen, öffnete ihm ein Diener die Tür und nahm ihm seine Mütze ab.

»Ist der General da?«, fragte Ajoscha.

»In seinem Arbeitszimmer. Soll ich Ihnen eine Erfrischung bringen?«

»Nicht nötig.«

Ajoscha fuhr sich mit der Hand durchs Haar, bevor er kurz an die Tür des Arbeitszimmers klopfte und sich dazu zwang, auf eine Antwort zu warten.

»Herein.«

Der starke Geruch von Zigarettenqualm schlug Ajoscha entgegen, als er eintrat. Sein Vater saß hinter seinem Schreibtisch und sah ihn mit zusammengezogenen Augenbrauen an. Ajoscha ließ sich nicht oft hier blicken, höchstens, wenn er Elana und Dimitrij besuchte – oder etwas von seinem Vater brauchte. Ein beklemmendes Gefühl machte sich in Ajoscha breit und er biss die Zähne fest zusammen. Es kratzte an seinem Stolz, den ungeliebten Vater um etwas bitten zu müssen. Ob Emma sich genauso fühlte, wenn sie Ajoscha um etwas bat?

»Was kann ich für dich tun?«

Ajoscha trat näher und stützte seine Hände auf der Rückenlehne eines Stuhles ab, der vor dem großen Schreibtisch des Generals stand. Da er wegen einer persönlichen Angelegenheit hier war, hielt er es nicht für nötig, ihm militärischen Respekt zu zollen.

»Es gab gestern eine Durchsuchung meiner Wohnung durch den Geheimdienst.«

»Und du bist der Meinung, dass sie unberechtigt war?«

Ajoschas Finger verkrampften sich kurz, während sein Herz raste. »Natürlich. Aber das Problem ist, dass meine Ehefrau grob behandelt worden ist.«

Ein Lächeln spielte in Wassilys Mundwinkeln. Er lehnte sich nach hinten und verschränkte die Arme. »Und jetzt willst du, dass ich mich beschwere? Weil deine deutsche Ehefrau grob behandelt worden ist?« Er spuckte das Wort förmlich aus.

Alles in Ajoscha spannte sich an. »Sie ist deine Schwiegertochter. Die Ehefrau deines Sohnes«, presste er hinter zusammengebissenen Zähnen hervor.

»Meines Sohnes, der nichts von mir wissen will.« Während er sprach, hatte Wassily sich vorgebeugt und ließ sich, nachdem er eine Weile den Blickkontakt gehalten hatte, mit gerümpfter Nase wieder nach hinten gegen die Stuhllehne fallen.

Ajoschas Kiefermuskulatur spannte sich an. »Wir wissen beide, was du getan hast.« Er sprach sehr leise, gab sich aber keine Mühe, seine Abscheu zu verbergen. »Ich habe dafür gesorgt, dass das Problem erledigt ist. Folglich bist du mir etwas schuldig. Also sorg dafür, dass meine Frau und ich in Ruhe gelassen werden.« Er machte eine kurze Pause. »Bitte.«

Die folgende Stille war bedrückend.

Schließlich nahm Wassily den Telefonhörer in die Hand, führte ihn aber noch nicht ans Ohr. »Guten Tag«, sagte er steif und wartete ab, bis Ajoscha ihm leicht zunickte und den Raum verließ. Mit grimmiger Miene zog er die Tür hinter sich fester als nötig ins Schloss. Das Geräusch der leicht knarzenden Treppe ließ ihn aufschauen.

»Ajoscha«, sagte Elana überrascht, die gerade auf dem Weg nach unten war und ihren Sohn auf dem Arm trug.

»Guten Morgen.« Das erste wirkliche Lächeln heute tauchte auf seinen Lippen auf, als er Dimitrij auf dem Arm nahm und ihm und seiner Schwägerin je einen Kuss auf die Wange drückte.

»Du hast mit Wassily geredet?«, fragte Elana mit leicht zusammengezogenen Augenbrauen und sah zur Tür des Arbeitszimmers hinüber.

»Ja«, sagte er knapp. »Können wir ins Wohnzimmer gehen?«

»Natürlich.«

Ajoscha ging vor. Der kleine Dimitrij quiekte und griff mit seinen Händen in Ajoschas Gesicht. Kurz kniff Ajoscha die Augen zusammen, als sein Neffe an seinem Bart zog. Elana kam ihm zu Hilfe und löste sanft die Finger ihres Sohnes, die sich direkt in Ajoschas Uniform krallten, was jedoch weitaus weniger schmerzhaft war. Sie setzen sich auf ein Sofa.

»Du siehst aus, als hättest du schlecht geschlafen«, sagte Elana.

Ajoscha hatte sich selbst am Morgen erschreckt, als er in den Spiegel geschaut hatte. Die kleinen Falten um seine Augen waren tiefer als sonst und auch die Schatten unter seinen Augen waren stärker.

»Es gab gestern … Probleme.« Er hob Dimitrij hoch und setze ihn auf den Teppich zu ihren Füßen.

»Was für Probleme?«

Ajoscha hielt den Blick auf seinen Neffen gerichtet, um sie nicht ansehen zu müssen. »Der Geheimdienst hat, als ich nicht zu Hause war, die Wohnung durchsucht«, sagte er mit gedämpfter Stimme.

»Was?! Was ist mit Emma? Ihr geht es doch gut? Was wollten die Männer?«

Angesichts der Menge an Fragen, die auf ihn einprasselten, verzog Ajoscha das Gesicht. »Ihr geht es gut. Es hat sie aber ziemlich mitgenommen, die Männer waren nicht gerade freundlich.«

»Hast du deswegen mit deinem Vater gesprochen?«

Er nickte stumm. »Sie haben die Wohnung durchsucht, aber nichts mitgenommen. Meine Bibel hat Emma versteckt.« Seine Stimme war nicht mehr als ein Flüstern für den Fall, dass jemand sie belauschen sollte.

»Wirklich?« Überraschung und Freude zogen über ihr Gesicht. »Hast du mit ihr über den Glauben gesprochen?«

»Ja. Aber sie versteht, glaube ich, meine Position nicht.« Er machte eine kurze Pause, in der er seufzte und sich mit der Hand über die müden Augen fuhr. »Ich habe sie geküsst«, sagte er und wandte sich zu Elana um.

Sie schaute ihn mit zusammengekniffenen Augen an. »Deinem Tonfall entnehme ich, dass sie es nicht gut aufgenommen hat.«

Ajoscha lachte freudlos auf. »Exakt.«

»Was hältst du davon, wenn ich sie besuche?«

Ajoscha zögerte. »Sie wird sicherlich denken, dass ich dich dazu angestiftet habe.«

Elana machte eine abwinkende Handbewegung. »Ja und? Ich werde ihr sagen, dass es nicht so war. Vielleicht können wir Frauen uns ja gegen dich verbünden.« Sie lachte leise und strich ihrem Sohn eine Haarsträhne aus dem Gesicht.

»Auf dein Angebot, sie zu besuchen, würde ich eingehen. Was den anderen Punkt betrifft … eher nicht.«

Elanas Augen funkelten. »Das werden wir ja noch sehen.«

~

Emma fühlte sich überrumpelt.

Mit Dimitrij auf dem Arm und einem großen Korb in der anderen Hand marschierte Elana an ihr vorbei in das Arbeitszimmer von Ajoscha. Wie selbstverständlich, als würde sie hier noch wohnen, setzte sie ihren Sohn auf den Teppich und stellte den Korb auf einer Kommode ab.

Hat er Angst, dass ich etwas anstelle und hat deswegen Elana hierher geschickt? fragte sich Emma und setzte sich auf das Sofa, die Hände im Schoß gefaltet.

»Ich habe dir Babykleidung mitgebracht, aus der Dimitrij bereits rausgewachsen ist. Es ist unglaublich, wie schnell Kinder wachsen!«

Elana warf einen Blick über ihre Schulter. »Aber das weißt du natürlich, immerhin bist du Hebamme.« Sie lächelte.

Emma runzelte die Stirn. Es überraschte sie etwas, dass Elana sie duzte, aber das war wahrscheinlich auf ihre jetzige Verwandtschaft zurückzuführen. Elana holte ein Bündel aus ihrem Korb und setzte sich neben Emma. Oh, wie niedlich! So klein war Dimitrij mal.« Ein Seufzen kam über Elanas Lippen, die aber zu einem Lächeln verzogen waren.

Emma schluckte. Würde sie jemals ihr Kind so anschauen, wie Elana es tat? Konnte sie es nicht einfach auch ohne Mann großziehen? Aber sie hatte keine Unterstützung und keine Familie – und ein großer Unterschied zwischen ihr und Elana war, dass Elana verwitwet war. Was sollte sie ihrem Kind nur sagen, wenn es nach seinem Vater fragte? Sie versuchte, sich von diesen Gedanken loszureißen und sich stattdessen auf Elana, die von der Babywäsche schwärmte, zu konzentrieren. Als Emma aufsah, bemerkte sie, dass Elana sie aufmerksam musterte. Emma spürte, wie ihr die Röte den Hals heraufkroch. War Elana aufgefallen, dass sie nicht zugehört hatte?

»Hast du Angst?«

Überrascht blinzelte Emma. »Ähm … also, meinst du vor …«

»Der Geburt«, sagte Elana ruhig.

Erleichtert atmete Emma auf. Elana hatte nicht Ajoscha gemeint. Unruhig krallten sich ihre Finger um den Stoff ihres Rockes. »Ja, schon. Auch wenn ich schon viele Geburten begleitet habe, ist es noch mal etwas anderes, das selbst zu erleben.« Sie lächelte zaghaft.

»Definitiv.«

Zurückhaltend streckte Emma eine Hand aus und nahm ein dunkelblaues Hemdchen in die Hand.

»Das war das erste Stück, das ich genäht habe, als ich wusste, dass ich schwanger war.« Elanas Augen glänzten.

Verblüfft und zunächst auch sprachlos starrte Emma sie an. »Du solltest lieber die Sachen behalten, an denen für dich so viele Erinnerungen hängen.«

»Damit die Sachen von Motten zerfressen werden? Nein, du kannst sie immerhin gebrauchen.« Elana schluckte und Emma fragte sich, ob sie die Sachen vielleicht behalten hätte, wenn sie noch einen Mann hätte und die Möglichkeit bestand, ein zweites Kind zu bekommen.

»Hast du Strick- und Häkelsachen?«, lenkte Elana von dem Thema ab. »Ich weiß, dass Ajoscha mal welche hatte, aber vielleicht hat er sie mittlerweile entsorgt.«

»Er hatte mal Handarbeitssachen?«, fragte Emma belustigt.

Wie selbstverständlich nickte Elana. »Ja. Er und Dimitrij haben es von ihrer Mutter gelernt.«

Emma klappte vor Verblüffung die Kinnlade nach unten und Elana lachte.

»Das hätte ich nicht erwartet«, murmelte Emma. Sie selbst hatte Stricksachen, doch bisher hatte sie sich innerlich dagegen gesträubt, für ein Kind Socken und Mützen zu stricken, das sie gar nicht wollte.

»Ich glaube, du musst Ajoscha mal ausquetschen, wenn er von sich aus nichts erzählt.« Elana machte eine Pause, in der sie eine Hose faltete und glatt strich. »Ich verstehe dich und dass du Angst hast. Immerhin kennst du ihn nicht und dir ist Schreckliches widerfahren, aber …«

Emma wurde schlecht. Ein Teil ihrer Träume in der Nacht hatte aus den Bildern bestanden, wie Ajoscha sie berührt und geküsst hatte. Im Nachhinein wusste sie zwar, dass er nur seinen Vorgesetzten hatte täuschen wollen, doch das Ohnmachtsgefühl von damals war sofort wieder präsent.

»Kein Aber«, sagte sie scharf und unterbrach Elana.

Diese legte den Kopf leicht schief und presste für einen Moment die Lippen aufeinander. »Ajoscha ist ein tiefgläubiger Christ, der sein Bestes gibt, um nach dem Gedanken der Nächstenliebe zu handeln.«

Emma schnaubte und stand auf. Sie ging ein paar Schritte und fuhr sich mit dem Rücken zu der Russin gewandt mit den Händen übers Gesicht. »Ich habe die letzten Jahre mitangesehen, wie ein großer Teil sowohl der katholischen als auch der evangelischen Kirche die Nazis und somit auch den Massemord unterstützt hat.« Ihre Stimme war ungewohnt heiser.

»Dann hatten diese Christen ein verschobenes Bild.«

»Du klingst so, als wärt ihr die perfekten Menschen!«, fuhr Emma sie an.

»Natürlich nicht«, sagte Elana ruhig. »Doch die Bibel sagt, dass man jeden lieben soll, sogar seine Feinde.«

»Seht ihr mich so? Als eure Feindin, die ihr gezwungenermaßen gut behandeln müsst?«, fragte Emma tränenerstickt.

Elana verzog mitfühlend das Gesicht. Sie erhob sich, stieg über ihren Sohn hinweg und griff nach Emmas Händen. »Nein. Ich habe mich vielleicht ungeschickt ausgedrückt, ich wollte nur klarmachen, dass wir niemanden schlecht behandeln sollen und dass es falsch ist, wenn wir es tun. Ich liebe dich wie eine Schwester, das hat nichts mit aufgezwungener Freundlichkeit zu tun.«

»Warum? Ich bin eine Deutsche, mein Land hat euch so viele Tote und so viel Unglück beschert. Und ich … hasse Russland.«

Emma sah in Elanas Augen, dass durch ihre Worte in ihrem Innersten etwas erschüttert worden war. »Bist du der Meinung, du bist es nicht wert, geliebt zu werden?«, fragte Elana mit gerunzelter Stirn.

»Nein«, stammelte Emma und schüttelte den Kopf. Sie senkte den Blick auf ihre Hände, die immer noch ineinander verschlungen waren.

Elana sah sie lange an. »Jeder Mensch hat so viel falsch gemacht in seinem Leben. Aus unterschiedlichen Gründen haben Menschen das Gefühl, es nicht wert zu sein, geliebt zu werden. Dass die Liebe, die einem entgegengebracht wird, unverdient ist. Willst du sie deswegen ablehnen?« Sie schüttelte vehement den Kopf. »Das kannst du nicht. Nur weil du dich Menschen gegenüber ablehnend verhältst oder ihnen sagst, sie sollen dich nicht so behandeln, ändert das nichts an ihren Gefühlen. Perfekte Liebe sieht nicht auf die Fehler, die man gemacht hat, und verurteilt einen nicht danach.«

»Es gibt aber keine perfekte Liebe. Kein Ehemann kann behaupten, dass es nicht mal einen Moment gab, in der er von seiner Ehefrau verletzt worden ist. Keine Ehefrau kann das.«

»Nein, keiner kann das behaupten, da stimme ich dir zu.«

Das plötzliche Eingeständnis verwirrte Emma. Hatte Elana nicht gerade noch von perfekter Liebe gesprochen? Elana zog Emma sanft zurück zum Sofa und sie setzen sich wieder. »Ajoscha glaubt, und ich tue das auch, dass es perfekte Liebe gibt. Nicht von den Menschen ausgehend, dafür sind wir zu fehlerhaft. Aber Gott ist perfekte Liebe. Er ist nicht der strenge, gefühllose Richter, wie man oft meint. Er ist ein liebender und immer treuer Vater, der seinen Sohn geopfert hat, damit dieser den Preis für unsere Fehler zahlen sollte. Er hat ihn mit dem Wissen sterben lassen, dass manche Menschen diese Tat nie wertschätzen werden. Aber aus Liebe lässt er uns die Wahl, zu glauben oder eben nicht.«

Emma schwieg eine Weile. Dann rieb sie unruhig ihre Hände aneinander. »Nachdem, was ich mit Ajoscha erlebt habe, fällt es mir schwer zu glauben, dass er ein guter Mensch ist«, sagte sie sehr leise.

Elanas Kopf fuhr zu ihr herum und sie starrte Emma an. »Wieso? Was hat Ajoscha getan?«

Emma presste die Lippen fest aufeinander und schloss kurz die Augen, um sich zu sammeln. »Ich möchte nicht darüber reden. Aber ich danke dir, dass du mir gegenüber so freundlich und geduldig bist. Würdest du mich jetzt bitte entschuldigen? Ich bin müde.« Sie schluckte. Sie wusste, dass es Elana gegenüber ungerecht war, sie mit einer Ausrede abzuwimmeln, doch sie ertrug es nicht länger, mit ihr in einem Raum zu sein.

Noch verstand Emma nicht so ganz, was es war, doch was Elana und Ajoscha ausstrahlten, drohte ihre Schutzmauer, die sie um sich herum aufgebaut hatte, einstürzen zu lassen. Das machte ihr Angst.

24

3. September 1945

Der Krieg war nun weltweit und endgültig vorbei. Einen Tag zuvor hatte Japan kapituliert, nachdem am 6. und 9. August Atombomben auf Hiroshima und Nagasaki gefallen waren.

Emma hatte in den vergangenen Wochen nicht viel mit Ajoscha geredet. Sie sah ihn auch kaum an. Wenn er sie etwas fragte, antwortete sie sehr reserviert und hielt sich nicht länger als nötig in seiner Gegenwart auf.

Bei der Arbeit stapelte sich der Papierkram und Andrzejs Akte wurde immer seltener von Ajoscha zur Hand genommen. Dennoch war ihm diese mühselige Büroarbeit viel lieber, als in einem Krieg zu kämpfen. Es dauerte eine gefühlte Ewigkeit, alles zu lesen, was es über Andrzej gab.

Ajoscha lehnte sich in seinen Stuhl an seinem heimischen Arbeitsplatz zurück und rieb sich mit der Hand über das Kinn. Vor ihm lag die Fotografie der zerstörten Brücke, auf der Andrzej gestorben war – wenn das der Wahrheit entsprach. Eine Leiche war nie gefunden worden und dem nach, was Ajoscha erfahren hatte, war Andrzej ein guter Schwimmer gewesen. Eigentlich hätte Ajoscha die Sache schon längst fallen lassen, doch es gab verhältnismäßig viele vermeintliche Aussagen, dass Andrzej noch am Leben sein konnte. Leute, die behaupteten, ihn gesehen oder den Namen gehört zu haben. Dass sie für die Suche ein Bild von Andrzej veröffentlicht hatten, hatte die Sache nur noch verschlimmert.

Als es an der Haustür klopfte, stand Ajoscha schnell auf und lief in den Flur. »Ich geh schon«, rief er für den Fall, dass Emma Anstalten machte, ihm zuvorzukommen. Doch sie war nicht zu sehen. Er öffnete seinem Freund Paul die Tür und sie zogen sich in das Arbeitszimmer zurück.

»Und? Wie geht's Emma?«, fragte Paul, während er hinter den Oberst trat.

Ajoscha zog sein Oberteil über den Kopf und der Arzt begann, seine linke Schulter abzutasten. »Ihr scheint es gut zu gehen.«

»Es scheint ihr gut zu gehen?«

»Sie behauptet, dass es ihr gut geht.«

»Sie behauptet, dass es ihr gut geht?«

Aufgebracht drehte sich Ajoscha um. »Kannst du bitte aufhören, meine Sätze zu wiederholen?«

Paul presste die Lippen aufeinander, konnte dadurch sein Schmunzeln aber nicht verbergen. »Ihr redet also nicht viel«, stellte er fest und drehte Ajoschas Kopf wieder nach vorne.

»Nein.«

»Ich nehme an, dass du es aber versuchst.«

»Sicher, aber sie antwortet immer so kurz und resigniert, da ist es schwer, ein richtiges Gespräch zu führen. Außerdem will sie sich mir gegenüber nicht öffnen.«

»Dann frag sie unmissverständlich, was das Problem ist.« Paul stand auf und lehnte sich vor Ajoscha mit verschränkten Armen gegen den Schreibtisch. »Deiner Schulter geht es übrigens bestens.«

»Soweit man das von einer zerfetzen Schulter behaupten kann«, murmelte Ajoscha und verzog leicht das Gesicht, als er weitersprach: »Emma hat Angst vor mir. Ich bin ein russischer Offizier, unter dessen Kommando sie in Gefangenschaft war.«

»Würdest du wieder so handeln, wie du es damals getan hast?«, fragte Paul und neigte fragend den Kopf zur Seite.

»Ja«, gab Ajoscha zähneknirschend zu. Er erhob sich und ging ein paar Schritte auf und ab. Mit der Hand fuhr er sich durch die Haare. »Du weißt, dass mich diese Frage kein Stück weit näher an die Lösung des Problems bringt.«

»Ich weiß, ich wollte es nur für mich und vielleicht auch für dich noch mal klarstellen«, sagte Paul ernst. »Vielleicht muss sie deine reizende Seite kennenlernen.«

Mit versteinerter Miene sah Ajoscha seinen Freund an. »Ich habe sie geküsst und sie hat sich daraufhin sowohl äußerlich als auch innerlich vollkommen von mir distanziert.«

Pauls Lippen formten ein stilles *Oh* und er zog die Augenbrauen hoch. »Dann würde ich mal so weit gehen und behaupten, dass du für sie etwas empfindest.«

Ajoscha zuckte leicht mit den Schultern. Anfangs hatte er seine Empfindungen für eher oberflächlich gehalten. Doch in den letzten Wochen hatte sich irgendetwas verändert. Er wollte gerade etwas erwidern, als es kurz an die Tür des Arbeitszimmers klopfte und Emma hereinkam.

Ajoscha schnappte sich sein Hemd und schlüpfte schnell hinein. Er drehte sich zu seiner Frau um, während er die Knöpfe schloss. Sie hatte den Blick beschämt zu Boden gerichtet und eine tiefe Röte war ihr in die Wangen gestiegen. »Verzeihung«, murmelte sie. Nachdem sie sich aus den Augenwinkeln davon überzeugt hatte, dass Ajoscha vollständig bekleidet war, hob sie wieder den Kopf. Er selbst hatte an und für sich kein Problem damit, wenn sie ihn so sah, wären da bloß nicht die hässlichen Narben gewesen, die er davongetragen hatte.

»Ich habe Ihre Stimme gehört, Doktor, und wollte schauen, was Sie zu dieser späten Stunde zu uns führt.«

Die Männer tauschten einen wissenden Blick. Hoffentlich hatte sie nur seine Stimme gehört und nicht jedes einzelne Wort, das gefallen war. »Ich habe einem Freund nur einen Gefallen getan«, sagte der Arzt. »Wie geht es Ihnen?«

Emma strich sich mit der Hand über den Bauch und lächelte zaghaft. »Eigentlich gut. Von Tag zu Tag wird es bloß anstrengender.«

Ajoscha starrte sie an. Sie hatte die ganzen letzten Tage in seiner Gesellschaft kein einziges Mal gelächelt.

»Allzu lange ist es ja nicht mehr«, sagte Paul.

»Wollen Sie einen Kaffee oder Tee?«, fragte Emma und wies hinter sich. Ajoscha dagegen beachtete sie kaum und würdigte ihn auch keines Blickes.

»Nein, danke. Ich muss weiter.« Brückner nahm seine Tasche und nickte Ajoscha zu.

»Paul«, sagte dieser recht kühl, sodass die Mundwinkel des Arztes zuckten.

Paul deutete eine leichte Verbeugung vor Emma an. »Guten Abend, Madame.«

Als er zur Tür hinaus war, wollte Emma ihm folgen. »Emma«, sagte da Ajoscha. »Möchtest du dich nicht mit an den Kamin setzen?« Als sie sichtlich zögerte, zog sich sein Herz leicht zusammen. »Wir sollten reden«, fügte er hinzu.

Emma seufzte. »Also gut.« Sie setzte sich in den Sessel vor dem Kamin und strich ihren Rock glatt. Wahrscheinlich wollte sie sichergehen, dass Ajoscha sich nicht neben sie setzen konnte. Er trat an seinen Schreibtisch und schob ein geöffnetes Buch über die Akte von Andrzej. Emma sollte sie nicht zu Gesicht bekommen. Er nahm einen Notizblock und einen Bleistift und setzte sich dann auf das Sofa. Die brennenden Holzscheite knisterten und verbreiteten eine angenehme Wärme. Außerdem lieferten sie ihnen noch genug Licht für den Fall, dass der Strom ausfallen sollte.

»Was brauchen wir alles?«, fragte Ajoscha sachlich und schlug die erste Seite des Blocks auf. »Ein Bett«, murmelte er und notierte sich den ersten Punkt. Ihm war bewusst, dass sie reichlich spät dran waren. »Babykleidung hast du von Elana bekommen, habe ich gehört.« Er blickte kurz hoch und sah Emmas bestätigendes Nicken. Ihr leicht verwirrter Blick amüsierte ihn. Wie anders wäre diese Situation gewesen, wenn sie sich unter anderen Umständen kennengelernt hätten! Dieser plötzliche Gedanke überraschte ihn selbst und er konzentrierte sich schnell wieder auf seine Liste. »Was noch?«

Als Emma nicht antwortete, klemmte er sich den Stift zwischen Zeige- und Mittelfinger und sah sie mit schief gelegtem Kopf an. Sie wich seinem Blick aus. »Ich kann das auch allein machen«, sagte sie.

Ajoscha verharrte in seiner Position. »Warum?«

»Weil du ein Mann bist, den das Thema sicherlich langweilt?«, sagte sie unsicher und rieb unruhig ihre Handflächen aneinander.

Ajoscha schüttelte den Kopf. »Ich interessiere mich durchaus für dieses Thema. Es verändert immerhin auch mein Leben.«

Emma schluckte. Sie hatte ihre Finger so fest ineinander verflochten, dass ihre Knöchel weiß hervortraten.

»Was muss ich tun, damit du keine Angst mehr vor mir hast, Emma Iwanowa?«, flüsterte Ajoscha mit einem Blick auf ihre Hände. Der schmerzliche Ausdruck in seinen Augen versetzte Emma einen Stich. Verhielt sie sich falsch?

»Ich weiß es nicht«, sagte sie nach einer langen Pause.

Ajoscha legte seinen Block und den Stift zur Seite und stützte sich mit den Ellenbogen auf den Oberschenkeln ab, die Hände zwischen den Knien gefaltet. »Ich bin zu weit gegangen«, sagte er sanft. »Ich hätte dir nicht so nahe kommen sollen.«

»Woher soll ich wissen, dass es nicht wieder geschehen wird? Schon vor unserer Eheschließung hast du gesagt, dass du so etwas nie tun würdest.« Sie presste die Lippen aufeinander. Der Vorwurf war unüberhörbar.

Ajoschas Mund war trocken. Das stimmte. Er hatte sein Versprechen gebrochen. Ihr Vertrauen, das ohnehin gering gewesen war, zerstört. »Du hast recht«, begann er. An ihren Augen sah er, dass sie immer wieder überrascht war, wenn er so etwas eingestand. Dieser Ausdruck in ihrem Blick gefiel ihm. »Dass ich dein Vertrauen in mich dadurch zunichtegemacht habe, ist schwer wiedergutzumachen.«

Emma begutachtete ihn lange. Er war aufrichtig und gab seine Fehler zu – fast schon so sehr, dass es wieder unehrlich wirkte. Es war selten, dass sie seinem Blick standhielt. Doch in ihr wurde jedes Mal etwas angerührt, wenn er sich so von seiner tiefsten, menschlichen Seite zeigte. So eine Ehrlichkeit war selten, fast schon eine Rarität.

»Erzähl mir etwas, was sonst keiner von dir weiß«, sagte sie.

Ajoscha kniff die Augen leicht zusammen und schaute sie prüfend an. *Interessante Aufforderung.* »Lass mich nachdenken«, sagte er.

Emma zog ein Bein an ihren Körper und starrte ins Feuer. Die Flammen spiegelten sich in ihren Augen wider und für einen Moment hätte Ajoscha fast gesagt, dass er sie liebte. Doch diesen Schritt jetzt zu gehen, würde wieder einen Bruch zwischen ihnen beiden bedeuten.

»Ich habe, als ich fünfzehn Jahre alt war, heimlich mitangesehen, wie mein Vater einen Jungen totgeprügelt hat.«

Fast hätte sie gelacht in der Annahme, dass das ein Witz sein sollte, doch der traurige Ausdruck in seinen Augen sagte ihr, dass dem nicht so war. Sie wurde blass.

»Verzeih«, sagte Ajoscha sanft und zog die Augenbrauen zusammen. »Ich sollte aufhören, dir erschreckende Dinge zu erzählen, besonders, wenn sie sich auf meinen Vater beziehen.«

Emma schluckte. »Ich habe ja gefragt«, sagte sie mit heiserer Stimme. »Und du hast nie jemandem von dem Erlebten erzählt? Warum hat der General das getan?«

Ajoscha bemerkte, dass sie nicht von seinem Vater sprach. Anscheinend versuchte sie auf diese Weise, sich von ihm zu distanzieren. »Nein, ich habe es nie jemandem erzählt.« Er zuckte leicht mit den Schultern. »Nicht mal meinem Bruder. Und mein Vater hat es getan, weil er betrunken war und der Junge versucht hatte, ihn zu bestehlen.«

Seine Augen fokussierten einen unbestimmten Punkt auf dem Teppichboden und er schwieg. Emma hatte das Gefühl, dass da noch mehr war, was er noch nicht ausgesprochen hatte, deswegen ließ sie ihm Zeit. Das Kind in ihrem Bauch trat sie und sie legte ihre Hand auf die Stelle, wo es sie getroffen hatte.

»Alles in Ordnung?«, fragte Ajoscha mit besorgter Miene.

Emmas Mundwinkel zuckten leicht. »Es tritt.« Sie zögerte, rutschte dann aber auf der Sitzfläche weiter nach vorne. »Willst du mal fühlen?«, fragte sie leise.

Ajoschas Augen weiteten sich für einen Moment, bevor er sich räusperte und nach vorn beugte. Bevor er seine Hand auf die Stelle legen konnte, auf der ihre lag, zog sie ihre Hand weg. Ajoscha schluckte, als seine Finger vorsichtig ihren Bauch berührten. Er wartete ab. Er nahm wahr, dass Emma die Luft anhielt. Hatte das mit der Kindsbewegung zu tun oder mit seiner Berührung? Zu gern hätte er die Antwort auf diese Frage gewusst, doch er wagte nicht, sie ihr zu stellen.

Da! Er spürte einen Tritt.

»Faszinierend«, entfuhr es ihm. Mit einem leichten Lächeln zog er seine Hand zurück. Er hatte seine vorherige Erzählung noch nicht beendet und war kurz davor, seine Fassade wieder aufzurichten. Ihm wäre durchaus wohler, wenn sie seine Gefühle nicht sah. Doch Gefühle zu zeigen, gehörte dazu, wenn er Vertrauen aufbauen wollte. Er seufzte und massierte mit den Fingern seine Schläfen.

»Einen der ersten Menschen, die durch meine Hand gestorben sind«, begann er mit leicht zitternder Stimme, »habe ich auf diese Weise umgebracht, wie ich es damals bei meinem Vater und dem Jungen gesehen habe.« Genickbruch. Doch das Detail wollte er ihr ersparen. Er begann, den Kopf zu schütteln, und lehnte sich dann schnaubend zurück. Mit den Händen fuhr er sich über das Gesicht. »Ich mache es immer schlimmer«, stellte er bedrückt fest.

»Nein«, sagte Emma schnell und als er überrascht hochblickte, biss sie sich kurz auf die Unterlippe. »Ich danke dir, dass du mir das erzählt hast.«

Er erwiderte kurz ihr zaghaftes Lächeln. Mit ihrem Finger zeichnete Emma kreisende Bewegungen auf ihr Knie. Innerlich sträubte sie sich dagegen, ihm noch mehr Gründe zu liefern, für die sie ihm dankbar sein müsste – und für die er irgendwann eine Gegenleistung verlangen könnte.

»Wie weit gehen deine Kontakte? In die sowjetische Besatzungszone, meine ich.«

Verwirrt aufgrund des Themenumschwungs legte Ajoscha den Kopf schief. »Es kommt darauf an. Warum fragst du?«

Noch konnte sie es abwenden. Das Steuer wieder herumreißen. Doch eine innere Stimme sagte ihr, sie solle es ihm erzählen. Also atmete sie tief ein. »Ich habe dir im Zug doch von diesem Mann erzählt, der gestorben ist, als er mich beschützen wollte.«

Interessiert beugte Ajoscha sich nach vorn und nickte. Als Emma die Bestätigung hatte, dass er sich noch erinnerte, sprach sie weiter: »Ich habe bei ihm gelebt nach den Luftangriffen auf Königsberg. Zusammen mit Eva.«

»Eva?«

Emma stockte und schüttelte dann den Kopf. »Ich sollte von vorn anfangen«, sagte sie und hob kurz die Hand. »Als meine Schwester und ich im letzten Jahr am 29. August auf dem Weg zum Bunker waren, ist uns Eva begegnet. Ein kleines Mädchen, das weinend und allein vor einem Haus stand. Charlotte hat mich angewiesen, das Mädchen mit zum Bunker zu nehmen, während sie selbst nachsehen wollte, ob ihre Eltern noch im Haus waren.« Sie machte eine kurze Pause. Es faszinierte sie, was für ein guter Zuhörer Ajoscha war. »Wie du weißt, haben weder Charlotte noch die Mutter von Eva überlebt. Heinz, der Mann, der mich beschützen wollte, hat uns bei sich außerhalb der Stadt aufgenommen.« Sie schloss die Augen. »Als in Allenstein das Chaos wegen der herannahenden Russen ausgebrochen ist, habe ich Eva aus den Augen verloren und … ich bin nie dazu gekommen, nach ihr zu suchen.«

»Weißt du, ob sie noch lebende Verwandte hat?«, fragte Ajoscha und blätterte auf seinem Notizblock eine Seite weiter.

»Ihr Vater war an der Front, aber Ende 1944 scheint er noch am Leben gewesen zu sein.« Sie zuckte mit den Schultern. »Zumindest hat uns keine Benachrichtigung erreicht, vielleicht ist sie aber auch einfach nicht durchgekommen.«

»Kannst du mir ihr Alter, die Namen ihrer Eltern und die Adresse in Königsberg nennen?«

Emma musste überlegen und tief in ihren Erinnerungen graben, bis sie es ihm sagen konnte. »Ich weiß aber nicht, ob ich mich hundertprozentig richtig erinnere«, sagte sie zähneknirschend und verzog das Gesicht.

»Einen Versuch ist es wert«, sagte Ajoscha.

Während er das Datum des 29. Augusts in seinen Notizen anstarrte, wurde ihm bewusst, dass sich der Tod von Emmas Schwester gerade gejährt und er es vergessen hatte.

»Meinst du, die Russen haben ihr etwas angetan?«, fragte Emma leise. Als Ajoscha aufblickte, sah er die Tränen in ihren Augen. Es war klar, was sie meinte. Ob die Russen Eva dasselbe angetan hatten wie Emma. »Ajoscha?«, sagte sie mit tränenerstickter Stimme, als er nicht antwortete.

Am liebsten hätte er gelogen – um sie zu beschützen, doch das konnte er nicht. »Ich weiß es nicht.«

Ihre Pupillen weiteten sich. »Sie ist acht Jahre alt gewesen!«, schrie sie entsetzt.

Ajoscha nickte stumm.

Emma stieß die Luft aus und ballte ihre Hände zu Fäusten. »Ich schwöre dir, wenn dein Vater sie auch nur berührt hat, dann …«

»Hör auf!«

Emma zuckte zusammen, als Ajoscha impulsiv von seinem Sitzplatz hochfuhr und ihr dann den Rücken zuwandte. Langsam holte er Luft. Er musste ruhiger werden. »Entschuldige«, sagte er und blickte kurz über seine Schulter. »Ich habe Menschen gesehen, die daran kaputtgegangen sind, dass sie Rache- und Hassgedanken in ihrem

Leben zugelassen haben. Wenn Rache und Hass nicht aufhören, wird dieser Krieg in uns, in unseren Köpfen nie enden.«

Emma schwieg.

»Aber ich verstehe dich«, sagte Ajoscha leise, sodass sie ihn fast nicht verstanden hätte. »Ich werde meine Kontakte spielen lassen.« Er schaute auf den Zettel in seiner Hand hinab.

»Danke«, kam es leise.

Ajoscha setzte sich wieder. »Sollen wir die Liste mit den Babysachen vollenden?«, fragte er und klopfte mit dem Stift auf seinen Block. Er wusste sich nicht anders zu helfen, um die bedrückende Stimmung loszuwerden, als das Thema zu wechseln.

Emma strich sich eine Strähne aus dem Gesicht, sah ihn aber nicht an. »Na gut.«

25

10. September 1945

Ein plötzlicher Schmerz in ihrem Unterleib riss Emma um fünf Uhr morgens aus dem Tiefschlaf. Sie keuchte entsetzt auf und schnappte nach Luft. Ihre Hand krallte sich um das Ende der Bettdecke, bis der Schmerz nach einer halben Minute wieder nachließ.

»Nicht jetzt. Das ist zu früh«, murmelte Emma und setzte sich auf. Vorsichtig legte sie ihre Hände auf ihren Bauch und tastete. Sie atmete tief ein und aus, in der Hoffnung, sich auf diese Weise beruhigen zu können. Immerhin lag das Kind schon richtig.

Sie warf einen Blick Richtung Tür. In spätestens zwei Stunden würde Ajoscha zur Arbeit gehen.

In den letzten Tagen hatte sie eine Veränderung wahrgenommen. Es war wesentlich entspannter zwischen ihnen beiden geworden. Aber sie hatte immer noch Hemmungen, sich ihm gegenüber zu öffnen. Er dagegen schien damit kein Problem zu haben, was sie nicht verstand. Es war schließlich nicht sein Kind und sie war nur dem Namen nach seine Frau.

Emma hatte versucht, jegliche Gedanken an die Geburt immer wieder aufzuschieben. Sie hatte nicht darüber nachdenken wollen, doch nun musste sie sich entscheiden. Konnte sie Ajoscha wirklich verheimlichen, dass sie Wehen hatte? Meist dauerte es Stunden, bis das Kind geboren war, besonders bei dem ersten Baby, es könnte also auch sein, dass es erst so weit war, wenn er am Abend wieder nach Hause kam.

»Das werde ich wahrscheinlich noch bereuen«, seufzte sie. Sie tastete nach dem Lichtschalter der Nachttischlampe und knipste sie an.

Als der nächste Schmerz kam, war sie darauf vorbereitet und schaffte es, keinen Laut von sich zu geben. Sie entschloss sich, Ajoscha nichts zu sagen, ehe die Fruchtblase nicht geplatzt war. Er konnte sowieso nichts machen, außer Paul Brückner und Elana Bescheid zu geben. Und das konnte sie genauso gut selbst tun. Sie wollte nicht, dass er irgendwie in die Geburt involviert war.

Ein Gedanke, der ihr das erste Mal vor zwei Wochen in den Sinn gekommen war, machte sich wieder in ihr breit. Nicht nur, dass sie die Angst hatte, dass Ajoscha sein eheliches Recht einfordern würde, wenn sie nicht mehr schwanger war, sondern auch, ob er vielleicht zu anderen Frauen ging, während sie nicht verfügbar war. Sie wusste nicht, woher diese Gefühle kamen und warum ihr dabei unwohl war. Was kümmerte es sie, was er ohne ihr Wissen trieb?

Sie legte sich wieder hin und drehte sich auf die Seite. Auf einem Notizzettel notierte sie sich die Abstände der Wehen. Sie waren sehr unregelmäßig, was sie beruhigte. Solange sie nicht regelmäßig kamen, würde es noch mit der Geburt dauern. Doch sie konnte die Geburt nicht ewig aufschieben, irgendwann würde es unweigerlich so weit sein.

~

Ajoscha verschloss den Verschluss seiner Armbanduhr und warf einen Blick auf das Ziffernblatt. Um diese Zeit machte er sich normalerweise zur Arbeit auf. Seltsamerweise war Emma noch nicht aus ihrem Zimmer gekommen. Er vermutete, dass sie noch schlief. Von Tag zu Tag war sie müder geworden und ruhte sich viel aus. Er drückte seine Mütze auf den Kopf und nahm seine Aktentasche. Eine Bodendiele knarrte, als er in den Flur trat und die Haustür aufzog.

Er stoppte in der Bewegung und ein Lächeln spielte um seine Lippen, als er die Tür zurück ins Schloss drückte und sich in den Türrahmen zur Küche lehnte. Er atmete tief ein und schloss die Augen. *Lass dieses Hoch, das Emma und ich zurzeit haben, nicht so schnell enden. Ich weiß nicht, was deine Pläne sind – mit ihr und mir, doch mein Wunsch ist es, für immer bei ihr zu bleiben.*

Die Augen noch geschlossen, schmunzelte er verhalten. Er hatte noch nicht mal mit Emma über seine Gefühle gesprochen. Gab es eine winzige Chance, dass sie genauso dachte wie er?

Ajoscha schlug die Augen auf, als er hörte, wie die Schlafzimmertür sich öffnete. Emma stand im Türrahmen und blieb sofort stehen, als sie ihn sah. Sie starrte ihn an, sichtlich überrascht, ihn zu sehen. Hatte sie angenommen, er hätte die Wohnung bereits verlassen, und war deswegen aus dem Zimmer gekommen?

Ajoscha zog die Augenbrauen hoch, als sie nicht reagierte. Ihr schoss eine süße Röte in die Wangen, da sie noch im Nachthemd war und ihre langen Haare ungemacht über ihre Schultern fielen. »Guten Morgen«, sagte er und legte den Kopf leicht schief. Sein kurzes Grinsen war verschwunden, seine morgendliche Euphorie wie weggewischt.

»Morgen«, stammelte Emma. Sie legte beide Hände auf ihren Bauch und atmete scharf ein. Ihre Augen waren geweitet. »Entschuldige mich ...« Sie machte auf dem Absatz kehrt und verschwand wieder im Schlafzimmer.

Langsam löste sich Ajoscha mit gerunzelter Stirn von seiner Position und klopfte leicht gegen ihre angelehnte Tür. Als sie nicht antwortete, schob er die Tür auf. »Emma?«, rief er vorsichtig in den Raum hinein.

Er erstarrte. Emma hatte sich mit den Händen an einer Rückenlehne eines Stuhles abgestützt und atmete schwer. Sie presste die Lippen aufeinander und drehte sich zu Ajoscha um. Sie lächelte ihn gequält an. »Du bist kreidebleich«, sagte sie und beugte sich mit dem Oberkörper nach vorn. »Meine Fruchtblase ist geplatzt«, erklärte sie ihm mit schmerzverzerrtem Gesicht.

Panik und Vorfreude machten sich gleichermaßen in Ajoscha breit und er brauchte ein paar Sekunden, um wieder einen klaren Gedanken fassen zu können. »Was soll ich tun? Kommt das Kind jetzt? Was brauchst du?« So viele Dinge gleichzeitig schossen ihm durch den Kopf.

Emma hob trotz der Schmerzen belustigt den Kopf. »Es ist immer wieder amüsant zu sehen, wenn dich etwas aus dem Konzept bringt und du so hilflos aussiehst. Vielleicht solltest du zur Beruhigung einen Drink nehmen.«

Irritiert blinzelte Ajoscha. »Warum kommst du immer genau in solchen Momenten mit Sarkasmus?«

Emma zuckte mit den Schultern. »So bin ich veranlagt. Wenn du jetzt mir ein Handtuch holen und Elana und Doktor Brückner anrufen würdest, wäre ich dir sehr verbunden.«

»Natürlich«, sagte Ajoscha, als er aus seiner Starre erwachte, und eilte davon.

~

11. September 1945

Die kommenden Stunden waren sowohl für Emma als auch für Ajoscha qualvoll. Emma musste die heftigen Schmerzen meistern und Ajoscha das Gefühl, nichts tun zu können und von draußen vor der Tür nur die Schreie seiner Frau zu hören.

Nach einer erneuten Wehe ließ Emma ihren Kopf erschöpft zurück auf das Kopfkissen sinken und holte tief Luft.

»Na, verstehst du jetzt die Frauen, die du bei der Geburt begleitet hast, besser?«, fragte Elana mit funkelnden Augen.

Kurz zuckten Emmas Mundwinkel. »Durchaus«, gab sie zu.

Ansonsten sprachen sie nicht viel. Wenn Emma gerade keine Wehe veratmete, versuchte sie, mit dem Gefühlschaos in ihrem Inneren klarzukommen. Sie brachte das Kind eines Vergewaltigers auf die Welt, aber trotzdem freute sie sich auf das kleine Wesen. Viele Verschnaufpausen hatte sie nicht. Erneut machte sich der Schmerz in ihrem Unterleib und Rücken bemerkbar – doch diesmal war er anders.

»Ich muss pressen«, brachte Emma gerade noch über ihre Lippen, bevor die Laute in ein Schreien übergingen. Sofort war Paul Brückner am Fußende des Bettes, während Elana an Emmas Seite war.

»Gleich haben Sie es geschafft«, sagte Paul laut, um ihre Schreie zu übertönen.

Auf einmal stand Ajoscha im Türrahmen. Er war kreidebleich und sah wie ein verängstigtes Reh aus.

»Er soll verschwinden!«, kreischte Emma und ihre Hand krallte sich mit aller Kraft in das Bettlaken.

Ajoschas Mund öffnete sich, doch bevor er etwas sagen konnte, fuhr Elanas Kopf zu ihm herum und beide Frauen schrien gleichzeitig: »Raus!«

Als die nächste Wehe kam, versank Emma in einem Tunnel. Dann wurde ihre Tochter geboren.

~

Ajoscha sah das Leuchten in Emmas Augen, als er später wieder ins Zimmer gelassen wurde. Er spürte die Liebe, die ihn beim Blick auf das kleine Lebewesen in ihrem Arm erfasste, das selig schlief. Voller neu entfachter Euphorie küsste er Emma aufs Haar und flüsterte ihr zu, wie glücklich er sei, bevor er wieder das Baby bestaunte. Wie zart diese rosafarbene Haut war und wie klein und zerbrechlich dieser Körper! Er wusste sofort, dass er das kleine Mädchen beschützen wollte. Sie aufwachsen sehen wollte. Für sie da sein und ihr zeigen wollte, wie sie sich wehren konnte.

Was er nicht begriff, war die Bedeutung seiner Geste, Emma zu küssen. Ihr Lächeln war erstarrt und ihr Herz hatte einen Satz gemacht.

»Wissen Sie schon, wie sie heißen soll?«, fragte Paul, der im Zimmer seine Sachen zusammenpackte.

Emma, die ihre Tochter fest an sich drückte und überwältigt von den ganzen Gefühlen war, sah hoch und schluckte. »Marleen Charlotte«, flüsterte sie. Sie wagte nicht, Ajoscha anzusehen. Er war der Einzige im Raum, der die Bedeutung hinter dem zweiten Namen verstand.

Die kleine Marleen wurde wach und wandte ihren Kopf zur Brust ihrer Mutter. Leicht beschämt warf Emma dem Arzt einen Blick zu und er nickte, als er verstand. Er räusperte sich und bedeutete Ajoscha mit einer Geste, ihm nach draußen zu folgen. »Ich schaue morgen wieder nach Ihnen beiden«, sagte Brückner noch im Gehen.

»Was für ein Wunder Gottes!«, platzte es aus Ajoscha heraus, als sich die Schlafzimmertür hinter ihm geschlossen hatte. Er klopfte seinem Freund auf die Schulter. »Vielen Dank. Ich bin dir was schuldig.«

»Solange du meine Rechnung bezahlst, sind wir quitt.« Paul setzte ein Lächeln auf. Ajoscha lehnte sich mit verschränkten Armen gegen die Wand im Flur und schloss die Augen.

»Ziemlich offensichtliche Zuneigungsbekundung«, sagte Paul mit dem Versuch, es beiläufig klingen zu lassen und zog beide Augenbrauen hoch.

Mit gerunzelter Stirn öffnete Ajoscha die Augen und taxierte den Arzt mit seinem Blick. »Was?«

»Du hast Emma geküsst.«

Ajoscha starrte ihn leicht irritiert an. »Auf den Kopf.«

Paul zuckte mit den Achseln. »Für eine Zweckehe sehr überraschend.«

»Nur, weil es eine Zweckehe ist, heißt das nicht, dass sie mir nichts bedeutet«, stellte Ajoscha trocken fest.

Verschmitzt lächelte Paul und machte sich zum Gehen bereit. »Jetzt hast du tatsächlich drei Weiber am Hals«, gluckste er noch über seine Schulter, bevor er die Tür öffnete und hinter sich schloss.

Ajoscha nutzte den unbeobachteten Moment, faltete seine Hände und senkte den Kopf. *Ich danke dir für dieses Wunder, für Emma, die kleine Marleen Charlotte und dass es beiden gut geht. Ich will für sie da sein, sie lieben und beschützen. Ich verspreche dir, dass ich es mit all meiner Kraft tun möchte.*

Abrupt öffnete er die Augen. Hatte er gerade Marleen, Emma oder beide gemeint, als er gesagt hatte, dass er sie lieben wollte?

Doch plötzlich überkam ihn die Angst, dass womöglich keiner seiner Wünsche erfüllt werden würde, wenn Emma sich entscheiden sollte, ihn zu verlassen und zurück nach Deutschland zu gehen.

26

Emma raffte ihre Haare und band sie zu einem Zopf zusammen. Ihren Morgenmantel schlang sie eng um sich, während sie sich im Spiegel über dem Waschbecken betrachtete. Sie sah wahnsinnig müde und blass aus. Die Geburt lag erst wenige Stunden zurück und sie hatte das Gefühl, dass die Erschöpfung sie nun mit aller Macht übermannte.

Ajoscha war gerade mit Marleen im Schlafzimmer. Es hatte sie überrascht, wie emotional er reagiert hatte und was für eine Freude er an ihrer Tochter hatte. Seit einer Stunde schlief sie bereits in seinen Armen und er machte auch keine Anstalten, sie wieder ablegen zu wollen. Elana war vor einer halben Stunde gegangen, hatte sich aber geweigert, dass Ajoscha sie nach Hause brachte.

Emmas zitternde Hand klammerte sich um das Waschbecken. Sie war nun tatsächlich Mutter. Sie atmete tief aus und versuchte, sich zu entspannen. Nur langsam floss das Blut in ihre blassen Lippen zurück. War sie dem überhaupt gewachsen? Die Angst vor der Zukunft bekam sie nicht aus ihrem Kopf. Sie straffte ihre Schultern und trat mit einem kleinen Seufzer in den Flur.

Ihre Hand wollte gerade die angelehnte Schlafzimmertür aufstoßen, als sie Ajoschas leise und beruhigende Stimme hörte, die ein Kribbeln in ihrer Magengegend auslöste. Für einen Moment lehnte sich Emma gegen den Türrahmen und lauschte seinen Worten.

»Ich habe einen Vers für dich, Marleen Charlotte Iwanowa, der dich dein ganzes Leben über begleiten soll. Der Herr ist mein Licht und mein Heil – vor wem sollte ich mich fürchten? Der Herr beschützt mich vor Gefahr – vor wem sollte ich erschrecken?«

Emma holte Luft und trat mit einem Räuspern ein.

Ajoscha hob mit einem Lächeln auf den Lippen kurz den Kopf, als sie hereinkam, und senkte dann wieder den Blick auf Marleen, die er in seinen Armen wiegte.

Emma setzte sich aufs Bett. Sie war schrecklich müde und wollte nur noch schlafen, doch sie wollte das Bild, das sich ihr bot, nicht zerstören.

»Alles in Ordnung?«, fragte Ajoscha mit ernster Stimme.

»Ja«, antwortete Emma schnell.

Sie nahm ein Buch in die Hand, das auf ihrem Nachttisch lag, und tat so, als würde sie nach einer bestimmten Stelle suchen, während sie durch die Seiten blätterte. Aus den Augenwinkeln nahm sie wahr, dass Ajoschas Blick auf ihr ruhte, als würde er eine andere Antwort erwarten.

»Du siehst blass aus.«

»Das ist normal.«

Marleen begann sich zu regen und zu quengeln. Als Emma Anstalten machte, sich zu erheben, sagte Ajoscha schnell: »Warte. Ich bringe sie dir.« Er stand auf, legte das Baby Emma in die Arme und setzte sich dann zurück in den Sessel am Fenster.

Emma setzte sich auf die andere Seite des Bettes, um mit dem Rücken zu Ajoscha zu sitzen, während sie ihren Morgenmantel beiseiteschob und ihr Nachthemd aufknöpfte. Ihr Blick fiel auf die Wiege. Ajoscha hatte sie selbst gebaut, wie sie erfahren hatte. Innerlich schämte sie sich dafür, dass sie ihn verurteilt hatte, weil sein Arbeitszimmer vor ein paar Tagen wieder abgeschlossen gewesen war. Sie hatte angenommen, dass er etwas vor ihr verheimlichen wollte, doch er hatte es nur getan, um sie zu überraschen.

Ajoscha betrachtete Emmas trotz der Schwangerschaft noch schmale Silhouette von hinten. Sie hatte den Kopf gehoben und schien die Wand vor sich anzuschauen und nicht ihre Tochter. Wie gern würde er die Last, die auf ihren gebeugten Schultern ruhte, von ihr nehmen! Und wie gern würde er ihr nahe sein und sie küssen. Er riss seinen Blick von ihr los, um zu verhindern, dass seine Gedanken mit ihm durchgingen und Bilder in seinem Kopf entstehen ließen, die nicht richtig waren.

Ist es so falsch, dass ich die Frau, mit der ich verheiratet bin, begehre?

Sie hatten nie über die Gründe seines Kusses damals gesprochen. Dachte sie, dass er nur ein triebgesteuerter Mann war, der nichts liebte als ihren Körper? Der nur diesen für sich haben wollte? Doch Ajoscha wollte ihr Herz. Und er hatte das Gefühl, als würde die Zeit einerseits viel zu langsam und andererseits viel zu schnell vergehen. Er hatte das Gefühl, als hätten sie erst gestern geheiratet, doch mit jedem weiteren Tag, der verging, verging Zeit, die er nutzen könnte, um sie für sich zu gewinnen. Er wusste nicht, wann er diesen Entschluss gefasst hatte, doch ein Jahr war so wenig Zeit, um eine so komplexe, temperamentvolle, liebenswerte und auch gebrochene Frau wie Emma Iwanowa dazu zu bringen, sich ihm völlig zu öffnen und hinzugeben.

Wie soll ich das nur schaffen, Gott?

Mit meiner Hilfe.

»Ich hatte Angst, dass du keine Zuneigung für sie empfinden würdest«, sagte Ajoscha mit gedämpfter Stimme, aber laut genug, dass Emma an der anderen Seite des Raumes ihn hören konnte, während er seine Handflächen aneinanderrieb.

Emma biss sich auf die Unterlippe. »Diese Angst hatte ich auch«, flüsterte sie, sodass Ajoscha es fast nicht verstand.

Sein Herz machte einen Satz. Sie hatte gerade tatsächlich eine ihrer Ängste zugegeben – ein kleiner Vertrauensbeweis. »Und was für Ängste hast du momentan?«, fragte Ajoscha sanft.

Es herrschte lange Stille. Nur das Feuer im Kamin war zu hören.

»Dass ich Marleen ansehe und dich oder einen der Männer in ihr sehe.« Ihre Stimme war tränenerstickt und ihre Schultern bebten – doch Ajoscha musste auf Distanz bleiben.

Er erstarrte und er verstand. Auch wenn sie es nicht sah, nickte er. Er wollte nicht in dieser Situation das Thema der Vergewaltigung wieder aufbringen.

»Vermutlich komme ich jetzt zu spät damit…«, begann Emma.

Ajoscha horchte auf und setzte sich gerade hin. Sie nahm sich Zeit, ihr Nachthemd wieder zuzuknöpfen und Marleen in die Wiege zu legen. Vielleicht benötigte sie auch diese paar Sekunden, um Mut zu fassen. Emma rieb sich die Oberarme, als würde sie frösteln. Sie setzte sich auf das Bettende und konnte so sowohl ihre Tochter als auch Ajoscha ansehen. Mit der Hand schaukelte sie leicht die Wiege.

»Ich will nicht, dass du dich aus irgendeinem Grund mir gegenüber verpflichtet fühlst.« Sie machte eine kurze Pause. »Also ich meine, dass du frei bist. Du kannst jederzeit zu einer Frau gehen und dich vergnügen. Unsere Ehe soll dem nicht im Wege stehen.«

Ajoscha starrte sie an. Die Augenbrauen zusammengezogen, den Mund leicht geöffnet.

Emma hob langsam den Kopf. Sie war sich nicht sicher, was in seinem Gesicht geschrieben stand: Verwunderung, Empörung, Amüsement? Vielleicht auch eine Mischung aus all dem.

Ajoscha schnaubte belustigt und schüttelte dann langsam den Kopf. »Ich habe nicht das Bedürfnis, eine andere Frau aufzusuchen«, erklärte er ruhig und mit ernstem Gesichtsausdruck. Er sah die Angst in Emmas Augen aufflackern, als sie den Kopf zu ihrer Tochter umwandte.

Traurig blieb Ajoscha sitzen. Schließlich lehnte er sich zurück und fuhr sich mit der Hand über den Bart. »Durch die Geburt von Marleen Charlotte hat sich nichts an meiner Aussage, dass ich keine ehelichen Pflichten von dir verlange, geändert«, sagte er nüchtern.

Emma schoss das Blut in die Wangen. »Das habe ich doch auch nicht behauptet.« Irritiert blickte sie ihn kurz an.

»Aber du hast es indirekt angedeutet.« Ajoscha führte es nicht weiter aus. Sie wusste genau, was er meinte, und machte auch keine

Anstalten, es zu leugnen. Wie oft musste er ihr noch seine Position erklären, bis sie verstand?

»Soll ich mit Marleen Charlotte Russisch oder Deutsch reden?«, fragte er unvermittelt.

Ein Schmunzeln zuckte um Emmas blasse Lippen. Es gefiel ihr, dass er ihren vollständigen Vornamen sagte. Doch dann wurde sie ernst. »Ich glaube, das spielt keine Rolle.« Ajoscha wollte gerade nicken, als sie hinzufügte: »Wir werden sowieso nur eine begrenzte Zeit hierbleiben.«

Sein Gesicht nahm harte Züge an und seine Hände waren krampfhaft gefaltet. »Und was werdet ihr dann tun, wenn das Jahr vorbei ist?«, presste er hinter zusammengebissenen Zähnen hervor. Es machte ihm nichts aus, dass sie seine Gefühle offen in ihm lesen konnte.

Sie hob den Blick und sah ihn lange an.

Vielleicht strebte sie gar nicht dieses eine Jahr an, sondern nur wenige Wochen, kam es Ajoscha in den Sinn. Weil er sich vor der Antwort fürchtete, fragte er nicht nach.

»Auf jeden Fall nach Deutschland zurückkehren. Wohin genau, weiß ich noch nicht.«

Innerlich stieß Ajoscha ein Schnauben aus. Er bot ihr und ihrem Kind ein Dach über dem Kopf, Essen, Sicherheit, eine männliche Bezugsperson. Doch wie viel mehr sprach gegen ihn: Ein Russe, der in einer kommunistischen Diktatur lebte, der der Sohn einer ihrer Vergewaltiger war und sie zudem zur Gefangenen gemacht hatte.

Er stand mit steifen Beinen auf und faltete die Hände hinter dem Rücken. »Du solltest schlafen«, sagte er mit einem letzten Blick Richtung Wiege, bevor er ging.

Emma sah ihm nach. Sie seufzte, als er die Tür hinter sich ins Schloss zog, und erhob sich. Sie stützte eine Hand in den Rücken, während sie unruhig auf und ab ging.

Er hatte sichtlich betroffen gewirkt, als sie gesagt hatte, dass sie nach Deutschland zurückkehren wollte. Was erwartete er denn? Dass sie bei ihm blieb? Sie schüttelte energisch den Kopf. Das konnte sie sich bei bestem Willen nicht vorstellen.

Ihr Blick fiel auf ein weißes Blatt Papier in der Größe einer Postkarte. Es lag auf einem kleinen Beistelltisch unweit von dem Sessel, in dem bis gerade eben noch Ajoscha gesessen hatte. Neugierig trat sie näher und nahm es in die Hand. In schwungvoller Schreibschrift hatte Ajoscha darauf sowohl auf Deutsch als auch in kyrillischer Schrift den Vers geschrieben, den er Marleen gegeben hatte. Emma sah zur Tür, als würde sie erwarten, dort Ajoscha stehen zu sehen. Was für ein Mann war er, dass er so etwas tat?

In einem anderen Leben, unter anderen Umständen und Voraussetzungen hätte sie vielleicht Gefallen daran gefunden, doch in der derzeitigen Situation machten ihr jegliche solcher Gefühle, die in ihr aufkommen wollten, Angst. Als ihr ein wenig schwindlig wurde, setzte Emma sich schnell auf das Bett, die Karte noch in der Hand. Hatte er sie aus Absicht hiergelassen oder nur vergessen? Nein. Ajoscha Iwanow wirkte auf sie sehr gewissenhaft. Was er tat, geschah nie aus Zufall. Sie schluckte und schob das Papier in ihre Familienbibel.

Ein bitterer Geschmack machte sich in ihrem Mund breit. Eigentlich müsste sie nun den Familienstammbaum ergänzen. Doch wen sollte sie als Vater von Marleen Charlotte eintragen? Ganz sicher nicht Ajoscha.

Als ihre Tochter ein leises Geräusch von sich gab, wandte Emma ihr den Kopf zu. Sie hatte schon unzähligen Babys beim Schlafen zugesehen. Doch die Liebe, die sie bei diesem Anblick durchströmte, war atemberaubend.

Konnte Ajoscha tatsächlich dieselbe Liebe zu der kleinen Marleen verspüren, obwohl er nicht der Vater war? Aber warum sollte er überhaupt solche Gefühle hegen?

27

14. September 1945

Ajoscha schreckte um drei Uhr morgens schwer atmend aus dem Schlaf hoch.

Er fuhr sich mit den Händen übers Gesicht und presste die Lippen aufeinander, während sich seine Nasenflügel aufblähten. Sein Herzschlag beruhigte sich erst nach fünf Minuten, in denen er still dalag.

Er spürte einen Schmerz in seinem Oberschenkel pochen, doch er wusste, dass er nicht real war. Er atmete tief ein und schwang dann die Beine über die Sofakante. Auch wenn der Albtraum vorbei war, hörte er noch die Schreie, die sich mit seinen eigenen vermischten, und er wusste, dass sie vorerst auch nicht aufhören würden.

Er ging ins Badezimmer. Energisch drehte er den Wasserhahn auf. Die Hände zu einer Schale geformt, ließ er das Wasser in sie hereinlaufen und ließ es schließlich durch seine Finger rinnen. Mit einer schnellen Bewegung spritzte er sich kaltes Wasser ins Gesicht, in der Hoffnung, dass es seinen Verstand wachrufen würde, um seinen Kopf zwischen Vergangenheit und Gegenwart unterscheiden zu lassen. Das Wasser lief über seine Wangen hinab in seinen Bart und tropfte schließlich auf seinen nackten Oberkörper. Mit den Händen stützte er sich am Waschbecken ab und schloss die Augen. Langsam holte er durch die Nase für vier Sekunden Luft, hielt den Atem für sieben Sekunden und stieß die Luft schließlich für acht Sekunden tief durch den Mund aus. Er wiederholte die Übung vier Mal, bis sich die Panik legte. Er riss ein Handtuch von der Halterung, benetzte es mit Wasser und fuhr sich dann damit über den Nacken, um den Schweiß abzuwaschen.

Er hielt in der Bewegung inne, als er auf einmal Marleen Charlotte schreien hörte. Eine Bodendiele knarrte, als Emma zu ihrer Tochter ging.

Ajoscha warf das Handtuch zurück auf seinen Platz und öffnete so leise wie möglich die Badezimmertür. Sein Blick fiel auf Emma, die im Türrahmen der Schlafzimmertür stand. Anscheinend war die Kleine wieder eingeschlafen. »Alles in Ordnung?«, fragte Emma. Die Arme hatte sie fest um sich geschlungen, den Blick hielt sie fest auf Ajoschas Augen gerichtet.

»Bestens«, murmelte Ajoscha und warf ihr nur einen kurzen Blick zu, bevor er sie stehen ließ. Seine Kiefermuskulatur spannte sich an, als er zurück in das Arbeitszimmer ging und sich auf der unbequemen Couch ausstreckte. Seine Finger glitten unruhig durch seine Haare und er starrte zur Decke hinauf.

Sein Herz fand keine Worte, um seinen Gemütszustand auszudrücken. Er hatte Angst vor den Albträumen und Angst vor der Zukunft – dass er Emma und Marleen Charlotte verlieren würde.

Ajoscha hatte nicht mehr schlafen können und war schon in aller Frühe zur Arbeit aufgebrochen. Er hatte mehrmals blinzeln müssen, damit sein Blick wieder klar geworden war.

Im Büro angekommen, lag auf seinem Schreibtisch ein großer Stapel Akten, der nicht kleiner wurde. Er zog die Augenbrauen zusammen, als er sah, was ganz obenauf lag.

Neue Augenzeugenberichte, die behaupteten, dass Andrzej noch am Leben sei.

Ajoscha lehnte sich in seinem Stuhl zurück und kratzte sich nachdenklich am Kinn. Es machte einfach keinen Sinn. Ihm fielen keine Gründe ein, die hätten erklären können, warum Andrzej sich nicht gemeldet hatte. Seit vier Monaten war der Krieg vorbei und die Nazis stellten keine Bedrohung mehr dar …

Abrupt setzte sich Ajoscha auf, als ihm ein Gedanke durch den Kopf schoss. Er nahm den Bericht in die Hand. Eine neue Stadt tauchte auf der Liste der vermeintlichen Aufenthaltsorte auf.

Moskau.

Er griff nach dem Telefonhörer und holte sich einen Unteroffizier an die Strippe. »Schaffen Sie mir den Augenzeugen herbei, der behauptet, Andrzej Kusnezow in Moskau gesehen zu haben, und zwar sofort«, bellte er ohne Umschweife und legte den Hörer nach einem kurzen Wortwechsel zurück auf die Gabel.

Ajoschas Finger rutschte auf der Liste weiter, um sicherzugehen, dass seine Erinnerung ihn nicht trog, und stoppte dann. Sein Atem stockte. Neben Moskau reihten sich München, Salzburg, Bozen und Genua in die Auflistung ein.

Er griff über den Tisch und zog eine Akte aus einem weiteren Stapel heraus, ungeachtet dessen, dass die oberen Papiere verrutschten. Er schlug den Bericht auf und überflog die Zeilen mit gerunzelter Stirn. Es war ein Schreiben des US-Geheimdienstes CIC, das ein sowjetischer Informant besorgt hatte und das von den sogenannten Klosterrouten handelte. Fluchtrouten der Nazis über Italien nach Südamerika.

Was war, wenn Andrzej deswegen noch untergetaucht war? Weil er Nazis verfolgte, die versuchten zu fliehen?

»Ich habe gehört, dass die Deutsche das Kind bekommen hat und du nun offiziell Vater bist.«

Ajoschas Kopf fuhr hoch, als er plötzlich die Stimme seines Vaters hörte. Der spöttische Hass, der aus der Stimme des Generals sprach, stieß Ajoscha sauer auf. Er folgte mit seinem Blick der Bewegung seines Vaters, der sich von seiner Position am Türrahmen löste und nun vor seinem Schreibtisch aufbaute.

»Kam jetzt nicht allzu überraschend«, sagte Ajoscha kühl. Da sein Vater augenscheinlich nicht aus beruflichen Gründen hier aufgetaucht war, sah er keinen Anlass dazu, ihm militärischen Respekt zu zollen.

»Ich bin jetzt quasi Großvater.«

Ajoschas Kiefermuskulatur spannte sich an. Er widerstand dem Drang, das Gesicht zu verziehen und diesen Mann erneut zu schlagen. Auch den Kommentar, dass Wassily eher der leibliche Vater als der Großvater war, musste er sich verkneifen.

»Wenn du nichts Berufliches von mir willst, sollten wir diese Konversation auf ein Minimum begrenzen.« Er hielt den langen Blickkontakt.

»Ich will, dass du diese Deutsche so schnell wie möglich loswirst.«

Ajoscha schnaubte. »Sie ist meine Angelegenheit, in die du dich nicht einzumischen hast.« Langsam erhob er sich, die Hände auf die Tischplatte gestützt.

Die Augen seines Vaters verengten sich zu Schlitzen und er reckte leicht das Kinn in die Höhe. Doch bevor er etwas sagen konnte, klopfte es an der Tür.

»Entschuldigen Sie die Störung, Oberst, ich habe die Informationen, die Sie haben wollten.« Der Unteroffizier stand stramm und wartete auf Anweisungen.

»Verschwinden Sie«, schnauzte Wassily mit wutverzerrtem Gesicht über seine Schulter.

Ajoscha hielt den Blick fest auf seinen Vater gerichtet, die Hände in die Hosentaschen geschoben. »Geben Sie her.«

Aus den Augenwinkeln sah er, dass der Unteroffizier sichtlich zögerte, hin- und hergerissen zwischen dem Befehl seines Vorgesetzten und dem des ranghöheren Offiziers. Fordernd streckte Ajoscha die Hand aus und bekam schließlich das einseitige Papier ausgehändigt. Mit einem Nicken entließ er seinen Untergebenen. Er warf nur einen flüchtigen Blick auf das Schreiben, bevor er seine Aufmerksamkeit auf seinen Vater richtete, der missbilligend die Nase rümpfte.

»Du bist eine Schande für die Familie und deine Uniform«, grunzte Wassily, während er Ajoscha abfällig musterte.

Diesen ließ die Bemerkung seines Vaters äußerlich völlig kalt. Er legte seine Hand auf den Aktenstapel. »Ich habe zu tun. Wenn du mich bitte entschuldigen würdest«, sagte er betont höflich, während er erwartungsvoll die Augenbrauen hob.

Nach einer Minute eiskalten Blickkontakts verließ der General schnaubend den Raum und knallte die Tür hinter sich zu. Ajoschas Herz raste vor Wut. Er ließ sich in seinen Stuhl fallen und atmete tief durch. Er griff nach seiner Tasse und nahm die letzten Schlucke seines kalten Kaffees.

Hatte er sich geirrt und er konnte Emma nur vorübergehend schützen? Wenn sie sich scheiden ließen – was er insgeheim nicht hoffte, würde sie dann zur Zielscheibe werden? Oder wäre sein Vater sogar so skrupellos, seinen eigenen Sohn aus dem Weg zu schaffen? Bislang hatte er Letzteres für unwahrscheinlich gehalten. Und immerhin hatten sie eine inoffizielle Übereinkunft getroffen, dass Emma den Mund hielt und so unberührt blieb.

Ajoscha schloss die Augen, während er mit zwei Fingern seine Nasenwurzel massierte. *Lass das alles bitte gut ausgehen.*

Ein früherer Gedanke kam in ihm hoch. Es würde ihn zwar eine Menge Anstrengung kosten, jedoch bestand durchaus die Möglichkeit, die Namen der Männer herauszufinden, die am 21. Januar in Allenstein unterwegs gewesen waren und zu versuchen, Emmas Angreifer herauszufiltern. Es konnten nicht die Männer sein, die in unmittelbaren Kontakt zu seinem Vater gestanden hatten. Wassily hätte aufgrund seiner Position niemals mit anderen, einfachen Soldaten gemeinsame Sache gemacht. Wie viele Frauen die Männer wohl geschändet hatten? Doch auch wenn Gerechtigkeit das war, was er sich wirklich wünschte, wollte er Emma nicht einer solchen Konfrontation und noch mehr Gefahren aussetzen. Solange sie schwieg, würde sie sicher sein – das hoffte er zumindest.

Sein Blick fiel auf das Dokument, das ihm vor wenigen Minuten gebracht worden war. Er richtete sich in seinem Stuhl auf und nahm es zur Hand. Ein kleines Lächeln zuckte um seine Mundwinkel. Evas Vater hatte überlebt und war inzwischen mit seiner Tochter nach Berlin gezogen. Es freute ihn aufrichtig, dass er Emma diese gute Nachricht heute Abend würde überbringen können. Er hoffte sehr, dass das die Last auf ihren Schultern leichter machen würde.

In der nächsten Stunde formulierte Ajoscha seine Spekulation bezüglich Andrzej und der Verfolgung von Nazis und ließ sie seinem Vorgesetzten zukommen, kurz bevor ihm Bescheid gegeben wurde, dass der Augenzeuge nun da sei.

Doch innerhalb von wenigen Minuten fand Ajoscha heraus, dass Juri Kozlow gelogen hatte, in der Hoffnung auf eine Belohnung, mit der er seine Opiumsucht finanzieren könnte. Sobald das feststand, ließ Ajoscha ihn fallen. Er hatte als Zeuge keine Relevanz mehr.

Als Ajoscha bereits verspätet um neunzehn Uhr das Büro verlassen wollte, durchkreuzte sein Vorgesetzter Bolschakow seine Pläne und nahm ihn für eine lange Besprechung in Beschlag. Darin musste Ajoscha erklären, dass der Zeuge Kozlow gelogen hatte, aber dass er die Theorie mit den Fluchtrouten durchaus in Betracht ziehen würde. Bis in die Nacht hinein spekulierten sie, bevor Ajoscha todmüde nach Hause kam.

Leise schloss er die Tür. Als er sich umwandte, erblickte er an der Schlafzimmertür stehend Emma. Sie hatte sich noch nicht für die Nacht umgezogen.

»Du hättest nicht warten müssen«, sagte Ajoscha leise. Die Müdigkeit ließ seine Stimme rau klingen. Die obersten Knöpfe seiner Uniform waren geöffnet und der Stoff von dem langen Tag zerknittert.

»Marleen war noch überraschend lange wach«, erklärte Emma. Ihre Lippen kräuselten sich leicht. »Ich habe also nicht unbedingt auf dich gewartet.«

Der leichte Sarkasmus gefiel Ajoscha, doch er war zu erschöpft, um großartig darauf reagieren zu können. Dann kam ihm in den Sinn, dass sie sauer auf ihn sein könnte. »Verzeihung, ich hätte dir Bescheid geben sollen, dass ich zu spät komme«, sagte er, die Stirn in Falten gelegt.

»Schon in Ordnung.« Ihre Stimme klang hohl.

Es war aber augenscheinlich so was von ganz und gar nicht in Ordnung. Vielleicht dachte sie auch, dass er bei einer anderen Frau gewesen war. Aber seine Erklärung und Worte stießen ohnehin nur auf taube Ohren, solange sie nicht seine Herzenshaltung verstand.

»Wie geht es dir?«, fragte Ajoscha, als er seine Jacke aufknöpfte und aufhängte. »Du siehst immer noch blass aus.«

»Wenig verwunderlich. Die Geburt liegt noch nicht allzu lange zurück.«

Ajoscha war aus seinen Stiefeln geschlüpft und schob sie jetzt mit dem Fuß an die Wand. Er entgegnete nichts auf ihre abweisende Aussage.

Emma folgte ihm ins Arbeitszimmer. Den riesigen Blumenstrauß, den Ajoscha anlässlich der Geburt auf den Küchentisch gestellt hatte, hatte sie bisher unkommentiert gelassen. Nicht einmal ein Wort des Dankes war ihr über die Lippen gekommen. Heute früh hatte sie an ihrem Tee, den er ihr immer aufgoss, gemerkt, dass er schon sehr früh gegangen war, denn das Getränk war bereits vollständig abgekühlt.

Sie beobachtete, wie Ajoscha sich seufzend auf das Sofa fallen ließ. Er saß mit dem Rücken zu ihr. Seine Schultern waren verkrampft, das sah sie an seiner Haltung. Vermutlich bereitete seine Verletzung ihm zudem Probleme. Sie biss sich kurz auf die Unterlippe, als sie sich langsam aus ihrer Position löste. Sie trat hinter ihn und legte vorsichtig ihre Hände auf seine Schultern, ihre Finger zitterten leicht. Mit ihren Daumen begann sie in kreisenden Bewegungen seine Verspannungen zu lockern.

Ajoscha verhielt sich ganz ruhig, während sein Herz raste. Er wagte nicht, sich in irgendeiner Form zu regen oder die Sache zu sehr zu genießen. So nahe waren sie sich lange nicht gekommen und die plötzliche Zuwendung brachte ihn völlig aus dem Konzept.

»Du konntest wohl heute Nacht nicht schlafen. Ein Albtraum?«

Ajoscha starrte auf einen unbestimmten Punkt auf den Teppich. »Mhm«, war das Einzige, was er als Antwort gab. Emma konnte die Vibration seines Körpers spüren, als er den Laut von sich gab.

Wieder Schweigen. Ajoscha spürte, wie der penetrante Schmerz in seinen Schultern nachließ.

»Wie es wohl wäre, sich nicht mehr über die Erlebnisse zu definieren, sondern vollkommen frei zu sein«, sagte Emma leise.

»Aber das kannst du.« Als seine heisere Stimme erklang, stoppte Emma abrupt in der Bewegung. Sie zog ihre Hände von seinen Schultern und unmittelbar vermisste Ajoscha die Berührung.

»Kommst du jetzt wieder mit deinem göttlichen Gerede?« Sie presste die Lippen aufeinander und ging mit verschränkten Armen auf und ab.

Mit kritischer Miene beäugte Ajoscha sie. Angesichts ihrer Blässe wäre es ihm lieber gewesen, wenn sie sich hinsetzen würde.

»Ja«, bestätigte er. »2. Korinther 5,17: Wer mit Christus lebt, wird ein neuer Mensch. Er ist nicht mehr derselbe, denn sein altes Leben ist vorbei. Ein neues Leben hat begonnen!«

Emma legte den Kopf in den Nacken und lachte auf, doch es klang nicht unbeschwert. »An dir sieht man ja, dass dieses Prinzip super funktioniert.«

Ajoscha fuhr sich mit der Zunge über die Innenseite seiner Wange und rieb unruhig die Hände aneinander. »Vielleicht lasse ich Gott auch nicht nahe genug an mein Herz heran, damit das geschehen könnte.« Er klang nicht verärgert, sondern fast schon reumütig.

Emma beendete ihr Auf und Ab und als Ajoscha den Blickkontakt suchte, sah sie ihn mit gerunzelter Stirn an. Sie setzte sich auf die

Armlehne eines Sessels. »Und warum nicht?«, fragte sie möglichst neutral. Sie wollte eine ehrliche Antwort und nicht, dass er meinte, sie hätte nur Spott für ihn übrig – wann war sie eigentlich zu diesem Entschluss gekommen, dass es ihr wichtig war, was er über sie dachte?

»Weil ich Angst vor der Tatsache habe, dass er einen anderen Plan für mich hat als ich selbst. Zwar ist er allwissend und will nur das Beste für uns, aber na ja.« Er führte den Gedanken nicht weiter aus, sondern zuckte nur mit den Schultern. Er nahm sich ein paar Sekunden Zeit, bevor er weitersprach: »Wenn man jemandem vertraut, dann tut man das mit dem Wissen, dass die andere Person einen verletzen kann, und obwohl ich glaube, dass Gott einem nie etwas Böses antut, einen nie enttäuschen wird, weil er die perfekte Liebe ist, vertraue ich ihm nicht genug.«

»Und das schränkt dein seelisches Wohl ein?« Skeptisch hob sie eine Augenbraue. Es kam ihr irreal vor, dass ein erwachsener Mann sich ihr gegenüber auf einer emotionalen Ebene so verletzbar zeigte.

»Ich finde, es ist unfair, wenn ich Gott in einem Bereich vertraue und in einem anderen nicht. Er sieht sich als Gesamtpaket an und will nicht nur einen Teil unseres Herzens.« Mit der Hand fuhr er sich über die müden Augen. »Narben haben keine Macht über dich, Emma Iwanowa, wenn du ein komplett neuer Mensch bist.«

Emma schüttelte den Kopf. »Ich sehe nicht das, was du siehst.«

Ein leichtes Schmunzeln umzuckte Ajoschas Mundwinkel. »Ich weiß.« Er musterte sie mit einem intensiven Blick. »Geh ins Bett, bevor du mir noch zusammenbrichst.«

Das Blut schoss Emma in die Wangen und ließ ihr blasses Gesicht etwas gesünder erscheinen. Ajoscha konnte sich ein leises Lachen nicht verkneifen und erntete dafür einen bösen Blick von Emma, bevor sie kurz die Hand hob und sich aufmachte, um den Raum zu verlassen.

»Gute Nacht und danke, Emma Iwanowa«, sagte er noch schnell.

Sie sah ihn kurz an als Bestätigung, dass sie seine Worte zur Kenntnis genommen hatte, ging dann aber wortlos.

Als die Tür sich hörbar schloss, fuhr sich Ajoscha mit den Handflächen über das Gesicht.

»O Gott, wie kann ich nur ihr Herz berühren?«, presste er verzweifelt hervor. »Wie kann ich ihr zeigen, dass sie mir vertrauen kann? Ich zeige ihr doch schon das Innerste meines Herzens!«

Er stockte. Tat er das wirklich, wenn er ihr nicht mal sagte, was er für sie empfand?

28

15. September 1945

Ajoscha hatte sich nach seiner Rückkehr aus dem Krieg erst wieder daran gewöhnen müssen, seine Mahlzeiten langsam und in Ruhe zu sich zu nehmen. Doch nun genoss er die Zeit, die er zusammen mit Emma am Esstisch verbrachte. Den Schlafentzug des vergangenen Tages hatte er noch keineswegs ausgeglichen und auch die letzte Nacht war zu kurz gewesen, doch lieber wollte er mit seiner Familie frühstücken, als eine Stunde länger schlafen zu können.

Seine Familie. Er lächelte in sich hinein.

Emma war nicht weniger müde als er, immerhin wurde sie von Marleen auf Trab gehalten. Die Kleine lag auf einer Menge Decken auf dem Boden und war gerade wieder eingeschlafen.

Ajoscha streckte die Hand über die Tischplatte aus, ein Angebot, das er Emma jedes Mal beim Essen machte. Und zu seiner Freude nahm sie es neuerdings an. Sie legte ihre Hand leicht in seine, während er für das Essen dankte und noch um den Segen für den Tag bat.

Emma stellte sich die Frage, ob er das Gebet wegen des Handkontakts extra lang hielt, doch vermutlich war das nur ihre Einbildung. Sobald das *Amen* fiel, entzog sie ihm ihre Hand.

Ajoscha nahm einen Schluck Tee aus seiner Tasse und fuhr sich mit der Zunge über die Lippen. Statt mit dem Essen anzufangen, stützte er die Ellenbogen auf der Tischplatte ab und musterte Emma aufmerksam. Als sie das wahrnahm, hob sie den Kopf. Ihre Kaubewegungen verlangsamten sich, bis sie schluckte und dann sprach: »Dein Essen wird kalt.«

Ajoscha fuhr mit dem rechten Zeigefinger über den Rand seiner Untertasse. »Ich habe deiner Bitte entsprochen und mir Informationen über Eva zukommen lassen. Sie lebt mit ihrem Vater in Berlin.«

Emma ließ ihren Löffel auf ihren Teller fallen und lehnte sich in ihrem Stuhl zurück. »Gott sei Dank«, lachte sie erleichtert auf und fuhr sich mit den Händen übers Gesicht.

»Der Herr sei gepriesen«, murmelte Ajoscha.

»Hast … du noch etwas rausgefunden?« Emmas Lächeln war verblasst. Ihre Angst um das Mädchen kam wieder hoch.

»Persönliche Dinge nicht, bedaure.«

Sie nickte. »Trotzdem danke.«

»Willst du ihre Adresse, damit du ihr schreiben kannst? Ich habe …« Er wollte gerade aufstehen, um ihr das Dokument zu holen, als Emma ihm die Hand auf den Arm legte. »Nein, nein. Ist schon gut.«

Ajoscha senkte den Blick kurz auf ihre Hand und als er den Kopf wieder hob, sah er die Röte, die in Emmas Gesicht geschossen war. Schnell zog sie ihre Hand zurück. Mit gerunzelter Stirn setzte er sich wieder.

Für den Rest der Mahlzeit wich sie seinen intensiven Blicken aus. Sie hatte das Gefühl, er könnte ihr direkt in den Kopf schauen. Sie hätte zwar zu gerne gewusst, wie es Eva ging, doch lieber lebte sie mit der Ungewissheit, als dass sie erfuhr, dass Eva dasselbe hatte durchmachen müssen wie sie selbst. Sie musste einfach versuchen, den Gedanken zu verdrängen.

~

20. September 1945

Es war ein kühler Herbsttag. Die ersten Blätter fielen von den Bäumen und das Licht der untergehenden Sonne spiegelte sich in Emmas hellen Haaren.

Sie und Ajoscha spazierten in unmittelbarer Sichtweite zum Kreml und dem Roten Platz am Fluss Moskwa entlang. Ajoscha hatte sein Schritttempo dem von Emma angepasst, die den Kinderwagen mit Marleen schob.

Als Ajoscha nach Hause gekommen war, hatte er festgestellt, dass Elana Emma die Haare bis kurz über die Schultern geschnitten hatte. Auf sein Kompliment hatte sie sehr schüchtern reagiert. Sie war sich mit der Hand durch die Haare gefahren und hatte gesagt: »Elana meint, wenn Marleen anfängt, nach allem zu greifen, werde ich froh sein, dass ich sie abgeschnitten habe. Ich persönlich bin mir aber noch unschlüssig.« Ein schwaches Lächeln war ihrer Aussage gefolgt, das Ajoscha als äußerst entzückend wahrgenommen hatte. Er hatte auch gesehen, dass sie ein Telegramm erhalten hatte, und auf Nachfrage hatte Emma erzählt, dass Louis ihr zur Geburt von Marleen Charlotte gratuliert hatte.

Die Hände hinter dem Rücken gefaltet, blickte Ajoscha nun die Promenade entlang und sah die anderen Pärchen und Menschen, oftmals auch Soldaten in Uniform, die an diesem Abend ebenfalls frische Luft schnappen wollten.

Als Marleen zu meckern begann, blieben die beiden stehen, und während Emma sich ihrer Tochter widmete, sah Ajoscha auf das Wasser hinaus. Nach einer Weile wurde Marleen wieder ruhig. Seufzend richtete sich Emma auf und strich sich eine Haarsträhne aus ihrem Gesicht. »Kann ich froh sein, dass es keine Zwillinge sind«, sagte sie mit einem kurzen belustigten Blick in Ajoschas Richtung.

Er wusste nicht, was er darauf sagen sollte, und Emma schmunzelte kurz, als sie seine Unsicherheit bemerkte. »Lass uns weitergehen«, sagte sie.

Gerade als Emma sich wieder mit dem Kinderwagen in Bewegung setzte, spuckte ihr ein vorübergehender Passant unmittelbar vor die Füße und beschimpfte sie mit einem hässlichen Wort, sodass Emma heftigst zusammenzuckte. Doch sie hielt den Blick nach vorn gerichtet und presste nur die Lippen aufeinander, während sie weiterging.

Ajoschas Nasenflügel blähten sich auf und seine Hände krampften sich umeinander. Emma stellte verwundert fest: Wenn er selbst angegriffen wurde, wirkte er ruhig, völlig kühl und distanziert, doch wenn sie in der Schussbahn stand, fiel es ihm schwer, sich zu beherrschen.

»Du kannst es nicht gegen die ganze UdSSR aufnehmen«, sagte Emma und schluckte, ihre Stimme war heiser. Es war offenkundig, dass Emmas deutscher Akzent dem Affront zugrunde lag.

»Ich kann es zumindest probieren«, knurrte Ajoscha und warf nochmals einen bösen Blick über seine Schulter.

Emma lachte kurz freudlos auf. »Doch nicht für mich«, sagte sie, während sich etwas in ihrem Inneren zusammenzog.

Ajoschas Schritte wurden für einen Moment langsamer. Er starrte Emmas Rücken an. Bisher war ihm noch nicht allzu bewusst gewesen, wie beschädigt Emmas Selbstwertgefühl war. Sie sah nicht denselben Wert in sich, den er und den insbesondere Gott in ihr sah. Er stieß ein Stoßgebet Richtung Himmel und schloss dann wieder zu ihr auf. »Ich kämpfe gerne für dich«, entgegnete er mit fester Stimme.

Emma warf ihm einen verwirrten Seitenblick zu. In einer anderen Zeit, unter anderen Umständen wäre sie bei solch einem Satz dahingeschmolzen. »Eine etwas seltsame Aussage, wenn man in Betracht zieht, dass ich deine Gefangene war.« Jede Spur von Humor, die bis gerade eben noch vorhanden gewesen war, war blanker Ernsthaftigkeit gewichen. Sie sprach nur selten von ihrer gemeinsamen Vorgeschichte, doch augenscheinlich hatte diese noch einen großen Einfluss auf ihr derzeitiges Denken.

»Nur, weil wir in diesem Krieg auf verfeindeten Seiten standen, heißt das nicht, dass wir das immer noch müssen«, entgegnete Ajoscha.

»Augenscheinlich hat sich aber an der verfeindeten Denkweise der Russen gegenüber einer Deutschen nichts geändert.«

»Deutschland hat die Welt das zweite Mal in einen Weltkrieg geführt. Das Vertrauen muss erst einmal wiederhergestellt werden.«

Er machte eine kurze Pause. »Sowohl die Alliierten als auch die Deutschen müssen lernen, dass der andere Feind nicht mehr der Feind ist oder auch sein sollte. Ich jedenfalls bringe dir als Russe Vertrauen entgegen.« Ajoscha schob die Hände in seine Manteltaschen und wartete, ob Emma seinen Gedanken aufgriff.

Ihre Finger klammerten sich so fest um den Griff des Kinderwagens, dass ihre Knöchel weiß hervortraten. Sie war sowohl äußerlich als auch innerlich angespannt. Ajoscha fragte sich, ob seine aufmerksame Art vielleicht ein Hindernis für Emma war, dass sie sich immer beobachtet von ihm fühlte.

»Und du willst jetzt, dass ich dir Vertrauen entgegenbringe oder zumindest mehr, als ich es bisher getan habe.« Es war eine Feststellung, keine Frage, und sie hatte den Nagel auf den Kopf getroffen. Ajoscha sah sie im Gehen immer wieder an, doch sie hielt den Blick entweder auf Marleen oder in die Ferne gerichtet.

»Ich glaube, ich kann nachvollziehen, warum du so handelst, wie du eben handelst«, begann Ajoscha, während er mit einer Hand in der Luft gestikulierte. »Deine Erlebnisse und dein Trauma verhindern, dass du mir vertraust, immerhin warst du meine Gefangene, wie du bereits gesagt hast. Aber das hatte ja nichts mit mir als Persönlichkeit zu tun.«

»Willst du damit sagen, dass du als Soldat eine andere Person bist, dass deine Uniform jemand anderen aus dir macht, als du eigentlich bist?« Emma hatte die Stirn verwirrt in Falten gelegt, sie verstand nicht, warum Ajoscha das Thema in der Öffentlichkeit anging.

Sie hatten schon vor einiger Zeit die Uferpromenade verlassen und bogen gerade in die Straße ein, in der Ajoschas Wohnhaus lag.

»Ich bin ich, aber es gibt eben zwei Seiten.«

»Aber die guten Taten der einen Seite wiegen nicht die schlechten Taten der anderen Seite auf«, gab sie zurück. Aus den Augenwinkeln nahm sie wahr, dass Ajoscha schmunzelte – was sie nicht verstand –, bevor seine Mimik wieder einen neutralen Ausdruck annahm.

»Du bist also der Meinung, egal, was man tut, es wird nie genug sein, damit die schlechten Taten vergessen werden«, sagte er, nachdem er ihren Satz noch mal in seinem Kopf wiederholt hatte.

»Ja«, gab sie leicht verunsichert zurück.

Er nickte. »Diese Ansicht teile ich.«

Nun wandte sie ihm wieder den Kopf zu. »Verstehe ich nicht. Du hast doch gerade von deinen zwei Seiten gesprochen.«

»Ich habe damit gemeint, dass ich nicht nur eine schlechte Seite habe. Aber das hat nichts damit zu tun, dass das eine das andere ungeschehen oder vergessen macht.« Sie gelangten an das Haus, in dem ihre Wohnung lag, und Ajoscha schloss die Eingangstür auf. Den Kinderwagen stellten sie im Hausflur ab. In der Wohnung angekommen, verschwand Emma mit der Begründung, dass Marleen müde sei, im Schlafzimmer, nachdem Ajoscha ihr ihren Mantel abgenommen hatte.

~

Ajoscha hatte unterdessen im Kamin im Arbeitszimmer ein Feuer gemacht. Er setzte sich in einen Sessel, während er wartete, ob Emma noch zu ihm stoßen würde.

Nach einer Weile stand er auf und klopfte an die Schlafzimmertür. Es verstrichen einige Sekunden, bevor Emma ihn hereinbat. Sie hatte Marleen auf dem Arm und wiegte sie.

»Will sie nicht schlafen?« Er schob die Hände in die Hosentaschen und lehnte sich gegen den Türrahmen.

»Nein«, seufzte Emma. »Und trinken will sie auch nicht, auch wenn sie mir die ganze Zeit in den Ausschnitt grapscht.« Ihre Augen weiteten sich, als ihr bewusst wurde, was sie gerade gesagt hatte, und schnell wandte sie Ajoscha den Rücken zu – die Röte in ihrem Gesicht hatte er trotzdem gesehen.

»Ich habe im Arbeitszimmer den Kamin angemacht. Vielleicht willst du dich dazusetzen und ich kann dir dann auch mal Marleen

Charlotte abnehmen«, sagte er, ohne auf ihren Kommentar einzugehen, in der Hoffnung, dass es ihr die Situation nicht ganz so unangenehm machen würde.

»Gerne«, sagte sie mit heiserer Stimme und wich seinem Blick aus. Sah sie sich gezwungen, seinem Angebot zu folgen?

Ajoscha löste sich von seiner Position und setzte sich im Arbeitszimmer zurück in den Sessel. Den Ellenbogen hatte er auf der Armlehne abgestützt, den Blick auf das knisternde Feuer gerichtet. In der Bibel wurden Feuer oft metaphorisch benutzt, um die Liebe zu beschreiben. Erst am Morgen hatte er die Stelle im Hohelied gelesen, in der gesagt wurde: *Leg mich wie einen Siegelring an dein Herz, wie einen Siegelring um deinen Arm. Denn stark wie der Tod ist die Liebe und ihre Leidenschaft so unentrinnbar wie das Totenreich. Ihre Glut lodert wie Feuer; sie ist eine Flamme des Herrn. Große Wassermassen können die Liebe nicht auslöschen, Strömen sie nicht überfluten.*

Er hob nicht den Kopf, als Emma mit Marleen Charlotte auf dem Arm hereinkam. Sie setzte sich ihm gegenüber auf das Sofa und legte Marleen neben sich. Das Geräusch einer Rassel, mit der Emma ihre Tochter beschäftigte, erklang.

Ajoscha hatte das Gefühl, dass ein Feuer ihn von innen heraus aufzuzehren versuchte. Würde es wirklich für ewig brennen? Oder könnte er Emma vergessen, wenn sie weg war? Und Marleen Charlotte? Er schüttelte unmerklich den Kopf. Nein, das konnte er sich beim besten Willen nicht vorstellen.

»Ich habe vorhin geschmunzelt, weil es meine Überzeugung ist, dass gute Taten nicht dazu führen, dass man in das Himmelreich kommt, und schon gar nicht, dass sie schlechte Taten ungeschehen machen.« Er legte eine Pause ein, den Blick weiter auf die züngelnden Flammen gerichtet. Emma fragte sich, ob er erwartete, dass sie etwas sagte. »Ich glaube, dass man sich nicht durch Taten den Zugang zu Gott verschaffen kann, dafür ist der Mensch einfach zu unperfekt und nichts an seinem Handeln könnte daran etwas ändern.« Er wandte ihr nun den Kopf zu. Sie hielt aber den Blick starr auf Marleen Charlotte gerichtet, die mit großen Augen nach oben sah und von dem Geräusch der Rassel in Emmas Hand augenscheinlich fasziniert war.

»Und der Zugang gelingt wie?«

Ajoscha hätte gedacht, dass sie genervt klingen würde, doch es schwang auch eine Spur von Neugier mit.

»Gott hat durch Jesus den perfekten Menschen sterben lassen, obwohl er eben ohne Schuld war. Jesus hat die Strafe des Todes, die er eigentlich nicht verdient hat, getragen. Kein unperfekter Mensch hätte das tun können, weil er selber für seine Taten hätte büßen müssen.« Ajoscha stand auf und nahm Marleen Charlotte auf den Arm. Sanft hüpfte er leicht auf und ab und tatsächlich bewirkte er damit etwas und die Kleine wurde ruhiger. »Wir haben die Möglichkeit, zu sagen, dass wir anerkennen, dass wir Fehler begangen haben. Und wir können akzeptieren, dass Jesus für unsere Sünden gestorben ist, sodass wir für unsere Taten nicht mehr büßen müssen.«

Gegen Ende hin war er immer leiser geworden und stellte mit einem zufriedenen Lächeln fest, dass Marleen Charlotte tatsächlich eingeschlafen war.

»Ich bringe sie ins Bett«, sagte Emma und sprang auf. Sie wollte dem Gespräch entfliehen. An einem anderen Tag hätte Ajoscha sie vielleicht gehen lassen, doch an diesem nicht. »Ich mache das schon«, entgegnete er.

Emma presste die Lippen aufeinander, setzte sich aber ohne Widerworte hin. Ajoscha brachte Marleen Charlotte in ihr Bettchen. Auch wenn Emma wartete, nahm er sich einen Moment Zeit, die Kleine zu begutachten und ihr einen Kuss auf den Kopf zu drücken. Er hatte immer noch ein Lächeln auf den Lippen, als er ins Arbeitszimmer zurückkehrte.

»Du glaubst also, dass Menschen, die sich ihr ganzes Leben lang aufopfern und Gutes tun, in der Hölle landen werden, wenn sie nicht glauben?«, warf ihm Emma gleich die nächste Frage an den Kopf.

Ajoschas Gesicht wurde ernst. Er blieb stehen und stützte sich mit einer Hand am Kaminsims ab. »Ja«, sagte er ruhig.

Emma schnaubte und schüttelte den Kopf. »Ich verstehe dich nicht.«

»Augenscheinlich.«

Emma funkelte ihn an, als sie den Kopf schief legte und sagte: »Dein Gott ist doch so lieb und gut. Und dann bestraft er gute Menschen dafür, dass sie versuchen, ihr ganzes Leben lang ihr Bestes zu geben?!« Nur der Gedanke, dass ihre Tochter im Nebenzimmer schlief, hielt sie davon ab, dass ihre Stimme noch schriller und lauter wurde.

»Gott ist gut und ist Liebe, deswegen hat er uns die einfache Möglichkeit gegeben, dass wir annehmen, was Jesus getan hat. Er möchte nicht, dass die Menschen in der Ewigkeit von ihm getrennt sind, aber was wäre er für ein Gott, wenn er, egal, wer die Menschen sind, sie nach dem Tod in den Himmel lassen würde? Eben dann würde er sich über den freien Willen der Menschen, denen er ihnen aus Liebe gegeben hat, hinwegsetzen. Er würde ihre Entscheidung, dass sie sich gegen ihn entschieden haben, nicht akzeptieren. Gott wäre ungerecht, wenn er sie nicht bestrafen würde, solange sie Jesus nicht ihre Schuld tragen lassen.« Er pausierte kurz und schüttelte dann leicht den Kopf. »Du hast die Freiheit, zu wählen, Emma Iwanowa, aber du bist nicht frei von den Konsequenzen deiner Wahl.«

Er sah, wie sie energisch und mit gerunzelter Stirn den Kopf schüttelte.

Als er plötzlich mit schnellen Schritten in ihre Richtung ging, zuckte sie zwar zusammen, war aber zu perplex, um noch anderweitig zu reagieren. Ajoscha nahm ihr Gesicht in seine Hände und ihre Gesichter waren nur wenige Zentimeter voneinander entfernt. »Warum wird es dir in deinem hübschen Kopf nicht klar? O Gott! Am liebsten würde ich jeden Zweifel aus dir herausküssen, damit du mich verstehst!«

Emma brauchte einige Sekunden, um seine Worte zu verarbeiten. Sie war viel zu überwältigt von den hochkochenden Gefühlen in ihrer Brust, die ihr den Atem raubten. Ajoscha ließ sie wieder los und ging einen Schritt zurück. Emma hob ihre Hand und berührte mit den Fingerspitzen die Stelle in ihrem Gesicht, auf der bis gerade eben noch seine starke Hand geruht hatte.

»Du kannst mich nicht zwingen, zu glauben«, sagte sie mit heiserer Stimme.

Sie sah, wie er sich mit der Hand über den Bart fuhr. »Nein, das kann ich nicht und das würde nichts bringen, wenn du nicht aus Überzeugung glaubst. Aber ich werde so lange versuchen, es dir zu erklären, bist du begreifst, was ich glaube.«

»Also wirst du die restliche Zeit, die ich noch hier bin, auf mich mit deinem Irren-Gerede einreden«, fuhr sie ihn an. Sofort bereute sie ihre harschen Worte, doch sie war zu stolz, sich in ihrem jetzigen Gemütszustand dafür zu entschuldigen.

Energisch wandte sich Ajoscha zu ihr um. »Stell dir vor, dass du etwas Wertvolles kaputt gemacht hast und es nicht mal ausreichen würde, wenn du das Geld, das du dein ganzes Leben lang verdienst, aufwenden würdest, um den Schaden zurückzuzahlen. Dann kommt jemand, der den Schaden für dich begleichen will und wirklich nichts von dir will, außer deine Dankbarkeit … Bist du in dem Moment zu stolz zu sagen, dass du den Schaden nicht aus eigener Kraft bezahlen kannst? Oder vertraust du etwa nicht der Person? Denn das ist das Einzige, das vonnöten ist: Vertrauen und Glauben in das Wort der Person.« Er merkte, wie er laut geworden war, und versuchte, die Leidenschaft zu zügeln, die ihn ihm brannte, doch es fiel ihm sehr schwer. »Man muss auch die Großzügigkeit annehmen und sagen: Ich akzeptiere das Geld, dass du mir geben willst. Wenn du das nicht tust, bleibst du auf der unbezahlbaren Rechnung sitzen, die du dann in der Ewigkeit absitzen musst.«

»Diesen Jemand, den kann ich weder sehen noch hören. Er hat sich mir noch nie offenbart, also erwarte nicht von mir, dass ich an ihn glaube und ihn für vertrauenswürdig halte«, schnaubte Emma, die empört darüber war, dass er sie anschrie.

Ajoschas Hand formte sich für einen Augenblick zur Faust. »Gott hat noch nie ein Versprechen gebrochen«, sagte er überraschend ruhig und gefasst. »Lies es doch selber nach.« Er machte eine Handbewegung in Richtung seiner Bibel, die auf dem Schreibtisch lag. »Lies nach, was für Prophezeiungen es im Alten Testament gibt, die sich, insbesondere durch Jesus, erfüllt haben.«

Die Spannung zwischen ihnen war fast mit Händen zu greifen, während Ajoscha leicht außer Atem den Blickkontakt zu ihr hielt. Er senkte seine Hand, die eben noch in wilder Gestikulation durch den Raum geflogen war. Für einen Moment schloss er die Augen und Emma fragte sich, ob er betete.

»Akzeptier bitte, dass ich nicht dasselbe glaube wie du«, sagte sie.

Er betrachtete sie lange. »Ich muss es akzeptieren, es ist dein freier Wille. Und ich muss mich entschuldigen, dass ich so emotional geworden bin.«

Emotional. Was für ein intimes Wort aus dem Mund eines solch autoritären Mannes. Aber vielleicht hatte seine Eigenschaft, sich oft zu entschuldigen, damit zu tun, dass er sich um seines Seelenheils willen seine Fehler eingestand, dachte Emma insgeheim.

»Ein Wunder, dass wir Marleen Charlotte nicht geweckt haben«, stellte Ajoscha fest, nachdem er eine Weile gehorcht hatte. Er war froh, als daraufhin Emmas Mundwinkel zuckten und sie tatsächlich leise lachte. Die Spannung, die bis gerade eben noch in der Luft gelegen hatte, war wie weggeblasen.

»Ich schließe mich Marleen an und gehe schlafen«, sagte Emma.

Sie wünschten einander eine gute Nacht und Emma verließ das Zimmer.

TEIL 4

Nur weil du nicht
an den Herrn glaubst,
heißt das nicht,
dass seine Kraft nicht
in deinem Leben wirkt.[4]

Francine Rivers

29

2. November 1945

Die Tage wurden immer kälter und es wurde früher dunkel.

Marleen verschaffte Ajoscha einen neuen Zugang zu Emma. Nicht nur, dass er wie vernarrt in die Kleine war, was eine gewisse Faszination auf Emma ausübte, sondern auch, dass er automatisch mit Emma Zeit verbrachte, wenn er bei Marleen war. Er hatte das Gefühl, dass Emma auftaute – es geschah sehr langsam, aber die Zeit war es ihm wert. Auch Emma nahm die Veränderung an sich selbst wahr und es verunsicherte sie immer wieder.

Aber auch Ajoscha machte einen Wandel durch. Zwar verhielt er sich immer noch höflich und zuvorkommend Emma gegenüber, doch strahlte er eine gewisse Unruhe aus, die ihr zunächst Angst machte. Dann jedoch sah sie, dass er immer öfter in der Bibel las, und zog eine Schlussfolgerung: Seit er seine Treffen mit seinen Glaubensgeschwistern unterlassen musste, war er nahezu isoliert, was den Austausch mit anderen Christen anging. Sie verstand zwar nicht, warum das einen solchen Einfluss auf ihn hatte, aber sie verlor kein Wort darüber. Ajoschas Unruhe lag jedoch auch darin begründet, dass er jeden Tag damit rechnen musste, dass die Geheimpolizei vor der Tür stand. Allerdings blieb es überraschend ruhig. Scheinbar hatte sein Vater ihm doch einen großen Gefallen getan.

Nahrungsmittel und Heizmaterial wurden knapp. Viele Menschen mussten bereits hungern – und die Kälte tat ihren Rest, sodass viele starben. Auch Ajoscha musste ihren Verbrauch einschränken. Er verzichtete für sich oft auf bestimmte Dinge, da es ihm wichtiger war, dass Emma sich ausgewogen ernährte, immerhin stillte sie Marleen Charlotte noch. Ajoscha hatte darauf bestanden, dass er das Schlafzimmer heizte und sonst keinen Raum. Das führte dazu, dass sie oft abends gemeinsam im Schlafzimmer vor dem Kamin saßen wie auch an diesem Abend.

»Hättest du einen Moment Zeit?«, fragte Ajoscha und stützte sich mit den Unterarmen von hinten auf die Rückenlehne eines Sessels.

Emma sah von dem Buch auf, das sie in ihrer rechten Hand hielt, mit ihrer Linken schaukelte sie sanft die Wiege von Marleen Charlotte.

»Sicher.« Sie legte ihren Finger an die Stelle auf der Seite, an der sie aufgehört hatte zu lesen.

Ajoscha zog einen Umschlag aus der Innentasche seiner Jacke und spielte damit in seinen Händen. »Ich habe ein verfrühtes Geburtstagsgeschenk für dich … vorausgesetzt natürlich, dass du es annehmen willst.« Er biss sich leicht auf die Unterlippe – eine Geste, die Emma äußerst reizend an ihm fand. Er hielt ihr den Umschlag hin.

Sie runzelte leicht die Stirn, da er sich nicht weiter erklärte. Sie legte ihr Lesezeichen in das Buch und räumte es beiseite. Sie nahm das Kuvert in die Hand. Ihr Finger fuhr unter die Lasche, die nicht verklebt war. Sie zog zwei Eintrittskarten für den *Nussknacker* im Bolschoitheater heraus. Die Karten waren für den 4. November. Die Kinnlade klappte ihr nach unten und ihr fehlten die Worte. Ajoscha lachte leise. Er musste die Karten sicherlich vor zwei oder drei Monaten besorgt haben, da solche Aufführungen schnell ausverkauft waren. Hatte er mit jemand anderem dorthin gehen wollen? Aber die Vorstellung war tatsächlich wenige Tage vor ihrem Geburtstag – hatte er soweit im Voraus gedacht? Sie verdrängte die Frage, warum er diese Tickets hatte, stattdessen verbreitete die Vorfreude ein angenehmes Kribbeln in ihrem Bauch.

»Ich hoffe, du bist einverstanden«, sagte Ajoscha leise.

»Ob ich einverstanden bin? Natürlich! Tschaikowskys *Nussknacker* hautnah zu erleben? In einem russischen Theater? Das ist umwerfend!« Und ihr Lächeln war für Ajoscha umwerfend. Doch dann wurde Emmas Gesicht auf einmal ernst.

»Aber was soll ich anziehen? Was ist mit Marleen?«, fragte sie und warf ihrer Tochter, die von Tag zu Tag wuchs, einen Blick zu. Ajoscha meinte, fast schon Panik in ihrem Gesicht zu sehen und aus ihrer Stimme herauszuhören.

»Elana hat angeboten, dass sie dir ein schlichtes Kleid ausleiht und an diesem Abend auf Marleen aufpasst – ihr Beitrag zu deinem Geburtstag.«

Emma konnte es immer noch nicht fassen. Kopfschüttelnd starrte sie die Karten an. Sie mussten ein Vermögen gekostet haben! Dann erstarrte sie. Sie hatte einen Moment gebraucht, Ajoschas Worte in ihrer kompletten Bedeutung zu verstehen. Ihr Mund öffnete sich und es tat ihr im Herzen weh, dass sie sie jetzt womöglich sein Geschenk ablehnen musste. »Aber … wenn Elana auf Marleen aufpasst … dann würde das bedeuten, dass sie im Haus von …« Sie verstummte und sah in Ajoschas ernstes Gesicht.

Er nickte und richtete sich auf. »Ich weiß. Aber vielleicht überzeugt dich das Argument, dass Wassily momentan nicht in der Stadt ist. Er wird erst in einer Woche zurückerwartet.« Er wartete ab, ob das Emma zufriedenstellen würde. Sie war sichtlich hin- und hergerissen. Sie war noch nie von ihrer Tochter getrennt gewesen.

»Ich verstehe es natürlich voll und ganz, wenn du nicht möchtest. Dann überlege ich mir etwas anderes, um …«

Er stockte, als Emma ihm die Hand auf den Unterarm legte. »Nein, Ajoscha. Ich nehme gern sowohl dein als auch Elanas Angebot an. Das ist wirklich … entzückend. Ich danke dir.«

Für Ajoschas Geschmack waren ihr Lächeln, das direkt an ihn gerichtet war, während sie Blickkontakt hielten, und die Berührung von ihr von viel zu kurzer Dauer, doch er erfreute sich an jeder Millisekunde solcher Momente.

Bolschoitheater Moskau
4. November 1945

Der große Saal des Theaters war in Rot und Gold gestaltet. Schon lange hatte Emma nicht mehr einen solchen Prunk gesehen. Die Vorhänge der Balkone und die Sitzplätze waren in Rot gehalten, während die Front der Brüstungen genauso wie die Decke in Gold erstrahlte. Die runde Kuppel wurde durch einen mächtigen Kronleuchter abgerundet.

Ajoscha hatte die Beine übereinandergeschlagen. Statt sich auf die Aufführung zu konzentrieren, lag sein Fokus auf Emma. Sie saß auf dem Rand ihres Stuhls, so aufgeregt und begeistert, wie er sie noch nie erlebt hatte. Ihre Sitzplätze befanden sich auf der zweiten Balkonebene unmittelbar neben der Ehrenloge direkt an der Bühne. Von hier aus hatten sie einen hervorragenden Blick auf die Aufführung sowie das Orchester.

»Warst du schon mal hier?«, fragte Emma flüsternd, ohne ihren Blick von dem Ballettstück abzuwenden. Ihre Haare waren zur Hälfte hochgesteckt und das schlichte, dunkelblaue Abendkleid von Elana stand ihr in Ajoschas Augen ausgezeichnet.

»Ist eine Ewigkeit her«, erwiderte Ajoscha. Mit dem Ellenbogen stützte er sich auf der Armlehne seines Stuhls ab und beobachtete Emma weiter verhalten.

Als sie sich für den Abend hatte umziehen wollen, war ihr die feine Schachtel auf dem Bett aufgefallen, die Ajoscha dort deponiert hatte. Sie hatte verwundert den Deckel gehoben und das Papier auseinandergefaltet. Ihr war eine tiefe Röte ins Gesicht geschossen. Zu ihrem Erstaunen hatte Ajoscha ihr tatsächlich Nylon-Strumpfhosen geschenkt. Nylon! Der Mann hatte Nerven. Nicht nur, dass diese Strümpfe ein Vermögen kosteten, sondern auch, dass sie beide nicht das führten, was man eine Ehe nennen konnte. Sie fragte sich, ob er einfach nur aufmerksam sein wollte oder ob mehr dahintersteckte. Sie hatte aber kein Wort darüber verloren, auch wenn sie sie tatsächlich angezogen hatte, nachdem sie mit sich selbst gerungen hatte. Noch nie in ihrem Leben hatte sie so wertvolle Kleidung besessen. Weil sie Angst hatte, sein kostbares Geschenk in irgendeiner Weise zu beschädigen, versuchte sie sich nun möglichst bedacht zu bewegen, um Laufmaschen zu vermeiden.

In der Pause verließen sie den Zuschauersaal. Auch der Rest des Theaters war majestätisch. Man fühlte sich, als wäre man in einem Palast. Wenn Russlands Zaren eins konnten, dann war es dies: Prachtbauten zu errichten. Ajoscha reichte Emma ein Glas Wasser und schob dann seine Hände in die Hosentaschen. Ihr Gesicht war von der warmen Luft gerötet. Ajoschas Auftreten dagegen wirkte steif, fast schon militärisch. Doch seine Augen strahlten nicht die Kälte aus, wie sie es getan hatten, als sie sich kennengelernt hatten.

Als Emma ihr Glas wieder absetzte, fuhr sie sich unwillkürlich mit dem Zeigefinger unterhalb ihrer Unterlippe entlang. »Keine Sorge, es ist noch alles da, wo es sein sollte«, sagte Ajoscha in einem neutralen Tonfall und setzte sein eigenes Glas an den Mund. Es war das erste Mal, wo er Emma mit Lippenstift sah. Auch wenn die rote Farbe ihren Mund betonte, mochte er sie nicht an ihr.

Mit einem nüchternen Gesichtsausdruck sah Ajoscha an Emma vorbei. »Emma, würdest du mich entschuldigen? Da sind ein paar hochrangige Militärs und ihre Frauen, die ich begrüßen muss.« Sein Blick wanderte zu ihr. Durch ihre hohen Schuhe musste er nicht mehr so tief zu ihr hinunterschauen, wie er es sonst tat. »Du kannst ja deine Nase pudern gehen oder was Frauen sonst in solchen Momenten tun.«

»Gern«, erwiderte sie. Sie war froh, dass sie der Konversation mit anderen Besuchern ausweichen konnte. Sie hatte keine Lust, dass es aufgrund ihres Akzents wieder zu einem Affront kam.

Ajoscha wollte sie beschützen, deswegen hatte er ihr den Vorschlag unterbreitet. Gleichzeitig ärgerte es ihn, dass er seine Frau anderen nicht vorstellen konnte, wie er es gerne machen würde. Dass sie, auch wenn ihre Augen leuchteten, die meiste Zeit schwieg, hing vermutlich auch mit ihrem Akzent zusammen. »Denk daran, dass du beim ersten Gong zu deinem Platz zurückkehren musst.«

Emma nickte und Ajoscha ging an ihr vorbei. Sie selbst zog sich in die Waschräume zurück und als wenig später die Vorstellung weiterging, trafen sie und Ajoscha sich an ihren Plätzen wieder.

Die ganze Taxifahrt über hörte Emma nicht auf zu reden, was für sie sehr ungewöhnlich war, doch sie war so überwältigt von den ganzen Eindrücken, dass sie aus dem Staunen gar nicht mehr herauskam. In sich hineinlächelnd lauschte Ajoscha ihr und nickte an den richtigen Stellen, um sie zu bestätigen. Den Lippenstift hatte Emma mittlerweile mithilfe eines Stofftaschentuches entfernt.

Vor ihrem Haus angekommen, bezahlte Ajoscha und reichte dann Emma die Hand, um ihr aus dem Fahrzeug zu helfen. Als sie auf den Füßen stand, rümpfte sie die Nase. »Meine Schuhe bringen mich um«, murmelte sie.

Etwas verdutzt schaute Ajoscha sie an. »Setz dich wieder«, sagte er, eine Hand auf der offenen Autotür abgestützt.

Verwirrt runzelte Emma die Stirn. »Was?«

»Mach einfach.«

Zögerlich setzte sie sich auf den Sitz zurück, aber bevor sie die Beine in den Wagen schwingen konnte, war Ajoscha vor ihr in die Knie gegangen und löste die Riemen ihrer Schuhe. Entsetzt schaute sie ihn mit großen Augen an.

»Ajoscha, das geht doch nicht«, stammelte sie. »Ich mache doch nur die Strumpfhosen kaputt, wenn ich …« Sie verstummte und presste die Lippen aufeinander. Als Ajoscha den Kopf hob, sah er, dass ihr das Blut in die Wangen geschossen war. »Das geht schon«, erwiderte er nüchtern. Seine Hand ruhte noch einen Moment an ihrem Fußknöchel, bevor er sich erhob und ihr die hohen Schuhe in die Hand drückte.

Emma wusste gar nicht, wie ihr geschah, als Ajoscha sie aus dem Wagen hob und auch keine Anstalten machte, sie wieder loszulassen. Entsetzt und ängstlich schrie sie auf und klammerte sich um seinen Hals, aus Angst, er könnte sie fallen lassen – doch ihr war im Grunde klar, dass das nicht passieren würde. Vor der Eingangstür blieb er stehen und blickte ihr direkt in die Augen. Ihre Gesichter waren sich so nahe, dass Emma seinen Geruch wahrnahm.

»Stell dich auf meine Füße«, sagte Ajoscha.

Emma brauchte einen Moment, um sich von seinen intensiven Augen loszureißen, und trat mit ihren Fußspitzen auf seine Schuhe. Er verzog weder das Gesicht noch machte er irgendeine andere Äußerung, die zum Ausdruck brachte, dass ihr komplettes Gewicht auf seinen Füßen ruhte.

»Keine Sorge, keinem Soldaten und schon gar nicht einem Offizier kann das so schnell etwas anhaben«, sagte er leise, als hätte er ihre Gedanken gelesen. Ihr Gesicht brannte, während er die Haustür aufschloss und sie dann die Treppe hinauftrug. Es verwunderte Emma, dass seine verletzte Schulter der Tortur standhielt, doch vielleicht ließ er es sich auch einfach nur nicht anmerken. Vor der Wohnungstür wollte Emma ihm nicht dasselbe noch einmal antun, weswegen sie ihm die Schlüssel aus den Fingern zog und die Tür selbst aufschloss. Durch die Vibration seiner Brust konnte sie spüren, dass er leise lachte. Wenn sie ehrlich mit sich selbst war, dann genoss sie diese Zuneigung.

Mit der Hand öffnete sie die Tür und Ajoscha trat ein. Mit dem Fuß stieß er die Tür ins Schloss, aber anstatt sie abzusetzen, lief er den Gang entlang ins Schlafzimmer. Zuerst war sie verwirrt, doch dann wurde ihr klar, dass er sie nur auf dem Teppich abstellen wollte.

Er setzte sie ab und trat einen Schritt zurück. Emma schluckte. Sie bückte sich und legte ihre Schuhe und ihre Handtasche ab. Sie musste ihn nicht ansehen, um zu wissen, dass sein Blick auf ihr ruhte.

Nervös strich sie mit ihren Händen über den Stoff ihres Mantels. Jetzt war sie wieder genauso klein neben ihm wie sonst auch immer. »Ich danke dir … für den Abend und das Tragen.« Sie spürte, wie die Röte wieder ihren Hals heraufkroch, doch sie konnte sich ein Schmunzeln nicht verkneifen. Was war nur mit ihr los? Warum fühlte sie sich wie ein Mädchen, das mit seinem Schwarm sprach?

»Darf ich dir ein Kuss auf die Wange geben, Emma Iwanowa?«, fragte Ajoscha.

Ihre Augen weiteten sich ein Stück angesichts der ungewöhnlichen Bitte, bevor sie sich auf die Unterlippe biss und leicht nickte. Sie drehte ihm ihre linke Wange hin und langsam beugte er sich vor. Seine Lippen berührten ihre Haut und sie erlaubte sich, die Augen zu schließen. Doch so schnell die Berührung gekommen war, so schnell war sie auch wieder vorbei. Ajoscha zog den Kopf ein kleines Stück zurück, doch Emma konnte immer noch seinen warmen Atem auf ihrer Haut spüren.

Jede Faser seines Körpers schrie danach, sie zu berühren, sie zu küssen, sie ganz und gar zu seiner Frau zu machen, doch es war nicht an ihm, diesen Schritt zu tun. Sie musste dazu bereit sein, denn er war es schon lange …

Sie machte genauso wenig Anstalten, sich zu bewegen, wie er. Beide spürten die Anziehungskraft, die der jeweils andere auf sie ausübte.

»Vor was hast du Angst?«, fragte er auf einmal mit heiserer Stimme in die Stille des Raumes hinein. Da die letzten Stunden das Kaminfeuer nicht gebrannt hatte, war es eiskalt. »Dass ich dir wehtue?«, fragte er weiter. Bei dem Gedanken, dass sie Angst vor ihm hatte, zog es ihm das Herz zusammen.

Sie nickte leicht mit gesenktem Blick.

»Mir geht es nicht um bedeutungslosen Sex, Emma Iwanowa. Es geht mir um dich«, flüsterte er. Seine Stimme bebte vor Gefühlen.

»Ich weiß«, sagte sie, ebenfalls heiser.

Er war sich nicht sicher, ob sie ehrlich war, doch er wollte ihr vertrauen. Sachte griff er nach ihrer Hand. Er schluckte, sodass sein Adamsapfel auf und ab hüpfte, als er mit seiner anderen Hand seinen Mantel aufknöpfte und dann ihre Finger auf seine Brust, unmittelbar über sein Herz, legte.

Mit großen Augen sah Emma zu ihm hoch. Ajoschas Herz raste. Er lächelte und wirkte leicht verlegen, als er sagte: »Du bist nicht die Einzige, die nervös ist.«

Langsam griff sie nach seiner Hand und ließ ihn ihren Herzschlag spüren. Er schloss die Augen. Emma schien seine Zuneigung zu erwidern.

Herr, ich will nichts tun, was ihr nicht gefällt. Er hatte Angst, es nicht zu schaffen, sie glücklich zu machen, sondern stattdessen nur an sich zu denken.

»Emma, wenn …«, fing er an, doch sie schüttelte den Kopf und legte ihm einen Finger auf den Mund. »Schhh, sag nichts«, meinte sie leise. Sie schluckte. »Es gibt da eine Frage, die du mir schon die ganze Zeit stellen willst, oder? Bezüglich Andrzej und mir …«

Jetzt war es an ihm, den Kopf zu schütteln. Damit wollte er sie nicht nur zum Schweigen bringen, sondern auch den Gedanken, dass Andrzej eventuell noch am Leben war, verdrängen. »Du musst mir die Frage nicht beantworten.«

Sie runzelte die Stirn. »Warum nicht?«

»Weil es nicht mein Bild von dir verändern soll.« Er griff sanft nach ihrem Handgelenk und verschränkte seine Finger mit ihren.

»Ich habe nicht mit Andrzej geschlafen oder mit irgendjemand anderem, Ajoscha«, stellte Emma ernst klar.

Er legte den Kopf schief. »Dann fangen wir beide wohl ganz von vorne an.«

Emmas Mundwinkel zuckten.

»Sag mir, was du willst«, sagte er. Er spürte, dass ihre Finger zitterten.

Irritiert zog sie die Augenbrauen zusammen. »Ich verstehe nicht…«

»Was sind deine Wünsche?«

Ihre Lippen öffneten sich leicht und es kostete Ajoscha eine Menge Selbstbeherrschung, sie nicht zu liebkosen. »Ich halte Kommunikation für sehr wichtig«, erklärte er sich selbst, als sie nichts entgegnete. »Es ist erlaubt, enttäuscht zu sein. Kein Druck. Ich will dich glücklich machen. Dir Wertschätzung und Respekt entgegenbringen.«

»In welchem Ratgeber hast du denn das gelesen?«, fragte sie leicht spöttisch.

Seine Mundwinkel zuckten. »In der Bibel, wenn du so willst.« Er wollte das tun, wofür Gott Sex geschaffen hatte.

Sie gluckste, antwortete aber nicht. Stattdessen hob sie ihre Hand und fuhr mit ihren Fingern durch seinen Bart. Mit dem Daumen fuhr sie die Kontur seines Wangenknochens entlang. »Küss mich«, flüsterte sie.

Seine Lippen berührten sachte ihren Mund, er wollte sie nicht bedrängen. Es ging ihm erstrangig nicht um seine Lusterfüllung, sondern darum, zu tun, was ihr gefiel. Er wollte sie glücklich machen und nicht sich selbst.

Das schönste Gefühl, das ihn umströmte, war, als sie den Kuss erwiderte. Als er den süßen Geschmack ihrer Zuneigung schmeckte. Doch Emma spürte, dass etwas nicht stimmte. Sie unterbrach die Zärtlichkeiten und zog ihren Kopf ein Stück zurück, damit sie ihn ansehen konnte. Mit der Hand fuhr sie an seinem Arm entlang. Sie merkte, dass er sich unwohl fühlte.

»Was ist los?«, fragte sie leise. Seine Kiefermuskulatur spannte sich an. »Wie war das mit Kommunikation?«, schnaubte sie belustigt, als er nicht antwortete.

Er schmunzelte, doch dann wurde sein Gesicht wieder ernst. »Ich habe Angst, etwas zu tun, was dir nicht gefällt, Angst, dass ich den Bogen überspanne«, entgegnete er mit heiserer Stimme.

»Solange du nicht grob bist und in alte Gewohnheiten zurückfällst …«

Ajoscha erstarrte. Doch dann sah er das Funkeln in ihren Augen und die Spur von Humor, die in ihrer Stimme mitschwang. »Das werde ich nicht, Emma Iwanowa. Das verspreche ich dir. Und du kannst jederzeit sagen, wenn ich aufhören soll.«

Sie nickte. »Und ich muss dir noch etwas sagen, was du wissen solltest.« Sie biss sich kurz auf die Unterlippe und holte dann Luft. »Ich habe einen Schlag auf den Kopf bekommen und bin ohnmächtig geworden, gerade als die Rotarmisten in Allenstein …«

Ajoscha berührte sanft ihre Wange und Emma schluckte tapfer die Tränen herunter. Sie wollte nicht daran denken, was damals passiert war, aber sie war dankbar, dass es keine direkten Erinnerungen von dem Ereignis selbst gab, die sie hätten beeinflussen können.

Langsam begann sie, die Knöpfe ihres Mantels zu öffnen.

Ajoscha machte sie glücklich und sie machte ihn glücklich, als sie sich liebten. Er spürte, dass er dadurch nur noch mehr erfüllt wurde, als wenn er sich von ihr einfach nur genommen hätte, was er begehrte. So entstand zwischen ihnen eine tiefe Verbundenheit. Emma spürte, dass er sie nicht gebrauchen wollte, nur um seine Lust zu befriedigen. Er war sanft, rücksichts- und liebevoll. Sie fühlte sich in seinen Armen nicht eingeengt, sondern geborgen.

Zudem waren sie sich nicht nur körperlich nah. Sie sahen aneinander nicht nur die körperlichen Narben, die sie beide davongetragen hatten, sondern spürten auch die seelischen Narben, die sich in ihnen verbargen. Und auf diese hatten ihre gegenseitige Zuneigung und ihre Zärtlichkeit lindernde Wirkung. Emma fühlte sich so wertgeschätzt, wie sie es noch nie zuvor in ihrem Leben gefühlt hatte.

30

Emma schreckte mit rasendem Herzen aus dem Tiefschlaf hoch.

Ihr erstes Gefühl war, dass sie aus einem Albtraum aufgewacht wäre. Doch das fühlte sich anders an. Sie schluckte. Sie war es nicht gewohnt, dass jemand neben ihr schlief. Sie lauschte und konnte hören, dass Ajoscha schwer atmete. Anscheinend war gerade er aus einem Albtraum erwacht und hatte sie mit aus dem Schlaf gerissen. Sie drehte ihren Kopf nach rechts zu ihm um. Es fiel nur ein schwaches Licht durch die Vorhänge, das vom Mond ausging. Ajoschas Oberkörper hob und senkte sich schnell und seine Nasenflügel blähten sich auf. Er hatte die Augen geschlossen, doch er war wach.

Erst zögerte sie, doch dann streckte Emma unter der großen Decke, unter der sie beide lagen, die Hand aus und legte sie vorsichtig auf Ajoschas nackte Brust. Sie spürte sein Herz rasen und hörte die Decke rascheln, als Ajoscha seine Hand über die ihre legte. Minutenlang verweilte sie in dieser Position, bis Ajoscha sich wieder beruhigt hatte.

Während Emma zur Zimmerdecke hinaufstarrte, zog ein Kribbeln durch ihren Körper, als sie die vergangenen Stunden Revue passieren ließ. Es fühlte sich seltsam an, einem anderen Menschen körperlich so nahe zu sein. Auch wenn es sie sehr viel Überwindung gekostet hatte, war sie das Risiko eingegangen und hatte Ajoscha vertraut – und sie hatte es nicht bereut, er hatte ihr Vertrauen nicht missbraucht.

»Ich wollte dich nicht wecken«, sagte Ajoscha leise. Seine Fingerspitzen glitten langsam über ihren Handrücken.

Emma fröstelte. »Alles gut«, erwiderte sie heiser. »Ich kenne das nur zu gut.«

Nun schlug Ajoscha zum ersten Mal die Augen auf und drehte sich auf die Seite. Aufgrund seiner Bewegung wollte Emma ihre

Hand wegziehen, doch er hielt sie weiter fest. Er hatte sich den linken Arm unter den Kopf geklemmt.

»Ist dir kalt?«, fragte er.

Emma schmunzelte leicht, ihre Gänsehaut war offenbar deutlich spürbar für ihn. »Mhm«, stimmte sie zu.

Sie spürte, wie Ajoscha seine Hand auf ihre Taille legte. Sanft zog er sie näher an sich heran und vergrub sein Gesicht in ihren Haaren.

Keiner verlor ein Wort darüber, was in den vergangenen Stunden zwischen ihnen geschehen war. Emma machte es Angst, dass ihr seine Nähe gefiel, in ihrem Innern fühlte es sich seltsam an. Sie hatte das Gefühl, dass sie sich selbst verraten hatte – doch warum? Warum hatte sie Zweifel, dass sie sich ihm hingegeben hatte? Vermutlich, weil er ein Russe – ein Rotarmist – war und sie ihm so lange mit Abscheu begegnet war.

Emma blinzelte mehrmals. Sie wusste, dass sie in Panik geraten würde, wenn sie jetzt weiter diesen Gedanken verfolgte. Sie schob vorsichtig seine Hand von ihrem Körper und setzte sich im Bett auf.

»Was ist los?«, fragte Ajoscha mit gerunzelter Stirn und leicht verschlafener Stimme.

Emma lächelte kurz grimmig, was er aber nicht sah. Sie schämte sich, dass er eine so anziehende Wirkung auf sie hatte.

»Ich brauche mal einen Moment«, murmelte sie und fuhr sich mit der Hand durch das offene Haar, dessen Duft Ajoscha eben noch eingesogen hatte. Sie schloss die Augen und schüttelte den Kopf. Es war wunderschön gewesen, das konnte sie nicht leugnen, doch das bedrängende Gefühl der möglichen Folgen überwog die Glücksgefühle.

»Ajoscha«, sagte sie stockend und wandte sich zu ihm um. »Was ist, wenn ich schwanger werde?«

Überrascht starrte er sie an. Er hatte keine Ahnung, was er darauf erwidern sollte. Wieder schüttelte Emma den Kopf und rieb sich mit den Händen über das Gesicht.

»Ich denke, wir sind uns beide bewusst, wie Kinder entstehen …«, begann er.

»Natürlich«, schnaubte Emma. »Doch … was ist, wenn … es gerade eben dazu gekommen ist?«, stammelte sie und gestikulierte wild, sodass Ajoscha sanft nach ihrem Handgelenk griff und ihre Hand festhielt.

Er sah sie eindringlich an. »Du weißt, dass ich immer für dich da bin und auch für ein eventuelles Kind.«

Sie wollte ihm ihre Hand entziehen, doch er ließ sie nicht los. Eine Spur von Entsetzen war über ihr Gesicht gezogen. *Will er ein Kind von mir?*, schoss es ihr durch den Kopf, doch sie sprach es nicht aus.

»Ich trage nicht nur die Verantwortung für diese eine Nacht« – *und für gegebenenfalls folgende Nächte*, setzte er in Gedanken hinzu, »sondern auch für die möglichen Folgen, Emma Iwanowa.« Ein paar Atemzüge vergingen, bevor er hinterherschob: »Das heißt nicht, dass ich jetzt will, dass du schwanger bist.«

Emma nickte, sah ihn aber nicht an. Ajoscha streckte seine freie Hand aus und strich ihr eine Haarsträhne hinters Ohr, um ihr Gesicht besser sehen zu können. Er fragte sich, ob Emma ihn immer noch verlassen wollte und ob diese Nacht die Einzige für sie beide gewesen war.

»Hattest du je in Betracht gezogen, deine Schwangerschaft vorzeitig zu beenden?«, fragte Ajoscha mit heiserer Stimme. Margarete Schneider hatte allein die Vermutung einer Schwangerschaft in den Tod getrieben.

Ein Schauer überkam Emma, der sie frösteln ließ, doch diesmal war es weder Ajoschas Nähe noch der Kälte geschuldet. Ajoscha hatte es vermieden, Marleen Charlottes Namen zu nennen, doch trotzdem zog sich alles in Emmas Innerem zusammen bei dem Gedanken, dass sie ihre Tochter hätte abtreiben können. Sie presste ihre zitternden Lippen aufeinander und senkte den Kopf, sodass ihr wieder Haarsträhnen ins Gesicht fielen. Ihre Schultern bebten, als sie langsam nickte und die Tränen über ihre Wangen liefen.

Augenblicklich bereute Ajoscha, dass er ihr diese Frage gestellt hatte. Es war eine Frage gewesen, die ihn schon länger beschäftigt hatte. Fest drückte er ihre Hand. Er hörte, wie sie langsam ein- und ausatmete, bis sie sich wieder beruhigt hatte. Dann straffte sie ihre Schultern und ließ sich seufzend zurück auf ihr Kissen sinken.

Ajoscha führte ihre Hand an seinen Mund und küsste ihre Fingerknöchel, bevor er sie losließ. Er schloss die Augen und wollte versuchen, weiterzuschlafen, da sie augenscheinlich nicht mehr reden wollte. Gleichzeitig verspürte er den überwältigenden Drang, die Decke zurückzuschlagen und aufzuspringen. Neben Emma verspürte er Frieden. Doch nach all den Jahren, in denen er bei jedem Atemzug in Alarmbereitschaft gewesen war, konnte er seinen Überlebensinstinkt jetzt nicht abschalten. Eigentlich müsste er ruhig bleiben können, immerhin war der Krieg vorbei – der Weltkrieg zwar, doch der Krieg, den er gerade ausfocht, war noch hochaktuell. Was sagte ihm, dass der GRU, der Militärgeheimdienst, nicht jeden Augenblick die Wohnung stürmen würde? Jeden Tag verließ er das Haus mit dem Gedanken im Hinterkopf, dass er vielleicht nicht zurückkehren würde. War es dann nicht besser, wenn Emma und Marleen Charlotte ihn doch verließen, damit er sie nicht in Gefahr brachte? Er biss die Zähne zusammen, dass ihn der Kiefer schmerzte. War das wirklich das Opfer, das er bringen musste? Momentan wusste er nicht einmal, ob Emma ihn noch verlassen wollte oder nicht, doch wenn sie es nicht tat, dann würde er das Militär und Moskau verlassen. Das schwor er sich.

~

5. November 1945

Als Ajoscha in den frühen Morgenstunden das Schlafzimmer verließ, fragte er sich, ob er am Abend in dieses Bett zurückkehren würde. Nicht unbedingt deshalb, weil sie vielleicht miteinander schlafen würden, sondern einfach nur, um in der Nähe von Emma zu sein. Er jedenfalls wünschte sich das. Er wollte jeden Morgen neben dieser Frau aufwachen.

Bevor er zur Arbeit aufbrach, würde er noch Marleen Charlotte abholen und zu Emma bringen. Für einen Augenblick verlangsamten sich seine Bewegungen bei der Frühstückszubereitung. Mit grimmiger Miene dachte er an den Stapel Dokumente auf seinem Schreibtisch. Dass Andrzej eventuell auf den Klosterrouten unterwegs war, konnte von keinem Geheimdienst bestätigt werden, und selbst wenn diese Vermutung tatsächlich stimmte, brachte ihn das nicht weiter. Ajoscha war davon überzeugt, dass Andrzej nur dann gefunden werden würde, wenn er selbst es wollte.

Auch wenn dieser Gedanke egoistisch war, hoffte Ajoscha, dass Andrzej nichts in Emma sah, dass sie keine Bedeutung für ihn hatte. Emma dagegen hatte einst gesagt, dass sie Andrzej liebe und das, obwohl sie wusste, dass er ein Spion gewesen war. Weder Ajoscha noch Emma hatten dieses bedeutungsschwere Wort in der vergangenen Nacht in den Mund genommen. Liebe. Ajoscha war sich sicher, dass Emma etwas für ihn empfand. Die Frage war nur, was und inwiefern es sich von ihren Gefühlen zu Andrzej unterschied. *Wäre der Kerl tatsächlich noch am Leben und würde hier auftauchen, würde das eine Menge verkomplizieren.* Ajoscha schüttelte den Kopf, um diese Gedanken loszuwerden. Er wollte nicht weiter darüber nachdenken, solange es kein stichfestes Lebenszeichen gab. Und bis dahin würde er auch gegenüber Emma den Mund halten.

Er dankte Gott für das Essen und als er auch ein Wort des Dankes für die vergangene Nacht sprach, war seine Stimmung wieder aufgehellt. Er aß relativ zügig sein Kascha, eine Art Buchweizenbrei, und ließ dann den Rest auf dem Herd stehen, um ihn für Emma warmzuhalten.

Ajoscha ging in sein Arbeitszimmer und schlüpfte in seine Uniform. Er schloss gerade die Knöpfe seines Mantels, als er hörte, dass

Emma aus dem Schlafzimmer kam. Zu seiner Überraschung war sie schon fertig angezogen.

»Guten Morgen«, sagte er.

»Morgen.« Ein leichtes Lächeln zeichnete sich auf Emmas Lippen ab.

Ajoscha trat auf sie zu und machte Anstalten, sie auf die Wange zu küssen. Er wartete einen Augenblick, ob sie ihm diesen Wunsch verwehren würde, doch dann hielt sie ihm ihre Wange hin. Sanft küsste er sie, bevor er den Kopf zurückzog und den letzten Knopf an seinem Mantel verschloss. Emmas gerötetes Gesicht entzückte ihn.

»Ich gehe jetzt Marleen Charlotte holen und …«

»Darf ich mitkommen?«, fragte Emma auf einmal und überrascht sah Ajoscha hoch. Er hätte niemals damit gerechnet, dass sie freiwillig das Haus seines Vaters betreten würde. »Klar«, sagte er und musterte sie für einen Augenblick.

Emma machte einen Schritt auf ihn zu und fuhr mit der Hand über seinen Mantel. Er war attraktiv in seiner Uniform, doch sie hasste sie und das, wofür sie stand. Sie sah ihn nicht gern darin, es schien, als würde die Uniform eine Barriere zwischen ihnen bilden. Sie stellte sich auf die Zehenspitzen und küsste ihn kurz auf den Mund. »Danke«, sagte sie heiser und verschwand in den Flur.

Ajoscha folgte ihr, um ihr in ihren Mantel zu helfen. Er fragte sich, ob der Dank tatsächlich nur auf die Tatsache bezogen war, dass er sie mitnahm, oder ob die vergangene Nacht vielleicht auch eine Rolle spielte. Er hätte sie gern länger geküsst, doch er wollte ihr nicht das Gefühl geben, überrumpelt zu werden. Genauso wie in der letzten Nacht hingen die Zärtlichkeiten davon ab, wann Emma ihre Schutzmauer fallen ließ. Er betete für eine Zeit, in der sie es nicht mehr für nötig hielt, sie überhaupt wieder hochzuziehen.

»Du hast noch gar nicht gefrühstückt«, stellte Ajoscha mit einem Blick Richtung Küche fest.

»Das mache ich, wenn ich wieder nach Hause komme. Ich kann es kaum erwarten, Marleen wiederzusehen … und sie zu stillen.« Sie räusperte sich. »Meine Brüste platzen fast.«

Ajoscha presste die Lippen aufeinander und unterdrückte ein Glucksen. Sie sah ihn kurz an und errötete wieder. Beide verloren sie aber kein weiteres Wort darüber, was in der Nacht zwischen ihnen geschehen war.

Mit einem Taxi fuhren sie zu Wassilys Haus. Es war noch relativ früh am Morgen und die Sonne war noch nicht aufgegangen. Sie schwiegen die meiste Zeit, aber Ajoscha bemerkte, dass Emma, je näher sie ihrem Ziel kamen, umso angespannter wurde.

»Er ist nicht da«, sagte er mit gedämpfter Stimme und griff sachte nach ihrer Hand.

Er spürte, dass ihre Finger eiskalt waren und zitterten. Emma hielt den Blick starr aus dem Autofenster gerichtet, klammerte sich aber so an seine Hand, als würde ihr Leben davon abhängen – und in gewisser Weise tat es das ja auch.

Im schwachen Licht des beginnenden Sonnenaufgangs hatte Emma beim Vorbeifahren einen kurzen Blick auf den Kreml erhaschen können. Sie fragte sich, ob Ajoscha ihn auch gesehen hatte und jetzt an denselben Tag dachte wie sie. Tatsächlich tat er das und er musste daran denken, wie Emma gegenüber Major Fedor Komarow behauptet hatte, dass sie ihren Ehering nur nicht trage, weil ihre Finger durch die Schwangerschaft geschwollen seien. Mit der Hand fuhr er sich über den Bart, als er in Betracht zog, ihr tatsächlich einen Ring zu kaufen.

»Hättest du dasselbe getan wie die Offiziere, die auf dem Roten Platz hingerichtet worden sind?«, fragte Emma auf einmal. Als er nicht antwortete, wandte sie ihm den Kopf zu. Die plötzliche Härte in seinem Gesicht erschreckte sie und hatte auch etwas Angsteinflößendes an sich. Sie zuckte leicht zusammen, doch der Griff um ihre Hand, die Ajoscha hielt, war immer noch genauso sanft wie vorher.

»Durch ihre Taten haben die Männer ihr Land verraten«, sagte Ajoscha ausweichend und warf einen Blick Richtung Taxifahrer, um Emma zu signalisieren, dass er nicht hier darüber sprechen wolle und würde. Sie schluckte und nickte nur leicht. Vor dem Haus, in dem Elana wohnte, bezahlte Ajoscha den Fahrer und sie stiegen aus.

»Jeder kann ein Spitzel des Geheimdienstes sein. Du solltest aufpassen, was du sagst«, flüsterte Ajoscha in Emmas Ohr, als sie die Treppenstufen zur Haustür hinaufgingen. Sie fröstelte. Auch wenn er es nicht so gemeint hatte, klangen seine Worte wie eine Drohung.

Ajoscha ließ ihren Ellenbogen wieder los und klopfte kräftig gegen die Tür. Ein Bediensteter öffnete ihnen.

»Wir legen nicht ab«, erklärte Ajoscha knapp, öffnete dann aber mit einer Hand die Knöpfe seines Mantels, weil ihm sonst zu warm geworden wäre. Es wunderte ihn nicht, dass sein Vater genug Heizmaterial und auch Strom für die Heizungen hatte, während draußen Hunderte Menschen erfroren.

»Wo ist Frau Elana Iwanow?«, frage er.

»Im Wohnzimmer.«

Mit einem steifen Nicken entließ Ajoscha den Bediensteten. Wenn Emma es recht überlegte, dann passte Ajoscha gut in die Oberschicht. Militärische Härte war das, was die Führungselite ausmachte. Ihr Blick glitt an den hohen Decken und der geschwungenen Treppe, die ins nächste Geschoss führte, entlang. »Hier hast du also deine Jugendzeit verbracht«, murmelte sie, während Ajoscha ihr die Hand auf den Rücken legte und sie vorwärts schob.

»Nicht wirklich. Militärinternate, in denen man morgens mit einem Kübel Eiswasser geweckt wird, waren am ehesten das, was man mein Zuhause nennen konnte«, entgegnete er nüchtern.

Erst dachte Emma, sie hätte einen Anflug von Humor aus seiner Stimme herausgehört, doch seine Augen waren kühl und funkelten nicht, wie sie es sonst manchmal taten. Sie kam aber gar nicht dazu, weiter darüber nachzudenken, denn da öffnete Ajoscha schon eine

Tür und sie erblickte ihre Tochter. Freudestrahlend nahm sie Marleen auf den Arm und küsste sie auf die Wange.

Ajoschas Mundwinkel zuckten leicht, als er das Geschehen beobachtete und Elana, die Dimitrij auf dem Arm hatte, begrüßte.

»Wie war euer Abend gestern?«, fragte sie.

»Umwerfend«, entgegnete Ajoscha, den Blick fest auf Emma geheftet, die aufsah und ihn anblickte. Diesmal funkelten seine Augen und belustigt stellte er fest, dass Emma verstand, worauf er anspielte. Schnell wandte sie ihren Blick ab, doch ihr brennendes Gesicht konnte sie nicht verbergen.

»Ich wusste gar nicht, dass du dich so sehr für Kulturelles begeistern lässt«, sagte Elana leicht neckend und setzte sich auf ein Sofa.

Ajoscha zuckte nur leicht mit den Schultern. Es war nicht die kulturelle Tragweite des Abends gewesen, die ihn so begeistert hatte.

»Die Hauptsache ist doch, dass es Emma gefallen hat – und das hat es doch, oder?« Er blickte seine Frau an, eine Augenbraue fragend gehoben. Etwas Rebellisches blitzte in ihren Augen auf und erst dachte er, sie würde etwas Spöttisches entgegnen.

»Ich kann Ajoscha nur zustimmen«, sagte sie schließlich, nachdem sie sich mit ihrer Antwort Zeit gelassen hatte. Sie hatte ihn zappeln lassen wollen, doch wie so oft musste sie feststellen, dass ihn so etwas nicht aus der Ruhe brachte.

Aus den Augenwinkeln registrierte Ajoscha, dass Elanas Blick immer wieder zwischen ihm und Emma hin- und hersprang. Doch sie fragte nicht nach, obwohl sie merkte, dass es zwischen ihnen knisterte.

»Auf jeden Fall danken wir dir, dass du auf Marleen aufgepasst hast. Und dein Kleid bekommst du wieder, sobald ich es gereinigt habe«, erklärte Emma, während sie den beiden den Rücken zukehrte und anfing, ihre Tochter zu stillen.

»Ach, das habe ich doch gerne getan und das mit dem Kleid hat Zeit. Ich hoffe, es hat gepasst.«

»Es war perfekt«, sagte Ajoscha trocken.

Als seine Schwägerin ihren Sohn auf dem Teppich absetzte, ging Ajoscha in die Knie und nahm ein Holzflugzeug in die Hand, das er durch die Luft fliegen ließ und dabei das Motorengeräusch imitierte. Mit großen Augen folgte Dimitrij dem Objekt. Er brauchte mehrere Versuche, bis er schließlich das Spielzeug zu fassen bekam und es quiekend schüttelte, als würde es so zum Leben erweckt werden. Lächelnd fuhr Ajoscha seinem Neffen über den Haarschopf, bevor er sich wieder erhob und einen Blick auf die Uhr warf.

»Wenn ich euch noch zu Hause absetzen soll, müssten wir jetzt los, damit ich noch rechtzeitig zur Arbeit kann.«

Sie verabschiedeten sich von Elana und machten sich auf den Nachhauseweg.

~

»Ich hoffe, du hast mich nicht zu sehr vermisst«, flüsterte Emma ihrer Tochter auf Deutsch so leise zu, sodass Ajoscha es fast nicht mehr verstand. Die Kleine war dick eingepackt und ihre kleine Hand, die in einem Handschuh steckte, hatte sich fest um den Stoff von Emmas Mantel gekrallt.

Emma blickte aus dem Fenster und zum Himmel hinauf. Egal, wo auf der Erde man sich befand, der Himmel sah überall gleich aus. Wenn sie einfach nur die Wolken betrachtete, die von der aufgehenden Sonne beleuchtet wurden, könnte sie meinen, sie würde sich in Königsberg befinden – ihrem Zuhause. Doch war es das noch? Es war nicht mehr ihre Familie, die sie an den Ort band, und auch keinerlei Besitz. Wenn sie ehrlich mit sich selbst war, waren es nur noch die Erinnerungen an Ostpreußen, die sie sentimental werden ließen. Was war nun ihr Zuhause? Ihr Blick wurde wieder auf das kleine Bündel Leben in ihren Armen gelenkt, als Marleen leicht mit den Füßen strampelte. Emma lächelte. Da, wo ihre Tochter war, war ihr Zuhause. Sie schluckte. Wie es wohl wäre, wenn Ajoscha ein

Leben lang bei ihr sein würde? Zählte er nicht schon in gewisser Weise zur Familie?

Das Taxi setzte sie vor dem Haus ab und Ajoscha trug die Tasche mit Marleens Sachen hoch, während Emma ihre Tochter nahm. Er schloss die Wohnungstür auf und ließ Emma zuerst eintreten. Dann brachte er die Tasche in das Schlafzimmer, während Emma sich in die Küche setzte und begann, ihre Tochter aus den wärmenden Schichten Kleidung zu befreien. Als sie hochsah, erblickte sie Ajoscha, der immer noch in voller Wintermontur dastand.

»Wegen der Sache im Taxi: Ich wollte …«, begann Emma, doch sie wurde von Ajoscha unterbrochen.

»Ich muss jetzt zur Arbeit. Wir reden heute Abend darüber.« Er drückte einen Kuss auf Marleen Charlottes Kopf, bevor sein langer Blick auf Emma ruhte, sich aber keiner von beiden rührte.

»Bis heute Abend«, murmelte er, blieb aber an Ort und Stelle stehen. Emmas Herz begann zu rasen. Früher hatte sie seine intensive Blicke als beängstigend empfunden, doch jetzt lösten sie ein angenehmes Kribbeln in ihrer Magengegend aus. Ihre Sorge vor einer möglichen Schwangerschaft war auf einmal wie weggefegt und ihr wurde klar, dass sie sich sofort wieder in die Arme dieses Mannes begeben würde.

Langsam beugte er sich zu ihr hinunter und als sie den Kopf hob, gab er ihr einen sachten Kuss. Zu seiner Überraschung legte Emma eine Hand in seinen Nacken und genoss die Berührung seiner Lippen. Es kostete Ajoscha eine Menge Selbstbeherrschung, sie nicht mit seiner Zuneigung und Leidenschaft zu überfluten, sondern sich langsam wieder von ihr zu lösen.

»Ich muss jetzt wirklich gehen«, flüsterte er.

Emma sah zu ihm hoch und ihre Mundwinkel verzogen sich leicht. »Schade.«

Ajoscha lachte leise und strich ihr noch einmal mit der Hand über das Haar, bevor er seine Aktentasche holte und mit einem letzten Blick auf die beiden die Wohnung verließ.

Emma brachte Marleen in ihr Bettchen, da ihr vor Müdigkeit bereits wieder die Augen zufielen. Da sie nun die Hände frei hatte, konnte Emma die Jacke und Handschuhe ihrer Tochter in den Garderobenschrank hängen und ihren eigenen Mantel ausziehen.

Zurück im Schlafzimmer fiel ihr Blick auf die Kleidungsstücke, die sich nach dem gestrigen Abend im Zimmer verteilt hatten. Ajoscha hatte seine bereits eingesammelt, Emma hatte ihre bisher nur alle auf einen Haufen geworfen. Zudem erforderte ein Wäschekorb mit sauberen Hemden und Blusen ihre Aufmerksamkeit.

Sie nahm sich zuerst der Schmutzwäsche an. Die Nylonstrümpfe packte sie ordentlich zurück in ihren Karton und mit einem zufriedenen Blick stellte sie fest, dass sie keinerlei Laufmaschen hatten. Sie fragte sich, wann wohl die nächste Gelegenheit kommen würde, sie zu tragen. Für den Alltag waren sie definitiv zu schade. Vielleicht würde Ajoscha sie ja öfter ausführen … Hatte sie das gerade tatsächlich gedacht? Hätte man ihr vor einem Jahr gesagt, dass sie eine Tochter haben, mit einem Russen verheiratet sein und zudem mit ihm das Bett teilen würde, dann hätte sie es niemals geglaubt. Sie schluckte. Sie hätte auch noch nicht gewusst, was ihr Anfang des Jahres widerfahren und wie sehr diese Ereignisse ihr Leben beeinflussen würden.

Emma versuchte, die Erinnerungen zu verdrängen. Sie band sich Marleen in einem Tragetuch um den Körper. Aus Erfahrung wusste sie, dass ihre Tochter sich so weitaus ruhiger verhalten würde, während sie den Haushalt machte. Kinder mochten den Körperkontakt zu ihren Müttern. Sie setzte Wasser auf, das sie zum Waschen verwendete, und verbrachte den restlichen Tag damit, zu bügeln und die Wäsche zu falten.

31

»Haben Sie heute schon die aktuellsten Berichte gelesen?«, donnerte es Ajoscha von Bolschakow entgegen, als er die Treppe zu seinem Büro hinaufging.

Ajoscha runzelte die Stirn. Da er heute Morgen Marleen Charlotte abgeholt hatte, war er spät dran und war dazu noch nicht gekommen.

»Nein, General.«

Er kam oben an und blieb vor seinem Vorgesetzten stehen. In der einen Hand hielt er seine Aktentasche, die andere hatte er in die Tasche seines Mantels geschoben.

Bolschakow bedeutete ihm mit einer Kinnbewegung, ihm zu folgen. Sie gingen in sein Büro. Das aufgerollte Papier, das der General bisher in der Hand gehabt hatte, faltete er auseinander und schob es Ajoscha über den Schreibtisch hinweg zu, als er sich selbst auf seinen Stuhl fallen ließ. Er nahm eine Tasse, von der ein Kaffeegeruch ausging, und nippte daran. Über den Tassenrand hinweg musterte er Ajoscha und wartete, ob er verstand, was er meinte.

Mit einem leichten Seufzer nahm Ajoscha die Meldung in die Hand und überflog die Überschrift.

US-Militärregierung meldet fast vollständige Säuberung des öffentlichen Dienstes von ehemaligen NSDAP-Mitgliedern.

Ajoscha las den kompletten Bericht, bevor er ihn zurück auf die Tischplatte legte. Er faltete die Hände hinter dem Rücken und sah seinen Vorgesetzten an.

»Was meinen Sie, Iwanow?«, fragte Bolschakow nachdenklich, die Ellenbogen hatte er auf den Armlehnen abgestützt.

»Was ich meine?« Ajoscha wusste nicht, worauf sein Vorgesetzter hinauswollte. Er war genervt davon, dass er von seiner Arbeit abgehalten wurde. »Dass es gut ist, dass die Nazis von der Bildfläche verschwinden?«

Bolschakow stieß ein Knurren aus und schlug mit den Handflächen auf den Tisch. Ajoscha zuckte noch nicht mal mit der Wimper. »Sie sind doch derjenige, der die Theorie der Klosterrouten unterstützt.«

Ajoscha senkte den Blick wieder auf die Zeitung, schien sie aber nicht fokussiert zu haben, sondern durch sie hindurchzusehen, während er nachdachte.

»Was ist, wenn Andrzej Kusnezow wieder auftaucht, wenn es für ihn nichts mehr zu tun gibt? Wenn es wirklich stimmen sollte, dass er Nazis nachjagt«, half ihm Bolschakow auf die Sprünge.

Ajoscha wurde schlecht.

»Und?«, hakte Bolschakow ungeduldig nach. Es klang nicht so, als stamme diese Idee von ihm.

»Halte ich für durchaus möglich. Natürlich haben wir immer noch kein bestätigtes Lebenszeichen, doch diese Möglichkeit würde mit der bisherigen Theorie konform gehen.«

Der General fuhr sich mit der Hand übers Kinn, sagte aber nichts.

»Wer hat den Bericht mit Kusnezow in Verbindung gebracht?«, fragte Ajoscha schließlich.

»Serschant Sergej Pawlow.«

Ajoschas Augenbrauen schossen in die Höhe. *Sergej?!*

»Sie wollten ihn doch nach hierhin versetzt haben«, sagte Bolschakow mit zusammengekniffenen Augen. Er legte die Fingerspitzen aneinander.

Ajoscha unterdrückte ein belustigtes Schnauben. Er hatte den Antrag auf Versetzung seiner ehemaligen rechten Hand vor über vier Monaten gestellt und seitdem nichts mehr gehört, was diese Bitte anging. Es überraschte ihn, dass der Serschant anscheinend wieder in Moskau war. Nach seinem letzten Stand war Sergej in der sowjetischen Besatzungszone eingesetzt worden.

»Er ist im Verteidigungsministerium eingesetzt?« Eigentlich war es eine rhetorische Frage. Sergej hätte kaum Zugang zu den Kusnezow-Akten, wenn er nicht dafür zuständig wäre.

»Er ist Ihnen direkt unterstellt. Ich habe die Hoffnung, dass Sie mit Ihrer Arbeit vorankommen, wenn Sie unnötige Dinge an ihn abgeben können.«

Ajoschas Augenlid zuckte und er versteifte sich. Nicht nur, dass Sergejs Stellung wie eine Degradierung wirkte, sondern auch, dass Ajoscha für seine bisherigen Arbeiten kritisiert wurde. »Also kann ich mich jetzt meiner Arbeit zuwenden?«, fragte er in einem nüchternen Tonfall.

»Wegtreten.«

Ajoscha salutierte kurz und trat weg. In die Hand mit seiner Aktentasche nahm er zusätzlich seine Kopfbedeckung, während er mit der anderen seinen Mantel aufknöpfte. Im Türrahmen zu seinem Büro blieb er stehen und seine Mundwinkel verzogen sich kurz. »Serschant, lange nicht gesehen«, sagte er, nachdem er seinem neuen Untergebenen die Erlaubnis gegeben hatte, bequem zu stehen.

»Oberst, es freut mich, wieder unter Ihrem Kommando zu stehen.«

Ajoscha drückte Sergejs Hand fest, bevor er seinen Mantel abstreifte und auf einen mit Akten beladenen Stuhl warf. »Interessante Theorie, dass Kusnezow demnächst wieder auftauchen könnte.« Ajoscha setzte sich und deutete einladend auf einen Stuhl, der seinem Schreibtisch gegenüberstand.

»Interessante Theorie, dass Kusnezow sich auf den Klosterrouten bewegt.«

Ajoschas Augen funkelten. Er lehnte sich in den Stuhl zurück und fuhr sich mit der Hand über den Nacken. »Ich schlage vor, dass Sie sich in alle Kusnezow-Akten einlesen. Natürlich wird das nicht Ihre einzige Aufgabe sein, aber zumindest einer von uns sollte immer die Umstände, die sich gegebenenfalls ändern könnten, im Blick haben.«

»Natürlich.«

»Gehe ich recht in der Annahme, dass Sie einen Schreibtisch zugewiesen bekommen haben?«

Ein Kopfnicken als Bestätigung folgte.

»Gut. Ich habe …«, begann Ajoscha und öffnete seine Lederaktentasche, als er stockte. Er verzog leicht den Mund. Er nahm den Stapel Unterlagen heraus und verschaffte sich einen Überblick. Zähneknirschend blickte er hoch: »Tatsächlich habe ich zwei Dokumente zu Hause vergessen. Ich würde sie Ihnen dann morgen mitbringen.«

»Darf ich frei sprechen, Oberst?«

Ajoscha nickte steif.

»Der General hat mich für einen Sonderjob für die nächste Woche abgezogen. Ich weiß nicht, inwiefern ich Ihnen in dieser Zeit zur Seite stehen kann. Ab morgen soll ich mich um seine Angelegenheiten kümmern.«

Grimmig verzog Ajoscha das Gesicht, als er sich impulsiv erhob und ein paar Schritte durch das Zimmer ging. Es ärgerte ihn, dass Bolschakow mit solchen Informationen hinter dem Berg hielt. Er begann, mit Daumen und Zeigefinger seine Nasenwurzel zu massieren. Der Tag hatte einen so schönen Anfang genommen, da wollte er sich jetzt nicht über seinen vorgesetzten Offizier aufregen. Sowieso war der Serschant eigentlich gar nicht als Hilfe eingeplant gewesen, da machte es doch keinen großen Unterschied, wenn er erst in zwei, drei Wochen wirklich einsatzbereit sein würde.

»Hätten Sie Zeit, gegen achtzehn Uhr kurz mit mir nach Hause zu kommen? Dann kann ich Ihnen die Dokumente geben und Sie lesen sich ein, wenn Sie Zeit haben.«

»Wäre machbar.«

Ajoscha nickte nachdenklich, während er sich auf der Rückenlehne seines Stuhls abstützte. »Was ist das für eine Sonderaufgabe?«

Sergej verzog entschuldigend das Gesicht. »Das weiß ich selbst nicht genau, Oberst. Verzeihen Sie.«

Ajoscha machte eine abwinkende Handbewegung. Es ging ihn eigentlich auch nichts an. »Dann machen Sie heute so viel, wie Sie schaffen, und der Rest wird sich schon ergeben.«

Mit einem Stapel Akten auf dem Arm verließ der Serschant den Raum.

~

Emma war heute nervöser als sonst, wenn sie darauf wartete, dass Ajoscha nach Hause kam. Sie wusste nicht, wie sich der Abend entwickeln würde. Es war jedoch keine Angst, die sie erfüllte, sondern Vorfreude.

Sie begann mit dem Kochen und als sie fertig war, fuhr sie sich mit der Hand über die Haare und streifte ihre Schürze ab. Sie drehte das Radio leiser, in dem bis gerade noch russische Volksmusik gelaufen war. Doch nun folgte eine Rede eines hohen Militärs. Sie hatte den größten Teil ihres Lebens in einer Diktatur gelebt und konnte sich kaum daran erinnern, als die Weimarer Republik noch bestanden hatte. Doch sie war sich sicher, dass sie nicht in der UdSSR leben wollte oder in irgendeinem anderen Staat, der eine Diktatur war. Nach Ostpreußen konnte sie allerdings nicht zurück, das gab es nicht mehr. Es war zwischen Polen und der UdSSR aufgeteilt worden.

Sie fragte sich wie schön öfter an diesem Tag, inwieweit ihre Beziehung zu Ajoscha sie beeinflusste. Sie war sich unklar darüber, was sie ihm gegenüber empfand. Dass eine gewisse Anziehungskraft bestand, konnte sie nicht leugnen, aber wollte sie wirklich den Rest ihres Lebens mit ihm verbringen? Wollte sie ihn immer anblicken mit dem Wissen, dass sein Vater ihr Schreckliches angetan hatte? Am gestrigen Abend und in der Nacht hatte sie nur ihn als Person gesehen, ohne jegliche negativen Assoziationen. Doch sie hatte ihre Zweifel, dass das so bleiben würde. Ihr Blick fiel auf das vorbereitete Essen. Bewies das und die Tatsache, dass sie vor Vorfreude fast platzte, nicht das Gegenteil?

Sie seufzte und legte den Kopf in den Nacken. Ihre Unsicherheit machte sie fertig. Konnte sie darauf vertrauen, dass Ajoscha wirklich und für immer Gefallen an ihr finden würde? Sie hatte die Sorge, sie könnte ihm irgendwann zu langweilig werden. Irgendwann kam doch immer der Zeitpunkt, an dem ein Mann sich Erfüllung außerhalb der Ehe suchte. Und das, was Ajoscha und Emma führten, war eigentlich noch nicht einmal eine richtige Ehe.

Sie klopfte den Kochlöffel am Rand des Topfes ab und ließ ihn dann ins Spülbecken fallen. Sie hörte, dass die Haustür aufgeschlossen wurde, erstarrte jedoch, als sie vernahm, dass Ajoscha nicht allein war und sich mit jemand anderem unterhielt.

Reflexartig legte Emma ihre Hände auf Marleens Rücken, die immer noch in dem Tragetuch lag. Die Küchentür war angelehnt, weswegen sie keinen Blick in den Flur hatte. Langsam näherte sie sich der Tür. Sie lauschte und hörte, dass Ajoscha in sein Arbeitszimmer trat. Die Schritte seiner Offiziersschuhe hatten einen spezifischen Klang und wurden nun von dem Teppichboden geschluckt, sodass sie nur noch dumpf erklangen.

Emma holte tief Luft und zog dann die Tür auf. Sie erstarrte. Sie blickte direkt in die Augen von Serschant Pawlow. Für einige Sekunden wirkten beide wie eingefroren, bis sich der Unteroffizier regte.

»Guten Abend.« Er klang nicht sonderlich freundlich, als er die Hand ausstreckte und sie Emma hinhielt. Sie blickte sie an und dann wieder ihn. Ihr Griff um Marleen verstärkte sich.

»Guten Abend, Emma«, sagte nun Ajoscha, der mit mehreren Dokumenten in der Hand aus dem Arbeitszimmer gekommen war. Doch Emma erwiderte weder den Gruß noch schaute sie ihn an. Stumm presste sie die Lippen aufeinander und ging mit großen Schritten an beiden Männern vorbei.

Erst als sie die Tür des Schlafzimmers hinter sich geschlossen hatte und einatmete, merkte sie, dass sie unbewusst die Luft angehalten hatte.

Sergej starrte seine ausgeschlagene Hand an, bevor er sie zurückzog und sich Ajoscha zuwandte.

»Ich habe die Akten, Serschant«, sagte Ajoscha, der mit gerunzelter Stirn Emma hinterherschaute, die den Flur entlangging.

»Danke. Ich bin ehrlich gesagt froh, an diesem Fall arbeiten zu dürfen. Ich habe bereits vor einem Jahr nicht geglaubt, dass …«

Er verstummte, als Ajoscha ihm einen eisigen Blick zuwarf. Erst als das Schloss der Schlafzimmertür klickte, entspannte sich Ajoscha etwas. Emma sollte nicht wissen, woran er und Sergej arbeiteten. »Wir sehen uns, wenn Sie Ihren Sonderauftrag erledigt haben«, erklärte Ajoscha, verlor aber kein Wort über Emma oder warum er seinem Untergebenen den Mund verboten hatte.

»Ja, Oberst. Ich wünsche Ihnen einen guten Abend.« Sein Blick huschte kurz über Ajoschas Schulter in die Richtung, in die Emma verschwunden war, bevor er nochmals nickte und durch die Wohnungstür trat, die Ajoscha ihm aufhielt.

Ajoscha schloss sie wieder hinter ihm und ging dann auf die Schlafzimmertür zu. Er klopfte kurz an, wartete aber nicht darauf, dass sie ihm erlaubte, einzutreten. Sie war ungewöhnlich blass und versuchte gerade, den Knoten des Tragetuchs zu lösen.

Ajoscha trat hinter sie und öffnete die Verschnürung. Seufzend ließ Emma ihre Hände fallen. Kein Wort des Dankes kam über ihre Lippen, als sie das Tuch abwickeln und ihre Tochter auf den Arm nehmen konnte.

Mit verschränkten Armen nahm Ajoscha ein paar Schritte Abstand und musterte sie. »Gibt es etwas, was ich nicht weiß, was ich aber wissen sollte?« Er klang fast schon verärgert. Beide wussten, von was er sprach.

»Ich glaube, es gibt nicht viel mehr, als du ohnehin schon weißt.« Sie machte eine Pause, aber Ajoscha ergriff nicht die Chance, etwas zu erwidern, also sprach sie weiter: »Vielleicht ist es dir entfallen, aber der Serschant«, sie spukte seinen Rang förmlich aus, »hat mich geschlagen und war der ranghöchste anwesende Offizier, als ich ausgepeitscht worden bin. Kurz gesagt: Er ist die Verkörperung meiner Albträume. Er erinnert mich an das, wovon ich mich lossagen will. Mit dir habe ich mich arrangiert,«, sie machte eine Handbewegung in seine Richtung, nachdem sie ihre Tochter in ihr Bettchen gelegt hatte, »doch dass er jetzt sieht, was aus mir geworden ist, empfinde ich als zutiefst beschämend.« Ihre Wangen hatten einen roten Farbton angenommen und aufgebracht biss sie die Zähne aufeinander.

Als Ajoscha nichts entgegnete, hob Emma den Kopf und funkelte ihn mit in die Seite gestemmten Händen an. »Ich habe – mehr oder weniger gezwungenermaßen – den Mann geheiratet, der einst aus mir eine Gefangene gemacht hat.«

»Er kennt die Umstände, die zu unserer Hochzeit geführt haben. Es tut mir leid, wenn es dir unangenehm ist, aber das ist allgemein bekannt«, entgegnete Ajoscha ruhig.

»Das ist nicht der Punkt«, sagte sie in scharfem Ton. »Ich habe gehofft, einen schönen Abend mit dir zu verbringen, und dann steht auf einmal dieser Mann vor der Tür, mit dem ich am wenigsten gerechnet habe.«

Überrascht blinzelte Ajoscha angesichts der ersten Hälfte ihres Satzes. »In Ordnung, ich verstehe. Ich hätte dich vorwarnen sollen und nicht konfrontieren. Doch war es nicht möglich, ihm aus reiner Höflichkeit die Hand zu geben?«

Emma starrte ihn an und schüttelte dann energisch den Kopf. »Als ob er mir nicht nur die Hand gereicht hätte, weil du sein vorgesetzter Offizier bist«, blaffte sie.

»Es ist mir egal, welche Beweggründe er hatte. Wie du gesagt hast: Du willst nicht an das Vergangene erinnert werden. Aber als du den Serschant angeblickt hast, hast du ihn nicht als Arbeitskollegen deines Mannes gesehen, sondern als Unteroffizier, der brutal zu dir gewesen ist.« Er hob kurz die Hand, als Emma Luft holte, um etwas zu erwidern. »Es hat sich so ergeben, dass er kurz hereingekommen ist, um etwas abzuholen, doch ich entschuldige mich aufrichtig bei dir.«

Emmas geöffnete Lippen schlossen sich wieder.

»Du willst also einen schönen Abend mit deinem Mann verbringen«, sagte Ajoscha mit zuckenden Mundwinkeln, als er auf Emma zuging und den Arm um ihre Taille schlang. Sie musste lächeln. Sie wollte immer noch auf ihn sauer sein, doch sein charmantes Lächeln war entwaffnend.

»Eigentlich schon«, sagte sie und legte den Kopf in den Nacken, um ihn anzusehen.

»Ich habe gesehen, du hast gekocht. Das ist doch schon mal ein guter Anfang.« Er schluckte hart. »Wer weiß, wie es weitergeht.«

Emma spürte, wie das Blut in ihre Wangen schoss. »Also arbeitet der Serschant neuerdings wieder unter deinem Kommando?«

»Ich habe heute davon erfahren«, murmelte Ajoscha, der die Umarmung genoss. Emma legte ihren Kopf gegen seine Brust und lauschte seinem Herzschlag.

»Du hast mich doch im Taxi gefragt, ob ich dasselbe getan hätte wie die Offiziere auf dem Roten Platz...« Er führte nicht weiter aus, sondern wartete, bis sie seine Aussage durch ein leichtes Nicken bestätigte. »Ich stelle weder meine Regierung, mein Land, die Befehle meiner Vorgesetzten noch irgendetwas anderes über meine eigenen Prinzipien, denn dann würde ich mich selbst verraten.«

Stille, nur Marleen gab leise Töne von sich.

»Deine Prinzipien, das bedeutet dein Glaube, oder?«

»Ja.«

Auf einmal fühlte sich Emma in der Umarmung unbehaglich. »Würdest du deine Prinzipien auch über mich stellen?«, fragte sie mit heiserer Stimme. Sie fröstelte. Sie fürchtete sich vor seiner Antwort – sie würde ihr zeigen, was für einen Wert er wirklich in ihr sah.

Ajoscha rang mit sich. Sein Zögern veranlasste Emma dazu, sich seinen Armen zu entziehen und zurückzuweichen. »Ajoscha?«, hakte sie mit schriller Stimme nach, als er nicht antwortete.

Sein sonst so ruhiger Blick schien zu wanken. Seufzend schob er die Hände in seine Hosentaschen. »Ich stelle meinen Glauben über alles, auch über Menschen, die mir unfassbar viel bedeuten.« Er hoffte, der Zusatz, dass sie ihm viel bedeutete, würde die Wirkung seiner Worte auf sie abmildern.

Er sah, wie sich ihr Gesicht verfinsterte und sie sich mit der Hand über den Scheitel fuhr. »Und ich habe tatsächlich kurzzeitig gedacht, du wärst anders«, flüsterte sie, sodass er es kaum verstand.

»Dass Gott derjenige ist, für den mein Herz am meisten brennt, bedeutet nicht, dass du nicht auch wichtig für mich bist«, versuchte er zu erklären.

O Gott, wie soll ich ihr die Sache klarmachen, wenn sie dich nicht begreift und versteht?

»Aber ich bin und werde dir immer weniger wichtiger sein. Müsstest du wählen, dann würdest du deinen Gott wählen und nicht mich. Stimmt's?«, fuhr sie ihn mit tränenerstickter Stimme an.

Ajoschas Gesichtszüge wurden hart. Das konnte er nicht leugnen. »Ich wollte dir nie etwas anderes weismachen, ich habe es bloß nie so klar ausgesprochen. Neben Elana bist du für mich der wichtigste Mensch auf der Welt.«

»Aber trotzdem stellst du deinen imaginären Freund über uns.« Sie sah ihm an, dass die Worte ihn verletzten und sie wusste, dass sie ihm unrecht damit tat. Immerhin glaubte sie auch in gewisser Weise, dass es einen Gott gab, doch die Wut tobte in ihr. Mit zu Fäusten geballten Händen wandte sich Emma der Wiege zu. Ihr Gefühlsausbruch und die Lautstärke ihrer Auseinandersetzung hatten Marleen geweckt, die nun bitterlich schrie. Am liebsten hätte Emma in das Geschrei miteingestimmt. Sie konnte die Tränen der Enttäuschung nun nicht mehr zurückhalten. Weinend hob sie ihre Tochter hoch und strich ihr beruhigend über den Rücken, doch wie konnte diese Geste Marleen beruhigen, wenn sie selbst die Fassung nicht wiedererlangen konnte? »Warum?«, flüsterte sie leise auf Deutsch, sodass Ajoscha es nicht hören konnte.

Ihr Körper versteifte sich, als Ajoscha auf einmal die Arme um sie legte. Er ließ sich auf der Bettkante nieder und zog sie auf seinen Schoß. »Ajoscha, lass mich los!«, schluchzte Emma und wehrte sich gegen seinen Griff, doch das erste Mal in ihrer Ehe nahm er keine Rücksicht auf ihre Bitte.

Ihre Schultern bebten. Dass sie so erschüttert war, zeigte ihm, was für Gefühle unter der Oberfläche brodeln mussten. Er hielt sie fest, bis sie aufhörte zu zittern, und nachdem sie sich beruhigt hatte, wurde auch Marleen Charlotte ruhiger.

Zu dritt – fast wie eine Familie, saßen sie da.

Als keine Tränen mehr kamen, lockerte Ajoscha seine Umarmung. Entgegen seiner Erwartung sprang Emma aber nicht auf, sondern saß einfach auf seinem Schoß und schwieg.

»Emma«, sagte er mit heiserer Stimme.

Sie regte sich nicht. Er legte ihr die Hand unters Kinn und schließlich sah sie zu ihm auf. »Ich möchte nicht, dass meine Prinzipien etwas daran ändern, was wir bisher hatten – und dabei meine ich nicht allein die körperliche Ebene.« Denn dass zwischen ihnen Gefühle aufgekeimt waren, war unbestreitbar.

»Allein die Tatsache, dass ich mich von dir gestern Nacht nicht ausgenutzt gefühlt habe, zwingt mich dazu, dir zu glauben«, sagte sie leise.

Das waren ausgesprochen klare und direkte Worte, die ihr Zusammensein beschrieben.

»Ich fand es fantastisch«, flüsterte Ajoscha in ihr Ohr und Emma kicherte peinlich berührt. Ajoscha sprach im Stillen ein Dankgebet, dass sie den Streit zumindest vorerst beigelegt hatten.

32

10. November 1945

Marleen lag zwischen Emma und Ajoscha im Bett und ihre kleinen Hände griffen nach allem, was in ihre Reichweite kam. Ajoscha löste gerade die kleinen Finger aus seinem Bart. Schweigend genossen er und Emma die Nähe des anderen.

Emma schämte sich dafür, dass sie sich so stark zu Ajoscha hingezogen fühlte, obwohl sie für ihn nie an erster Stelle stehen würde. Aber wenn er sie dann lächelnd ansah, konnte sie nicht widerstehen. Er tat nichts, was sie nicht auch wollen würde, er bedrängte sie nicht und zwang sie zu nichts.

»Hattest du mal eine Freundin?«, fragte Emma plötzlich und überraschte Ajoscha sichtlich mit der Frage. Es wunderte ihn, dass sie dieses Thema an ihrem Geburtstag anschnitt.

»Wenn man zwei Flirtnummern aus meiner Jugendzeit außer Acht lässt, dann bist du die erste Frau, die mein Interesse geweckt hat«, sagte er.

Ihre Mundwinkel zuckten, doch augenscheinlich konnte sie sich zu keinem echten Lächeln durchringen. Dachte sie gerade an ihren ersten Freund? An Andrzej? Immerhin war es ziemlich genau ein Jahr her, dass sie ihn zuletzt gesehen hatte. Ihren zwanzigsten Geburtstag ohne ihn zu verbringen, war sicherlich ein einschneidendes Erlebnis.

Ajoschas Herz zog sich zusammen. Aus Höflichkeit müsste er ihr eigentlich dieselbe Gegenfrage stellen, doch er konnte sich nicht dazu durchringen. Es würde ihn zwar interessieren, ob da vor Andrzej schon mal jemand gewesen war, doch unweigerlich würde es auf eben diesen hinauslaufen und das Gesprächsthema wollte er unter allen Umständen vermeiden. Normalerweise fragte er Gott, was richtig war, wenn er sich selbst unsicher war. Doch diesmal tat er es bewusst nicht, obwohl er wusste, dass es falsch war. Er wollte nicht, dass Gott sagte: *Sag ihr, dass Andrzej noch am Leben ist.*

Ajoscha schüttelte kaum merklich den Kopf. Sah er es selbst schon als Tatsache an, dass Andrzej noch lebte? Wie würde Emmas Reaktion ausfallen? Er wollte nicht, dass irgendetwas die Romantik, die momentan zwischen ihnen bestand, zerstörte.

»Ich gehe uns Frühstück machen«, sagte Ajoscha stattdessen und schlug die Bettdecke beiseite. Heute war Samstag und er musste nicht arbeiten. Er wäre gerne noch länger neben Emma liegen geblieben, doch er musste sich bewegen. Es waren nunmehr sechs Monate seit seiner Verwundung vergangen, doch sein Bein und die Schulter bereiteten ihm immer noch Probleme und seine Glieder fühlten sich nach langem Ruhen steif an.

Er hörte Emma leise mit Marleen Charlotte reden, als er sich einen Pullover über den Kopf zog und den Ofen in der Küche anheizen ging.

13. November 1945

Die Nacht war anstrengend gewesen. Am Abend zuvor hat Emma beim Wickeln festgestellt, dass Marleen erhöhte Temperatur hatte. Auch wenn das Fieber nicht gestiegen war, hatte sie in der Nacht nicht schlafen können.

Ajoscha hatte sich hilflos gefühlt. Marleen wollte nur bei Emma auf dem Arm sein und stillen konnte er sie ohnehin nicht. Aus Mitleid und Unterstützung hatte er versucht, wach zu bleiben, doch nachdem Emma ihm gesagt hatte, er solle schlafen, hatte er tatsächlich gegen die Müdigkeit verloren. Er war es gewohnt, unter harten und lauten Bedingungen zu schlafen, auch wenn es nicht sonderlich erholsam war.

Emma hatte die Vermutung geäußert, dass Marleen ihre ersten Zähnchen bekam, auch wenn das eigentlich viel zu früh war, und sie hatte deswegen nicht Paul benachrichtigt.

Mit einem unguten Gefühl war Ajoscha zur Arbeit gegangen. Den ganzen Tag über machte er sich Sorgen, widerstand aber dem Drang, zu Hause anzurufen. Er wollte Emma nicht zusätzlich belasten, wo sie sich schon um ihre Tochter kümmern musste. Als er am Abend nach Hause kam, schmierte er sich drei Scheiben Brot und setzte sich an seinen Schreibtisch. Emma hatte es nicht geschafft, zu kochen, und da Marleen Charlotte gerade eingeschlafen war, hatte auch Emma sich hingelegt.

Während er aß, bearbeitete er die mitgebrachten Akten, die ihm Überstunden bescherten. Nach zwei Stunden war er von dem langen Tag so ausgelaugt, dass er sich nicht mehr konzentrieren konnte und den Rest auf den nächsten Tag verschob. Er brachte seinen Teller in die Küche und machte sich an den Abwasch. Da nur sein Geschirr, das er zum Frühstück verwendet hatte, in der Spüle stand, schloss er daraus, dass Emma den ganzen Tag nichts gegessen hatte. Spontan entschloss er sich dazu, ihr auch noch Brote zu schmieren. In einer Hand balancierte er den Teller und eine Tasse Tee, während er mit der anderen leise an die Schlafzimmertür klopfte für den Fall, dass Emma schlief.

»Komm rein«, hörte er Emmas müde Stimme.

Als er eintrat, stand Emma mit dem Rücken zu ihm und zog sich gerade um. Ihre Haare waren offen und ungekämmt.

»Ich habe dir etwas zu essen gemacht«, sagte Ajoscha und stellte es ab.

Mit gerunzelter Stirn trat er näher an Emma heran. Er streckte die Hand aus und strich ihr sanft die Haare über die Schulter. Als er die rötlichen Pünktchen auf ihrem Rücken sah, machte sich Angst in ihm breit.

»Nicht jetzt«, murrte Emma und trat einen Schritt von ihm weg, als sie sich ihr Nachthemd über den Kopf zog.

Dachte sie ernsthaft, er wolle jetzt mit ihr schlafen? Langsam senkte Ajoscha seine Hand. »Du hast einen Ausschlag«, sagte er. Er trat neben sie und legte seine Hand auf ihre Stirn. In einer abwesend wirkenden Geste schlug Emma seine Hand weg und streckte die Arme aus, um Marleen aus ihrem Bett zu heben.

»Sie will nicht trinken, aber sie braucht die Flüssigkeit«, murmelte sie, während sich Schweißperlen auf ihrer Oberlippe bildeten.

»Du hast Fieber«, sagte Ajoscha, diesmal in einem härteren Tonfall. Doch als Emma nicht reagierte, hob er sie sanft, aber bestimmt auf seine Arme.

»Ajoscha!«, rief sie empört, während er sie aufs Bett hob. Ihr Körper zitterte in seinen Armen.

»Bleib liegen! Ich bringe dir Marleen Charlotte«, sagte Ajoscha fast schon scharf, als sie Anstalten machte, wieder aufzuspringen. Er nahm die Kleine und brachte sie zu ihrer Mutter.

»Seit wann geht es dir so schlecht?«, fragte er und holte den Tee, den er auf einer Kommode abgestellt hatte.

»Ich … weiß es nicht.« Sie knöpfte ihr Nachthemd auf und legte Marleen an. Seufzend schloss sie die Augen und lehnte den Kopf gegen das Kopfteil des Bettes.

»Trink etwas.« Ajoscha versuchte, das Zittern in seiner Stimme zu unterdrücken, doch die Tasse in seiner Hand wankte, als er sie vorsichtig an Emmas Lippen setzte und ihr beim Trinken half. Für seinen Geschmack nahm sie viel zu wenig Schlucke.

Ajoscha stellte die Tasse wieder ab und eilte in die Küche.

O Gott, lass sie wieder gesund werden, lass sie wieder gesund werden!

Er wippte ungeduldig auf den Fußballen, während sein Zeigefinger die Drehscheibe des Telefons betätigte.

~

14. November 1945

»Hör auf, mich so anklagend anzusehen«, sagte Paul, als er um zwei Uhr morgens die Wohnung betrat. Sein Hemd, das durch den offenen Mantel zu sehen war, war zerknittert, die Augen trübe und die Gesichtszüge von Erschöpfung gezeichnet. Mehr sagte er nicht, sondern ging an Ajoscha vorbei. Ajoscha hatte fast sechs Stunden warten müssen. Zuerst war Paul nicht erreichbar gewesen. Erst als er zwischen mehreren Notfällen kurz zu Hause gewesen war, hatte Ajoscha ihn ans Telefon bekommen.

»Wann sagtest du, hat das Fieber angefangen?«, fragte Paul mit einem Seufzer, der von seiner Müdigkeit zeugte.

»Bei Marleen Charlotte letzte Nacht. Bei Emma habe ich es erst bemerkt, als ich nach Hause gekommen bin. Am Anfang dachte Emma, die Kleine würde zahnen – doch dem war anscheinend nicht so«, sagte Ajoscha schulterzuckend und fuhr sich mit der Hand über den Nacken.

Sie betraten das Schlafzimmer. Paul streifte seinen Mantel ab und warf ihn achtlos auf den Sessel. Er krempelte sich die Hemdsärmel hoch und stellte seine Tasche auf dem Bett ab.

Ajoschas Innerstes zog sich zusammen bei dem Anblick, der sich ihm bot. Emmas Haare hingen in verschwitzen Strähnen in ihrem Gesicht. Schweißperlen zierten ihre Stirn und sie schien desorientiert. Marleen Charlotte lag neben ihrer Mutter und wimmerte leise im Schlaf.

Paul trat ans Bett und griff nach Emmas Handgelenk, um den Puls zu fühlen, derweil legte Ajoscha Marleen Charlotte zurück in ihr eigenes Bett.

»Bradykardie«, murmelte Paul mit gerunzelter Stirn leise vor sich hin.

»Was?«, fragte Ajoscha.

Mit grimmiger Miene sah der Arzt kurz hoch. »Sie hat einen sehr langsamen Herzschlag dafür, dass sie Fieber hat.«

»Was bedeutet das?«

Ajoscha bekam keine Antwort. Mit ärztlicher Präzision untersuchte Paul Emma weiter. Er maß ihre Temperatur und drehte sie dann vorsichtig auf die Seite, um den Ausschlag auf ihrem Rücken zu begutachten. Er hatte ihr Nachthemd gerade einmal wenige Zentimeter heruntergeschoben, als er erstarrte. Er brauchte einen Moment, bevor er seine Hand von Emmas Rücken nahm, vom Bett wegtrat und Ajoscha am Ellenbogen packte.

»Was soll das?!«, knurrte Ajoscha und schüttelte die Hand seines Freundes ab, als sie im Flur ankamen.

Paul rauschte an Ajoscha vorbei ins Badezimmer, nahm einen Seifenblock zur Hand und begann, sich die Finger zu schrubben. Mit grimmiger Miene blickte er hoch. »Hattest du engen Kontakt zu Emma und Marleen?«

»Was haben sie?!«, fragte Ajoscha ungeduldig, während er sich mit einer Hand gegen den Türrahmen stützte.

»Hattest du engen Kontakt? Hast du sie geküsst oder im selben Bett wie sie geschlafen?!«, wiederholte Paul energischer.

»Ja, habe ich! Nun sage mir, was mit ihnen ist!«

Pauls Mund öffnete sich leicht, bevor er seufzte und den Kopf schüttelte. Er riss ein Handtuch von einer Halterung und trocknete sich die Hände ab, bevor er es wegwarf. »Typhus – höchstwahrscheinlich«, sagte er leise.

»O Gott«, murmelte Ajoscha fassungslos und fuhr sich mit der Hand über den Mund.

»Sie sollten ins Krankenhaus«, sagte Paul mit gedämpfter Stimme.

~

Der Mann tauchte tiefer in den Schatten der Seitenstraße, als sich die Haustür des gegenüberliegenden Gebäudes öffnete. Seine nicht angesteckte Zigarette schob er in die Lucky-Strikes-Packung, die in seinem Mantel steckte, zurück. Seine Position war für andere nicht einsehbar, während er beobachtete, wie der Arzt mit einem kleinen Bündel in ein Auto einstieg. Ihm folgte der Oberst Ajoscha Iwanow mit der Frau auf den Armen.

Als sich das Fahrzeug in Bewegung setzte, zog er selbst sich seinen Helm über den Kopf und startete den Motor seines Motorrads, um ihm zu folgen.

~

Emma hatte einen untypischen Typhusverlauf. Bei ihr war das Fieber ziemlich schnell gestiegen und auch der Ausschlag war relativ früh aufgetreten.

Ajoscha saß auf einem Stuhl unmittelbar an ihrem Bett. Marleen Charlotte war in einem anderen Zimmer auf der Kinderstation untergebracht worden. Um gegen das Fieber anzukämpfen, hatte eine Krankenschwester Emma Wadenwickel gemacht.

Ajoscha stand auf, um seine unruhigen Beine zu bewegen. Er konnte nicht schlafen, obwohl es bereits früher Morgen war. Er öffnete ein Fenster und stützte sich mit den Händen auf der Fensterbank ab. Die eiskalte Luft füllte seine Lunge und brannte bei jedem Atemzug, doch das war ihm egal. Mit einer Hand fasste er in seine rechte Hosentasche griff die kleine Schachtel, die sich in ihr befand. Er hatte Emma einen Ring gekauft. Einen Ehering. Jedoch hatte er noch nicht den Mut aufbringen können, ihn ihr zu geben. Vielleicht, weil er zweifelte. Nicht an seinen Gefühlen zu ihr, aber daran, was sie ihm gegenüber empfand und ob sie ihn immer noch verlassen würde.

Eine gute Ehe beruhte auf Ehrlichkeit und Kommunikation, doch das bekamen sie aus irgendeinem Grund nicht auf die Reihe. Er wollte nicht so weit gehen und die ganze Schuld allein Emma zuschieben. Er war sich sicher, dass er selbst und höchstwahrscheinlich auch seine Überzeugung und sein familiärer Hintergrund ihren Teil dazu beitrugen.

Als es auf einmal an der Tür klopfte und sie sich sofort darauf öffnete, drehte sich Ajoscha um. »Paul«, sagte er.

Der Arzt blieb an Ort und Stelle stehen – das Gesicht ein Schatten seiner selbst. Er hatte genauso wenig schlafen können wie Ajoscha. Seine Hände waren vor dem Körper gefaltet. Er sah besorgt aus und das gefiel Ajoscha gar nicht.

»Ich habe es versucht«, begann der Mediziner, der im Türrahmen stehen geblieben war. »Doch die Medikamente sind knapp und ich werde keine bekommen.«

Ajoscha starrte seinen Freund an, während seine Gesichtszüge sich verhärteten und seine Hand, die gerade noch die Schachtel umfasst hatte, sich zu einer Faust ballte. »Das kann doch nicht dein Ernst sein?!«, fuhr er ihn an.

Ein Schulterzucken. »Was soll ich machen? Ich muss mich an die Regeln halten.« Und er fügte leise hinzu: »Du kannst doch nicht von mir erwarten, dass ich anderen Patienten etwas vorenthalte, nur weil du mein Freund bist.«

Fest biss Ajoscha die Zähne aufeinander, sodass die Muskeln seines Kiefers hervortraten. »Kannst du sicher sein, dass das Regime oder mein Vater nicht dahinterstecken?«

»Das kann man nicht mit Sicherheit sagen, aber ich habe noch andere Patienten, denen es genauso geht, also …« Er verzog bedauernd das Gesicht.

Ajoscha unterdrückte den Drang, zu schreien und insbesondere seine Wut gegen Paul zu richten, der als Letzter dafür etwas konnte. »Wie geht es Marleen Charlotte?«, stieß er stattdessen hinter zusammengebissenen Zähnen hervor und ließ sich auf den Stuhl neben Emmas Bett fallen. Er griff nach ihrer Hand und fuhr in kreisenden Bewegungen mit seinem Daumen über ihren Handrücken.

»Das Fieber steigt«, sagte Paul knapp und trat zögerlich etwas näher. »Wir müssen über noch etwas reden«, begann er und schluckte. Mit steinerner Miene sah Ajoscha hoch und wartete, dass sein Freund weitersprach. »Emma ist schwach und … es wäre besser, wenn sie abstillt.«

»Und was ist mit Marleen Charlotte?«, fragte Ajoscha verwirrt.

»Es gibt andere Wege. Aber momentan ist Emma nicht in der Lage, Marleen zu stillen. Wenn es zu einer Brustentzündung kommt, schwächt sie das noch mehr, als es ohnehin schon der Fall ist. Uns bleibt keine Wahl, Ajoscha, glaub mir.«

Es fiel Ajoscha ungemein schwer, dieser Maßnahme an Emmas statt zustimmen zu müssen, weil sie selbst dazu nicht in der Lage war. Die meiste Zeit schlief sie oder befand sich in einem dämmrigen Zustand. So blieb die Entscheidung ihm überlassen. Doch wie konnte er ablehnen, wenn Paul sagte, dass es absolut vonnöten war? Er nickte dem Arzt zu, in der Hoffnung, dass er richtig entschied.

33

Ajoscha war für zwei Stunden eingenickt.

Nun blinzelte er, als ihn eine Krankenschwester weckte und ihm ein Telegramm hinhielt, das ein Bote vorbeigebracht hatte. Ajoscha schüttelte den Kopf, um die Müdigkeit, die ihn fest im Griff hatte, loszuwerden. Er stand auf, um sich während des Lesens auf und ab bewegen zu können. Die Kälte war ihm bis in die Knochen gekrochen. Heizmaterial war knapp und der Strom war rationiert, sodass es schwer war, ein so großes Gebäude wie ein Krankenhaus zu beheizen – auch wenn es für viele Kranke überlebenswichtig war.

Ajoscha ließ seine Schultern leicht kreisen, als sein Finger unter die Lasche des Umschlags fuhr und ihn aufriss.

Telefonat über sichere Leitung Stopp Unverzüglich Stopp Bolschakow Stopp

Verärgert biss Ajoscha die Zähne fest zusammen, während sich seine Finger um das Papier schlossen. Teils wegen des Ärgers, dass er Emma allein lassen musste, teils aber auch wegen der in den Worten enthaltenen Ironie. *Sichere Leitung* – in der UdSSR konnte man nie sichergehen, dass ein Gespräch vertraulich war – irgendjemand hörte immer mit.

Ajoscha warf einen Blick auf Emma. Es fiel ihm schon schwer, nicht die ganze Zeit bei Marleen Charlotte sein zu können, jetzt musste er auch noch Emma allein lassen. Ein Seufzen kam über seine Lippen, als er sich aufmachte, um seinen Chef anzurufen.

Emma griff nach Charlottes Händen und lachend drehten sie sich im Kreis. Die Sonne strahlte, der Himmel war wolkenlos und die Vögel zwitscherten. Die beiden Schwestern drehten sich und tanzten, bis ihnen so schwindlig war, dass

sie sich nicht auf den Beinen halten konnten und sich auf das grüne Gras fallen ließen.
»Hey, Mädels! Kommt her! Sonst ist die Limonade eurer Mutter schnell weg!«, rief ihr Vater und winkte sie zu einer Picknickdecke, die unter einem Baum ausgebreitet war, der mit seinem Blätterdach eine Menge Schatten bot.
Emma stand auf und strich sich eine Strähne, die sich aus ihrer Frisur gelöst hatte, hinters Ohr. Charlotte streckte erwartungsvoll die Hand aus und grinste ihre Schwester an. Emma verdrehte die Augen und zog dann ihre Schwester auf die Beine, doch kaum hatte sich ihr Handgriff gelockert, schubste Charlotte Emma zurück auf die Wiese.
»Wer als Erste da ist!«, schrie Charlotte lachend über ihre Schulter und rannte in Richtung Picknickdecke, auf der ihre Eltern saßen und miteinander turtelten.
»Na warte!«, keuchte Emma leise zu sich selbst, bevor sie sich aufrappelte, ihren Rock hochraffte, damit er sie beim Laufen nicht störte, und ihrer Schwester folgte.
Ihr Blick fiel auf einen Mann in einiger Entfernung, der sie anlächelte, den Kopf leicht schief gelegt. Ajoscha Iwanow. Er trug eine helle Hose und ein weißes Hemd. Er brach den Augenkontakt ab und gesellte sich zu ihrer Familie auf die Decke. Sie hatte keine Zweifel daran, dass er hierhergehörte. Sie fühlte sich beschwingt, frei, unbeschreiblich glücklich. Alles wirkte perfekt, keine Spur von Sorgen, Ängsten und Schmerzen, nein, sie fühlte sich, als würde sie nicht mal wissen, was das war, es hatte keinen Einfluss auf sie.
Dann stolperte sie. Sie wusste nicht, was sie zu Fall brachte, aber irgendetwas riss ihr den Boden unter den Füßen weg. Irgendetwas zerstörte das Bild von perfekter Harmonie. Dann überrollten sie zuvor unbekannte Gefühle: Verlust, Angst, Schmerz.

Emma schlug die Augen auf und blinzelte. Ihr war schrecklich heiß und ihr ganzer Körper schmerzte. Sie blickte auf eine schmutzig-weiße Wand und auf einen leeren Stuhl. Ajoscha war nicht da und das glückliche Bild ihrer Familie war wie ausgelöscht – als hätte es nie existiert und das hatte es auch nicht.

Ihr Blick wurde von einer Bewegung am Fenster aufgefangen. Eine Gestalt im schwarzen Mantel stand dort, doch Emma konnte sie nur verschwommen sehen.

»Ajoscha?«, keuchte sie, bevor ihre Augen wieder zufielen.

~

Ajoschas Finger krallten sich um den Telefonhörer, während er sich gegen die Wand lehnte und versuchte zu verstehen, was sein Chef ihm gerade mitgeteilt hatte.

Durch den NKWD habe ich inoffiziell erfahren, dass Andrzej Kusnezow am Leben ist – er ist hier in Moskau. Es ist nur noch eine Frage der Zeit, bis sein Überleben offiziell wird.

»Und das haben die uns verschwiegen?!«, entfuhr es Ajoscha impulsiv. Dann verzog er das Gesicht in dem Versuch, sich zu beherrschen. Ihm wurde schlecht. Diese Nachricht war eine Katastrophe.

»Augenscheinlich. Ich habe meinem Unmut bereits reichlich Luft gemacht, glauben Sie mir«, knurrte sein Chef.

Ajoscha hatte so viele Stunden Arbeit mit Recherchen zu Andrzej Kusnezow verbracht – und es war alles umsonst gewesen. So lange hatte er mit der Ungewissheit gelebt und jetzt hatten sich seine schlimmsten Befürchtungen erfüllt. Das Ganze war ein Albtraum. »Wissen Sie, warum er so lange den Glauben an seinen Tod aufrechterhalten hat?«

»Es war schon ein Wunder, dass mir die Information zugestanden wurde, dass Kusnezow wirklich am Leben ist. Alles andere bleibt nach wie vor Spekulation. Wir müssen wohl warten, bis es offiziell ist«, grunzte Bolschakow.

Ajoschas Hand fuhr über seine Augen. Neben der physischen Erschöpfung kam nun zusätzlich die seelische dazu. Er fühlte sich ausgelaugt und wollte nicht noch mehr Probleme am Hals haben.

»Halten Sie mich auf dem Laufenden?«, fragte er. Er war sich unsicher, ob sein Chef ihm das gewähren würde. Noch hatte Bolschakow mit keiner Silbe erwähnt, dass Ajoscha nicht zu seinem Dienst erschienen war. Auf seine Frage hin folgte eine lange Stille und während Ajoscha auf eine Antwort wartete, huschte sein Blick durch das Arztzimmer, in dem es ihm gestattet worden war, zu telefonieren. Schmutzige Kittel, auf einem Tisch Tassen, von denen die Farbe bereits abblätterte und in denen Schwarztee und Kaffee dunkle Ränder hinterlassen hatten, sowie zerknitterte Papiere, die zu einem Stapel zusammengeschoben worden waren, machten die Szenerie aus.

»Ich stelle jemanden ab.«

Erleichtert, aber nicht hörbar, atmete Ajoscha aus.

21. November 1945

Vorgestern war Ajoscha achtundzwanzig Jahre alt geworden. Kurz hatte er mit Elana telefoniert und Paul hatte ihm eine Tafel Schokolade mitgebracht, das war es aber auch schon gewesen. Emma und Marleen Charlotte hatten beide hohes Fieber, das noch Wochen anhalten konnte. Solange es ihnen nicht besser ging, dachte er nicht einmal daran, von ihrer Seite zu weichen.

Es war später Abend, als Paul mit ernster Miene in Emmas Zimmer trat. »Du solltest mitkommen.« Er wartete nicht darauf, dass Ajoscha reagierte, sondern machte auf dem Absatz kehrt und verschwand, sodass es an Ajoscha war, ihm schnell genug zu folgen.

Ajoscha versuchte, sich alle möglichen Szenarien auszumalen, die Pauls Verhalten erklärten, während er an Schwestern, Ärzten und Patienten vorbeizog. Das Schlimmste wollte er nicht in Betracht ziehen. Doch dann blieb er wie angewurzelt im Türrahmen stehen und starrte Paul an, der einer Krankenschwester Marleen Charlotte abnahm. Sein Adamsapfel hüpfte auf und ab, als er schluckte.

»Du solltest dich setzen. Zieh dein Hemd aus, Körperwärme wird ihr guttun …« Der Arzt verstummte und holte tief Luft.

»Paul …«, begann Ajoscha, doch sein Freund schnitt ihm das Wort ab, wobei seine Stimme ungewohnt aggressiv und emotional zugleich klang: »Pneumonie, Ajoscha – Lungenentzündung. Es sollte jetzt jemand bei ihr sein, den sie kennt, damit sie sich nicht allein fühlt.« Gegen Ende hin war seine Stimme immer leiser geworden, bis er die Lippen zu einer dünnen Linie aufeinanderpresste.

Langsam löste sich Ajoscha aus seiner Erstarrung und setzte sich auf den Stuhl, der zusammen mit dem Babybett eine spärliche Möblierung bot. Er nahm sich gar nicht die Zeit, die Knöpfe seines Oberteils zu öffnen, sondern zog es sich nach dem Ablegen seines Mantels direkt über den Kopf. Vorsichtig gab Paul die Kleine Ajoscha, der seine großen Hände um den winzigen Körper schlang. Er bemerkte gar nicht, dass der Arzt den Raum verließ, nachdem er eine Decke über die beiden gelegt hatte, sodass Ajoscha mit Marleen Charlotte allein war.

Ajoschas Körper war wahnsinnig angespannt und verkrampft, während er mit den Emotionen kämpfte. Am liebsten hätte er sich die Ohren zugehalten, um nicht hören zu müssen, wie angestrengt das kleine Mädchen atmete, doch er musste in ihren letzten Minuten für sie da sein. Es war nur eine Frage der Zeit, bis ihr Körper das nicht mehr mitmachte.

»Du kannst sie uns nicht wegnehmen, Herr«, flüsterte Ajoscha.

Er drückte Marleen Charlotte fester an sich in der Hoffnung, dass sie beide sich seine Körperwärme teilen konnten, dass sie für sie zusammen ausreichte. Mit dem Zeigefinger fuhr er sanft über die weichen Haare auf ihrem Kopf.

»Der Herr ist mein Licht und mein Heil – vor wem sollte ich mich fürchten? Der Herr beschützt mich vor Gefahr – vor wem sollte ich erschrecken?«, zitierte Ajoscha den Vers, den er Marleen Charlotte kurz nach ihrer Geburt gegeben hatte. Doch er beruhigte ihn nicht. Er hatte Angst – große Angst. Aber vielleicht würde er auf irgendeine Weise Marleen Charlotte helfen. Gott konnte sie jetzt doch nicht allein lassen. Leise summte Ajoscha die nächste Melodie, die ihm in den Sinn kam. Marleen Charlotte hatte schon früher Gefallen an dem Vibrieren seines Brustkorbs gefunden. So versuchte er, ihr das Gefühl zu geben, nicht allein zu sein. Und während die Minuten verstrichen, rückte das Unausweichliche immer näher.

Marleen Charlottes heißer Atem, der bisweilen seine Haut streifte, wurde mit der Zeit kaum spürbar, bis er gänzlich aufhörte und auch ihr kleines Herz nicht mehr schlug. Und dann wurde ihr Körper kalt, während Ajoscha sich nicht rührte. Er hatte versprochen, dass er Marleen Charlotte beschützen würde, doch er hatte sie nicht vor dem Tod retten können. Sein verzweifelter Versuch, dass seine Körperwärme sie am Leben erhalten könnte, war gescheitert.

»Bring sie uns zurück«, flüsterte Ajoscha in den Raum hinein, während er auf einen unbestimmten Punkt an der Wand starrte. Er wollte den kleinen Körper nicht ablegen, damit würde er ihren Tod nur endgültig machen. Sanft wiegte er das, was von Marleen Charlotte noch da war – doch er konnte spüren, dass das, was sie ausmachte, schon längst verschwunden war.

Ajoscha zuckte zusammen, als ihm plötzlich jemand eine Hand auf die Schulter legte.

»Es tut mir leid«, sagte Paul.

Eine Schwester in einem weißen Kleid wollte ihm das Kind abnehmen, doch Ajoscha rührte sich nicht, er hielt es weiter fest an sich gedrückt.

»Es ist in Ordnung. Sie ist nicht mehr da«, flüsterte der Arzt.

Langsam senkte Ajoscha den Kopf und fuhr mit seinen Fingern über Marleen Charlottes Gesicht. Sie hatte dieselben Gesichtszüge wie Emma. Sein Magen zog sich bei dem Gedanken daran zusammen, dass er es Emma sagen musste.

Er beugte sich vor und küsste das Baby auf die Stirn, bevor er es langsam losließ.

Die Absätze der Krankschwester klackerten über den Boden und dann fiel die Tür ins Schloss.

Ajoschas Hand tastete nach seinem Hemd, während Tränen seinen Blick verschleierten und er hemmungslos zu weinen begann.

~

22. November 1945

Die Träume hatten aufgehört und als Emma erwachte, war Ajoscha wieder direkt neben ihrem Bett. Sie fühlte sich um einiges besser, die Schmerzen waren weniger geworden und ihr war auch nicht mehr ganz so heiß.

Sie verspürte das überwältigende Verlangen, Marleen zu sehen. In den letzten Tagen war sie so abwesend gewesen, dass sie nicht in der Lage gewesen war, Zeit mit ihrer Tochter zu verbringen. Da es ihr nun besser ging, hoffte sie, sowohl Ajoscha als auch Paul würden ihr erlauben, sie zu besuchen. Für sie bestand kein Zweifel daran, dass ihre Tochter die Erkrankung genauso wie sie überstehen würde.

Emma sog Ajoschas Duft ein und ein Lächeln huschte über ihr Gesicht, als sie an den Abend nach dem Theaterbesuch dachte, an dem sie es genauso getan hatte. Sie öffnete die Augen und sah ihn neben ihrem Bett auf dem Boden knien. Er hatte die Ellenbogen auf die Matratze gestützt und seine Hände umfassten ihre rechte Hand, während er den Kopf gesenkt hielt.

Emma hob den linken Arm und fuhr mit ihrer Hand durch seine Haare. Abrupt hob sich sein Kopf und ihre Augen weiteten sich vor

Schreck. So hatte sie ihn noch nie gesehen. Er hatte geweint. Seine Augen waren gerötet und Augenringe zeichneten sich deutlich auf seinem Gesicht ab.

»Was ist los?«, fragte Emma alarmiert und setzte sich im Bett auf.

Ajoscha erhob sich aus seiner knienden Position und legte ihr eine Hand auf die Schulter, um zu verhindern, dass sie womöglich noch ganz aufstand.

»Wo ist Marleen?!«

Beschwichtigend hob er die Hände und holte zitternd Luft. »Emma…«, begann er, musste jedoch augenblicklich die Lippen aufeinanderpressen, da die hochkommenden Emotionen zu heftig waren, um noch die Kontrolle behalten zu können.

Panisch krallte sich Emmas Hand in den Stoff seines Mantels, während sie ihn mit großen Augen anschaute. Ihre Nasenflügel bebten.

»Sie hat eine Lungenentzündung bekommen, doch … sie war zu schwach, ihr Körper hatte nicht mehr genug Kraft…«

»Du lügst!«, schrie Emma und stieß ihn von sich.

Darauf war er nicht vorbereitet gewesen, deswegen taumelte er einen Schritt nach hinten, bevor er sich wieder gefangen hatte. Traurig schüttelte er den Kopf. Er konnte sie nur zu gut verstehen. Er wollte es selbst nicht wahrhaben, doch nun musste er für sie beide stark sein.

34

»Ich will sie sehen«, sagte Emma. Sie saß auf der Bettkante und starrte an die gegenüberliegende Wand.

Ajoscha hob den Kopf. »Das halte ich für keine gute Idee«, entgegnete er.

Abrupt drehte sie sich zu ihm um. Empört rümpfte sie die Nase. »Glaubst du, ich hätte noch nie jemand Totes gesehen?!«, fuhr sie ihn an. »Ich habe Leichen aus den von den Briten zerbombten Häusern gezogen! Ich habe die Leiche meiner Schwester gesehen, meiner Mutter und von so vielen Menschen, die an Hunger gestorben oder von den Russen kaltblütig ermordet worden sind! Margarete, Heinz …« Sie fuhr sich mit dem Handrücken über die Wangen, um die Tränen wegzuwischen.

»Und vor diesem Schmerz will ich dich bewahren«, versuchte Ajoscha möglichst ruhig zu sagen. Es war eines der wenigen Male, an denen Emma von dem Tod ihrer Mutter gesprochen hatte. Doch jetzt waren weder der Ort noch der Zeitpunkt, um weiter zu fragen.

»Bist du mein selbst ernannter Beschützer?! Ich habe dich nicht darum gebeten, dich zu meinem Ritter in glänzender Rüstung zu ernennen!«

Ihre Worte trafen ihn tief, doch er ließ es nicht zu, dass sie seine Erschütterung wahrnahm. Sie befand sich in einer emotionalen Ausnahmesituation. Trauer verleitete Menschen dazu, etwas zu tun, was sie eigentlich nicht meinten – das redete er sich zumindest ein. Er schwieg und hielt dem Blickkontakt stand.

»Also verbiete mir nicht, meine Tochter zu sehen«, fügte Emma mit zusammengebissenen Zähnen hinzu.

Ajoscha fuhr sich mit der Zunge über die Lippen, bevor er seufzte. »Das ist nicht mehr möglich. Paul hat es für das Beste gehalten, sie umgehend zu begraben.«

Mit einem Mal wich alles Blut aus ihrem Gesicht. »Was?!«, keuchte sie. Sie fuhr sich mit der Hand über den Mund, während ihr Blick unruhig hin- und hersprang. »Wie konntest du? Wie konntest du das zulassen und mir damit den Abschied von meiner Tochter verwehren?«

Ajoscha stand von seinem Platz auf und ging um das Bett herum, um vor Emma in die Hocke zu gehen. Er zog die Augenbrauen zusammen. »Es war nicht absehbar, wann du aufwachen würdest«, versuchte er zu erklären und hoffte, auf Verständnis zu stoßen, doch wie konnte er das erwarten? Emma hatte ihre Tochter verloren.

»Ihr habt nicht mal einen Tag abgewartet! Ihr habt einfach über meinen Kopf hinweg entschieden!« Emma holte tief Luft und massierte ihre Schläfen. Diese Aufregung und das Gefühlschaos kosteten sie die wenige Kraft, die sie hatte. Sie spürte, dass das Fieber wieder stieg.

»Emma«, begann Ajoscha sanft und legte ihr die Hand aufs Knie, doch sie zuckte vor ihm zurück und hob abwehrend die Hände.

»Lass mich! Verschwinde!«, sagte sie leise, aber mit einer deutlichen Endgültigkeit.

Ajoscha wollte schreien – Gott anschreien, dass er das zugelassen hatte und dass Emma ihm entglitt. Die Situation zeigte ihm, dass die Beziehung zwischen ihm und Emma noch nicht tief gehend genug war, um so eine Trauerphase gemeinsam durchzustehen.

Langsam erhob er sich. »Du solltest schlafen, du siehst nicht gut aus.« Er konnte den eisigen Unterton in seiner Stimme nicht unterdrücken, er machte deutlich, wie verletzt er durch ihr Verhalten und ihre Vorwürfe war.

Ajoscha nahm seine Handschuhe und seine Mütze und stapfte mit großen Schritten aus dem Zimmer. Er eilte durch die Gänge des Krankenhauses, bis er an die frische Luft gelangte. Er entfloh den beißenden Gerüchen von Krankheit und Desinfektionsmitteln, die im Gebäude allgegenwärtig waren, und auch dem beklemmenden

Gefühl von Einengung, das ihn umgeben hatte. Die eisige Kälte – die Temperaturen mussten mindestens zwanzig Grad unter dem Gefrierpunkt liegen – ließ ihn neben Schmerz, Verlust und innerer Leere noch etwas anderes fühlen. Sein Gesicht brannte genauso wie bald auch seine Lunge, doch er suchte nirgends Schutz. Er wollte gerade nicht das Gefühl von äußerer Wärme empfinden, wenn Kälte sein Herz fest im Griff hatte.

Er lief durch die Straßen, an den Trümmern und den Überresten vorbei, die die Luftangriffe hinterlassen haben, ohne sie wirklich wahrzunehmen. Erst vor der Mariä-Schutz-und-Fürbitte-Kirche zu Medwedkowo machte er halt und blickte grimmig an der Fassade des Gebäudes hoch. Das Gotteshaus gehörte zu einem der Kirchengebäude, die seit der Entstehung der UdSSR nicht geschlossen worden waren. Innerhalb von Russland hatte er ein solches Gebäude nie betreten und er fragte sich, warum er sich gerade jetzt dazu hingezogen fühlte. Vielleicht, weil Gott gerade so unglaublich weit weg zu sein schien und dieser Ort ihm das Gefühl geben würde, dass er hier zu finden sei.

Ajoscha öffnete die Kirchentür und trat ein. Orthodoxe Gesänge erfüllten das Kirchenschiff. Es war dunkel und so konnte er unentdeckt bleiben. Es wäre eine Katastrophe, wenn jemand ihn hier sähe, der ihn kannte. An einer Wand außerhalb der Sichtweite der anderen Kirchenbesucher ließ er sich zu Boden gleiten. Er hatte die Beine an den Körper gezogen, den Kopf gegen die Wand gelehnt und knetete unruhig seine Finger.

»Warum hast du sie uns weggenommen?«, fragte er leise und raufte sich die Haare. Er schnaubte leicht und schüttelte den Kopf. Er hatte die Hoffnung gehabt, an diesem Ort Gott nahe sein zu können, doch er fühlte sich von ihm so weit entfernt wie noch nie zuvor.

~

4. Dezember 1945

Es dauerte nahezu zwei Wochen, bis Paul Emma gestattete, das Krankenhaus zu verlassen. Sie war immer noch geschwächt und schnell erschöpft, aber trotzdem bestand sie darauf, zu Marleens Grab zu gehen. Und Ajoscha konnte es ihr nicht ausreden.

Mit jedem Schritt, der ihn näher zu der Stelle brachte, in der er Marleen Charlottes kleinen Körper der kalten, nassen Erde hatte überlassen müssen, fühlte es sich an, als würde er ihren Tod immer und immer wieder neu durchleben. Dieser Verlust ließ auch den seines Bruders und seiner Mutter wieder neu aufleben. Er warf einen Seitenblick auf Emma, die neben ihm ging und in einen dicken Mantel gehüllt war. Er versuchte abzuschätzen, ob sie den längeren Fußweg physisch wie auch psychisch überstehen würde – und auch, ob sie zusammen den Schmerz würden tragen können. Doch sie vergrub ihre Hand in der Manteltasche, als er sie ergreifen wollte. Für einen Augenblick verkrampften sich seine Finger, doch er zwang sich dazu, ihr daraus keinen Vorwurf zu machen.

Freiraum. Das war es, was er ihr geben musste.

Seit Emma von Marleen Charlottes Tod erfahren hatte, zog sie sich zurück, sprach nicht viel und aß kaum etwas. Es war fast noch schlimmer als zu Beginn ihrer Ehe.

Was kann ich tun?, fragte Ajoscha gen Himmel, während sie nun in die Sichtweite des Steines kamen, auf dem Marleen Charlottes Name und Lebensdatum eingemeißelt waren.

Ajoscha passte sich Emmas Schritttempo an, das immer langsamer wurde und schließlich ganz stehen blieb. Beide starrten die Inschrift an. Der Name Iwanowa war angegeben und kurz zuckten Ajoschas Mundwinkel. Auch wenn er nicht Marleen Charlottes biologischer Vater gewesen war, war er es in jeder anderen Hinsicht doch gewesen. Er war stolz darauf, dass sein Nachname sie beide verband. Doch dann zog ein Schatten über sein Gesicht.

Sie war so jung gewesen! In den etwas mehr als zwei Monaten ihrer Lebenszeit hatte die Kleine es geschafft, ihrer beider Herz zu gewinnen – nur um dann brutal aus ihrem Leben gerissen zu werden. Sie mochte jetzt bei Gott sein, doch sie war viel zu kurz bei ihnen gewesen. Zudem machte Ajoscha sich Sorgen, dass Emma ihre Tochter nie wiedersehen würde.

Ein Aufschluchzen riss ihn aus seinen Gedanken. »Emma?«

Er wandte sich zu ihr um. Ihre schnelle Atmung wurde durch die weiße Rauchwolke, die vor ihrem Mund stand, sichtbar. Sie biss sich auf die Unterlippe und blickte ihn an, bevor sie, ohne ein Wort zu sagen, auf dem Absatz kehrtmachte und den Weg, den sie gekommen waren, zurückeilte.

»Emma!«, rief Ajoscha ihr hinterher, doch sie machte keine Anstalten anzuhalten.

Er sah ihr nach, bewegte sich aber nicht von der Stelle. Wenn sein Schmerz schon so groß war, wie viel größer war ihrer als Mutter? Augenscheinlich wollte sie nicht, dass er bei ihr war, deswegen ließ er sie gehen und hoffte, dass sie wohlbehalten nach Hause oder hierher zurückkommen würde.

Ein Schrei der Trauer entfuhr ihm und er trat mit dem Fuß nach einem größeren Stein, um seiner Frustration Ausdruck zu verleihen. Doch nach einer Weile musste er anfangen, sich zu bewegen, um seinen Körper aufzuwärmen. Als er es in der Kälte nicht länger aushalten konnte, machte er sich schließlich auf den Weg nach Hause. Inständig betete er dafür, dass Emma bereits dort wäre.

Es schien ihm eine Ewigkeit her zu sein, seit er das letzte Mal zu Hause gewesen war. Während er nach seinem Schlüssel kramte, wurde er wehmütig. Er erinnerte sich an die besseren Zeiten. Als er hier an der Wohnungstür mit Emma auf dem Arm gestanden hatte und wie sie den Rest des Abends und die ganze Nacht zusammen verbracht hatten …

Ajoscha holte tief Luft und konzentrierte sich auf seine Hoffnung, Emma in der Wohnung vorzufinden.

»Emma?«, rief er und ließ die Tür ins Schloss fallen. Es war eiskalt in der Wohnung, da sie über Wochen nicht beheizt worden war. Er kontrollierte alle Räume, doch nirgendwo war seine Frau zu finden.

»O Herr, lass sie bloß wohlbehalten nach Hause kommen.« Es war weniger eine Bitte als vielmehr ein Befehl. Mit der Hand fuhr er sich über den Mund. Er ließ sich auf das ungemachte Bett nieder, dessen Laken immer noch genauso durcheinander war wie damals, als sie die Wohnung überstürzt auf dem Weg ins Krankenhaus verlassen hatten.

Er starrte auf die Holzwiege, die er gebaut hatte, bevor Marleen Charlotte geboren worden war. Er sah die kleinen Socken, die auf einem Stapel mit Schmutzwäsche lagen, und das gerahmte Bild von Emma, Marleen Charlotte und ihm, das im Oktober aufgenommen worden war.

Was sollte er nur tun? Sollte er die Sachen noch stehen lassen? Würde ihr Anblick nicht den Schmerz noch stärker machen? Andererseits würde das Beseitigen aller Spuren ihren Tod wahnsinnig endgültig machen und wirken, als wollte er das Mädchen schnellstmöglich vergessen. Er rang mit sich, wusste jedoch dann, dass er diese Entscheidung nicht allein fällen konnte. Auch wenn Emma momentan in einer schlimmen psychischen Verfassung war, waren sie beide Marleen Charlottes Eltern gewesen. Sie sollten das zusammen entscheiden.

Ob er je ein eigenes Kind mit Emma haben würde? Besonders nach dem, was die letzten Tage geschehen war, verstand er Emmas Angst, die sie nach ihrer ersten gemeinsamen Nacht geäußert hatte. Sie hatte diese Sorge auch später immer wieder formuliert, nachdem sie miteinander geschlafen hatten. Für sie wäre es eine enorme Belastung, nochmals schwanger zu werden. Die Befürchtung, dass sie das Kind verlieren könnte, würde sie um den Verstand bringen. Energisch schüttelte er den Kopf, um die Gedanken zu verscheuchen. Was brachte es ihm, wenn er sich ihre Zukunft ausmalte? Er befand sich im Hier und Jetzt und hatte sowieso nur einen mäßigen Einfluss auf das, was noch kommen würde.

Ein Klopfen an der Haustür schreckte Ajoscha auf.

Emma.

Er warf einen hektischen Blick auf den Kamin. Er war so in Gedanken versunken gewesen, dass er nicht einmal irgendetwas für ihre Ankunft vorbereitet hatte. Weder hatte er ein Feuer zum Aufwärmen entzündet, noch Decken und frische Kleidung bereitgelegt, geschweige denn seine eigenen Wintersachen ausgezogen, die ihn vor der russischen Kälte schützten. Doch das musste jetzt warten, er streifte nur seine Handschuhe ab. Dass Emma da war, war erst mal die Hauptsache. Zumindest hatte er die Heizung aufgedreht, die aber nur sehr langsam in Gang kam.

Ajoscha sprang auf, eilte den Flur herunter, riss die Haustür auf und … erstarrte.

35

Andrzej Kusnezow.

Er stand vor ihm, wie er leibte und lebte, die Hände lässig in die Manteltaschen geschoben und ein verschmitztes Lächeln auf den Lippen. Sein Blick glitt kurz an Ajoscha herunter, der in seinem schweren Mantel dastand, doch er ließ diese Tatsache unkommentiert.

»Lange nicht gesehen«, sagte Andrzej, da Ajoscha zu perplex war, um etwas zu sagen. »Ich habe gehört, du hast jemanden unter deine Fittiche genommen, der mir sehr viel bedeutet.« Andrzej legte erwartungsvoll den Kopf schräg.

Der mir sehr viel bedeutet. Ajoscha wurde schlecht. Der Mann hatte ihm gerade noch gefehlt, über den Emma gesagt hatte: *Der Mann, den ich liebte.*

»Andrzej … das ist ja wirklich eine Ewigkeit her«, sagte Ajoscha, als er seine Fassung wiedergewonnen hatte und die beiden Männer in eine kumpelhafte Umarmung verfielen. »Ich muss zugeben, ich bin gerade etwas überrumpelt und …«, begann er, als er wieder einen Schritt zurücktrat.

»Ich habe gehört, was passiert ist. Mit Emma und dem Kind …« Andrzej schüttelte bestürzt den Kopf, doch Ajoscha war nicht wohl bei seinen Worten. »Ich wollte euch nicht mit der Tür ins Haus fallen, doch ich sehne mich so danach, Emma wiederzusehen.« Sein Blick ging an Ajoscha vorbei, so als könnte Emma jeden Moment aus einem Zimmer auftauchen.

»Das kann ich nachvollziehen«, hörte Ajoscha sich sagen – *immerhin bin ich selbst verrückt nach dieser Frau, doch du bist in einem deutlichen Vorteil mir gegenüber, was mir gar nicht gefällt* –, »doch Emma ist momentan noch nicht zu Hause und dass du lebst, ist immer noch nicht offiziell, sodass sie nichts davon weiß. All das wäre im Augenblick etwas viel für sie.« Ajoscha wurde das Gefühl nicht los, dass sich diese Sache zu einem Hahnenkampf entwickeln würde.

Ein Ausdruck des Bedauerns huschte über Andrzejs Gesicht. »Aber sicher. Kannst du mir Bescheid geben, wenn es so weit ist?«

Ajoscha nickte, während seine Hand an der Maserung der Tür entlangfuhr und er hoffte, den Gast schnell zum Gehen bewegen zu können.

»Können wir reden? Über das, was in dem letzten Jahr passiert ist?«, bat Andrzej.

Ajoscha zögerte. Zu gern würde er erfahren, was es mit Andrzejs Verschwinden auf sich hatte, doch ihm war das Risiko, dass sich Andrzejs und Emmas Wege kreuzten, viel zu groß. Mit jeder Minute, die verging, lief er immer mehr Gefahr, dass die beiden aufeinandertrafen.

»Ich bin leider sehr beschäftigt.« Genauer gesagt war er damit beschäftigt, Marleen Charlottes Tod zu verarbeiten, und der Kerl hatte ihm nicht mal sein Beileid ausgesprochen ... »Lass uns doch morgen darüber reden, wenn ich ins Büro komme.«

Andrzejs Gesicht nahm harte Züge an und es schien, als sei er sehr unglücklich über Ajoschas Antwort. Ajoscha wiederum gefiel die Körpersprache dieses Mannes nicht. Er hatte nach seinem Gefühl so etwas Aufgesetztes an sich.

»Na dann. Guten Abend«, sagte Andrzej und holte eine Packung Lucky Strikes aus seiner Manteltasche.

Ajoscha nickte steif und schloss grimmig die Tür. Er atmete tief durch und barg für einen Augenblick sein Gesicht in den Händen.

Das darf doch alles nicht wahr sein.

~

Nachdem Andrzej gegangen war, konnte Ajoscha nicht aufhören zu grübeln. Er entzündete ein Feuer im Schlafzimmer und bezog das Bett neu. Er sehnte sich danach, mit jemandem zu reden, doch hätte er die ganze Situation nicht erklären wollen. Selbst Elana mochte er nicht anrufen. Über Marleen Charlottes Tod hatte er sie zwar informiert, hatte sie aber auch gebeten, ihm und Emma nun Zeit und Ruhe zu lassen.

Außerdem drehten sich seine Gedanken um die Frage, wo er heute Abend schlafen sollte. Er wollte in Emmas Nähe sein, doch er hatte das Gefühl, wenn er neben ihr im Bett schlief, würde sie das zu sehr einengen, immerhin wollte er ihr Freiraum geben. Grimmig stellte er fest, dass ihm etwas Abstand helfen würde, sich zu beherrschen und sie nicht durch eine Umarmung zu trösten, die sie nicht wollte.

Anderthalb Stunden nachdem Emma den Friedhof fluchtartig verlassen hatte, klopfte es wieder an der Haustür und eine durchgefrorene Emma wurde von Ajoscha in Empfang genommen. Er trug sie ins Schlafzimmer, da er sich nicht sicher war, wie lange ihre Beine sie nach solch einer Anstrengung noch tragen würden.

»Wo warst du?«, fragte er und versuchte, sie möglichst nichts von seinem Unmut über ihr plötzliches Verschwinden spüren zu lassen.

Sie zuckte teilnahmslos mit den Schultern. »Ich bin einfach gelaufen.«

Ajoscha setzte sie auf einem Sessel ab, den er in die unmittelbare Nähe des Kamins gerückt hatte. »Du musst aus den kalten und nassen Anziehsachen raus«, murmelte er.

Draußen hatte es zu schneien begonnen und die geschmolzenen Flocken durchnässten ihre Kleidungsstücke und auch ihre Haare. Es tat Ajoscha im Herzen weh zu sehen, wie Emmas Lippen blau angelaufen waren und sie nicht aufhören konnte zu zittern. Eilig suchte er ein frisches Nachthemd aus dem Schrank und ging dann vor Emma, die sich nicht bewegt hatte, in die Hocke. Sie hatte den Blick starr auf das Feuer gerichtet, als könnte allein der Anblick sie wärmen.

Für einen Augenblick zögerte Ajoscha, da er nicht wusste, ob sie sich selbst ausziehen wollte oder ob sie etwas dagegen hatte, wenn er es tat, doch sie rührte sich nicht vom Fleck. Sanft öffnete Ajoscha ihren Mantel und half ihr, aus den Ärmeln zu schlüpfen. Er zog ihr ihre schwarze Bluse über den Kopf. Dass sie rot wurde, war das einzige Indiz dafür, wie unangenehm ihr diese intime Situation war. Schließlich warf Ajoscha auch ihr letztes nasses Kleidungsstück zu den anderen, die bereits einen kleinen Haufen bildeten. Emmas Zittern wurde stärker und er streifte ihr stumm das Nachthemd über, bevor er sie in zwei Decken hüllte.

»Willst du reden?«, fragte er mit gedämpfter Stimme und nahm ihre linke Hand in seine Hände. Sie wollte sie ihm erst entziehen, doch als sie merkte, dass es nicht nur um Zärtlichkeiten ging, ließ sie ihn gewähren. Vorsichtig rieb er erst ihre eine und dann ihre andere Hand zwischen seinen Händen, damit sie warm wurden.

»Über was?«, fragte Emma emotionslos.

Für einen Moment machten sich leichte Falten auf Ajoschas Stirn bemerkbar. »Über das, was in den letzten Tagen passiert ist. Was eigentlich zwischen uns ist.« Er sah zu ihr hoch.

»Ich habe meine Tochter verloren. Ich weiß nicht, was man mehr dazu sagen sollte.«

Dass sie scheinbar nicht verstand, dass auch er trauerte, schmerzte Ajoscha. Verärgert biss er die Zähne aufeinander. »Ich wärme dir etwas zu essen auf«, sagte er nur und erhob sich. Emmas Hand verschwand in dem Gewusel von Decken.

»Wo war Gott?«, fragte sie dann plötzlich und ließ ihn stoppen. »Wo war er, als Marleen krank war? Wo war er in diesem Krieg? Was hat er dagegen getan? So viele Menschen sind gestorben!«, entfuhr es ihr zornig und sie bereute kein einziges Wort. Ihre Augen sprühten vor Funken, doch diesmal war es nicht von der Art, die Ajoscha so überaus reizend fand.

Traurig schüttelte er den Kopf. »Es ist nicht Gott, der sich von den Menschen abwendet, es sind die Menschen, die sich von ihm abwenden.«

»Meinst du damit, dass ich irgendetwas falsch gemacht habe und er mich deswegen mit dem Tod meiner Tochter bestraft?«, schnaubte sie entsetzt.

»Nein, Emma Iwanowa.« Da sie sich in ihre Wut und Anklage hineinsteigerte, konnte auch Ajoscha nicht länger ruhig bleiben, wie er es normalerweise in solchen Situationen tat – doch das Ganze wühlte ihn zu sehr auf.

Emma presste die Hand auf ihren Mund, als sie schluchzte, und dann krallten sich ihre Finger um den Stoff der Decken. Ajoscha überwand die paar Schritte, die sie voneinander trennten, und ließ sich neben ihr auf dem Sofa nieder. Als er die Arme um sie legen wollte, schob sie ihn von sich. Mit zu einer dünnen Linie zusammengepressten Lippen rückte er ein Stück von ihr ab.

»Sag mir, was ich tun soll.« Umarmen sollte er sie augenscheinlich nicht. »Soll ich mit dir beten … was kann ich tun, um dir zu helfen?«, fragte er am Rande der Verzweiflung. Er wusste nicht, wie er sie trösten sollte, wenn sie ihn nicht an sich heranließ.

»Beantworte mir die Frage: Warum?!«

»Das kann ich nicht«, entgegnete er schnell, um sie zum Schweigen zu bringen. »Ich weiß nicht, warum sie gestorben ist, und Spekulieren bringt uns, insbesondere dich, nicht weiter.« Er schluckte. »Ich will dir helfen zu trauern, zu verarbeiten, was passiert ist, bis du in der Lage bist, dich ernsthaft und objektiv damit auseinanderzusetzen, und dann können wir fragen, wozu alles passiert ist, was der Zweck von alledem ist, aber nicht, warum es geschah.« Und Gleiches galt auch für ihn. Er war sich sicher, dass er momentan noch nicht an dem Punkt war, zu verstehen.

Emma schnaubte und schüttelte den Kopf. Ajoschas Hand, die auf ihrem Knie ruhte, versuchte sie auszublenden. Wieder einmal wurde Ajoscha bewusst, dass sie allein mit dem Schmerz fertigwerden wollte, doch das konnte sie nicht, es würde sie für immer belasten.

Lass sie doch begreifen!

»Hättest du alles getan, um mit Marleen Charlotte zu tauschen?«, fragte er, als sie ihn nicht an ihren Gedanken teilhaben ließ.

Ihr Kopf fuhr zu ihm hoch. »Natürlich«, sagte sie mit bebenden Schultern.

Langsam nickte Ajoscha. »Gott auch und er ist derjenige, der mit dem Kind tauschen kann und es auch getan hat, indem Jesus am Kreuz starb, damit wir es nicht müssen.«

»Ach komm! Immer und immer wieder packst du dieselbe Leier aus! Und dein Gerede bringt mir meine Tochter nicht zurück!«

»Beides stimmt, aber ich will, dass du verstehst. Du hast angefangen, von Gott zu reden, da kannst du nicht von mir erwarten, dass ich nicht sage, wie ich dazu stehe«, erwiderte er mit fester Stimme.

»Ich nehme es zurück, okay?! Es hat sowieso keinen Sinn, mit dir darüber zu diskutieren, du wirst immer mit deinem Gottgefasel kommen.«

Ajoscha schnaubte und legte seine Hand auf seine Brust. »Ach, du meinst, ich könnte deinen Verlust nicht verstehen?! Dass ich nicht genauso leide wie du?« Er schüttelte vehement den Kopf. »Marleen Charlotte war nicht meine leibliche Tochter, doch das ändert nichts an der Tatsache, dass ich ihr Vater gewesen bin. Ich war derjenige, der sie in den Armen gewiegt hat, wenn sie geweint hat und du eine Pause gebraucht hast. Ich war genauso wie du derjenige, der sie gewickelt hat.« Er machte eine Pause und biss sich kurz auf die Unterlippe. »Also denke nicht, dass du die Einzige bist, die leidet. Ich mag die Hoffnung haben, Marleen Charlotte im Himmel wiederzusehen, doch der Gedanke, dass du sie dort nicht wiedersehen wirst, macht mich krank.«

Jetzt hatte er seine größte Angst ausgesprochen, doch Emma blickte ihn einfach nur mit so einer harten Miene an, wie er selbst sie sonst in bestimmten Situationen aufsetzte. Sie öffnete ihren Mund, während sich ihre Nasenflügel aufblähten, doch dann schloss sie ihn wieder. Ajoscha konnte nur erahnen, was sie dachte, aber er konnte sich vorstellen, in welche Richtung ihre Gedanken gingen.

»Du solltest schlafen gehen«, setzte er mit rauer Stimme wieder an. »Paul hat mir Schlaftabletten gegeben, falls du nicht schlafen kannst.«

»Betäubt das etwa den Schmerz?«, fragte Emma leise. Sie hatte den Kopf gegen die Lehne gestützt und die Augen geschlossen. Sie war kreidebleich und hatte immer noch nicht aufgehört zu zittern. »Schlaftabletten sind verfügbar, aber nicht die Medikamente, die Marleen gebraucht hätte?« Sie sprach leise, aber schrill, während sie ihren Kopf von Ajoscha wegdrehte.

Ajoscha stieß einen nicht hörbaren Seufzer aus. Er würde ihr das Schlafmittel auf den Nachttisch stellen, wenn er nicht diese Angst hätte, dass sie sich selbst etwas antun würde. Er konnte nicht abschätzen, wie sich Emma verhalten würde – wahrscheinlich, weil er sie nicht gut genug dafür kannte und sie sich in einer Ausnahmesituation befand.

Er ging in Richtung Tür, hielt jedoch inne, als er bereits die Hand auf die Türklinke gelegt hatte. Ohne etwas zu sagen, trat er an den Kleiderschrank, nahm seine Uniform von einem Kleiderbügel und legte sie sich über den Arm. »Ich muss morgen wieder arbeiten gehen«, sagte er – *und mich um Andrzej kümmern* –, »soll ich Elana fragen, ob sie dich besuchen könnte?« Erst hatte er es für eine gute Idee gehalten, doch als er es nun aussprach, kamen ihm Zweifel. Wenn sie mit Dimitrij kommen würde, würde das Emma ihren Schmerz nur noch deutlicher spüren lassen. Aber andererseits hatte Elana ihren Mann verloren und wusste um den Schmerz eines solchen Verlusts …

»Wenn du dich dann besser fühlst.«

Ajoscha runzelte die Stirn. Es klang, als würde sie ihm einen Vorwurf daraus machen, dass er wieder zum Dienst erscheinen musste. Sie zeigte kein Verständnis, aber das durfte er ihr nicht übel nehmen.

Psychische Ausnahmesituation.

Das schien in letzter Zeit die Antwort auf alles zu sein.

Er schaute auf die Uniform und entschloss sich, sie zwar ins Badezimmer zu hängen, in dieser Nacht aber trotzdem ins Schlafzimmer zurückzukehren. Selbst wenn er im Sessel schlafen musste, wollte er nicht räumlich von Emma getrennt sein.

Emma schwieg und so ging er. Er musste den Anruf machen, vor dem es ihm schon die ganze Zeit graute.

5. Dezember 1945

Lange nachdem Emma ins Bett gegangen war, hatte auch Ajoscha sich ins Schlafzimmer zurückgezogen. Er hatte sich eine extra Decke genommen und neben sie gelegt. Es fühlte sich an, als würde er neben jemand Wildfremdem liegen. Keiner von ihnen wagte es, auch nur kurz seine Bettseite zu verlassen oder sich übermäßig zu bewegen. Emma hatte die Decke bis zum Kinn hochgezogen und hatte die ganze Nacht den Rücken zu Ajoscha gekehrt.

Früh am Morgen stand er auf, um sich für die Arbeit fertig zu machen. Kurz bevor er ging, warf er nochmals einen Blick ins Schlafzimmer, doch Emma war noch nicht aufgestanden und er widerstand dem Drang, ihr einen Abschiedskuss zu geben.

Heute stand das Gespräch mit Andrzej Kusnezow auf dem Plan. Als er in seinem Büro ankam, suchte Ajoscha alle Unterlagen zusammen, die er über die letzten Monate hinweg gesammelt hatte und die mit Kusnezow in Zusammenhang standen. Sergej holte ihn ab, doch Ajoscha war nicht in der Stimmung, irgendwelche Höflichkeiten auszutauschen, weswegen es nur bei einer kühlen Begrüßung blieb. Er hatte gar nicht mehr an den geheimnisvollen Sonderauftrag gedacht, den Sergej inzwischen ausgeführt haben musste. Als er ihm nun einfiel, bezweifelte er jedoch, dass er Antworten bekommen würde, wenn er fragte, deswegen schwieg er.

Eine Limousine holte sie ab und fuhr sie zur Lubjanka. Dies war der inoffizielle Name des NKWD-Hauptquartiers. NKWD war der Geheimdienst, für den Kusnezow arbeitete und bei dem die Sitzung stattfinden würde. Soweit Ajoscha wusste, waren alle Teilnehmer Geheimdienstmitarbeiter bis auf Sergej, Bolschakow, der noch hinzustoßen würde, und ihn selbst.

»Ich habe das von … Ihrer Tochter gehört. Das tut mir leid«, sagte Sergej, als sie fast bei ihrem Ziel angekommen waren. Es war das erste Mal auf der Autofahrt, dass einer von ihnen beiden das Wort ergriffen hatte.

Ajoscha hielt weiter den Blick aus dem Fenster gerichtet. Es dauerte einige Sekunden, bevor er antwortete. Einige andere Offiziere, denen er begegnet war, hatten ihn mit einem wissenden Blick bedacht, doch kein Wort über diese Sache verloren. Sergej war der Erste und auch der Einzige, der sein Bedauern ausdrückte.

»Danke«, sagte Ajoscha emotionslos. Die folgende Stille war bedrückend, doch ihm war nicht danach, das Gesprächsthema zu vertiefen. Auch wenn er Sergej als rechte Hand zu schätzen wusste, waren sie keine Freunde.

Sie fuhren vor der Lubjanka vor, ein gelbes Gebäude mit roten Fassadenelementen. Bereits einige Male hatte Ajoscha hier beruflich zu tun gehabt. Den Keller, der als Gefängnis diente, hatte er nur einmal betreten, um dort einer Exekution beizuwohnen.

Sie stiegen aus und wurden zu einem Konferenzsaal geführt. Bolschakow war schon da und sie begrüßten einander. Ajoscha und Sergej nahmen nebeneinander Platz.

Andrzej wählte einen Stuhl unmittelbar gegenüber von ihnen aus. Er sprach die ganze Zeit über mit anderen Geheimdienstagenten, deswegen hatte er noch kein Wort mit den beiden Rotarmisten gewechselt. Doch der Blickkontakt, den er mit Ajoscha gehabt hatte, machte bereits deutlich, dass es zwischen ihnen Spannungen gab, da Ajoscha ihm verwehrt hatte, Emma zu sehen.

»Fangen wir an?«, fragte Ajoscha in die Runde, als alle ihre Plätze eingenommen hatten.

Der Chef der Sitzung, der ziemlich weit oben in der Hierarchie des NKWD stand, blickte Ajoscha kurz an. »Wir warten noch einen Moment, es fehlt noch jemand.«

Ajoscha blickte Sergej fragend an, doch dieser zuckte nur mit den Schultern. »Ich weiß nicht, um wen es sich handelt, Oberst«, sagte er mit gedämpfter Stimme und blätterte einen Augenblick in einem Stapel Papiere. »Alle Personen, die im Vorfeld aufgeführt waren, sind …« Er verstummte, als sich die Tür des Saals öffnete und General Wassily Iwanow hereinkam. Sein Blick verweilte etwas länger auf Ajoscha.

Ajoscha unterdrückte ein Stöhnen, als er sich zusammen mit Sergej erhob, um dem höherrangigen Offizier militärischen Respekt zu zollen. Wassily nutzte seine Macht aus und nahm sich Zeit, erst einmal die anderen Anwesenden zu begrüßen, bevor er den Soldaten die Erlaubnis gab, sich zu setzen.

»Oberst«, sagte er und Ajoscha konnte deutlich das spöttische Funkeln seiner Augen und Zucken seiner Mundwinkel sehen.

»General«, erwiderte er kühl und setzte sich.

Die Sitzung wurde eröffnet und der Vorsitzende begann mit allgemeinen Informationen, bis er zu dem Tag kam, an dem Kusnezow sich mit einem Kontaktmann treffen sollte und die Brücke in die Luft gesprengt worden war.

An diesem Punkt setzte Andrzej in seiner Erzählung an. Er berichtete, dass er sich in das Wasser des Flusses hatte retten können. Er war verletzt und es war ihm nicht möglich gewesen, gegen die Strömung des Gewässers anzukämpfen. Er war bewusstlos geworden und erwachte in der Scheune einer Bauernfamilie, die ihn aus dem Wasser gezogen hatte.

»Die Familie stellte keine Fragen und verriet mich nicht. Als ich genesen war und die Familie verließ, bekam ich zu Ohren, dass alle auf der Brücke befindlichen Personen für tot erklärt worden waren. Ich beschloss, dass ich diese Tatsache zu meinem Vorteil nutzen konnte. Da ich keine Möglichkeit hatte, den NKWD zu erreichen, verbrachte ich bis Kriegsende die Zeit damit, hochrangigen Nazis nachzuspionieren.«

Ajoscha warf Sergej einen zweifelnden Seitenblick zu und mit einem leichten Nicken stimmte ihm der Unteroffizier zu. Sie beide hatten das Gefühl, dass ihnen nicht die Wahrheit erzählt wurde.

»Nach dem Krieg verfolgte ich Nazis auf den Klosterrouten auf Anweisungen des NKWD, bis vor einigen Wochen beschlossen worden ist, dass ich das Recht habe, zurückzukehren.«

»Agent Kusnezow hat großartige Arbeit geleistet und nach Rücksprache mit dem Genossen Stalin wurde beschlossen, dass er für seine Arbeit belohnt werden sollte«, fügte der Vorsitzende hinzu.

Ajoscha hatte die Hände vor sich auf der Tischplatte gefaltet. Sein Zorn, dass er die letzten Monate umsonst wertvolle Zeit damit verbracht hatte, zu recherchieren, ob Andrzej wirklich noch am Leben war, überwog gegenüber der Genugtuung darüber, dass sich seine Theorie bezüglich der Klosterrouten und der Verfolgung der Nazis bewahrheitet hatte. Im Gegensatz zu den anderen anwesenden Rotarmisten stellte er keine Fragen, sondern hörte nur zu.

»Und diese Deutsche, Emma Hoffmann, meinen Sie, dass sie Sie verraten hat, sodass es zu dem Anschlag auf Ihr Leben kam?«, fragte Wassily und nahm eine Zigarette zwischen die Zähne, die er mit einem Sturmfeuerzeug entzündete. Auch wenn er mit Andrzej sprach, war sein Blick fest auf Ajoscha gerichtet. Die Provokation gegen seinen Sohn war offensichtlich, angefangen damit, dass er nicht Emmas amtlichen Nachnamen verwendete. Ajoscha blieb äußerlich ruhig, nur seine angespannte Kiefermuskulatur war ein Indiz für seine Entrüstung.

»Nein«, sagte Andrzej schnaubend. »Ich bin mir sicher, dass Emma nichts damit zu tun hatte.«

»Und hatten Sie schon Gelegenheit, Ihre Liebste wieder in die Arme zu schließen?«, bohrte Wassily weiter nach und schob seine Zigarette von einem Mundwinkel zum anderen.

Andrzejs Blick fixierte Ajoscha. »Nein. Der Oberst hielt es für das Beste, die offizielle Verkündigung, dass ich noch am Leben bin, abzuwarten.«

»Immerhin wollen wir doch nicht gegen die Regeln verstoßen«, stellte Ajoscha fest und lehnte sich in seinem Stuhl zurück.

»Dann wird es dich wohl freuen, mein Sohn, dass dies in wenigen Stunden passieren wird. Also steht der Vereinigung nichts mehr im Wege.«

Ein selbstgefälliges Lächeln tauchte auf Kusnezows Gesicht auf. Ajoscha hätte fast glauben können, dass dieser sich mit seinem Vater abgesprochen hatte, doch wahrscheinlich wollte Wassily der Beziehung seines Sohnes zu dieser Deutschen nur ein schnelles Ende setzen.

Ajoscha wurde schlecht. »Wie Sie sicherlich schon gehört haben, General, ist meine Frau weder psychisch noch physisch dazu in der Verfassung. Als ihr rechtmäßiger Ehemann nehme ich mir das Recht, sie über Kusnezow zu informieren, wenn ich den Zeitpunkt für angemessen halte.«

Wassilys Gesicht verzog sich zu einem bitteren Ausdruck und er warf einen Blick zum Vorsitzenden. Als hätte in diesem Blick ein unausgesprochener Befehl gesteckt, ergriff dieser das Wort. »Da dem NKWD sehr daran gelegen ist, wahrheitsgemäß zu handeln, setzen wir Ihnen, Oberst, die Frist für eine Woche, in der Sie Zeit haben, Ihre Frau über Agent Kusnezows Überleben zu unterrichten.«

Diesmal unterdrückte Ajoscha sein Schnauben nicht und hielt sich auch nicht mit seiner Wortwahl zurück. »Wenn dem NKWD so viel an der Wahrheit gelegen ist, dann hätten Sie uns schon viel eher über Agent Kusnezows Überleben unterrichten können«, stellte er hinter zusammengebissenen Zähnen fest.

Als Wassily daraufhin mit der Hand auf die massive Tischplatte schlug, zuckte Sergej zusammen. Ajoscha dagegen gab seinem Vater nicht diese Genugtuung. Auch Bolschakows Gesicht hatte sich zornesrot verfärbt. »Zügeln Sie gefälligst Ihre Wortwahl, Oberst!«, donnerte er, während eine pulsierende Ader auf seiner Stirn hervortrat. »Sie haben nicht das Recht, die Entscheidungen des NKWD anzuzweifeln! Oder stellen Sie etwa die von Genosse Stalin initiierte Befehlskette und Entscheidungsgewalt infrage?!«

Langsam lehnte Ajoscha sich nach vorne. »Genosse Stalins Intention war es sicherlich nicht, das Innenministerium gegen die Rote Armee auszuspielen.«

Abrupt sprangen beide Generäle angesichts von Ajoschas Affront von ihren Plätzen auf. Einige Jahre zuvor hatte Ajoscha für solche Meinungsäußerungen von seinem Vater bereits Prügel kassiert. Doch im Augenblick war es ihm egal, welche Konsequenzen sein Handeln hatte. Er musste seinem Unmut Luft machen.

»Sie werden mit sofortiger Wirkung von dieser Sitzung ausgeschlossen!«, bellte Bolschakow. »Sie können froh sein, wenn ich Sie nicht degradieren lasse!«

Anscheinend war Ajoscha noch mal mit einem blauen Auge davongekommen, auch wenn er sich sicher war, dass er jegliche Privilegien, die der Name seines Vaters mit sich gebracht hatte, nun verloren hatte.

»Wegtreten«, knurrte Wassily mit hochrotem Gesicht. Es sah aus, als könne er noch gerade so an sich halten, nicht über den Tisch zu springen und Ajoscha höchstpersönlich für seinen Ungehorsam zu bestrafen.

»Guten Tag«, presste Ajoscha eisig hervor, bevor er seine Papiere zusammenschob, in seinem Aktenkoffer verstaute und mit großen Schritten den Raum verließ. Im Laufen schlüpfte er in seinen Mantel und floh in die russische Kälte hinaus. Er war wahnsinnig wütend und hätte am liebsten geschrien. Er lief zwei Straßenblocks entlang, bis die Kälte ihn völlig durchgefroren hatte und er sich ein Taxi nahm, um zu seinem Büro zurückzufahren.

Es war viel Arbeit liegen geblieben während seiner Auszeit. Da er nun nichts mehr mit Kusnezows Fall zu tun hatte, konnte er sich ihr in Ruhe widmen. Doch in jedem Moment seiner Arbeit kreisten seine Gedanken unablässig um die ablaufende Frist.

Eine Woche, bis er Emma von Andrzejs Überleben erzählt haben musste.

36

7. Dezember 1945

Nach der Auseinandersetzung in der Lubjanka hatte Ajoscha die angespannte Situation sowohl auf der Arbeit als auch zu Hause nicht mehr ausgehalten und hatte kurzerhand Simeon aufgesucht. Der alte Mann war sehr überrascht gewesen und hatte trotz der Gefahr, die dieses Treffen bedeutete, ein offenes Ohr für Ajoscha gehabt. Dass der Mann so ein Vertrauen in Gott hatte, beruhigte Ajoscha ein Stück weit, auch wenn seine eigene Beziehung zu Gott wankte und er nicht denselben inneren Frieden verspürte.

Seinem Vater ging er, wie sonst auch, aus dem Weg. Elana besuchte Emma, soweit es ihr möglich war, aber auch sie konnte sie nicht aus ihrer Melancholie herausholen. Und mit jedem weiteren Tag, der verstrich, schwand die Zeit, die Ajoscha blieb, um Emma alles zu erklären. Doch er schob diesen Moment vor sich her. Viel zu viel Angst hatte er davor, dass die Wahrheit einen Keil in ihre Beziehung – wenn man das überhaupt so nennen konnte – treiben und sie endgültig auseinanderbringen würde.

Kurz vor siebzehn Uhr klingelte in Ajoschas Büro das Telefon. Er ließ es einige Male läuten, bevor er sich dazu durchrang, abzunehmen.

»Oberst Iwanow.«

»Hallo, Kumpel«, grüßte ihn Pauls fröhliche Stimme.

Überrascht legte Ajoscha die gerade gelesene Akte ab. »Ist alles in Ordnung?«, fragte er. Normalerweise rief Paul ihn nie auf der Arbeit an.

»Ja, besonders, da wir beide heute Abend ein Rendezvous haben. Ich habe einen Tisch für zwei bestellt. Die Rechnung geht auf mich.«

Ajoscha zögerte, sodass einige Sekunden lang Stille herrschte. »Das ist wirklich nett von dir«, begann er. »Aber ich kann Emma nicht allein lassen.«

»Ajoscha, du musst ihr Raum geben.« Der muntere Ton war aus Pauls Stimme verschwunden.

Ajoscha runzelte die Stirn. »Denkst du, ich enge sie ein?«, fragte er und konnte den Vorwurf nicht ganz aus seinem Tonfall verbannen.

»Ja. Es gibt unterschiedliche Arten der Trauerbewältigung. Soweit ich das im Krankenhaus mitbekommen habe, suchst du Trost in ihrer Nähe und sie geht auf Distanz und will allein mit der Trauer fertigwerden. Ihr seid das komplette Gegenteil voneinander.«

Es ärgerte Ajoscha, dass er derjenige sein sollte, der sich an den anderen anpassen musste, und nicht umgekehrt. Er hatte das Gefühl, er müsse Rücksicht nehmen, aber Emma revanchiere sich in keiner Weise dafür. Mit zwei Fingern begann er, seine Nasenwurzel zu massieren. »Und du meinst, ich würde deine Gesellschaft der meiner reizenden Frau vorziehen?«, fragte er grimmig, aber auch mit einem Hauch von Humor.

»Tatsächlich, ja. Wer sagt denn, dass ich nicht reizend bin?«

Ajoscha lachte leise. »Na gut. Sag mir, wo wir uns treffen, und ich versuche, pünktlich da zu sein.«

Aus einem Radio erklang russische Volksmusik, als Ajoscha das Restaurant, in dem er mit Paul verabredet war, betrat. Der Arzt saß bereits an einem Tisch in einer etwas ruhigeren Ecke und winkte ihn zu sich. Ajoscha schlängelte sich zwischen den anderen Tischen und Gästen hindurch und setzte sich seinem Freund gegenüber. Seinen Mantel hängte er über die Stuhllehne.

»Mein Freund!« Mit einem Grinsen breitete Paul für einen Moment freundschaftlich seine Arme aus, als habe er vor, Ajoscha über den Tisch hinweg zu umarmen.

»Guten Abend, Paul«, sagte Ajoscha mit einem leichten Lächeln. »Ich hoffe, du hast nichts dagegen, dass ich uns beiden schon mal Schtschi bestellt habe.« Obwohl Paul sich mehr wie ein Litauer als ein Russe fühlte und das ja auch war, war er ein großer Fan der russischen Küche und die Kohlsuppe Schtschi stand ganz oben auf seiner Liste.

»Du magst das Zeug mehr als der russischste Russe, den ich kenne«, sagte Ajoscha schmunzelnd.

»Mag Emma die russische Küche?« Zweifelsohne wollte Paul auf Emma zu sprechen kommen. Ajoscha fuhr sich mit der Zunge über die Innenseite seiner Wange. Er zuckte leicht mit den Schultern. »Sie kocht mal so, mal so. Aber sie tendiert eher zu den Gerichten aus ihrer Heimat.«

Eine Kellnerin brachte ihnen Tee und jedem auch ein Glas Wodka. Kurz darauf kam auch das Essen.

»Hast du sie schon mal in ein Restaurant ausgeführt?« Paul tauchte seinen Löffel in die Suppe.

»Nein, tatsächlich nicht. Es gab schon … Affronts, wenn wir nur spazieren waren und jemand mitbekommen hat, dass sie eine Deutsche ist«, erklärte Ajoscha mit gedämpfter Stimme. »Deswegen habe ich nie in Betracht gezogen, dass wir zusammen essen gehen.«

»Mit mir gehst du aber essen«, stellte Paul fest. Russisch hatte er nicht von Kindesbeinen an, sondern erst später gelernt, und manchmal schwang noch ein Hauch von deutschem Dialekt in seiner Stimme mit.

Ajoscha zerteilte eine Scheibe Roggenbrot, von der er eine Hälfte in die Suppe tunkte. »Du bist etwas anderes.« Seine Augen funkelten leicht neckend.

Der Arzt nickte mit zusammengekniffenen Augen. »Bist du wenigstens in anderen Dingen romantisch, wenn du schon nicht mit deiner Frau essen gehen kannst?«

Ajoscha lehnte sich in seinen Stuhl zurück, während er zu Ende kaute. Er nahm einen Schluck Tee und fuhr sich dann mit der Zunge über die Lippen. »Ich habe ihr Nylonstrümpfe geschenkt, ich denke, das war recht romantisch.«

Überrascht schossen Pauls Augenbrauen in die Höhe, bevor ein anerkennendes Nicken folgte. »Du hast Mumm … und vielleicht auch Stil, das muss ich dir lassen.«

Ajoscha nahm das Glas Wodka und kippte den Inhalt auf einmal herunter. Im Gegensatz zu Paul verzog er dabei keine Miene.

»Du hast also mit ihr geschlafen?«

Die Frage überraschte Ajoscha und er schnappte nach Luft. Belustigt wartete Paul auf eine Antwort.

»Wie kommst du darauf?«, fragte Ajoscha und spülte den Wodka mit Tee nach.

»Ist das nicht offensichtlich? Geküsst hast du sie auf jeden Fall, und so wie es seit der Geburt zwischen euch geknistert hat und wenn du ihr schon Nylonstrümpfe geschenkt hast … ich meine, da kann doch nur was zwischen euch passiert sein.«

Ajoscha tunkte wieder ein Stück Brot in die Suppe und gestikulierte dann damit in Pauls Richtung. »Eigentlich habe ihr die Strümpfe geschenkt, bevor wir miteinander geschlafen haben«, sagte er leise und leicht amüsiert.

Der Arzt schlug mit der Hand auf die Tischplatte und zeigte dann mit dem Finger auf Ajoscha. »Also waren die Strümpfe Teil der Überzeugungsstrategie!«

Ajoscha tadelte ihn mit einem Blick. Er wollte nicht die Aufmerksamkeit der anderen Gäste auf sie lenken. »Themenwechsel, die Konversation schlägt eine seltsame Richtung ein.«

Eine Weile herrschte ein angenehmes Schweigen zwischen ihnen, während sie sich ihrem Essen widmeten. Auch wenn aufgrund der schwierigen Versorgungslage kein Fleisch in der Suppe war, schmeckte sie doch ausgesprochen gut. Schließlich löffelte Ajoscha den letzten Schluck Suppe aus seinem Teller. Er beobachtete, wie Pauls Blick immer wieder über seine Schulter hinweg wanderte.

»Na, wirst du wieder beschattet?«, fragte Ajoscha. Er wusste, dass sein Freund nie ganz den Kontakt in sein Geburtsland verloren hatte – etwas, was nicht gerne gesehen war.

»Mhm. Mal jemand anderes, den ich bisher nicht kannte. Aber dass die nicht mal Frauen auf mich ansetzen können, ist mir ein Rätsel. Das würde die ganze Sache viel interessanter gestalten.« Gespielt entrüstet schüttelte er den Kopf, bevor er wieder ernst wurde. »Ist dir in letzter Zeit jemand gefolgt?«, fragte er dann seinen Freund.

Ajoschas Kauen verlangsamte sich, bevor er schließlich schluckte. »Ich hoffe es doch nicht. Mir ist nichts aufgefallen.« Wenn doch, wäre es ein großes Problem, immerhin hatte er sich am Mittwoch mit Simeon getroffen. »Ich habe vorgestern einen … nennen wir es mal Eklat ausgelöst, der mir fast eine Degradierung beschert hätte. Ich hoffe, das wird nicht zum Anlass genommen, mich wieder zu überwachen.«

»Was für einen Eklat?«

Er seufzte. »Ich habe … Kritik am System in einer Sitzung geübt. Unter anderem Bolschakow und mein Vater waren anwesend.«

Der Arzt runzelte die Stirn und verschränkte die Arme. »Dabei bist du doch sonst immer so beherrscht.«

»Es ging um Emma.«

»Um Emma?« Nun wurde er hellhörig und lehnte sich wieder nach vorn.

»Was weißt du über Emma und mein Kennenlernen?«

Paul überlegte einen Moment. »Sie war deine Gefangene und wurde befragt zu einem NKWD-Agenten, der ums Leben gekommen ist.«

Ajoscha seufzte, während seine Hände mit einer Servierte spielten. »Dieser Agent – Andrzej Kusnezow –, war … ich will nicht sagen, ihr Liebhaber, aber er und Emma waren einmal ein Paar. Und wie sich herausgestellt hat, ist er doch noch am Leben. Quicklebendig hier in Moskau. Und da er und Emma eine … Vorgeschichte haben und er immer noch Interesse an ihr bekundet, habe ich noch weniger als eine Woche, um ihr zu sagen, dass er noch am Leben ist. Das habe ich unter anderem meinem reizenden Vater zu verdanken, der es nicht abwarten kann, dass ich von Emma geschieden werde«, erklärte er schnell und leise, damit ihn niemand außer Paul hören konnte.

»Und das hat dir natürlich ganz und gar nicht gefallen«, resümierte der Arzt und nickte verständnisvoll. »So wie ich das verstehe, hast du Angst, dass sie dich für diesen Agenten verlässt. Hast du also Zweifel an euren Gefühlen füreinander?«

»Irgendwie schon«, gab Ajoscha zu und fuhr sich mit der Hand durchs Haar. »Frag mich nicht, warum, aber wir haben nie davon gesprochen, dass wir uns lieben. Ich vermute mal, dass sie dafür viel zu sehr verunsichert ist, als dass sie es mir sagen könnte. Und ich …« Er stoppte und seufzte zum wiederholten Mal an diesem Abend. »Ich habe keine Zweifel an meinen Gefühlen, sondern an ihren, und das verunsichert mich so sehr, dass ich mich nicht dazu durchringen kann, ihr meine Liebe zu gestehen.«

»Klingt … kompliziert.«

»Was du nicht sagst.« Keine Spur von Humor schwang in Ajoschas Stimme mit. Seine Finger ließen die Stoffserviette los. »Ihr Tremor ist zurück.« Ernst blickte er hoch in das Gesicht seines Freundes.

»Der Auslöser steckt dann wahrscheinlich hinter dem Verlust, den sie erlitten hat.«

Ajoscha nickte. »Und die alten Probleme könnten dadurch wieder hochkommen, oder?«

»Ja«, stellte Paul bedauernd fest.

»Das darf doch gar nicht wahr sein«, seufzte Ajoscha.

Er winkte einen Kellner herbei, um nach der Rechnung zu fragen. Paul zahlte und die beiden verließen das Restaurant. Ajoscha zog sich seine Mütze tief über seine Ohren, um sie vor der russischen Kälte zu schützen.

»Soll ich dich in meinem Wagen mitnehmen?«, fragte Paul.

»Gerne.«

»Ich habe die Straße runter geparkt.«

Sie liefen den Bürgersteig entlang. Allzu schnell konnten sie nicht laufen, da sie sonst auf dem glatten Weg ausgerutscht wären. Paul fluchte leise, als er beinahe auf seinem Hinterteil landete und gerade eben noch das Gleichgewicht halten konnte.

»Wäre doch was, wenn mein Beschatter sich hinlegen würde«, murmelte er auf Deutsch und Ajoscha schmunzelte kurz amüsiert.

Sie stiegen in Pauls Auto, ein sowjetischer GAZ-A, der im Volk Gazik genannt wurde. Als sie sich in den Verkehr eingereiht hatten, ließ Paul mit einem Grinsen den Motor aufheulen und gab Gas, um den Agenten, der ihn beschattete, abzuhängen.

~

»Wie war dein Abend mit Paul?«, fragte Emma. Als Ajoscha von Paul nach Hause gebracht worden war, hatte sie gerade ein Bad genommen, deswegen hatten sie sich noch nicht begrüßt. Ajoscha saß am Kamin im Schlafzimmer und las den *Roten Stern*, eine Militärzeitung.

Er schaute auf. Emmas nasse Haare waren über ihre rechte Schulter gerafft. Sie trug einen Morgenmantel über ihrem Nachthemd.

»Schön«, sagte er mit heiserer Stimme.

Er räusperte sich und widmete sich wieder seinem Artikel, den er gerade las. Er konnte sich nicht dazu durchringen, sie länger anzusehen, es hätte ihn nur an das erinnert, was er ihr gestehen musste. Aus den Augenwinkeln nahm er wahr, dass sie langsam näher trat, bis sie direkt neben ihm stand. Er sah auf, als sich ihre Hand auf seinen Arm legte.

»Alles in Ordnung?«, fragte er leise. Er konnte sich selbst nicht erklären, weswegen er so leise sprach.

Sie antwortete nicht, sondern setzte sich auf seinen Schoß. Sie beugte sich vor und küsste ihn. Ajoscha war überrascht. Solche Zärtlichkeiten hätte er von ihr nicht erwartet.

»Was ist los?«, fragte er, als sie sich von ihm gelöst hatte. Ihre Hand ruhte auf seiner Brust. Sie küsste ihn wieder, ohne zu antworten. Obwohl ihre Küsse Ajoscha erregten, fühlte er sich unwohl und schob sie von seinem Schoß. Er sprang von seinem Sitzplatz auf und nahm ein paar Schritte Abstand. Verwirrt fuhr er sich mit der Hand über den Mund.

»Du weist mich ab?«, keuchte Emma.

Ajoscha blickte sie an. Ihre Küsse waren so … anders als sonst. Irgendwie … fordernd. Alles fühlte sich falsch an. Er hatte in den letzten Tagen gemerkt, dass sie eigentlich keine Kraft hatte. Nicht im körperlichen, sondern im seelischen Sinne. Sie schaffte es kaum, für sich selbst stark zu sein, da hatte er von ihr nicht verlangen können, dass sie es für ihn war. Zudem dachte er an die Worte seines Freundes, dass Emma allein mit ihrer Trauer fertigwerden wolle. Daher war es überaus verwirrend, dass sie ihn auf einmal zu begehren schien.

»Geht es dir wirklich um uns?«, begann er.

»Was soll das jetzt schon wieder?«, fuhr Emma ihn an, die Hände in die Seite gestemmt.

»Ich möchte nicht einfach als … Ablenkung oder Betäubungsmittel benutzt werden, als Werkzeug, damit du dich besser fühlst.« Innerlich hätte er sich für seine harten Worte und die Schärfe in seiner Stimme ohrfeigen können. Er hätte das Ganze auch freundlicher erklären können.

Ausnahmesituation und so.

Empört schnaubte Emma und schüttelte den Kopf, doch bevor sie etwas sagen konnte, ergriff er wieder das Wort. »Ich wünsche mir nichts mehr, als dir wieder nah zu sein, aber ich habe nicht das Gefühl, dass es dir gerade wirklich um mich geht. Wenn man einen

Menschen nur benutzt, tritt man seinen Wert mit Füßen. Niemand hat so etwas verdient.«

Es herrschte eine angespannte Stille. Ajoscha war sich nicht sicher, ob Emmas feuchte Augen ein Schuldeingeständnis waren, oder ob sie einfach wütend auf ihn war. Zittrig atmete sie ein. »Ich dachte, du würdest für mich da sein. Dass ich in deinen Armen Trost finden könnte, doch darin habe ich mich wohl geirrt – in dir habe ich mich wohl gewaltig geirrt«, schluchzte sie, ohne das Zittern in ihrer Stimme unterdrücken zu können.

Ajoschas Herz wurde weich, doch irgendwie konnte er sich nicht überwinden, sie in den Arm zu nehmen. Er bekam den Gedanken nicht aus dem Kopf, dass sie die Dinge grundsätzlich unterschiedlich sahen und in zwei Welten lebten. Der Gedanke, dass diese zwei Welten nicht miteinander vereinbar waren, machte sich wieder in seinem Kopf breit.

»Es tut mir leid, wenn du das so siehst.« Er zögerte und biss sich kurz auf die Unterlippe. Ein sanfter Ausdruck trat in seine Augen, der fast schon verletzlich wirkte. »Ich würde gerne für dich da sein und dich trösten, doch …« Er holte tief Luft und schien einen Moment zu brauchen, bevor er weitersprechen konnte. »Doch ich habe das Gefühl, dass ich eigentlich nicht wirklich an dich herankomme. Deswegen fühlt es sich für mich falsch an, den Schmerz mit Sex zu betäuben.«

Sie schaute ihn an, ohne etwas zu sagen. Er spürte, wie sich ihre innere Wand ihm gegenüber wieder aufbaute, wusste jedoch nicht mehr, was er tun konnte, um wieder zueinanderzufinden. Zudem lastete das Geständnis über Andrzej auf ihm, das er ihr noch schuldete. Somit klemmte er sich seine Zeitung unter den Arm und wich ins Arbeitszimmer aus.

37

Emma warf sich aufs Bett und vergrub ihr Gesicht im Kopfkissen. Ajoschas maskuliner Geruch stieg ihr in die Nase und in einem anderen Moment hätte sie ihn als durchaus angenehm empfunden, doch jetzt nicht. Sie schleuderte das Kissen mit all ihrer Kraft gegen die Wand und stieß einen verärgerten Schrei aus, der in ein Schluchzen überging. Ihr verzweifelter Versuch, ihre Wut abzureagieren, funktionierte nur bedingt.

Sie fühlte sich, als hätte sie jeder verlassen, der ihr einmal nahegestanden hatte – denn genauso war es doch. Ihre Eltern, Charlotte, Andreas, Marleen und auf irgendeine Weise hatte sie auch Ajoscha verloren. Falls sie ihm überhaupt jemals nahegestanden hatte und es nicht nur eine Einbildung ihrer Fantasie gewesen war.

Seufzend drehte sie sich auf den Rücken und strich sich die Haare aus dem Gesicht.

Auf einmal schämte sie sich für ihr Verhalten. Früher hatte sie es abstoßend gefunden, wenn sie mitbekommen hatte, dass jemand einfach nur eine Verabredung eingegangen war, in der Hoffnung, dass eine gemeinsame Nacht dabei heraussprang. Das, was sie fast getan hätte, wäre aber keinen Deut besser gewesen.

Die Erlebnisse im vergangenen Jahr hatten Spuren auf ihrer Seele hinterlassen. Letztlich hatte das sie zu solch einem Verhalten getrieben. Es machte ihr Angst, dass sie sich zum Negativen verändert haben könnte, denn sie hätte nicht gewusst, was sie dagegen tun sollte.

Emma rappelte sich auf und schwang die Beine über die Bettkante. Sie sah auf ihre Hände herab, deren Finger zitterten. Verärgert versuchte sie, es zu ignorieren. Sie zog ihren Morgenmantel aus und einen Pullover über ihren Kopf, um Ajoscha in anderer Aufmachung als gerade begegnen zu können. Sie wusste nicht, warum sie ins Arbeitszimmer ging. Eher weniger, um sich zu entschuldigen, doch ihr fiel beim besten Willen nichts ein, was ihre Meinungsverschiedenheit klären würde.

Zögerlich klopfte sie an die Tür und wartete ab, während ihr Herzschlag in ihren Ohren hämmerte.

Es kam keine Antwort und Emma wankte in ihrer Entscheidung, ob sie das Richtige tat. Warum bat er sie nicht herein? Er war eigentlich nicht der Typ, der jemanden ignorierte, auch wenn er in Extremsituationen die Interaktion nur auf ein Minimum und das Nötigste beschränkte. Emma umfasste behutsam die Türklinke und für einen Augenblick machte sich in ihr der Vorwurf breit, dass er abgeschlossen haben könnte, doch sie wurde eines Besseren belehrt. Die Tür war offen und vorsichtig trat sie ein.

Tatsächlich huschte ein kleines Lächeln über ihr Gesicht bei dem Anblick, der sich ihr bot. Ajoscha war eingeschlafen – zumindest vermutete sie, dass er schlief, da er nicht auf ihr Klopfen geantwortet hatte. Die Arme hatte er auf der Tischplatte seines Schreibtischs abgelegt und sein Kopf ruhte darauf. Unter ihm lag eine geöffnete Akte. Anscheinend war er während der Arbeit eingeschlafen.

Emmas Lächeln verschwand, als sie sich erinnerte, warum sie eigentlich gekommen war und warum er hier war. Wäre es nicht zu ihrer Auseinandersetzung gekommen, würde er sich noch im Schlafzimmer aufhalten. Sein Schlaf war ihr ein willkommener Grund, die Klärung des Konflikts zu verschieben – war ihr Drang, die Sache beizulegen, nicht auch ein Zeichen dafür, dass sie sich verändert hatte, immerhin war sie sonst sehr stoisch?

Auf Zehenspitzen bewegte sie sich durch den Raum und hoffte, dass keine Bodendiele unter ihrem Gewicht knarren würde. Sie nahm eine Decke, die über der Sofalehne lag, und ging damit zu Ajoscha an seinen Schreibtisch. Vorsichtig breitete sie die Wolldecke über Ajoscha aus. Er rührte sich nicht und sie atmete erleichtert aus. Als sie wieder einen Schritt zurücktrat, knisterte etwas unter ihrem

Fuß. Sie blickte zu Boden und stellte stirnrunzelnd fest, dass eine Fotografie, die auf dem Teppich gelandet war, nur noch ein zerknittertes Etwas unter ihrem Fuß war. Sie bückte sich und hob sie auf. Sie wollte es eigentlich vermeiden, einen Blick auf die Unterlagen von Ajoscha zu werfen, weil sie sonst das Gefühl hatte, sein Vertrauen zu verraten, besonders, weil viele Dinge geheim waren und sicherlich nicht von einer Deutschen gelesen werden sollten.

Doch irgendwas an dem Bild riss sie in seinen Band. Es bestand aus zwei Seiten. Auf der linken sah man eine Brücke, die über einen Fluss ging, und auf der rechten ein Foto von demselben Blickwinkel aus, bloß mit dem wesentlichen Unterschied, dass mehrere Holzstücke, die teilweise am Ufer lagen und auch im Wasser schwammen, das Einzige waren, was von dieser Brücke übrig geblieben war.

Mit geöffnetem Mund fiel ihr Blick auf die Papiere auf dem Tisch und ein Keuchen entfuhr ihrer Kehle.

Protokoll der Sitzung vom 05. Dezember 1945 – Offizielle Verkündigung des Überlebens von Andrzej Kusnezow

Von ihr aufgeschreckt, fuhr Ajoschas Kopf in die Höhe. Er griff reflexartig nach ihrem Handgelenk, da ihre Hand sich unmittelbar neben ihm auf die Tischplatte stützte. Entsetzt stieß Emma einen kleinen Schrei aus, doch sein Griff war so fest, dass sie sich nicht aus ihm befreien konnte. Es dauerte einen Moment, bis es schien, dass Ajoschas Blick klar wurde und er begriff, wo er war.

»Verzeih«, murmelte er und ließ sie augenblicklich wieder los. Sie wich einen Schritt zurück.

Ajoscha stützte die Ellenbogen auf die Tischplatte und fuhr sich mit den Händen über das Gesicht, um richtig wach zu werden. Zu einem anderen Zeitpunkt hätte sich Emma Gedanken darüber gemacht, was seiner heftigen Reaktion beim Aufwachen zugrunde gelegen hatte – vielleicht ein Albtraum, vielleicht seine Kriegserlebnisse –, doch jetzt konnte sie ihn nur mit offenem Mund anstarren.

»Du hast es gewusst«, sagte sie mit brüchiger, heiserer Stimme. »Dass er am Leben ist, hast du gewusst und hast nichts gesagt?«

Langsam richtete Ajoscha sich aus seiner gebeugten Haltung auf und ließ die Hände sinken. Er blickte auf die geöffnete Akte und begriff dann.

»Du hast es gewusst und trotzdem hast du mit mir geschlafen«, schluchzte sie und presste sich dann die Hand auf den Mund.

Ajoscha brauchte einen Moment, um zu antworten. »Moment mal«, schnaubte er. »Ich habe nicht mit dir geschlafen, wir haben miteinander geschlafen, das ist ein gewaltiger Unterschied.« Während er sprach, zeigte er von sich auf sie.

»Oh, Entschuldigung, dann hatten wir eben miteinander Sex.« Sie spuckte das Wort förmlich aus. »Das ändert aber nichts an der Tatsache, dass du es mir verschwiegen hast!«, schrie sie ihn an.

»Ich habe erst, als du im Krankenhaus warst, erfahren, dass er wirklich noch lebt. Vorher gab es nur unbestätigte Zeugenaussagen!«

»Und auf die Idee gekommen, dass es trotzdem für mich wichtig wäre, davon zu erfahren, bist du nicht?«

»Ich durfte nicht! Geheiminformationen, die über meinen Schreibtisch laufen, sind geheim. Abgesehen davon, kann man auf unbestätigte Aussagen keinen Wert legen. Es gibt Menschen, die immer noch behaupten, dass Hitler am Leben ist.«

»Aber schlussendlich wusstest du es und hast mir nichts gesagt!«

Langsam schüttelte Ajoscha den Kopf. »Emma, du hast deine Tochter verloren! Du warst und bist eigentlich immer noch nicht bereit, damit konfrontiert zu werden.« Er machte eine Handbewegung in Richtung der Unterlagen.

»Hast du nicht immer von Vertrauen geredet? Und dann bist du derjenige, der mir Informationen vorenthält.« Sie machte eine kurze Pause, in der sich ihr Brustkorb schnell hob und senkte. »War es wirklich deine Absicht, mich zu schützen, oder war es reiner Eigennutz, der dich handeln ließ?«, fragte sie deutlich ruhiger, aber nicht weniger emotional.

Ajoscha stockte und biss sich dann auf die Unterlippe. Er konnte nicht leugnen, dass auch Letzteres zutraf. Seine Mimik und sein Schweigen waren ihr bereits Antwort genug, bevor er weitersprach. »Ich kann dich nicht anlügen und behaupten, dass ich nicht auch aus egoistischen Gründen gehandelt habe, immerhin bist du … sehr wichtig für mich.«

Warum sagst du ihr nicht, dass du sie liebst, du Idiot!

»Du hast die ganze Zeit über gelogen.«

Ajoscha runzelte die Stirn. »Ich habe nicht gelogen. Du hast nie gefragt, ob er noch am Leben ist«, dementierte er ihre Aussage.

»Ach so, aber es mir zu verschweigen und dann so weit zu gehen und mit mir … was auch immer anzufangen, ist richtig?«

Ihre Wut war berechtigt und Ajoscha fühlte die Hilflosigkeit, die es ihm unmöglich machte, klar zu denken oder anderweitig zu agieren. Er spürte, dass er sie verlor.

Emma hatte nun scheinbar auch alles gesagt, was sie sagen wollte, und ging aus dem Zimmer. Ajoscha sah ihr hinterher. Als sie die Tür hinter sich geschlossen hatte, sprang er abrupt von seinem Platz auf und schlug mit der flachen Hand gegen die Wand. Er verzog das Gesicht, weinte aber nicht, als er sich mit dem Kopf gegen die Wand lehnte. Seine Nasenflügel blähten sich auf, als er schwer atmete. *Warum?*, das war das Einzige, was er Gott fragte. Hatte er so falsch gehandelt? Hatte er nicht nur Emmas Bestes im Sinn gehabt – nein, das war ihm bereits klar geworden, aber scheinbar redete er es sich immer noch ein. Er hatte das Gefühl, nicht mehr zu wissen, wo oben und wo unten war. Seine Welt fiel auseinander, als sei sie nur auf Sand gebaut gewesen.

Doch gleichzeitig war da ein Funken Hoffnung. In der Zeit des Krieges war er zu oft in heiklen Situationen gewesen, um leugnen zu können, dass er nicht immer noch die Hoffnung hatte, dass Gott alles zum Guten wendete. Auch, wenn er im Augenblick davon nur wenig spürte, er musste vertrauen, obwohl alles in ihm vor Verzweiflung schrie.

8. Dezember 1945

Das Schweigen und Warten war das Schlimmste – wie im Krieg, wenn man jeden Moment mit einem Einschlag der Artillerie rechnete und das über Stunden hinweg, bis sich etwas tat oder man wusste, wann man selbst das Feuer eröffnen und wieder die Hölle auf Erden losbrechen würde. Wenn es schließlich zum Kampf kam, war man wenigstens beschäftigt und malte sich nicht jedes Szenario in tausendfacher Ausführung aus.

Doch das Pulverfass Emma-Ajoscha ging nicht hoch. Stattdessen herrschte Schweigen. Es war aber genauso schmerzvoll wie ein Streit, der eskalierte.

Zum wiederholten Mal warf Ajoscha einen Blick auf seine Armbanduhr, während er und Emma im Foyer des Moskauer Hotels auf Andrzej warteten. Kusnezow hatte keine Wohnung mehr, deswegen logierte er hier und hatte sich um fünfzehn Uhr mit ihnen verabredet. Ajoscha wusste, wie man äußerlich Ruhe ausstrahlte, während Emma neben ihm stand – zum Sitzen war sie zu nervös – und ungeduldig auf den Fußballen wippte. Eine Zeit lang verfolgte Ajoscha mit dem Blick ihre Auf- und Abbewegungen, bis es ihm genug wurde und er andere Gäste beobachtete.

Als der Minutenzeiger fünf nach der vollen Stunde anzeigte, hielt Emma nichts mehr und sie begann auf und ab zu tigern. Sie war eine Deutsche, ihr lag Pünktlichkeit förmlich im Blut, während die Russen es damit nicht so genau nahmen. Aber eigentlich konnte man davon ausgehen, dass Andrzej dieses Treffen ebenso sehr herbeigesehnt hatte wie Emma. Das zumindest war Ajoschas Eindruck gewesen angesichts des Drucks, den der Geheimdienstler wegen Emma ausgeübt hatte.

Doch irgendein ungutes Gefühl ließ Ajoscha an Kusnezows Motiven und seiner Aufrichtigkeit zweifeln. Würde Emma in irgendeiner Weise objektiv an die Sache herangehen oder nur sehen, was sie sehen wollte? Er warf einen kurzen Blick auf seine Ehefrau. Ehefrau – wie lange würde sie das noch sein? Er wusste nicht, wie sich ihr Verhältnis nach diesem Treffen entwickeln würde, vielleicht würde es sogar auf eine Scheidung hinauslaufen. Emma hatte nie geäußert, dass sie eine Annullierung der Ehe nicht mehr anstrebte wie am Anfang.

Um halb vier sprang Emma auf, nachdem sie sich für ein paar Minuten hingesetzt hatte, und ließ dadurch auch Ajoscha aufblicken. Seine Kiefermuskulatur spannte sich an, als er sah, wie Andrzej und Emma sich in die Arme fielen. Sie hatte offenbar kein Problem damit, seine Nähe zuzulassen.

Andrzejs Blick ging über Emmas Schulter und traf Ajoscha. Langsam erhob sich dieser und näherte sich den beiden. Er war froh, dass sie sich nicht küssten, das war aber auch die einzige Erleichterung, die er bei diesem Treffen verspürte.

Als er fast bei den beiden angekommen war, löste sich Emma aus der Umarmung und ohrfeigte Andrzej mit voller Wucht. Ajoschas Mund formte sich zu einem stillen *Oh* – eine Mischung aus Überraschung und Schadenfreude.

»Du hast mich angelogen! Du bist einfach so verschwunden, ohne etwas zu sagen!«, fauchte Emma.

Andrzej bewegte vorsichtig seinen Kiefer und rieb sich kurz über die Wange. Genauso wie Ajoscha war ihm nicht entgangen, dass sich die Aufmerksamkeit der kompletten Lobby auf sie richtete.

»Lass uns das woanders klären, Emmi.«

Angesichts des Spitznamens rümpfte Ajoscha kurz die Nase, doch ihm war bewusst, dass da die reine Eifersucht aus ihm sprach.

»Anscheinend hast du es ihr gesagt«, begrüßte Andrzej ihn.

»Anscheinend«, entgegnete Ajoscha nüchtern. Emma sah beide Männer abwechselnd an, doch keiner erklärte, was mit dem kurzen Wortwechsel gemeint gewesen war.

»Ich glaube, Emma und ich sollten die Sache unter vier Augen klären«, meinte Andrzej, als Ajoscha Anstalten machte, den beiden zu folgen. Ajoschas Augen flogen zu Emma, doch sie erhob keinen Einspruch.

»Danke, dass du sie hergebracht hast. Ich werde sie dann nach Hause bringen, du musst nicht auf uns warten.« Kusnezow setzte ein Lächeln auf, dass Ajoscha noch nicht mal aus Höflichkeit erwiderte.

»Na schön«, war das Einzige, was er über die Lippen brachte. Während er den beiden hinterhersah, wie sie ein ungestörtes Plätzchen zum Reden suchten, wurde Ajoscha bewusst, dass er nie gedacht hätte, auf solche Weise eifersüchtig auf einen anderen Mann sein zu können. Ihm kam in den Sinn, dass das auch von der Bibel her nicht richtig war. In den Zehn Geboten hieß es *Du sollst nicht die Frau deines Nächsten begehren.* Die Gesetze waren dazu da, die Menschen zu schützen, in dem Fall vor den Folgen, die Eifersucht haben konnte.

Ajoscha spürte, dass Gott ihm zeigte, dass er sich überschätzt hatte und seine Gefühle nicht einfach zurückstellen konnte, wie es oft den Anschein hatte. Doch er fragte sich, zu wem Emma eigentlich gehörte. Zu Andrzej hatte sie einst eine Beziehung gehabt, mit Ajoscha war sie dagegen verheiratet, auch wenn erst im Laufe ihrer Ehe Knospen der Liebe angefangen hatten zu sprießen – doch die hatten nur durch Gesten Ausdruck gefunden und nicht durch Worte. Das war vielleicht der Fehler, den er gemacht hatte, dachte Ajoscha, ein Fehler, der alles, was sich in den letzten Monaten zwischen Emma und ihm entwickelt hatte, zum Einsturz bringen würde.

Paul war vom NKWD verhaftet worden.

Sergej überbrachte Ajoscha die Nachricht, als dieser im Büro erschienen war, nachdem er mit keiner frühen Rückkehr von Emma rechnete. Ajoscha stöhnte auf. Zurzeit schien ihm nichts erspart zu bleiben. Er zögerte keine Sekunde und nahm den Telefonhörer in die Hand. Es brauchte eine Menge Überredungskunst und Geduld, bis er die Erlaubnis bekam, Paul besuchen zu dürfen.

Und wieder musste er warten, bis das Taxi ihn bei der Lubjanka absetzte. Auf dem Weg in die Kellerräume musste Ajoscha das lebhafte Bild der Exekution aus seinem Kopf vertreiben, das wachgerufen wurde.

Ich bitte dich, dass Paul nicht umgebracht wird. Bitte erspare ihm das und die Folter.

Ajoscha wusste nicht, was er erwartet hatte, doch als er Paul sah, der fast nackt auf einer Pritsche saß, konnte er nicht verhindern, dass die Wut in ihm hochkochte. Auch wenn die Verhaftung erst wenige Stunden zurücklag, war sein Freund schon deutlich mitgenommen. Doch seinem Verstand schien das keinen Abbruch getan zu haben – noch nicht, denn er lachte leise, als er Ajoschas wütenden Gesichtsausdruck sah. Daran, dass er sich die Seite hielt, erkannte Ajoscha, dass er vor Schlägen nicht bewahrt geblieben worden war.

»Das tut mir so leid«, sagte Ajoscha. Er bot Paul den Stuhl an, der eigentlich eigens für ihn in den kleinen Raum gestellt worden war, doch der lehnte ab, augenscheinlich wollte er sich so wenig wie möglich bewegen. Also setzte Ajoscha sich und unterdrückte den Würgereiz, der ihm angesichts der Gerüche von Fäulnis, Krankheit, Exkrementen und Tod in die Nase stieg.

»Ich bin direkt gekommen, als ich von deiner Inhaftierung erfahren habe. Haben die gesagt, was der Grund dafür war?« Während Ajoscha seinen Freund ansah, wünschte er sich, er hätte daran gedacht, ihm etwas Gutes zu tun und etwas zu essen und Decken mitzubringen.

»Wir wissen doch beide, dass ich kurz davor bin, die Auszeichnung *Held der Sowjetunion* zu bekommen. Es fehlte eben nur noch der ultimative russische Härtetest.«

Ajoscha lächelte grimmig.

»Sie haben irgendwas von Spionage geredet, aber eigentlich brauchen die keinen Grund. Denen reicht es ja schon, wenn ich mir die Haare in die falsche Richtung kämme, um das als Anlass für eine Inhaftierung zu sehen.«

Beide wussten, dass die Tatsache, dass Paul kein überzeugter Kommunist war, sicherlich auch eine Rolle gespielt hatte.

»Das ist wahr, mein Freund«, murmelte Ajoscha, der sich vorgelehnt und die Hände zwischen den Knien gefaltet hatte.

Paul runzelte die Stirn und klopfte dann auf das grobe Holz der Pritsche. »Hör auf, mich so zu nennen, oder setz dich gleich neben mich.«

»Denen sollte unsere Verbindung doch schon längst bekannt sein.«

»Aber wenn du es jetzt noch darauf ankommen lässt … das kannst du Emma nicht antun.«

»Sie trifft sich gerade mit Andrzej Kusnezow«, platzte es aus Ajoscha heraus. »Und ich habe Angst, dass sie mich jetzt verlässt.« Er stieß ein humorloses Lachen aus und schüttelte den Kopf. »Tut mir leid. Du hast weiß Gott schlimmere Probleme.«

»Ich habe schreckliche Angst, von der du mich ablenkst. Das ist doch schon mal was.«

»Ich werde mein Bestmöglichstes tun, um dich hier rauszubekommen«, sagte Ajoscha mit gedämpfter Stimme auf Deutsch.

»Du weißt, dass allein dein Vater dich beschützt.«

»Meinst du meinen himmlischen oder irdischen?« Kurz zuckte ein spöttisches Lächeln um seine Lippen, doch Pauls Augen blieben ernst. Sein Blick huschte zur Tür. Ihm war durchaus bewusst, was für eine Gefahr solche Worte mit sich bringen konnten.

Ein plötzliches Klopfen gegen die Gefängnistür ließ Paul heftigst zusammenzucken. Ajoscha sah die Panik im Gesicht seines Freundes aufflackern, während er selbst aufstand, da das das Zeichen für ihn war, dass er gehen musste.

»Halte durch«, formte Ajoscha stumm mit den Lippen, bevor er ihm nochmals zunickte und den Kopf einzog, um durch den niedrigen Türrahmen zu gehen. Er hoffte, sein Besuch hätte Paul zumindest etwas aufgemuntert.

38

Emma stieg die Stufen zu Ajoschas Wohnung hinauf und blieb dann vor der Eingangstür stehen. Ajoscha war sicher trotz der späten Stunde noch wach, doch sie hatte Hemmungen, ihm gegenübertreten zu müssen. Während Andrzej sie nach Hause gefahren hatte, hatte sie sich die Worte zurechtgelegt, die Ajoscha eine Zusammenfassung des Gesprächs liefern würden. Sie hatte das Gefühl, dass er das Recht hatte zu wissen, was besprochen worden war.

Nachdem sie die Maserung des Holzes eine Ewigkeit angestarrt hatte, klopfte sie an und hörte kurz darauf Schritte. Schwungvoll machte Ajoscha ihr auf.

»Hallo«, sagte sie schüchtern und trat ein.

»Abend«, entgegnete er.

Beide schauten einander unsicher an. Sowohl Emma als auch Ajoscha hatten ihren Mut verloren – Emma konnte ihre zurechtgelegten Worte nicht aufsagen und Ajoscha konnte nicht sagen, dass er sie liebte.

»Wir haben geredet«, stellte Emma unnötigerweise fest, doch sie wusste nicht so ganz, wie sie beginnen sollte. Unruhig rieb sie ihre Hände aneinander. »Auch über die Zukunft. Und … er hat mir angeboten, ihn zu begleiten, wenn er nach Berlin versetzt wird«, sagte sie schnell, sodass sie daraufhin erst einmal Luft holen musste.

Schweigen.

»Und was hast du gesagt?«, fragte Ajoscha schließlich leise.

»Dass ich drüber nachdenken muss.«

Das besagte zwar nicht, dass sie es nicht machen würde, aber immerhin hatte sie sich auch noch nicht klar dafür entschieden. Ajoscha atmete leicht auf. »Und wie lange hast du Zeit, es dir zu überlegen?«

»Er fährt in neun Tagen.«

Bedrückende Stille.

Emma rang mit sich, ob sie noch etwas sagen, sich in irgendeiner Weise noch erklären sollte, doch sie blieb still. Da sie nicht wusste, was sie sonst tun sollte, knöpfte sie ihren Mantel auf, den ihr Ajoscha schweigend abnahm und an der Garderobe aufhängte. Emma schlüpfte aus ihren Schuhen und stellte sie in den dafür vorgesehenen Schrank.

»Gute Nacht«, sagte sie und nahm ihre Handtasche in die Hand, die sie kurz zuvor abgelegt hatte. Als Ajoscha nichts erwiderte, ging sie in Richtung Schlafzimmer. Nach ihrer Auseinandersetzung gestern hatte Ajoscha im Arbeitszimmer geschlafen und das würde er wohl auch in dieser Nacht wieder tun.

»Lass mich vorher noch meine Bibel holen.« Augenscheinlich hatte er, bevor sie gekommen war, im Schlafzimmer im Sessel gesessen, denn im Kamin brannte ein Feuer und die Heizung war aufgedreht.

»Du scheinst sie ja kaum aus den Augen zu lassen.« Es war kein Spott in Emmas Stimme, es war vielmehr eine Feststellung.

»Es ist gut zu wissen, wo sie liegt, um sie im Fall einer erneuten Wohnungsdurchsuchung eventuell schnell verschwinden zu lassen. Abgesehen davon ist sie mein wertvollster Besitz, auch was Erinnerungen angeht. Wenn ich sie verliere, komme ich nicht so schnell an eine neue.« Er nahm das Buch von einem kleinen Tisch und sah dann Emma lange an. Sein Blick war ihr unangenehm, weswegen sie den Kopf senkte. Sie spürte, wie ihr Mund trocken wurde. Seine Augen hatten schon immer etwas Faszinierendes an sich gehabt. »Gute Nacht, Emma Iwanowa.«

Sie sah ihm nach, als er den Raum verließ und die Tür hinter sich schloss. Dann atmete sie tief durch und massierte sich die Schläfen, hinter denen ein penetranter Kopfschmerz pochte. Neun Tage. Emma war sich sicher, dass sie, wenn sie sich entschied, Andrzej zu begleiten, innerhalb von kürzester Zeit Ausreisepapiere erhalten würde. Wassily Iwanow konnte es wohl kaum erwarten, dass sie das Land verließ und seinen Sohn nie wiedersah.

Im Gegensatz zu Moskau hatte Berlin durchaus etwas Reizvolles an sich. Sie wäre wieder bei ihren Landsleuten, auch wenn sie in der sowjetischen Besatzungszone immer noch von einer Menge Russen umgeben sein würde. Sie musste sich für das eine und gegen das andere entscheiden, genauso, wie sie sich zwischen Ajoscha und Andrzej entscheiden musste.

Dafür musste sie sich darüber klar werden, was das zwischen Ajoscha und ihr und Andrzej und ihr war. Mit wem sie eine Zukunft hatte. Sie war sich sicher, dass es keine romantischen Gefühle waren, die sie mit Andrzej verbanden. Dafür hatten sie sich viel zu sehr auseinandergelebt und sich verändert. Auch wenn Andrzej heute davon gesprochen hatte, dass ihre Gefühle wieder aufflammen könnten, wenn sie sich neu kennenlernen würden, war sie sich in dem Punkt unsicher. Ein Teil von ihr fühlte sich verraten. Sie hatte ihm über Wochen hinweg ihr Herz ausgeschüttet, während sie nicht wissen konnte, was überhaupt der Wahrheit entsprach von dem, was er ihr über sich erzählt hatte. Was war nur seine Tarngeschichte gewesen, was hatte der Wahrheit entsprochen? Wo hatte er echte Gefühle für sie empfunden, wo nur seinen Job gemacht und eine Mission ausgeführt? Aber er hatte immer noch offenkundiges Interesse – obwohl sie eine Deutsche war und er durch sie wohl kaum an wichtige Informationen gekommen war.

Für Ajoscha würde sie nie an erster Stelle stehen. Sein Glaube stellte einen tiefen Graben zwischen ihnen dar. Außerdem fühlte sie sich in ihrem Vertrauen, das sie ihm entgegengebracht hatte, enttäuscht, weil er unerwähnt gelassen hatte, dass die Möglichkeit bestand, dass Andrzej noch am Leben war.

Überall, wo sie sich in der Wohnung umschaute, wurden Erinnerungen an Marleen wach. Nachts schreckte sie aus dem Tiefschlaf hoch, weil sie meinte, Marleens Weinen gehört zu haben. Sie hatte das Gefühl, sie würde hier niemals frei atmen können. Auch wenn Ajoscha relativ auf Distanz ging, engte sie allein schon seine Anwesenheit ein. Sie fühlte sich zunehmend von ihm beobachtet, was sie ungemein nervös machte, außerdem raubten ihr die Einschränkungen, die es mit sich brachte, eine Deutsche in Moskau zu sein, ihre Selbstbestimmtheit. Sie war hier von so vielem abhängig. Von Ajoscha und seiner Gutherzigkeit. Von seiner Unterstützung, wenn sie etwas brauchte. Allein das Einkaufen gestaltete sich für sie schwierig. Zudem war sie von der Laune seines Vaters abhängig. Was, wenn dieser sie nicht plötzlich doch beseitigen wollte, obwohl sie die Tochter seines Sohnes war?

Vehement schüttelte sie den Kopf. So konnte das nicht bleiben. Bereits jetzt war es eine Zerreißprobe und nur noch eine Frage der Zeit, bis sie zusammenbrach.

~

Die schlaflosen Nächte schienen einfach kein Ende zu nehmen.

Wie so oft abends konnte Ajoscha nicht einschlafen. Der Krieg war seit sieben Monaten vorbei, doch die Probleme und Ängste, die ihn wachhielten, hatten nicht aufgehört. Er drehte sich auf die Seite und schob sich einen Arm unter den Kopf. Es war kein gutes Zeichen, dass sein Oberschenkel dort, wo die Stange ihn durchbohrt hatte, wieder angefangen hatte zu pochen.

Ajoscha hatte keinen Zweifel daran, dass er den Rest seines Lebens mit Emma verbringen wollte. Doch sie musste das auch wollen.

Grimmig verzog er das Gesicht, als er die Augen schloss, um ein Gebet zu sprechen. In seiner Hand hielt er den Ehering, den er Emma gekauft hatte. Es fiel ihm schwer, die Worte über die Lippen zu bringen. Auch wenn er dabei an Emmas Glück und Zukunft dachte, hatte er das Gefühl, seine eigene Zukunft für immer zu verbauen. Er rappelte sich auf und rutschte auf den Boden, sodass er kniete.

»Herr«, sprach er leise in den Raum hinein. Seine Kehle war wie zugeschnürt, während sein Herz rasend gegen seinen Brustkorb schlug. »Lass Emma sich für das Richtige entscheiden.« Er holte noch einmal tief Luft und ihm wurde bewusst, dass er selbst gerade genau das Richtige tat. »Auch, wenn es gegen mich ist.«

Er spürte die Angst, sie wirklich zu verlieren. So musste sich wohl auch Gott fühlen, wenn seine Kinder sich gegen ihn entschieden.

9. Dezember 1945

Emma krempelte ihre Ärmel hoch und tauchte ihre Hände in das warme Spülwasser. Sie nahm den ersten Teller von dem Stapel, den sie im Wasser versenkt hatte, und begann, ihn zu säubern. Es war eine simple Arbeit, die ihr die Möglichkeit gab, ihren Gedanken nachzuhängen, zu überlegen, ob sie sich richtig entschied. Immer wieder ging sie die Pros und Kontras durch, die bereits die ganze Nacht in ihrem Kopf herumschwirrten. Doch egal, was von beidem sie in Betracht zog, es fühlte sich falsch an, und das verunsicherte sie. Zudem schien der Druck, den sowohl Ajoscha als auch Andrzej auf sie ausübten – egal, ob bewusst oder unbewusst –, die Entscheidung noch schwerer zu machen.

Ein plötzliches Klopfen an der Eingangstür erschreckte Emma so sehr, dass ihr beinahe der Teller aus der Hand gerutscht wäre. Sie ließ ihn zurück ins Wasser gleiten und zog sich das Geschirrtuch von der Schulter, um sich die Hände abzutrocknen. Dann ging sie zur Tür, löste den Riegel und öffnete.

Sie wusste nicht, wen sie erwartet hatte, doch mit ihm, Wassily Iwanow, hatte sie nicht gerechnet. Sie brauchte einen Moment, um aus ihrer Starre zu erwachen und instinktiv die Tür zurück ins Schloss drücken zu wollen. Es war ihr egal, warum er hier war. Selbst, wenn er mit Ajoscha verabredet wäre, würde sie ihn nicht hereinlassen, und erst recht nicht, wenn sie allein in der Wohnung war. Doch sie war in ihrer Reaktion zu langsam. Bevor sie die Tür auch nur um ein paar Zentimeter bewegt hatte, hatte der General in Zivilkleidung – was ihn aber nicht weniger furchterregend machte, als wenn er in Uniform gekommen wäre – seinen Fuß in den noch vorhandenen Spalt geschoben.

»Lassen Sie mich rein«, grunzte er mit tiefer Stimme.

Emmas erster Impuls war es, zu schreien, doch sie befand sich in demselben Dilemma wie damals, als die Geheimpolizei vor der Tür gestanden hatte: Selbst wenn sie jemand hörte, sie war eine Deutsche und er war ein hochrangiger General – ein Freund von Stalin, wie es Ajoscha ausgedrückt hatte. Ihr zweiter Impuls war es, in die Wohnung zu rennen und sich im Badezimmer einzuschließen. Doch sie hatte Zweifel, dass sie schnell genug wäre, und außerdem wäre es für so einen kräftigen Mann wie den General ein Leichtes, die Tür mit einem Gegenstand, den er in der Wohnung fand, aufzubrechen.

»Was wollen Sie?«, krächzte sie und schalt sich innerlich für den schwachen und piepsigen Tonfall ihrer Stimme. Als hätte er ihre Frage überhört, streckte er die Hand aus und riss die Tür auf. Mit dem Fuß stieß er sie zurück ins Schloss, während Emma vor ihm zurückwich. Sie konnte nicht verhindern, dass ihre Schultern bebten und ihre Beine so sehr schlotterten, dass sie jeden Moment unter ihr nachgeben konnten. Für jeden Schritt, den er auf sie zuging, machte sie einen Schritt zurück – bis die Wand in ihrem Rücken sie stoppte. Selbst von der Größe war sie ihm mit ihren ein Meter siebzig definitiv unterlegen.

Seine Bewegungen hatten sich verlangsamt und schließlich blieb er wenige Zentimeter vor ihr stehen. Er berührte sie nicht, trotzdem spürte sie die Wärme, die von diesem kräftigen Körper ausging. Sie schwor sich, würde er sich noch einen Millimeter vorwärtsbewegen, würde sie ihm mit all ihrer Kraft in die Kronjuwelen treten. Es war ihr egal, was für Konsequenzen das hatte, ob sie dafür in einen Gulag kam. Nur weil er ein hoher Militär war, würde sie ihm nicht das Recht geben, sich an ihrem Körper zu ergötzen, wenn ihm danach war.

Wassily hatte die Augen zusammengekniffen und taxierte sie mit seinen Augen. Er hatte seinen Blick nicht an ihr hinuntergleiten lassen und auch keine anzügliche Bemerkung gemacht – noch nicht. Sie wussten beide, wessen er schuldig war. Doch die Art, wie er sie anschaute, raubte ihr fast den Atem. Die Intensität hatte schmerzliche Gemeinsamkeiten mit Ajoschas Blick, auch wenn zwischen den beiden Männern Welten lagen. Doch die Verwandtschaft zwischen den beiden konnte man nicht leugnen, egal, wie sehr man es versuchte.

»So ein Angebot wie von Andrzej Kusnezow werden Sie nie wieder bekommen«, begann er mit leiser und bedrohlicher Stimme, als habe er Angst, dass sie jemand hören konnte. Doch sie wusste, warum er so redete. Es hatte etwas Intimes an sich, das ihr Angst machte. Ein grimmiges, aber auch zufriedenes Lächeln zuckte um seine Mundwinkel, als er sah, dass sie sich unter seinem Blick wand.

»Jetzt haben Sie die Chance, das Angebot anzunehmen.« Seine Hand schnellte vor und umgriff ihren Oberarm, so, als ob er Erinnerungen wecken wollte. Zugleich schien es eine Warnung zu sein vor den möglichen Konsequenzen ihrer Entscheidung. Obwohl alles in ihr danach schrie, sich zu wehren, konnte Emma sich aus Angst nicht rühren. Sie biss die Zähne zusammen, als Tränen der Wut in ihren Augen brannten.

Sein Griff wurde fester und sie zog scharf die Luft ein. Tatsächlich lachte er leise – ein Lachen, das an Ajoscha überaus attraktiv und anziehend war. Wassily genoss sichtbar die Macht, die er ihr gegenüber ausübte. Emma wandte den Kopf von ihm ab, als sich sein Gesicht dem ihren näherte. Sein Atem kitzelte sie am Ohr. »Lassen Sie sich von meinem Sohn scheiden und verschwinden Sie für immer aus seinem Leben. Für immer. Verstehen Sie das?«

Er wartete, bis sie leicht nickte. In diesem Moment brachte sie nicht den Mut auf, sich gegen ihn aufzulehnen und sich gegen seinen Willen zu stellen.

»Wir wollen doch nicht, dass … bestimmte Freunde von mir auf Sie aufmerksam werden.« Sein Griff lockerte sich und er zog sich ein Stück zurück, sodass er ihr in die Augen sehen konnte. »Mein Sohn wird nie etwas von diesem Besuch erfahren. Verstanden?« Er lächelte fast schon, als hätte er sie gefragt, ob sie mit dem Restaurant einverstanden wäre, dass er ausgesucht hatte.

Wieder nickte sie.

»Gut«, grunzte er. Seine Hand um ihren Arm löste sich, stattdessen fuhr er ihr mit den Fingern durch die Haare, während er sich die Lippen leckte.

Jetzt reicht's, widerlicher Kerl!

Emma holte Luft und das war vielleicht der Punkt, mit dem sie sich verriet, als sie ausholte, um Wassily einen ordentlichen Tritt zu verpassen. Er war schneller und blockte ihr Bein mit dem eisernen Griff seiner Hand ab. »Vergiss es, Hure«, zischte er und mehrere Speicheltropfen trafen Emma im Gesicht.

Doch dann, als hätte er auf einmal die Lust an ihr verloren, ließ er von ihr ab und trat zurück. Mit einer Handbewegung rückte er seinen Schal um seinen Hals zurecht. Er ließ seinen Blick noch ein paar Sekunden auf ihr ruhen, bevor er in seine Manteltasche griff und ein Bündel vor sie auf den Boden warf, als sei sie ein erbärmlicher Hund, dessen man sich gerade noch so erbarmte und ein Stück altes Brot zuwarf, damit er nicht verhungerte. »Falls die Angst allein nicht ausreicht, um Sie von meinem Sohn loszubekommen. Eigentlich sollten Sie ja nicht allzu sehr an ihm hängen.«

In diesem Moment wusste Emma, dass Bolschakow ihm von der Situation erzählt hatte, als Ajoscha sie nach dem Rasieren geküsst hatte. Außerdem wurde ihr bewusst, wie wichtig Ajoscha ihm war, auch wenn das Verhältnis der beiden alles andere als gut war. Er war persönlich gekommen und hatte nicht irgendeinen Freund vorgeschickt, außerdem gab er ihr Geld, damit sie verschwand, denn nach genauerem Hinsehen erkannte sie, dass es sich bei dem Bündel um gestapelte Rubelscheine handelte.

Wassily sagte kein Wort mehr, er stapfte aus der Wohnung und schlug die Tür so sehr zu, dass die Wände wackelten.

An die Wand gelehnt sank Emma zu Boden und starrte das Geld an.

Ihre Luft zum Atmen war gerade noch dünner geworden und Wassily hatte ihr unmissverständlich klargemacht, dass sie selbst in ihrer Ehe mit Ajoscha in Moskau nicht mehr sicher sein würde.

10. Dezember 1945

Ein Blick auf die Armbanduhr verriet Ajoscha, dass Andrzej eigentlich schon seit einer halben Stunde da sein sollte. Er stand von seinem Schreibtisch auf und ging in die Küche, in der Emma und er sich mit ihm treffen wollten.

Zu Emma war Ajoscha auf Distanz gegangen. Er war sich selbst nicht sicher, ob er es aus Vorsicht tat, damit nicht der Vorwurf aufkam, dass er sie manipulieren und durch sein Verhalten zu einer Entscheidung drängen wollte, oder ob er einfach zu verletzt war. Er musste sich zurückhalten, seiner Wut keinen freien Lauf zu lassen. Er war derjenige gewesen, der in den letzten Monaten für sie da gewesen war. Er hatte versucht, ihr Halt zu geben, und hatte das Gefühl, nichts als Gegenleistung zurückzubekommen. Aber war das mit der Liebe nicht so? Man gab aus Liebe, aber forderte nichts zurück? Er seufzte und fuhr sich mit den Händen übers Gesicht, bevor er in der Küche ankam. Dort wollte Emma sich gerade eine Tasse Tee einschütten, doch es gelang nur langsam, da ihre Hände so sehr zitterten.

»Wann kommt Andrzej?«, fragte Ajoscha von seiner Position im Türrahmen aus.

Seine Anwesenheit und die plötzliche Frage erschreckten Emma so sehr, dass sie zusammenzuckte, Tee über den Tassenrand lief und auch ihre Hand traf. Scharf zog sie die Luft ein und stellte schnell die Tasse ab. Ihre Hand hielt sie kurz unter laufendes Wasser aus dem Wasserhahn.

Stumm nahm Ajoscha einen Lappen und begann, den Tisch abzuwischen.

»Ich kann das auch machen«, sagte Emma grimmig und wollte ihm den Lappen aus der Hand ziehen. Ihre Anspannung war unübersehbar. Weil sie das Gefühl hatte, sich falsch zu entscheiden und jemanden zu enttäuschen? Ajoscha sah keinen Grund dazu, ihr die Aufgabe zu überlassen, wenn er sowieso schon dabei war, und ließ den Lappen nicht los, sondern bückte sich nun, um auch den Boden, der etwas abbekommen hatte, zu säubern.

»Du hast meine Frage nicht beantwortet«, stellte Ajoscha fest.

»Er hat angerufen und gesagt, dass er spontan noch mal ins Büro muss«, presste sie hinter zusammengebissenen Zähnen hervor, während sie wieder versuchte, ihm das Stück Stoff zu entreißen. Ajoscha ließ sich nicht beirren, saugte den letzten Rest an Feuchtigkeit auf und erhob sich dann aus der hockenden Position.

»Das war nicht die Antwort auf meine Frage.«

Ihm war nicht entgangen, dass sich Emma über ihn ärgerte. Böse funkelte sie ihn an, während sie zu ihm hochschauen musste. »Er müsste jeden Moment …«, begann sie, wurde jedoch durch das Klopfen an der Tür gestört. Sie atmete tief durch, bevor sie an Ajoscha vorbei in den Flur ging.

Mit voller Wucht warf Ajoscha den vollgesaugten Lappen in das Spülbecken. Wenigstens an ihm konnte er seine Wut auslassen. Er wischte die Hände an seiner Hose ab. Er hörte, wie sich die beiden begrüßten. Im Hinausgehen hatte Emma die Tür angelehnt, sodass er nur einige Worte vernehmen konnte.

Die ganze Zeit über rätselte Ajoscha schon, ob es ein gutes oder schlechtes Zeichen war, dass Emma sich innerhalb von zwei Tagen entschieden hatte. Und inwieweit ihr Verhalten ein Indiz für ihre Entscheidung für beziehungsweise gegen ihn war. Ajoscha wusste durch die Verhöre, wie ihre Beziehung zu Andrzej damals ausgesehen hatte, zumindest was den sachlichen Rahmen anging, auf einer persönlichen Ebene war er nahezu ahnungslos. Wie viel hatte Emma Andrzej inzwischen erzählt? Hatte sie ihm gesagt, dass sie miteinander geschlafen hatten?

»Komm herein, Andrzej«, drang Emmas Stimme an seine Ohren. Es war ungewohnt zu hören, dass sie seinen russischen Namen benutzte.

Mit verschränkten Armen lehnte sich Ajoscha gegen den Küchenschrank. Sein Blick traf Andrzejs, als dieser eintrat. Nüchtern begrüßten die Männer einander, bevor sie sich alle an den Küchentisch setzten. Unruhig rieb Emma ihre Hände aneinander. Sie brachte nicht den Mut auf, einen der beiden anzusehen, sie fokussierte stattdessen einen unbestimmten Punkt auf der Tischplatte.

»Du hast dich also entschieden«, sagte Ajoscha ruhig, in der Hoffnung, ihr damit zu einem Einstieg helfen zu können.

Emma nickte, während ihre Augen zwischen den beiden Männern hin- und hersprangen. Sie schluckte. »Ich habe nachgedacht und … ich glaube, es ist die richtige Entscheidung, wenn ich mit … Andrzej gehe.«

Wie betäubt starrte Ajoscha sie an. Wie gern hätte er irgendetwas an ihr entdeckt, das ihm sagte, was sie wirklich für ihn empfand. Wie gern hätte er gehört, dass sie sich vertan hatte und eigentlich doch zu Ajoscha wollte. Was für eine lächerliche Situation! Er fühlte sich vor den Kopf gestoßen. In ihm zog sich alles zusammen.

Nein, nein, nein!, schrie es in seinem Kopf, doch er brachte kein Wort über die Lippen. Während Andrzej Emma überschwänglich umarmte, stand Ajoscha auf und verließ den Raum. Er sah nicht, dass Emmas Blick ihm folgte und eine Spur von Bedauern über ihr Gesicht zog.

39

16. Dezember 1945

Ajoscha beendete seinen Spaziergang. Im Hauseingang klopfte er sich den Schnee von den Stiefeln und schüttelte seine Mütze aus. Seit Emma ihre Entscheidung kundgetan hatte, fiel es ihm so schwer wie noch nie, die Stufen zur Wohnung hinaufzusteigen.

Ihr Verhalten hatte ihn zutiefst verletzt und sein Liebeskummer wog so schwer, dass er es in den letzten Tagen kaum ausgehalten hatte, sich nichts anmerken zu lassen. So war er wahnsinnig unkonzentriert gewesen bei allem, was er zu tun gehabt hatte. Die ganze Zeit hatte er sich gefragt, ob er sich geirrt haben könnte, was seine Gefühle und die Beziehung zwischen Emma und ihm anging. Aber sie hatte sich für Andrzej entschieden. Sie hatte zwar angedeutet, dass es zwischen ihr und Andrzej bisher keine romantische Beziehung gegeben hatte, doch das war nur ein schwacher Trost.

Ajoscha wusste, dass sein Wunsch mit Emma zusammen sein zu wollen, nicht umsetzbar war. Die Kluft zwischen ihnen war zu groß. Außerdem hatte er Gott darum gebeten, Emma Weisheit zu schenken, damit sie sich für die richtige Seite entschied, und ihre Wahl war jetzt gefallen.

Zu allem Überfluss wollte sich nun auch noch sein Vater in einer Stunde mit ihm treffen. Das letzte private Treffen zwischen ihnen lag schon einige Zeit zurück. Ajoscha war sich nicht sicher, inwieweit das Treffen heute mit der Entscheidung von Emma zu tun hatte. Eigentlich wollte er nicht hingehen, doch ihm blieb nichts anders übrig. Dadurch versäumte er allerdings das Treffen mit der Untergrundkirche, was ein Problem darstellte. Er hatte Simeon das letzte Mal versprochen, dass er Kleiderspenden und Decken mitbringen würde, die an Bedürftige weiterverteilt werden konnten.

Neben Emma, von der er sich morgen verabschieden musste, war auch Paul noch sein Sorgenkind. Er hatte nichts in Erfahrung bringen können und ein weiterer Besuch war vehement verhindert worden. Ob sein Paket mit Lebensmitteln angekommen war, bezweifelte er. Ihm blieb also nur noch das Gebet, um seinen Freund zu unterstützen.

Ajoscha schloss die Haustür auf. Die Tür des Arbeitszimmers war angelehnt und der Klang von russischer Volksmusik drang an seine Ohren. Emma hatte eine Schallplatte aufgelegt. Wie gern hätte er dazu einmal mit ihr getanzt, doch dazu war es nie gekommen.

Er schlüpfte nur aus seinen Schuhen und behielt den Mantel an, da er gleich wieder gehen würde. Die Handschuhe streifte er ab, behielt sie aber in der Hand. Er gab der Tür zum Arbeitszimmer einen kleinen Stups und sie schwang auf. Er blieb im Türrahmen stehen und klopfte leicht gegen das Holz des Rahmens. »Emma?«

Sie lag auf dem Sofa, auf dem Ajoscha jede Nacht einschlief, und starrte zur Decke hinauf, die Hände auf dem Bauch gefaltet. Als sie ihn hörte, richtete sie sich auf und schwang die Beine über die Couchkante. Mit der Hand strich sie sich eine Strähne hinters Ohr, die sich aus ihrem Zopf gelöst hatte.

»Könnte ich dich um einen Gefallen bitten?«, fragte er weiter, als er ihre Aufmerksamkeit hatte. Er ging mit großen Schritten zu seinem Schreibtisch und legte dort die Post, die er mitgebracht hatte, ungelesen und unbeachtet ab. Er sah auch den großen, unbeschrifteten Umschlag, den Emma dort platziert hatte.

Etwas verwirrt legte sie den Kopf schief und zuckte mit den Schultern. »Natürlich.«

»Ich habe einem Freund versprochen, dass ich ihm heute einen Korb mit Decken und Ähnlichem vorbeibringe, doch nun ist das Treffen mit Wassily dazwischengekommen.« Während er sprach, beobachtete er denselben Ausdruck auf ihrem Gesicht wie den, als er ihr von dem Treffen mit seinem Vater erzählt hatte. Es wirkte, als wüsste sie etwas, was er nicht wusste. »Würdest du ihm die Sachen vorbeibringen?«

»In Ordnung«, sagte Emma recht emotionslos. Sie sah ihn erwartungsvoll an, denn sie hatte den Eindruck, dass noch etwas kommen würde.

Ajoscha verschränkte die Arme und lehnte sich gegen den Tisch. »Dieser Freund ist Leiter einer Untergrundkirche. Deswegen wäre es ratsam, nicht mit dem Taxi zu fahren, sondern besser zu laufen.« Er machte eine kurze Pause. »Wenn du unter den Voraussetzungen immer noch dazu bereit bist.«

Sie nickte.

Ajoscha stieß einen lautlosen Seufzer aus. »Kann ich dich morgen zum Bahnhof bringen?«

Emma verzog leicht entschuldigend das Gesicht. »Andrzej holt mich ab.«

»Dann eben nicht«, sagte Ajoscha mit deutlicher Reserviertheit. Seine Finger kneteten die Handschuhe in seiner Hand. Es war kein Wunder, dass Emma in Rekordgeschwindigkeit ihr Ausreisevisum und andere benötigte Papiere bekommen hatte, immerhin gab es mächtige Männer, die sie loswerden wollten.

»Ich wollte noch etwas mit dir besprechen«, sagte Emma nach einer Weile des Schweigens.

Abwartend blickte Ajoscha sie an. Emma rückte ein Stück weiter an die Kante des Sofas und suchte sichtlich nach Worten, vielleicht musste sie sich auch erst dazu durchringen, sie zu sagen. »Ich habe die … Annullierungspapiere für unsere Ehe auf deinen Schreibtisch gelegt. Aber ich möchte dir keinen Druck machen. Lass dir Zeit, bis du sie unterschreibst.« Ajoscha fragte sich, ob ihr bedauernder Gesichtsausdruck auf Mitleid oder auf Reue zurückzuführen war. Zudem konnte er ihre unausgesprochenen Worte hören: *Lass dir Zeit mit dem Unterschreiben, bis du über mich hinweg bist.*

Er hatte Zweifel, jemals an diesen Punkt zu kommen, wo er das von sich behaupten könnte. Wenn es nach ihm ginge, würde er die Papiere nie unterschreiben, Emma nie gehen lassen, doch schmerzlich war ihm bewusst, dass er sie weder zwingen konnte, bei ihm zu bleiben, noch ihn zu lieben. Durch sein Gebet hatte er Gott sein Vertrauen ausgesprochen. Er hatte die Hoffnung, dass alles gut werden würde. Denn immerhin war Gott gut.

»Darf ich mit dir beten?«, fragte Ajoscha. Sichtlich irritiert zog Emma die Augenbrauen in die Höhe. Sie hätte sicher irgendeine andere Reaktion auf ihre Aussage erwartet, aber nicht das. »Ich habe einfach gerade das Bedürfnis danach«, erklärte Ajoscha sich. Genauso hatte er das Bedürfnis, sie zu umarmen und zu küssen, doch das konnte er schlecht äußern.

Emma starrte ihn immer noch an. Der Mann, dem sie das Herz gebrochen hatte, wollte mir ihr beten. Ihr kamen Zweifel. Sollte man so jemanden nicht festhalten und nie mehr loslassen? Auch wenn sie seinen Glauben nicht teilte, war es bemerkenswert. Man könnte eigentlich meinen, dass er sauer sein und sie verfluchen müsste, aber offensichtlich war es nicht so. Er war zwar verletzt, doch ihr Wohl lag ihm immer noch am Herzen. Doch nach dem Zweifel meldeten sich die Gegenargumente. Die Diskrepanzen zwischen ihnen beiden ließen sie an ihrem bisherigen Entschluss festhalten.

Sie folgte ihm mit ihrem Blick, als er ums Sofa herumkam und sich neben sie setzte. Er griff nach ihren Händen und schloss die Augen. Emma blickte ihn an, seine Gesichtszüge, seine Wimpern, seine Haare. Sie wusste nicht, warum sie das tat. Sie schreckte zusammen, als Ajoscha die Augen öffnete, als hätte er gespürt, dass sie ihn beobachtete. Schnell schloss sie ihre Augen, während sie spürte, wie ihr das Blut in die Wangen schoss.

Ajoscha hielt ihre zarten Finger in seinen Händen. Er suchte nach Worten, die er beten konnte, aber genauso wollte er den Moment genießen. Ein letztes Mal ihre Nähe spüren. »Papa, ich danke dir für

Emma.« Er machte eine Pause. »Ich bitte dich, dass du sie segnest und beschützt, dass sie ihre Berufung findet und ein sicheres Leben führen kann. Du weißt, was sie alles durchmachen musste, und ich weiß, dass du ihr helfen kannst, damit klarzukommen.«

Sein Gebet endete abrupt, als Emma ihm ihre Hände entzog. Ajoscha nahm sich Zeit, noch ein Amen zu sprechen, bevor er die Augen öffnete. Er wusste, dass das Gebet für Emma eine zu persönliche Note gehabt und eine zu unangenehme Richtung eingeschlagen hatte, weswegen sie es vorzeitig hatte enden lassen.

»Gibt es eine bestimmte Uhrzeit, zu der dein Freund dich erwartet?«, fragte Emma heiser nach einem Räuspern.

»In einer Stunde.«

»Wird er mir überhaupt vertrauen, wenn plötzlich eine Wildfremde vor der Tür steht?«

»Wenn du erklärst, wer du bist und sagst, dass du ihm Decken bringst, dann schon.« Ajoscha stand auf und holte von seinem Tisch ein Blatt Papier, damit er ihr den Weg erklären konnte. Er warf nur einen bitteren Blick auf die Scheidungspapiere.

»Wäre es nicht besser, wenn du ihn vorher anrufst?«

Ajoscha sah sie mit gerunzelter Stirn an. »In der UdSSR ist kein Telefonat privat, es gibt immer irgendjemanden, der mithört, Emma Iwanowa.« Er schluckte hart. Mit Bedauern stellte er fest, dass das vermutliche eines der letzten Male war, dass er sie so nennen konnte.

Er setzte sich wieder neben sie und erklärte ihr den Weg. Sie achtete peinlich genau darauf, ihn nicht zu berühren, während er sich zu ihr beugte und der Bleistift in seiner Hand über das Papier fegte. Als Ajoscha mit dem Erklären fertig war und sie bestätigt hatte, dass sie den Weg auswendig können würde, knüllte er die Beschreibung zusammen und warf sie ins Kaminfeuer. Sein Blick fiel auf den Stapel Briefe, die er noch nicht gelesen hatte. Er ging um seinen Schreibtisch herum und ließ sich auf den Stuhl fallen, als er die Umschläge in die Hand nahm. Er sah die Absender durch und wollte gerade schon wieder alles zurücklegen, als sein Blick am letzten Brief hängen blieb. Er starrte den Namen an, der auf der oberen linken Seite geschrieben stand.

Emma stand gerade auf, um sich fertig zu machen, doch sie hielt inne, als Ajoscha langsam den Kopf hob und sie anstarrte. In seiner Hand hielt er einen Umschlag.

»Was ist los?«, fragte Emma, verunsichert, ob sein Verhalten mit den Scheidungspapieren zusammenhing.

Wortlos erhob sich Ajoscha, lief um den Schreibtisch herum und hielt ihr den Umschlag sowie einen Brieföffner hin. Verwirrt und mit einem großen Fragezeichen im Gesicht nahm sie beides entgegen. Als sie Louis' Namen las, sank sie zurück auf das Sofa.

Während Ajoscha wieder an seinen Arbeitsplatz ging, um ihr mehr Freiraum zu lassen, sah er, dass ihre Hände zitterten. Er versuchte, nicht allzu offensichtlich den Blick auf ihr ruhen zu lassen, doch er konnte es sich nicht verkneifen, sie aus den Augenwinkeln zu beobachten.

Emma schlitzte mit dem Brieföffner das obere Ende des Umschlags auf und zog das Papier heraus, das darin enthalten war. Das Schreiben war gerade einmal eine halbe Seite lang. Während die ersten paar Zeilen Beileidsbekundungen bezüglich Marleens Tod waren, von dem Ajoscha Louis anscheinend berichtet hatte, befassten sich die weiteren Zeilen mit etwas ganz anderem. Ajoscha sah, wie sehr der Inhalt Emma erschütterte. Nachdem sie fertig gelesen hatte, ließ sie die Hand sinken, die den Brief hielt, und starrte mit glasigem Blick auf einen unbestimmten Punkt im Raum.

»Alles in Ordnung?«, fragte Ajoscha.

Aufgewühlt schüttelte Emma den Kopf und senkte den Blick wieder auf das Schreiben in ihrem Schoß. »In Allenstein …«, begann sie zu erzählen. Ajoscha dachte, er höre nicht richtig. Es war ungewöhnlich, dass sie von sich aus etwas aus der Zeit berichtete. Er setzte sich etwas gerader hin und lauschte ihrer Stimme. »… haben wir eine Mutter, Antonia Schmarowski, und ihren zwölfjährigen Sohn Roland kennengelernt, die ebenso auf der Flucht waren.« Wieder schüttelte sie ihren Kopf. »Ich habe gar nicht mehr an sie gedacht. Als die Russen gekommen sind, ist so viel passiert ...« Sie holte tief Luft und sprach nicht weiter.

»Und Louis hat dir von ihnen berichtet?«, schlussfolgerte Ajoscha.

Sie nickte. »Sie haben uns erzählt, dass sie zu Antonias Tochter in den Hunsrück wollten. Louis hat geschrieben, dass Antonia einen Tag nach der Ankunft, am 23. November, gestorben ist, und dass Roland schwer krank ist. Lungenentzündung und Bauchfellentzündung. Er versorgt ihn mit Medikamenten, aber ...« Gegen Ende brach ihre Stimme.

Ajoscha sah den Schmerz in ihren Augen. Offenbar hatte sie zu den Schmarowskis, auch wenn sie sich nicht allzu lange gekannt hatten, eine enge Verbindung geknüpft. »Ich werde für ihn beten«, sagte er leise.

Sie nickte. »O Gott, der Junge ist dreizehn Jahre alt, hat seine Brüder und seine Mutter verloren, war womöglich in den Händen der Russen und steht jetzt an der Schwelle des Todes ...« Auf einmal erwachte Emma aus ihrer Starre, nahm den Brief und stopfte ihn zurück in den Umschlag. Ajoscha sah ihr nach, wie sie ohne ein weiteres Wort den Raum verließ.

Eine Hand stützte Ajoscha am Kaminsims im Haus seines Vaters ab, die andere hatte er in seine Hosentasche geschoben. Er starrte ins Feuer, während die letzten Monate mit Emma vor seinem inneren Auge Revue passierten. Er konnte nicht sagen, wann er angefangen hatte, Gefühle für sie zu hegen, und wann sie begonnen hatte, Interesse an ihm zu haben. Er schnaubte. Er wusste nicht, ob Emma ihn liebte oder je geliebt hatte – aber Liebe würde nicht einfach so verschwinden, oder? Bedeutete das, sie liebte ihn gar nicht, oder ignorierte sie einfach diese Gefühle?

Sein Kopf schnellte in die Höhe, als sich die Tür zum Wohnzimmer öffnete und sein Vater eintrat.

»Gut, dass du gekommen bist.« Wassilys Begrüßung klang nicht sonderlich freundlich, aber Ajoscha hatte nichts anderes erwartet. »Was hältst du davon, wenn wir fechten? Das haben wir lange nicht mehr gemacht.« Wassily zündete sich eine Zigarette an und pustete den Rauch in die Luft.

»Von mir aus«, sagte Ajoscha. Er wusste immer noch nicht, was für eine Intention sein Vater verfolgte, doch es war ihm ganz recht, mit ihm zu fechten. Auch wenn er seit Jahren nicht mehr diesen Sport ausgeübt hatte, würde das ein guter Vorwand sein, nicht allzu viel reden zu müssen. So folgte er seinem Vater in das große Esszimmer, in dem von einigen Bediensteten die Möbel beiseitegeschoben worden waren, um Platz zu schaffen.

»Sieht so aus, als hättest du kein Nein von mir akzeptiert«, stellte Ajoscha fest. Er ließ seine Schultern kreisen und schüttelte dann seine Arme aus. Wassily entgegnete darauf nichts. Er drückte seine Zigarette in einem Aschenbecher aus und dann dehnten sich beide schweigend. Ajoscha versuchte, den Gedanken zu verdrängen, dass das Ganze hier nur reine Zeitverschwendung war. Er warf einen Blick auf die Standuhr, deren Pendel im gleichmäßigen Takt hin- und herschwang.

Emma müsste jetzt bei Simeon angekommen sein.

Er nickte einem Diener dankend zu, der ihm Fechtkleidung gab. Die Fechtmaske und die Handschuhe legte er erst einmal auf dem Tisch ab, während er seine Uniform gegen die Schutzkleidung tauschte. Auch wenn es keinen Anlass für seine Militärkleidung gab, hatte er sie angezogen, denn sie gab ihm seinem Vater gegenüber ein Gefühl von Sicherheit, das er nicht erklären konnte.

»Kommst du?« Eine gewisse Ungeduld schwang in Wassilys Stimme mit und seufzend setzte sich Ajoscha die Fechtmaske auf.

Als er sich gegenüber vom General positionierte und zum Start die Arme hob, bekam er Zweifel, dass er in der körperlichen Verfassung für diese Art von Sport war. In den letzten Monaten hatten die aus seinen Kriegsverletzungen resultierenden Einschränkungen zwar so weit abgenommen, dass er nahezu wieder so fit war wie vor diesem bestimmten Tag im Mai. Doch seit einiger Zeit merkte er, dass sowohl die Schulter als auch das Bein wieder signalisierten, dass sie noch nicht so ausgeheilt waren, wie er es sich wünschen würde.

Sein Vater war im Angriff schneller – das war er schon immer gewesen – und konnte nach wenigen Schritten den ersten Treffer für sich verbuchen. Obwohl Ajoschas Verteidigung nur sehr mäßig gewesen war, merkte er, dass er in der Schutzkleidung enorm schwitzte. Er holte tief Luft und diesmal war es Wassily, der zurückweichen musste, als Ajoscha ihn zurückdrängte, doch geschickt gelang es dem General, das angreifende Florett zu blockieren, und langsam gewann er auch wieder die Oberhand. Ajoscha machte einen abrupten Satz nach vorn, wobei sein rechtes Bein gefährlich zitterte, als es das komplette Gewicht seines Körpers tragen musste. Doch seine Waffenspitze verfehlte den Bauch seines Vaters um wenige Zentimeter, als dieser einen Schritt nach hinten machte. Bevor Ajoscha die Chance hatte zu reagieren, traf sein Florett Ajoschas Oberkörper, als dieser zum Angriff wechselte. Ajoscha wankte und er musste sich mit der Hand am Boden abstützen, um nicht das Gleichgewicht zu verlieren. Er stieß ein Knurren aus und warf einen unauffälligen Blick zur Uhr. Die Zeit, die er hier verbrachte, brachte ihn um die letzten Stunden, in denen Emma sich noch in der UdSSR aufhielt. War das die Absicht seines Vaters?

»Du bist unkonzentriert«, stellte Wassily fest. Er tat es seinem Sohn gleich und schob seine Maske nach oben. »Brauchst du eine Pause?«, fragte er mit einem provokanten Lächeln.

Ajoscha biss die Zähne zusammen und rappelte sich wieder auf. Eigentlich hatte er erwartet, dass sein Vater Emma als Grund für seine Unkonzentriertheit identifizieren würde, doch wenn er es tat, sprach er es nicht laut aus.

Im nächsten Durchgang traf Ajoscha seinen Vater am Arm, doch da die Trefferfläche beim Florett der Rumpf war, wurde dieser Treffer nicht gezählt. Zwei Mal gelang es Ajoscha, ein Zögern seines Vaters, das, besonders bei einem Wettbewerb, sehr untypisch für ihn war, für sich zu nutzen und Punkte zu erzielen. Es schien, als seien beide Männern in Gedanken und daher nicht voll auf das Fechten konzentriert.

Ihre Runde wurde dadurch unterbrochen, dass ein Diener hereintrat.

»Was wollen Sie?«, fuhr Wassily den Mann an.

»Verzeihen Sie, aber ich habe einen wichtigen Anruf für Sie, Oberst, in der Leitung.«

Ajoscha hatte die unerwartete Unterbrechung genutzt und gerade ein paar Schlucke getrunken. »Wer ist es?«, fragte er und fuhr sich mit der Hand über den Mund.

»Das wollte der Anrufer nicht sagen.«

Ajoscha runzelte die Stirn. Das war seltsam. Er zog sich das Fechtvisier vom Kopf. »Ich komme.«

Dass Wassily seinen Unmut durch Worte kundtat, ignorierte Ajoscha gekonnt. Er folgte dem Diener zu dem Telefon im Wohnzimmer und klemmte sich den Hörer zwischen Schulter und Ohr, während er seine Handschuhe abstreifte.

»Oberst Iwa…« Er hatte noch nicht einmal Zeit, seinen Namen zu Ende zu bringen, da unterbrach ihn eine Stimme, die, begleitet von dem starken Knistern in der Leitung, nur schwer zu verstehen war. »Das Deckenlager soll geräumt werden. Es belegt zu viel Platz.«

Wie betäubt hörte Ajoscha die Worte und war vor Schreck unfähig zu handeln. Tausend Gedanken auf einmal schossen ihm durch den Kopf. Ihm war sofort klar, dass Sergej am anderen Ende des Hörers war. Er hatte sonst niemandem erzählt, dass er heute bei seinem Vater sein würde. Und er wusste auch, was Sergej mit dem Deckenlager meinte. Doch woher wusste Sergej von Simeon? Und wie viel Zeit blieb ihm und was war mit Emma? Er nahm sich nicht einmal Zeit, um Sergej zu danken, sondern ließ den Hörer fallen und rannte zur Garderobe, wo er seinen Mantel so schnell vom Haken riss, dass ein Diener, der gerade Staub wischte, nicht reagieren konnte und die Haustür aufriss.

»Ajoscha! Bleib hier! Ajoscha!«, rief ihm sein Vater hinterher, doch er ignorierte die Rufe. Hatte Wassily gewusst, was passieren würde, und hatte er ihn deswegen zu sich beordert?

Ajoscha konnte Simeon nicht anrufen und vorwarnen, da er dessen Nummer gar nicht kannte und ein Telefonat sowieso nicht sicher genug gewesen wäre. Während die Angst um Emma, die hoffentlich sicher in seiner Wohnung war, und seine Freunde den größten Teil seiner Gedanken einnahm, schoss ihm kurz auch die Sorge durch den Kopf, was für Konsequenzen Sergejs und auch sein eigenes Handeln haben würden. Allein anhand seiner Stimme war Sergej aufgrund der schlechten Verbindung nicht zu identifizieren gewesen, aber wenn jemand herausfand, dass er es gewesen war, der ihn gewarnt hatte … Dass es eine Falle sein könnte, hatte er nur für eine Millisekunde in Betracht gezogen.

~

Emma sah die Angst, die Simeon, Maria und den anderen zwei Anwesenden, deren Namen sie schon längst vergessen hatte, in ihren Gesichtern geschrieben stand. Sie selbst zitterte, während sie die Hände gehoben hatte und die Waffe des NKWD-Mannes auf sie gerichtet war.

Ajoscha hatte ihr zwar erzählt, dass dieser Freund von ihm Teil einer Untergrundkirche war, aber sie hatte nicht gewusst, dass heute ein Treffen stattfand. Zunächst schien es reine Höflichkeit gewesen zu sein, als Simeon sie hereingebeten hatte, doch dann bekam sie den

Eindruck, er wolle sie überreden, hierzubleiben und den anderen bei ihren Gebeten und was auch immer sie noch taten, zuzuhören.

»Mein Name ist Emma Iwanowa, ich bin die Ehefrau von Oberst Ajoscha Iwanow. Sie haben kein Recht, uns auf diese Weise …« Ihrer Verteidigungsrede wurde durch einen abrupten Schlag in ihr Gesicht ein Ende gesetzt. Emma keuchte und taumelte ein paar Schritte zurück. Maria streckte die Hand aus und stützte sie, damit sie nicht das Gleichgewicht verlor. Leicht lächelte Emma ihr zum Dank zu.

»Los! Bewegung!«, bellten die Männer und trieben sie vor dem Haus zusammen. Als sie sich nicht mehr in den Mauern des Gebäudes befanden, fühlte Emma sich in der kalten, russischen Luft schutzlos ausgeliefert.

Es waren fünf sowjetische Geheimdienstagenten, die in das Haus eingedrungen waren und sie verhaftet hatten. Zwei davon richteten immer noch ihre Waffen auf sie, während drei andere nacheinander die ganze Gemeinschaft inklusive Emma gegen die Hauswand stießen und ihnen Handschellen anlegten. Während Emmas Wange schmerzhaft an dem Wandputz entlangscheuerte und die Beule, die sich nach dem Schlag einer der Männer bildete, schmerzhafte Stiche durch ihr ganzes Gesicht fahren ließ, sah sie direkt in die Augen von Simeon, der unmittelbar neben ihr gefesselt wurde. Es tat ihr im Herzen weh, zu sehen, wie ein alter Mann misshandelt wurde, der sich ganz sicher nichts hatte zuschulden kommen lassen. Sie spürte, wie sich Widerstand in ihr regte – wo sie den Mut dafür hernahm, konnte sie allerdings genauso wenig verstehen wie die Tatsache, dass die anderen in keiner Weise versuchten, sich zu wehren, weder verbal noch physisch. Hatten sie eine solche Angst? War es ihnen so egal, was mit ihnen geschah?

»Lassen Sie sie sofort los!«, bellte auf einmal eine Stimme.

Erleichtert atmete Emma auf. Ajoscha. Sie machte sich keine Gedanken darüber, warum er überhaupt hier war, für sie zählte nur, dass er gekommen war.

»Bleiben Sie zurück!«, schrie der Geheimdienstler, der seine Waffe auf Emma gerichtet hatte, deren Hände noch nicht gefesselt waren, und der am nächsten zu Ajoscha stand. Als Ajoscha seinen Anweisungen nicht folgte, sondern näher kam, zielte er mit dem Lauf seiner Pistole nicht mehr auf Emmas Rücken, sondern auf Ajoschas Brust.

»Diese Menschen haben nichts getan! Lassen Sie sie sofort gehen!« Mit wütendem Gesicht zeigte Ajoscha mit dem Finger auf Emma und die anderen.

»Verschwinden Sie!«, brüllte der Mann zurück.

In Emmas Augen brannten Tränen. Eine Reaktion auf die Angst, aber auch die Freude, die sie empfand, weil Ajoscha hier war und sich für sie einsetzte. Doch als er auf sie zulaufen wollte, stellte sich der NKWD-Agent ihm in den Weg. Erbost griff Ajoscha nach der Waffe in seiner Hand und wollte sie ihm entreißen.

Ein Entsetzensschrei entfuhr Emma, als die beiden zu kämpfen begannen. Sie schrie, die anderen Männer schrien. Doch keiner von ihnen konnte schießen, ohne die Gefahr einzugehen, ihren eigenen Mann zu treffen.

Dann löste sich ein Schuss.

Sowohl Ajoscha als auch sein Gegner erstarrten. Der Agent wich einen Schritt zurück. Wieder schrie Emma. Sie wollte zu Ajoscha, der zusammensackte und auf dem kalten Boden liegen blieb. Eine Lache von Blut breitete sich unter ihm aus.

40

»O mein Gott!«, schrie Emma auf.

Doch als sie zu Ajoscha rennen wollte, stieß einer der Männer sie unsanft zurück und sie prallte gegen die Wand.

»Das ist Oberst Iwanow von der Roten Armee«, keuchte Emma, obwohl ihr die Luft wegblieb. »Sehen Sie nicht seine Schulterklappen? Wollen Sie wirklich, dass der Sohn von Armeegeneral Wassily Iwanow verblutet?!«, schrie sie den Mann an, der sie festhielt. Dieser warf einen Blick über seine Schulter und holte sich vermutlich eine Bestätigung von seinem Vorgesetzten, bevor er Emma losließ und sie zu Ajoscha stürzte.

»O Gott.« Mit zittrigen Fingern löste sie den Schal, der um ihren Hals gewickelt war, und drückte ihn auf die Schusswunde in Ajoschas Brust. Er hatte die Augen geöffnet und starrte Richtung Himmel, während er schwer atmete. Emma war sich nicht sicher, ob er sie hören konnte. Als sie sah, wie er seine Hand bewegte und mit seinen Fingern ihr Bein berührte, schüttelte sie den Kopf. »Bleib ruhig liegen! Wir bringen dich ins Krankenhaus. Alles wird gut!« In ihren Ohren klangen ihre Worte ganz und gar nicht beruhigend, sondern zutiefst panisch.

Entgegen ihrer Anweisung bewegte er den Kopf und sah sie mit geweiteten Pupillen an. »Sie … haben dich … ge…schlagen«, stellte er mit abgehackten Worten fest.

Emma lachte kurz humorlos auf. »Das ist doch egal.« Entsetzt spürte sie, wie ihr Wollrock Ajoschas Blut aufsog. »Du hättest dich doch nicht in eine solche Gefahr begeben sollen«, murmelte sie und warf einen Blick über ihre Schulter. Einer der Agenten hatte eine Decke aus einem der schwarzen Autos geholt und kniete sich jetzt auf die andere Seite von Ajoscha.

»Wir bringen Sie ins Krankenhaus«, sagte er zu Ajoscha. Er breitete die Decke über ihn aus, während Emma weiter Druck auf die Wunde ausübte.

»Darf ich mitkommen?«, fragte sie fast schon flehentlich.

Der Agent sah sie mit einem eisigen Blick an, der sie noch mehr frösteln ließ, als es ohnehin schon der Fall war, bevor er stumm nickte. Zwei seiner Kollegen kamen und hoben Ajoscha vorsichtig hoch. Emma kletterte zuerst auf die Rückbank des Fahrzeugs, bevor Ajoscha vorsichtig hineingebettet wurde. Mittlerweile war ihr Schal völlig durchgeblutet, doch sie wusste sich nicht anders zu helfen, als weiter Druck auf die Wunde auszuüben.

»Es tut mir leid, wenn ich dir wehtue«, sagte sie leise, während sich das Automobil in Bewegung setzte. Es war ihr egal, was mit ihr geschah, wenn sie im Krankenhaus ankamen, sie hoffte einfach, dass Ajoscha überlebte.

Sie sah, dass er Schwierigkeiten hatte, wach zu bleiben, denn immer wieder fielen ihm die Augen zu, die er dann nur mühsam wieder öffnen konnte. Seine Lippen bewegten sich, doch er musste eine enorme Kraft aufwenden, damit überhaupt ein Ton über sie kam.

»Emma Iwanowa, ich …« Er zog scharf die Luft ein und schloss die Augen, als sie über eine Unebenheit fuhren, die auf den russischen Straßen keine Seltenheit war, und die eine Schmerzwelle durch seinen Körper jagte. »Liebe dich.« Eine Träne rollte ihm aus dem Augenwinkel, bevor sein Kopf wegsackte und sein Körper schlaff wurde.

~

Mit schockgeweiteten Augen sah Emma hilflos zu, wie mehrere Ärzte und Schwestern mit Ajoscha auf einer Trage Richtung Operationssaal verschwanden. Über Lautsprecher wurden weitere Ärzte im Gebäude ausgerufen.

Unkontrolliert zitterten Emmas Finger, die blutverschmiert waren. Ihre blutgetränkte Kleidung klebte an ihrer Haut. Sie wusste nicht, wie lange sie so dastand. Sie konnte sich nicht vom Fleck rühren und starrte nur die Schwingtür an, hinter der Ajoscha verschwunden war. Immer wieder sah sie seinen letzten Blick, der ihr gegolten hatte, bevor er bewusstlos geworden war, und immer wieder hörte sie seine Worte.

Sie erwachte nicht einmal dann richtig aus ihrer Starre, als eine Krankenschwester auf sie zukam, sie am Arm nahm und zu einer Toilette führte. Sie erwartete nicht, dass Emma sprach, wofür Emma ihr sehr dankbar war. Wie in Trance hielt Emma ihre Hände unter den Wasserhahn und sah zu, wie das Blut das Becken rot färbte. Die Schwester reichte ihr ein Stück Seife und eine Bürste und mit immer mehr Enthusiasmus schrubbte Emma alles ab, auch das Blut, das unter ihren Nägeln klebte.

Erst als ihre Haut einriss, schien der Schmerz sie wachzurütteln. Sie hob den Kopf und blickte in den Spiegel. Sie war allein. Sie hatte gar nicht mitbekommen, dass die Schwester sie verlassen hatte. Ein roter Striemen Blut zog sich über ihre Wange. Wahrscheinlich war er durch eine unbewusste Geste mit ihren Fingern dahin gekommen. Mehrere Strähnen hatten sich aus ihrer Frisur gelöst und kringelten sich an ihrem blassen Gesicht entlang. Mit ihrem Handrücken entfernte sie das Blut von ihrer Wange und hielt dann ihre Hand unter das fließende Wasser, bis sie sauber war.

Emma schreckte zusammen, als es an die Tür klopfte. Die Krankenschwester von vorhin – Emma hatte keine Ahnung, wie viel Zeit vergangen war – steckte den Kopf hinein.

»Draußen sind Männer, die mit Ihnen reden wollen.«

Emma trocknete ihre nassen Hände an einem Handtuch ab und nickte nur, unfähig, irgendetwas zu entgegnen. Was sollte sie auch sagen? Anscheinend war eingetreten, was Ajoscha befürchtet hatte: Dass der Staat wieder gegen die Christen vorgehen würde. Inwieweit brachte es Ajoscha und sie in Gefahr, wenn sie die Wahrheit erzählte? Nur, weil sie Simeon und den anderen Decken hatte bringen wollen, bedeutete das ja nicht, dass sie mit ihren etwaigen Machenschaften zu tun hatte. Wenn der NKWD sie ohnehin beobachtet hatte, wüsste die Geheimpolizei, dass Emma heute das erste Mal mit diesen Leuten zu tun gehabt hatte.

Sie atmete tief durch. Sie kam zu dem Schluss, dass sie nichts falsch machte, wenn sie die Ereignisse schilderte, wie sie stattgefunden hatten. Sie zog die Tür auf. Zwei der Männer, der Leiter und einer derjenigen, die Ajoscha ins Auto getragen hatten, und der anschließend gefahren war, standen ein paar Meter entfernt. Sofort kamen sie auf sie zu. Emma blickte über ihre Schulter, widerstand aber dem Drang, wegzurennen. Am liebsten hätte sie einfach nur geweint. Sie wollte wissen, wie es Ajoscha ging, stattdessen sollte sie den Geheimdienstagenten Rede und Antwort stehen.

»Wir hätten ein paar Fragen an Sie.«

Emma lehnte sich an die Wand und rutschte schließlich an ihr hinunter. Es war ihr egal, dass sie jetzt zu den Männern hochschauen musste, sie glaubte nicht, dass ihre Beine sie noch lange tragen würden.

Die Männer fragten sie, warum sie in Simeons Haus gewesen war, woher sie die Leute kannte. Sie beantwortete alle Fragen wahrheitsgemäß. Dass Ajoscha Christ war, wurde nicht abgefragt, was sie ungemein erleichterte. Als die Frage aufkam, warum Ajoscha erst nicht selbst gegangen, aber dann schließlich doch gekommen war, beantwortete sie mit einem leichten Schulterzucken und den Worten: »Er war verabredet.«

Dann kam ihr der Gedanke, dass diese Verabredung mit seinem Vater kein Zufall gewesen sein konnte. Er war ein hoher Militär, der sicherlich auch Kontakte zum Geheimdienst hatte. Vielleicht hatte er von der geplanten Razzia erfahren und wollte seinen Sohn aus der Schusslinie holen? Doch woher hatte Ajoscha dann gewusst, was passiert war? Von irgendwem musste er es erfahren haben, und das hatte ihn dazu veranlasst, zu seinen Freunden und zu ihr zu kommen, um sie zu schützen. Und jetzt kämpfte er selbst um sein Leben.

»Emma!«

Emmas Kopf fuhr herum. Elana kam auf sie zugestürmt, zog sie auf die Beine und umarmte sie fest, ungeachtet des Blutes, das an ihr klebte. Diese zärtliche Geste war genau das, was Emma jetzt brauchte, es war aber auch das, was den Damm brechen ließ, der sie davon abgehalten hatte, loszuheulen. Nun fanden die Tränen ihren Weg.

»Wie konnte das nur passieren?«, murmelte Elana.

Emma öffnete die Augen, auch wenn sie nur wie durch einen Schleier sehen konnte. Sie versteifte sich, als sie über Elanas Schulter blickte. Dort stand Wassily Iwanow in voller Uniform und sprach mit den Geheimdienstagenten. Er sah aufgebracht aus.

»Weißt du, wie es Ajoscha geht? Und was mit Simeon und den anderen ist?«, fragte Elana mit gedämpfter Stimme und löste sich aus der Umarmung, jedoch ohne Emmas Hände loszulassen. Sie schien zu spüren, dass ihre Schwägerin gerade diesen Halt brauchte.

»Nein, seit er in den OP gebracht wurde, habe ich nichts mehr gehört.« Emma seufzte. Elana stellte sich neben sie, während sie noch ihre Hand hielt, und blickte ebenso in Richtung der Schwingtüren, auf denen ein Schild darauf hinwies, dass nur befugtes Personal Zutritt habe.

»Ich weiß nicht, was mit den anderen ist«, sagte Emma. Und wenn sie ehrlich war, hatte sie sich auch nicht allzu viele Gedanken darüber gemacht. Sie machte sich Sorgen um Ajoscha und um sich selbst, da hatte sie kaum den Kopf frei dafür, über Menschen nachzudenken, die sie kaum kannte. »Vielleicht sollten wir Paul Brückner Bescheid geben«, überlegte sie. Er war ein guter Freund von Ajoscha und zudem Arzt. Ajoscha würde sich sicherlich freuen, ihn bei sich zu haben, wenn er aufwachte. Sie schluckte. Wenn er denn überhaupt am Leben bleiben würde.

Elana warf ihr einen verwirrten Seitenblick zu, bevor sie sich ganz zu ihr umwandte.

»Du weißt es anscheinend noch nicht«, stellte sie fest. »Er ist schon vor ein paar Tagen durch den Geheimdienst inhaftiert worden.«

»Was?!«, entfuhr es Emma und wieder warf sie einen Blick in die Richtung, in die Ajoscha verschwunden war. Warum hatte er es ihr nicht gesagt? Hatte er nicht die Gelegenheit dazu gehabt? In ihrem Beisein musste er doch irgendwann an seinen Freund gedacht haben. Hatte er gedacht, es würde sie nicht kümmern? Sie schüttelte den Kopf. Alle Spekulationen, die durch ihren Kopf schwirrten, verwirrten sie nur noch mehr. Sie wollte Klarheit, doch wie es schien, würde sie die nicht so schnell bekommen.

Ihre Aufmerksamkeit wurde auf Wassily gelenkt, der sich bei einem vorübergehenden Arzt nach dem Befinden seines Sohnes erkundigte. Doch er bekam nur die Antwort, dass er warten müsse, momentan könne nichts zu Ajoschas Gesundheitszustand gesagt werden. Wassily war sichtlich erregt und das erste Mal versetzte sich Emma für den Bruchteil einer Sekunde in seine Lage. Er hatte einen seiner Söhne schon verloren und jetzt stand in der Schwebe, ob sein einziges noch lebendes Kind am Leben bleiben würde … Genauso sah es für Elana aus, die ihren Ehemann verloren hatte. Sie war von Emmas Seite gewichen und hatte leise ein paar Worte mit Wassily gewechselt. Das, was sie sagte, schien ihn zumindest so weit zu beruhigen, dass er dem Arzt nicht an den Kragen ging und ihn weiter seine Arbeit machen ließ.

Sie warteten. Aus Minuten wurden Stunden und schließlich brach die Nacht über sie herein. Immer wieder wechselten Wassily und Elana ein paar Worte, doch Emma fühlte sich in der Gegenwart von Ajoschas Vater unwohl – was ganz offensichtlich auf Gegenseitigkeit beruhte. Sie hatte sich auf ein paar Stühlen zusammengerollt, auch wenn sie nicht schlafen konnte. Jedes kleine Geräusch im Krankenhaus ließ sie zusammenfahren und in der Anwesenheit von Wassily Iwanow würde sie erst recht nicht schlafen können, selbst wenn Elana da war.

Sie zuckte wieder zusammen, als Elanas leise Stimme an ihr Ohr drang. »Emma?« Sie spürte, dass sie ihr die Hand aufs Bein legte. Emma öffnete ihre Augen und richtete sich auf. »Würdest du mit mir rausgehen?« Elana holte Luft und lächelte zittrig. »Ich halte das Warten nicht mehr aus.« Man sah ihr an, dass sie jeden Moment zusammenbrechen konnte.

»Aber sicher.«

»Wir gehen uns die Beine vertreten«, sagte Elana zu Wassily, der einige Meter entfernt an die gegenüberliegende Wand gelehnt stand. In dieser Position verharrte er bereits seit Stunden. Er nickte nur.

Während sie nach draußen gingen, wunderte sich Emma, was für eine Geduld dieser Mann aufbringen konnte. Sie hätte niemals gedacht, dass er so lange warten würde, nur um zu erfahren, wie es seinem Sohn ging. Der Geheimdienst war längst verschwunden und hatte sich seitdem auch nicht mehr blicken lassen.

Elana lief sehr schnell, sie konnte es kaum erwarten, aus dem Krankenhaus herauszukommen. Die Nacht war eisig und Emma war sich sicher, dass sie es nicht viel mehr als ein paar Minuten hier draußen aushalten würden. Die Tür fiel hinter ihnen ins Schloss und Emma versuchte, sich an die Dunkelheit im Freien zu gewöhnen. Es gab keine einzige Lichtquelle – oder zumindest war keine gerade aktiv – und so stand ihnen nur das Licht des Mondes und der Sterne zur Verfügung. Es reichte gerade dazu aus, um Elana schemenhaft zu erkennen. Sie wirkte auf einmal, als wäre eine Last von ihr abgefallen. Emma konnte sich das nur damit erklären, dass sie sich von den Mauern des Krankenhauses eingeengt gefühlt hatte.

Auf einmal griff Elana nach Emmas Händen und legte den Kopf in den Nacken. »O Herr, lass Ajoscha überleben. Führe die Hände der Ärzte, schenke ihnen Weisheit«, sagte sie leise, aber nicht sonderlich schnell.

Perplex schaute Emma Elana an, auch wenn sie ihre Mimik nicht erkennen konnte. Wusste sie nicht, wie Emma zur Religion stand? Vermutlich schon, aber es schien sie nicht zu kümmern. Emma wusste nicht, ob sie sauer oder beeindruckt sein sollte angesichts der Tatsache, dass das Elana nicht daran hinderte, das zu tun, wonach ihr gerade war. Nun schien sie weiter still für sich zu beten, denn es dauert einige Zeit, bis ein Amen folgte.

Dann drückte Elana fest Emmas Hände. »Danke.« Man konnte ein Lächeln aus ihrer Stimme heraushören. Sie tat, als hätte Emma mehr getan, als einfach nur dazustehen. »Lass uns wieder reingehen, wir holen uns noch Frostbeulen.« Elana hielt Emma die Tür auf.

Während sie zu Wassily zurückkehrten, dachte Emma über Elana nach. Sie hatte ihren Mann im Krieg verloren und zog ihr Kind bei ihrem Schwiegervater auf, der Christen hasste. Es war Emma ein Rätsel, wie sie das schaffte und wie Dimitrij, Ajoschas Bruder, unter solch einem Vater eine Frau hatte kennenlernen können, die denselben Glauben wie er hatte.

»Dein Zug würde in sechs Stunden fahren«, stellte Elana mit einem Blick auf die Uhr fest. Emma konnte die unausgesprochene Frage aus ihrer Aussage heraushören, aber sie war sich selbst noch nicht sicher, was die Antwort war. Wollte sie unter diesen Umständen das Land verlassen? Die Frage schien sie zurück in die Realität zu holen, nachdem sich die Geschehnisse der vergangenen Stunden so unwirklich angefühlt hatten.

»Wenn ich weiß, dass Ajoscha überlebt und … ihn kurz sehen konnte, dann werde ich nach Hause gehen, um meine restlichen Sachen zusammenzupacken.« Wenn der Geheimdienst sie überhaupt gehen ließ, doch das sprach sie nicht laut aus.

»Ich habe meine Zweifel, dass Ajoscha in den nächsten Stunden aufwacht. Willst du ihm einen Brief schreiben, während wir warten? Ich kann dir Schreibutensilien besorgen«, bot Elana freundlich an. Sie verurteilte Emmas Entscheidung nicht.

Sie bogen um die letzte Ecke, doch in dem Gang, in dem sie gewartet hatten, war Wassily nicht zu sehen. Emma war das nur recht, sie wünschte, er würde gar nicht mehr auftauchen. Elanas Angebot erinnerte sie daran, dass sie sich womöglich gar nicht persönlich von Ajoscha verabschieden könnte. Doch wenn sie die Chance nicht ergriff und mit Andrzej das Land verließ, würde sich vielleicht nie mehr eine solche Möglichkeit auftun. Seit sie sich entschieden hatte zu gehen, hatte sie sich vor dem Abschied gefürchtet, doch jetzt tat es ihr irgendwie in ihrem Herzen weh, Ajoscha nicht persönlich auf Wiedersehen sagen zu können.

»Nein, danke«, sagte Emma. Sie schluckte. »Ich werde ihm in der Wohnung eine Nachricht hinterlassen.« Sie wollte nicht, dass jeden Augenblick der General wiederkam, während ihr Elana Papier und Stift besorgte, und sie dann allein mit ihm war. Außerdem wusste sie nicht, was sie schreiben sollte, sie hatte sogar Zweifel, dass sie ihm zu Hause Abschiedsworte hinterlassen würde. Was sollte sie schon sagen? *Danke für die teilweise schönste Zeit meines Lebens, doch meine schlimmsten Erinnerungen sind mit dir verbunden und deswegen muss ich mich von dir trennen, um von ihnen frei zu werden?*

Sie setzten sich wieder auf die unbequemen Stühle und Emma legte sich nicht wieder hin. Ihr Spaziergang und die kalte Luft hatten sie schlagartig wieder wach gemacht und ihr Kopf arbeitete auf Hochtouren. Nach einigen Minuten schreckte sie hoch, da sie dachte, ein Arzt würde kommen und ihnen sagen, dass es ihm leidtäte, aber Ajoscha es nicht geschafft habe. Aber da war niemand. Sie seufzte und massierte sich die Schläfen. Auch wenn sie nicht schlief, schienen vor ihrem inneren Auge die ganze Zeit Albträume abzulaufen.

Wassily kam zurück und reichte Elana eine Tasse, bevor er wieder seinen alten Platz in Beschlag nahm. Mit einem leichten Lächeln dankte Elana ihrem Schwiegervater und trank ein paar Schlucke, bevor sie die Tasse an Emma weiterreichte. Etwas perplex, aber dankbar nahm Emma sie entgegen und trank einen Schluck des schwachen Kaffees. Ihr war unwohl dabei, als sie Wassily grunzen hörte, doch das ignorierte Elana genauso wie seine Unhöflichkeit Emma gegenüber.

Emma spürte, dass ihr Magen zu rebellieren begann, und gab schnell die Tasse zurück.

»Du musst dich von ihm nicht daran hindern lassen, zu trinken«, sagte Elana mit gedämpfter Stimme und behielt die Tasse in der Hand für den Fall, dass Emma sich doch noch umentschied.

»Hör auf, dich zu benehmen, als könnte ich euch nicht hören«, schnaubte Wassily.

Trotzig hob Elana den Blick. »Hör auf, Emma wie Luft zu behandeln«, fauchte sie zurück.

Wütend fuchtelte er mit seinen Händen in ihre Richtung. »Sie ist eine Deutsche!«

Emma zuckte zusammen. In ihr breitete sich das gleiche Gefühl aus wie damals, als er sie als deutsche Schlampe bezeichnet hatte.

»Sie ist die Frau deines Sohnes!«, gab Elana empört zurück.

Emma wurde noch übler. Sie wollte nicht Gegenstand dieser Diskussion sein. Sie hatte Elana noch nie so aufgebracht und fast schon unbeherrscht gesehen, doch immer noch hatte sie etwas sehr Würdevolles an sich.

»Nicht mehr lange.« Wassily stieß sich mit dem Fuß von der Wand ab, während seine Hände sich zu Fäusten ballten.

»Sie hat sowohl mir als auch deinem Enkel das Leben gerettet. Du musst sie ja nicht mal mögen, sondern sie einfach wie einen Menschen behandeln, ist das zu viel verlangt?!«

Während des Streitgesprächs der beiden war ein Arzt aus dem Operationsbereich gekommen. Er hatte tiefe Falten um die Augen herum und zog missbilligend die ergrauten Augenbrauen zusammen. »Ich darf doch wohl sehr bitten. Sie befinden sich in einem Krankenhaus!«

Elana stellte die Tasse Kaffee auf den Boden und sprang von ihrem Stuhl auf. »Haben Sie Nachrichten für uns bezüglich Ajoscha?«, fragte sie hoffnungsvoll. Ihre Auseinandersetzung mit ihrem Schwiegervater schien wie vergessen.

Das Gesicht des Arztes nahm weder einen sanfteren noch mitfühlenderen Ausdruck an, es wirkte genauso herrisch. »Die Kugel hat den Lungenflügel zum Kollabieren gebracht und größere Gefäße verletzt. Zudem sind mehrere Knochen gebrochen, deren Splitter beinahe das Herz beschädigt haben.«

Für einen Moment krümmte sich Emma und sie meinte, sich hier an Ort und Stelle übergeben zu müssen. Doch sie konnte sich beherrschen. Sie war froh, sitzen geblieben zu sein, denn der aufkommende Schwindel hätte sie im Stehen in die Knie gezwungen.

»Aber er wird es überleben?«, fragte Wassily, da scheinbar keine der Frauen in der Lage war, diese Frage zu stellen.

»Er ist schwer verletzt. Um ehrlich zu sein, ist es ein Wunder, dass er es bis in den OP geschafft hat. Ich glaube, wenn er es so weit gebracht hat, wird er jetzt nicht aufhören, zu kämpfen, doch Sie müssen berücksichtigen, dass er sehr geschwächt ist. Eine kleine Infektion könnte ihm schon den Rest geben. Ich kann Ihnen nichts versprechen, doch vorerst ist er stabil.«

»Können wir zu ihm?«, fragte Elana, die augenscheinlich ihre Sprache wiedergefunden hatte.

»Er ist noch nicht wieder aufgewacht und es kann auch noch Stunden dauern, aber ich denke, wenn einer von Ihnen kurz bei ihm ist und mit ihm spricht, würde ihm das guttun.«

Wassily streckte die Hand aus und legte sie auf Elanas Rücken. »Geh«, sagte er, während sie sich eine Träne der Erleichterung aus den Augen wischte. Doch sie schüttelte den Kopf, wandte sich zu Emma um, zog sie auf die Beine und umarmte sie kurz. »Du solltest gehen. Grüße ihn von uns«, stellte sie klar.

Wassilys Kiefermuskulatur spannte sich an, aber er sagte nichts. Emma öffnete den Mund und wollte widersprechen. Sie fühlte sich gar nicht in der Verfassung dazu und meinte, nicht die Kraft zu haben, die für diesen Besuch vonnöten sein würde.

»Ich bringe Sie zu ihm«, kam der Arzt einem Ablehnen Emmas zuvor. Er ging vor und erst als sie zu ihm aufschloss, verlangsamte er sein Tempo für sie. »Sie sind die Frau, die bei seiner Einlieferung dabei war?«, fragte er mit einem Blick auf ihre Kleidung. Emma sah an sich herunter. Seine Frage erinnerte sie daran, wie sie eigentlich aussah und dass das Ajoschas Blut war. Das war alles zu viel für sie und sie spürte, dass ihre Knie nachgaben. Der Arzt war sofort da, packte sie am Ellenbogen, schob sie durch eine Tür und drückte sie auf eine Liege.

Emma fuhr sich mit einer Hand übers Gesicht und seufzte, während der Arzt ihr eine Blutdruckmanschette um den Arm legte und sie in ärztlicher Präzision aufblies. Das Ende seines Stethoskops, das vorher noch um seinen Hals gehangen hatte, platzierte er unmittelbar unter der Manschette. Langsam ließ er den Druck wieder entweichen. »Eindeutig zu niedrig. Bleiben Sie liegen.«

Emma, die die Augen geschlossen hatte, hörte, dass er eine Schublade aufzog und nach etwas suchte. Als er sich räusperte, öffnete sie die Augen. Er hielt ihr etwas Weißes hin. »Traubenzucker«, konstatierte er.

Mit einem leichten Lächeln, das als Dank dienen sollte, nahm sie es entgegen und steckte es sich in den Mund. Ihr war eigentlich nicht danach, bei der Übelkeit etwas Süßes zu essen, doch es würde ihr bei ihren Kreislaufproblemen helfen. Erst ließ sie es sich auf der Zunge zergehen, bevor sie schließlich doch anfing, zu kauen.

Sie schluckte. »Ja, ich habe ihn mit eingeliefert«, sagte sie mit schwacher Stimme. Es war ihr unangenehm, vor ihm so dazuliegen, sie kam sich vor wie auf dem Präsentierteller. Also richtete sie sich auf und blieb am Rand der Liege sitzen.

»Sie haben ihm wahrscheinlich das Leben gerettet durch das Abdrücken der Wunde.« Der Arzt löste die Blutdruckmanschette von ihrem Arm. »Ich hole Ihnen etwas zu trinken.« Er wandte sich ab.

»Bitte, ich will endlich zu ihm«, hielt Emma ihn zurück.

»Setzen Sie sich sofort hin, wenn Ihnen wieder schwindlig wird.« Er musterte sie mit einem prüfenden Blick.

Eifrig nickte sie. Sie war ihm dankbar, doch sie wollte endlich weg hier. Sie stand auf und wartete einen Augenblick, in dem er sie mit hochgezogenen Augenbrauen ansah, doch ihr Schwindel hatte sich gelegt. Sie nickte ihm bestätigend zu, dass es ihr gut gehe.

»Erschrecken Sie sich nicht«, bereitete er sie vor, als sie weiter zu Ajoscha gingen.

Auch wenn das Zimmer für sechs Patienten ausgelegt war, war nur Ajoschas Bett belegt. Zögernd trat Emma näher. Er war so blass! Sie wunderte sich, dass überhaupt noch Blut in ihm war, so viel, wie auf ihren Rock geblutet war. Ein Verband war um seinen Oberkörper gewickelt, eine Bluttransfusion lief durch einen Schlauch in seinen Körper.

»Wäre es zur Zeit des Krieges dazu gekommen, hätten wir ihn nicht retten können. Wir hätten nicht die Ressourcen und die Zeit gehabt«, erklärte der Arzt.

Emma wusste nicht, warum er ihr das erzählte. Sie setzte sich auf einen Stuhl, der am Bett stand, und faltete angespannt die Hände in ihrem Schoß. Der Arzt fühlte Ajoschas Puls und schrieb dann in eine Akte, bevor er den Kopf hob und Emma anschaute. »Sie können seine Hand nehmen, reden Sie mit ihm.« Schwungvoll klappte er die Akte zu und verließ dann den Raum.

Emma traute sich nicht, Ajoscha zu berühren. Einerseits, weil sie ihm nicht wehtun wollte, und andererseits, weil sie das Gefühl hatte, dazu nicht das Recht zu haben. In wenigen Stunden würde sie das Land verlassen.

»Ich hoffe …« Sie räusperte sich. Warum war ihre Stimme so heiser? »Dass du dich schnell erholst und … dass du glücklich wirst.« Sie presste für einen Moment ihre Lippen fest aufeinander. »Dein Vater und Elana lassen dich grüßen.«

Sie schnaubte und lachte humorlos auf, als sie sich mit der Hand übers Gesicht fuhr. »Das ist doch lächerlich«, murmelte sie. Sie küsste ihre Fingerspitzen und streckte dann die Hand nach Ajoscha aus, berührte ihn aber nicht. »Leb wohl.«

41

Minsk, Weißrussische Sozialistische Sowjetrepublik BSSR
17. Dezember 1945

Emma starrte aus dem Fenster, während der Zug durch die Landschaft ruckelte.

Andrzej saß neben ihr und las Zeitung. Sie hatte ihm von Ajoscha erzählt, doch sie war nicht allzu überrascht gewesen, dass er davon schon wusste, immerhin war er beim Geheimdienst. Sie sah aus den Augenwinkeln, wie er sich eine Zigarette ansteckte. Als sie sich kennengelernt hatten, hatte er nicht so viel geraucht, wie er es anscheinend jetzt tat.

Sie zuckte innerlich zusammen, als er ihr plötzlich eine Hand aufs Knie legte. »Ich werde uns etwas zu essen besorgen«, sagte er und verschwand aus dem Abteil. Emma starrte die Stelle auf ihrem Bein an, die er gerade noch berührt hatte. Sie schluckte. Es war ihr unangenehm gewesen, doch sie hatte sich nicht getraut, etwas zu sagen.

Minsk war der erste Zwischenstopp auf ihrer Reise. Hier würden sie die Nacht verbringen, bevor sie am nächsten Tag weiterreisen würden.

»Ist unsere Unterkunft weit weg vom Bahnhof?«, fragte sie auf Deutsch, als sie ausgestiegen waren und das Gleis verließen.

»Rede gefälligst Russisch«, schnauzte Andrzej sie auf einmal mit böser Miene an. »Es reicht ja schon, dass du einen deutschen Akzent hast.«

Verärgert biss Emma die Zähne aufeinander und ihre Hand krallte sich um ihre Rockfalte. So unhöflich war er noch nie zu ihr gewesen. Er hätte es durchaus netter formulieren könne. Ihre Gedanken schweiften zu Ajoscha. An dem Tag, an dem sie geheiratet hatten, hatte er sie gefragt, ob er mit ihr Russisch oder Deutsch sprechen solle. Eigentlich wäre es für Emma eine Selbstverständlichkeit gewesen, Deutsch mit Andrzej zu sprechen. Als sie in Moskau unter sich gewesen waren, hatten sie es auch getan, aber anscheinend war es ihm in der Öffentlichkeit unangenehm. Sie schüttelte den Kopf, als ihr bewusst wurde, wie unterschiedlich Andrzej und Ajoscha doch waren. Sie verbot sich jedoch weitere Vergleiche. Ajoscha war Vergangenheit, er sollte nicht mehr ihre Gedanken beherrschen, das war auch Andrzej gegenüber unhöflich.

Als er ihr keine Antwort auf ihre Frage gab, wiederholte sie diese auf Russisch. Sie wusste nicht, was der Grund für seine schlechte Laune war. Man hätte meinen können, er müsse gut gelaunt sein, immerhin waren sie wieder vereint. Er antwortete ihr jedoch nur kurz angebunden. Sie fragte sich, ob er schon mal hier gewesen war, so zielstrebig, wie er durch die Straßen ging. Dass er ihre beiden Koffer trug, hinderte ihn nicht an einem schnellen Tempo, das es Emma schwer machte, mit ihm Schritt zu halten.

Nach zehn Minuten hatten sie augenscheinlich ihre heutige Unterkunft erreicht. Es war ein Gasthof. Auch wenn es erst früher Abend war, lungerten bereits angeheiterte Herrschaften vor dem Gebäude herum und pfiffen ihr hinterher. Sie hielt sich eng an Andrzej, auch wenn er ihr nicht sonderlich das Gefühl gab, bei ihm sicher zu sein, denn er reagierte in keiner Weise auf die Pfiffe, die seiner Begleitung galten.

Emma stellte erleichtert fest, dass sie nicht durch den Schankraum mussten, sondern mit dem Wirt in einem kleinen Flur reden konnten, von dem aus eine schmale Treppe in die nächsten Geschosse führte. Sie versuchte, nur durch den Mund zu atmen, denn der starke Geruch von Bier und Wodka, der ihnen beim Betreten des Gebäudes entgegengeschlagen war, bekam ihr nicht gut. Der Wortwechsel der beiden Männer fand in Weißrussisch statt und das in einem Tempo, das es Emma unmöglich machte, auch nur ein Wort zu verstehen.

»Wir haben nebeneinanderliegende Zimmer«, erklärte Andrzej, als er als Erster die steile Treppe hinaufging.

»Warst du schon einmal hier?«, fragte Emma schnaufend. Als sie im zweiten Stockwerk ankamen, auf dem ihre Zimmer lagen, blieb sie kurz stehen und holte Luft.

Andrzej stieß nur ein bejahendes Grunzen aus. Als er sie im Zug allein gelassen hatte, um etwas zu essen zu holen, war anscheinend irgendetwas passiert, das ihn sehr aufgewühlt hatte, denn seitdem verhielt er sich so überaus komisch.

Emma stieß einen kleinen Aufschrei aus, als plötzlich eine Maus an ihr vorbeihuschte – zumindest glaubte sie, dass es eine Maus gewesen war. Als sie sich von dem kurzen Schrecken erholt hatte, den Andrzej nur mit einem missbilligenden Blick quittiert hatte, strich sie sich eine Haarsträhne hinters Ohr.

»Das ist dein Zimmer.« Mit dem Kinn deutete Andrzej auf eine Tür und hielt ihr einen Schlüssel hin, nachdem er ihren Koffer abgestellt hatte.

»Danke«, sagte Emma. Kaum hatte sie den Schlüssel entgegengenommen, war Andrzej schon in seinem Zimmer verschwunden. Seine abweisende Art ließ sie noch mehr das Gefühl verspüren, allein zu sein in dieser großen, kalten Welt. Er war aber auf eine andere Art kühl als Ajoscha. Sein Verhalten war auf schlechte Laune zurückzuführen, während Ajoschas dadurch einfach seine Reserviertheit ausdrückte.

Sie hatten weder besprochen, ob sie zusammen zu Abend essen würden, noch sonst irgendetwas, doch das war ihr egal. Sie hatte keinen Hunger, sie wollte einfach nur schlafen. Nachdem sie das Krankenhaus verlassen hatte, hatte sie ihre restlichen Sachen packen müssen und dann hatte sie auch schon Andrzej abgeholt, weswegen sie keine Zeit gehabt hatte, sich auszuruhen. Im Zug war sie immer noch zu aufgewühlt gewesen, um zu schlafen, doch jetzt schien die Müdigkeit ihres Körpers auch endlich ihr Bewusstsein erreicht zu haben.

Das Zimmer hatte einen Kamin, ein Bett mit einer Strohmatratze und einen abgewetzten Sessel. Das Fenster war schmutzig und Eisblumen verhinderten den Blick nach draußen. Kein Bad und erst recht kein fließendes Wasser. Die Heizung war eiskalt, obwohl sie voll aufgedreht war.

Sie schleppte ihren Koffer nur in den Raum hinein und schob ihn an die Wand, öffnete ihn aber nicht. Sie war zu müde. Sie nahm sich gerade einmal Zeit, ein kleines Feuer anzuzünden. Das Brennholz war knapp bemessen, doch sie brauchte jetzt Wärme und auch Licht, denn der Strom schien nicht zu funktionieren, zumindest rührte sich nichts, als sie den Lichtschalter betätigte.

Nachdem das Feuer entfacht war, legte sie sich auf das Bett. Die Decke roch muffig, doch das war ihr egal. Sie wollte einfach nur einschlafen, damit sie ihren Sorgen, Ängsten und dem Gedankenstrudel entkommen konnte. Überraschend schnell überkam sie der Schlaf.

~

Ein wiederholtes Klopfen an ihrer Zimmertür riss Emma nach ein paar Stunden aus einem tiefen, traumlosen Schlaf. Orientierungslos blickte sie um sich und brauchte ein paar Momente, um sich zu sammeln.

Das Feuer hatte den kleinen Raum mittlerweile aufgeheizt, weswegen sie ihren Mantel von ihren Schultern streifte und auf den Sessel warf.

»Wer ist da?«, rief sie, während ihre Hand auf dem Holz der Tür lag.

»Andrzej.«

Sie drehte den Schlüssel im Schloss und zog die Tür auf.

Dort stand Andrzej, eine Hand gegen den Türrahmen gestützt. Er roch nach Wodka, wie sie es noch nie an ihm gerochen hatte. Er ging ein paar Schritte in den Raum hinein, während sie ihn fragend ansah.

»Emmi«, hauchte er ihren Spitznamen. Er wankte auf seinen Beinen. Es war offensichtlich, dass er zu viel getrunken hatte.

Unsicher warf Emma einen Blick in Richtung der Tür, die er beim Eintreten geschlossen hatte. »Du solltest lieber gehen … und deinen Rausch ausschlafen«, stammelte sie.

»Du bist mir was schuldig oder meinst du, ich würde dich aus reiner Gutmütigkeit mit nach Berlin nehmen?« Ein raues Lachen entstieg seiner Kehle und Emma wich einen Schritt zurück. Das waren ganz neue Töne.

»Was meinst du damit?«, fragte sie heiser. Ein ungutes Gefühl und Angst befielen sie.

»Wäre ich nicht gewesen, hätte dich der Geheimdienst mitgenommen«, grunzte er. Wie betäubt sah Emma, dass er auf sie zuging und ihr eine Hand um die Taille legte. Es war eine grobe Geste, die rein gar nichts mit Zärtlichkeiten zu tun hatte.

»Andrzej …«, begann sie, wurde jedoch durch seinen plötzlichen Kuss unterbrochen. Sie empfand nichts als Ekel, da ihr kalter Rauch und der Geschmack von Wodka, entgegenschlugen. Doch gleichzeitig wurde sie innerlich schwankend. Ob sie die Nähe, die Ajoscha ihr verwehrt hatte, vielleicht bei Andrzej finden konnte? Er schien allemal bereit dazu. Konnten sie beide nicht nur gewinnen?

So ließ sie ihn gewähren. Er küsste gierig ihren Hals, während ihr Blick starr zur Decke gerichtet war. Doch je weiter er ging und sie ihre Körper lediglich wie in einem Wahn miteinander vereinten, desto mehr spürte sie, dass das Ganze falsch war. Ihr wurde bewusst, dass es ihnen beiden dabei nicht wirklich um den anderen ging. *Wenn man einen Menschen nur benutzt, tritt man seinen Wert mit Füßen*, hatte Ajoscha gesagt. Guter Sex bedeutete Wertschätzung und Vertrautheit, das hatte ihr Ajoscha selbst gezeigt, doch Andrzej war das komplette Gegenteil. Er nahm sich von ihr, was er brauchte, ohne ihr etwas zurückzugeben.

Als alles vorüber war, fühlte sie sich innerlich leer. Beschmutzt. Beschämt. Sie ekelte sich vor sich selbst. Auf die Seite gedreht, lag sie am äußersten Bettrand, um Andrzej in dem schmalen Bett nicht berühren zu müssen, wo er laut vor sich hin schnarchte.

Stille Tränen flossen über ihr Gesicht. Sie hatte es auf die harte Tour lernen mussten und jetzt war der Schaden angerichtet. Ihr wurde bewusst, dass sie Ajoscha vor ein paar Tagen genauso hatte benutzen wollen. Damit hätte sie ihn ebenso in der Seele verletzt, wie sie sich jetzt fühlte. Sie war um keinen Deut besser als Andrzej. So wie sie sich jetzt fühlte, hätte sich wegen ihr beinahe Ajoscha gefühlt.

Emma warf einen Blick über ihre Schulter. Sie wusste nicht, wie es in Andrzej aussah, doch das war definitiv nicht das erste Mal gewesen, dass er eine Frau so ausgenutzt hatte. Ein ungeheurer Hass machte sich in ihr breit und richtete sich gegen den Mann neben ihr.

Auch wenn es kalt war, schlüpfte sie unter der Decke hervor und in ihren Mantel herein. Vor ihrem Koffer ging sie in die Knie. Das Zittern ihrer Hände behinderte sie dabei, die Schnallen des Verschlusses zu öffnen, und sie brauchte mehrere Versuche. Ohne Licht war es schwer, etwas zu finden, und erst recht, ein Nachthemd von anderen Kleidungsstücken zu unterscheiden. Mehrere Male zog sie etwas hervor, doch als sie es eingehend befühlte, stellte es sich als eine Bluse, ein Unterrock oder Ähnliches heraus.

Ihre Hand war fast am Boden des Koffers angekommen, als ihre Finger einen festen Gegenstand umfassten. Ein Buch! Verwirrt zog sie es heraus. Sie hatte nur ein Buch, das ihr Ajoscha überlassen hatte, eingepackt und das war in ihrer Handtasche. Die Suche nach dem Nachthemd war vergessen. Sie nahm das Buch mit zu dem verschlissenen Sessel. Nicht einmal das Knarren einer Diele ließ Andrzej aufwachen. Er schlief seinen Rausch aus.

Emma zündete eine der kostbaren Kerzen an und stellte sie auf einen kleinen Tisch, der neben ihrer Sitzgelegenheit stand und von wo gerade eben noch Licht auf das Buch in ihrer Hand fiel. Überrascht stellte sie fest, dass es Ajoschas Bibel war.

Sie war auf den ersten Blick nicht das, was man sich unter der Heiligen Schrift vorstellen würde. Sie war alt, das Leder des Buchrückens war abgewetzt, die dünnen Seiten wellig. Doch es war nicht das Buch an sich, das sie auf einmal so berührte. Es war Ajoschas Vertrauen. Auf jeder der Seiten hatte er in unterschiedlichen Farben Notizen gemacht. *Warum? Verstehe ich nicht. Wunderbar. Wie kannst du so grausam sein? Ist das auch dein Plan für mein Leben?* Es war ein Wechselbad der Gefühle, das sie erlebte, als sie Ajoschas Gefühle, Ängste und Gedanken las, die er niedergeschrieben hatte. Sie fühlte sich ihm so viel näher, dabei wusste sie nicht mal, ob er noch am Leben war.

Auf einmal schossen ihr Ajoschas Worte durch den Kopf, die er vor einiger Zeit über seine Bibel gesagt hatte: *Abgesehen davon ist sie mein wertvollster Besitz, auch was Erinnerungen angeht. Wenn ich sie verliere, komme ich nicht so schnell an eine neue.*

Es war eine tiefe Ehrfurcht und Bewunderung, die sie lähmte. Er wusste, dass er sie nie wiedersehen würde, und trotzdem hatte er ihr seine Bibel überlassen. Warum? Warum sollte er seinen wertvollsten Besitz für sie hergeben?

Ihr Herz zog sich zusammen. *Aus Liebe.* Nur Liebe konnte solch ein Verhalten erklären. Wie oft hatte Ajoscha ihr nahzubringen versucht, dass Gott aus Liebe seinen Sohn für die Menschen gegeben hatte.

»Ich weiß nicht, ob es dich wirklich gibt«, flüsterte Emma leise in den Raum hinein. Sie schmunzelte kurz und schüttelte den Kopf. Sie kam sich so lächerlich vor, doch sie wusste nicht, wie sie weitermachen sollte. Dass die Möglichkeit bestand, dass Ajoschas Worte über seinen Gott wahr waren und er sie eigentlich liebte, war das

Einzige, das ihr im Augenblick eine Art von Hoffnung geben konnte. »Bitte ... ich weiß, dass ich eigentlich nicht dazu berechtigt bin, dich um etwas zu bitten, doch ich weiß, dass Ajoscha meint, dass es dich gibt, und dass er dir mit ganzem Herzen nachfolgt ... Lass ihn nicht sterben – besonders nicht, nur weil er mich beschützen wollte.« Sie presste die Lippen aufeinander und lauschte in die Stille. Was hatte sie erwartet? Dass sich auf einmal der Himmel für sie öffnen und Gottes Stimme zu ihr herabklingen würde: *Hab keine Angst, ich werde ihn nicht für deine Fehler bezahlen lassen*?

Enttäuscht sackten ihre Schultern zusammen und sie ließ ihren Tränen freien Lauf. Schnell legte sie die Bibel beiseite, denn sie wollte sie nicht durchnässen. Stattdessen zog sie ihre Beine an ihren Körper heran und legte die Arme darum. Das gab ihr wenigstens ein wenn auch kleines Gefühl von Geborgenheit, die sie so gerne verspüren würde.

»Ich will dieses Leben nicht mehr.« Sie spürte, wie sich alles in ihr zusammenzog bei dem Gedanken an das, was sie in den vergangenen Stunden zugelassen hatte. Sie war selbst daran schuld! Wie konnte sie erwarten, jetzt Hilfe dafür zu bekommen, um dem zu entfliehen? Und doch war in ihr die Hoffnung, dass wenigstens ein Fünkchen Wahrheit in Ajoschas Worten stecken könnte.

Sie holte langsam Luft. »Es war an dem Tag in dem Flüchtlingslager in Allenstein, als es hieß, die Russen seien da, und das waren sie auch ...« Sie barg das Gesicht in ihren Händen und kein Mensch hätte ihre Worte verstanden, die ihr über die Lippen kamen. Beginnend bei der Vergewaltigung, begann sie zu erzählen. Von ihren Gedanken, sich selbst das Leben zu nehmen, Marleen abzutreiben, bis hin zu dem heutigen Tag, an dem sie Ehebruch begangen hatte. Sie erzählte jede Kleinigkeit, an die sie sich erinnern konnte und die ihr Leben negativ beeinflusst hatte, sei es ein Fehler, den sie verursacht hatte, oder einer, den andere ihr angetan hatten. Sie sprach von ihrem Hass Wassily Iwanow und allen Russen gegenüber. Von dem

Wechselbad ihrer Gefühle, die Ajoscha betrafen. Von der Sehnsucht nach seiner Nähe und von der Angst vor ihm und der Wut, die sie bei dem Gedanken an sein Verhalten ihr gegenüber verspürte. Von ihrem Zorn, dass Gott ihr ihre Tochter genommen hatte und sie sich nicht mal von ihr hatte verabschieden können.

Dann folgte eine Stille und es war egal, wie tief sie in ihrem Kopf forschte, sie schien alles gesagt zu haben. Sie hatte immer noch Angst, was passieren würde, wenn die Sonne aufging, und überhaupt, was die Zukunft mit sich brachte, doch da war auch ein Gefühl in ihr, das sie nicht erklären konnte. Es machte ihr leichter, zu ertragen, was geschehen war und noch geschehen würde.

Dann fiel ihr Blick auf ein weißes Etwas, das unmittelbar vor ihr auf dem Boden lag. Sie konnte in dem schwachen Licht nicht genau erkennen, was es war, doch als sie es aufhob, entpuppte es sich als Umschlag. Anscheinend war er aus der Bibel gerutscht. Sie holte zittrig Luft, als sie in Ajoschas schwungvoller Handschrift ihren Namen las. Er hatte ihr nicht nur seine Bibel hinterlassen, sondern auch persönliche Zeilen an sie gerichtet. Sie konnte sich nicht vorstellen, dass er sie in dem Brief verbal angriff, doch sie hatte das Gefühl, sie hätte seine etwaigen netten Worte nicht verdient. Nicht, nachdem sie ihn betrogen hatte.

Sie presste die Lippen zu einer dünnen Linie zusammen, als sie eine Ecke des Briefes über die Flamme der Kerze hielt. Sie spürte die Wärme, ließ den brennenden Umschlag aber erst in den Aschenbecher auf dem kleinen Tisch fallen, als die Flammen begannen, an ihren Fingern zu lecken. Sie schluckte. Als sie das erste Mal Ajoscha begegnet war, hatte er sie von den Flammen weggezogen, aus denen sie ihre Familienbibel hatte retten wollen.

Er liebte sie.

Doch sie hatte ihn nicht verdient, deswegen würde sie nicht zurückkehren.

18. Dezember 1945

Emma wachte in einer unbequemen Position im Sessel auf. Ihr Herz schlug schneller, als sie hörte, wie sich Andrzej aus dem Bett wälzte. Licht drang durch das schmutzige Fenster.

Sie blinzelte und setzte sich auf. Schnell hielt sie ihren Mantel zu, denn nur die Knöpfe zu verschließen würde immer noch zu viele Einblicke bieten. Sie fühlte sich unwohl, denn er war in ihre Intimsphäre eingedrungen – sie hatte ihn teilhaben lassen und war unter ihrem Mantel nackt. Und sie hatte Angst, ihm die Stirn zu bieten. Langsam erhob Emma sich, die Arme fest um sich geschlungen.

Andrzej hob mit verschlafener Miene und zerzausten Haaren den Kopf.

Emma spürte, wie sich ihre Kehle zuschnürte und ihr unbehaglich wurde unter seinem Blick. Doch sie wollte ihm nicht die Genugtuung geben und wegschauen. Sie wollte ihm nicht zeigen, dass sie Angst vor ihm hatte.

Er war gerade in seine Hose geschlüpft. Sein lüsterner Blick ließ sie erschaudern. »Hatte schon eine schlechtere Nacht«, murmelte er. Er hob sein Hemd vom Boden auf und schüttelte es aus.

Emma wurde schlecht. Das Letzte, was sie wollte, war, dass es ihm gefallen hatte. Sie nahm all ihren Mut zusammen. »Du hast mir wehgetan.«

Er sah sie mit zusammengezogenen Augenbrauen an, als wäre sie nur ein Gegenstand, von dem man nicht erwartete, dass er sprach. »Stell dich nicht so an«, murrte er. Anscheinend hatte er einen Kater.

Emmas kompletter Körper spannte sich an. »Du hast nicht das Recht, dich einfach …«

»Du hast dich mir doch hingegeben«, schnauzte er, sodass sie zusammenzuckte.

Sie rieb sich die Oberarme. Sie wollte nicht weinen, sie wollte nicht, dass er sie so sah, doch sie konnte nicht anders. »Wird das jetzt jedes Mal so sein? Dass du für alles eine Gegenleistung verlangst?«

»Jetzt stell dich doch nicht so an. Ohne mich würde es dir viel dreckiger gehen!«

Mit offenem Mund starrte sie ihn an. Sie war fassungslos.

»Entscheide dich.« Er schlüpfte in sein Hemd, knöpfte es aber nicht zu, als er auf sie zukam. »Entweder ich oder du musst dich an Wildfremde verkaufen. Und glaub mir, die werden nicht so gnädig…« Ein spöttisches Lächeln folgte seinem höhnischen Tonfall.

Emma holte wütend aus, doch er packte ihr Handgelenk, bevor es zur Ohrfeige kommen konnte. Für einen Augenblick verdrehte er ihre Hand, sodass noch mehr Tränen in ihre Augen schossen.

»Einmal lasse ich dich gewähren, doch für ein zweites Mal wirst du nie die Chance kriegen«, schnauzte er. Seine Finger ließen ihre Hand los, aber dafür krallten sie sich jetzt um ihr Kinn. Er küsste sie hart. »Entschuldige dich.« Sein stinkender Atem stieg ihr in die Nase. Sie wusste, dass er ihren Wutausbruch vergessen würde, sobald sie ihn wieder gewähren ließ. Sie bekam Angst, dass ihr nichts anderes übrig blieb und es der einzige Weg sein würde, ihr Leben halbwegs erträglich zu machen.

»Es tut mir leid«, presste sie hinter zusammengebissenen Zähnen hervor. »Dass ich mich auf dich eingelassen habe.«

Nun war sie es, die einen Schlag einstecken musste. Sie musste sich an der Sessellehne festhalten, um nicht das Gleichgewicht zu verlieren. Er spuckte ihr ins Gesicht, während sie sich ihre schmerzende Wange hielt.

»Dann schau halt, wie du allein zurechtkommst. Glaub mir, du wirst früher oder später zu mir zurückkehren.« Er nahm seinen

Mantel in die Hand und zog etwas aus seiner Tasche. Ihr Zugticket. Andrzej stopfte es zurück und hob triumphierend das Kinn. »Du musst auf den Knien betteln, wenn du es wiederhaben willst.«

Hasserfüllt musterte er sie, bevor er aus dem Zimmer stürmte und die Tür ins Schloss flog.

42

Moskau, Sowjetunion
21. Dezember 1945

Ein enormer Druck lastete auf Ajoschas Brustkorb und ihm fiel das Atmen schwer.

Gleichzeitig waren die Schmerzen für eine Schussverletzung erträglich. Erst war es Erleichterung, die ihn erfüllte, doch dann kam ihm der Gedanke, warum es so war. Morphium. Er stöhnte.

»Hast du Schmerzen?«, hörte er Elanas besorgte Stimme fragen.

Dann spürte er ihre Hand auf seinem Unterarm. Dass er keine Schmerzen hatte, störte ihn mehr, als wenn er welche gehabt hätte. Er wollte auf keinen Fall abhängig von Opiaten werden. Er schlug die Augen auf. Elana sah blass und müde aus.

Emma, schoss es ihm durch den Kopf. Er drehte den Kopf und sein Blick suchte den Raum ab. Sein Vater stand am Fenster und rauchte eine Zigarette, doch Emma war nirgends zu sehen.

»Wo … ist … Emma?«, keuchte er. Er spürte noch mit voller Wucht die Wirkung der Vollnarkose. Er hatte einen faden Geschmack im Mund und ihm war schwindlig.

»Sie ist gegangen«, sagte Elana beinahe tonlos, als würde das die Wirkung ihrer Worte abmildern.

Die Enttäuschung schnürte Ajoscha die Kehle zu. Er wollte sich bewegen, doch dann zog er scharf die Luft ein. Er wusste nicht, was ihm mehr wehtat und was ihn so lähmte: Der Schmerz von seiner Verletzung oder der Schmerz in seinem Herzen.

»Ruhig, Ajoscha!« Elana war von ihrem Platz neben seinem Bett aufgesprungen und der Griff um seinen Arm wurde bestimmend fest.

»Wenn du ein drittes Mal operiert werden musst, wird dich das garantiert umbringen. Das ist das Letzte, was diese Deutsche verdient hat.« Wassily klopfte die Asche seiner Zigarette in einen Aschenbecher, der auf der Fensterbank stand, und rümpfte angewidert die Nase.

Ajoscha sah, wie Elana für einen kurzen Augenblick die Augen schloss, bevor sie sich mit gefasster Miene ihrem Schwiegervater zuwandte. »Würdest du uns bitte allein lassen?«, fragte sie mit einem steifen Lächeln. »Es ist sicher nicht gut, wenn ihr aneinandergeratet.« Sie war sich bewusst, dass es eine enorme Bitte an den General war, der ein sehr stolzer und starrsinniger Mann war. Doch sie hoffte, er würde um des lieben Friedens willen den Raum verlassen.

Wassily fuhr sich mit der Zunge über die vorderen Zahnreihen, bevor er aus dem Zimmer ging.

»Dritte Operation?«, fragte Ajoscha. Er hoffte, Elana verstand seine Frage. Es war anstrengend für ihn, zu reden, deswegen versuchte er, sich auf möglichst wenig Worte zu beschränken.

Mit einem Seufzer ließ sie sich zurück auf ihren Stuhl fallen. Mit der Hand strich sie sich die Haare zurück. »Die Kugel hat dir mehrere Rippen gebrochen«, begann sie zu erklären. Es wunderte ihn, dass sie dabei so ruhig bleiben konnte, doch er sah, dass ihre Augen schimmerten und die Hände zitterten. »Einer deiner Lungenflügel ist kollabiert und Knochenfragmente haben weitere Verletzungen verursacht – unter anderem haben sie fast dein Herz getroffen. Der Herr sei gepriesen, dass es nicht so war.« Sie blickte kurz Richtung Decke. »Einen Tag nach der ersten Operation mussten sie doch noch mal aufmachen. Der Arzt hat irgendetwas von einer Blutung und Knochensplittern gesagt.«

Ajoscha runzelte die Stirn. »Welcher Tag ist heute?«

»Der einundzwanzigste. Deine Verwundung ist fünf Tage her.«

In seinem Kopf ratterte es und er hatte Probleme, sich zu konzentrieren. »Und … Simeon …«

Er brauchte nicht weiterzusprechen, Elana übernahm für ihn. »Er und die anderen sind inhaftiert«, erklärte sie leise. »Anscheinend war der Geheimpolizei bewusst, dass Emma an dem Tag das erste und einzige Mal mit ihnen zu tun hatte, denn sie haben sie gehen lassen. Was dich angeht… der NKWD hat verlangt, mit dir zu sprechen, sobald du aufwachst. Du solltest dir gut überlegen, was du ihnen sagst.«

»Was… ist mit dir?«

»Es war wohl ein Segen, dass ich am Sonntag nicht beim Treffen gewesen bin. Aber eigentlich müssten sie von meiner… Beteiligung wissen…« Sie zuckte nur mit den Schultern. Sie sprach so leise, dass Ajoscha sie kaum verstand, aber es war ein enormes Risiko, hier darüber zu sprechen.

»Ich habe das Gefühl, Wassily hat uns beide absichtlich an dem Tag abgehalten, dort zu erscheinen. Na ja… es ist ihm nur sehr mäßig gelungen. Wie in Gottes Namen wusstest du, was passiert ist?«

Sie sprach schnell, weswegen Ajoscha einige Momente brauchte, bis ihre Worte seinen Verstand erreichten und er mit schwacher Stimme antworten konnte. »Sergej hat mich angerufen und gewarnt.« Wahrscheinlich hatte sein Geheimauftrag, von dem Ajoscha nichts wusste, mit der Ergreifung von Christen zu tun. Sonst gäbe es keine Erklärung, woher Sergej von Simeon und den anderen hätte wissen können. »Anscheinend wurde er aber nicht entlarvt?« Er nickte erleichtert, als Elana seine Hoffnung bestätigte. »Hat Emma was gesagt, bevor… sie gegangen ist?« Er atmete tief ein, weil er das Gefühl hatte, sonst keine Luft zu bekommen. »Einen Brief hinterlassen?«

Bedauernd verzog Elana das Gesicht. »Vielleicht in deiner Wohnung, ich weiß es nicht«, sagte sie und drückte fest seine Hand.

»Gott fühlt sich so weit weg an«, sagte Ajoscha mit gedämpfter Stimme.

»Ich weiß, was du meinst.«

Sie schwiegen. Elana war sich nicht sicher, ob er sich ausruhen wollte, denn er hatte die Augen geschlossen. Um ihm die nötige Ruhe zu gönnen, erhob sie sich möglichst leise, doch Ajoscha schlug die Augen wieder auf.

»Bleib bitte hier.« Er sehnte sich nach der Nähe einer Person, der er vertraute und mit der er sich austauschen konnte. »Lass dich nicht davon irritieren, dass ich die Augen geschlossen habe. Es macht alles irgendwie … ein bisschen erträglicher.« Seine Stimme war von Müdigkeit gezeichnet.

Gern tat Elana ihm den Gefallen und ließ sich wieder auf ihrem Stuhl nieder.

»Seit Emma gesagt hat, dass sie gehen würde, frage ich mich, warum Gott mir das antut. Warum ich mich in sie verliebe, nur um sie dann wieder zu verlieren.« Er machte eine Pause.

»Du solltest jetzt nicht darüber sprechen«, versuchte Elana ihn zu beschwichtigen. »Es regt dich nur zu sehr auf.«

Ajoscha ließ sich von ihren Worten nicht beirren. »Mir ist eine Sache bewusst geworden. Simeon hat mir das vor einer Ewigkeit gesagt.« Er atmete ein paar Mal ruhig ein und aus. Er brauchte diesen Moment, um Kraft zu sammeln, denn das Sprechen war sehr anstrengend. »Er meinte, Gott sage zu uns: ›Hör auf, so viele Dinge für mich zu tun, und verbringe stattdessen Zeit mit mir.‹ Wenn wir etwa einen Gottesdienst vorbereiteten, freue das Gott zwar, aber es bringe uns nicht näher zu Gott, verstehst du? Wir tun etwas für ihn, ohne jedoch unsere Beziehung zu ihm zu stärken. Gott will oftmals einfach nur unsere ungeteilte Aufmerksamkeit, statt dass wir uns in seinem Namen zu Tode schuften.«

Elana nickte andächtig, auch wenn Ajoscha das nicht sah. »Und du hast das Gefühl, dass das bei dir der Fall ist? Dass du zu wenig Zeit mit Gott verbringst?«

Ein Klopfen an der Zimmertür und das Eintreten eines Arztes unterbrach ihr Gespräch. Ajoscha öffnete die Augen und nickte Elana als Antwort auf ihre Frage leicht zu, bevor der Arzt sich nach seinem Befinden erkundigte.

Hrodna, Weißrussische Sozialistische Sowjetrepublik BSSR
24. Dezember 1945

Es war Heiligabend.

Emma war müde, doch sie wollte nicht schlafen. Sie saß auf einer alten Kiste in der großen Bahnhofshalle, die Ellenbogen auf die Knie gestützt. Die Stimmen unzähliger anderer Menschen erfüllten das Gebäude. Hier war heute kein Feiertag, sondern ein ganz gewöhnlicher Arbeitstag für die Sowjets – offiziell zumindest. Denn Ajoscha und sicher auch andere Christen würden still und heimlich die Geburt Jesu feiern.

Mit ihren Fingern massierte Emma ihre Schläfen. Der Zug, der sie nach Warschau bringen sollte, hatte erst nur Verspätung gehabt, bis bekannt wurde, dass die Strecke nicht mehr bedienbar war, denn die Schienen waren durch einen Unfall beschädigt und es war nicht ersichtlich, wann der nächste Zug fahren würde.

Sie spürte, wie eine neue Welle des Zitterns durch ihren Körper jagte. Es war eine Folge des Schlafmangels und der körperlichen wie seelischen Erschöpfung. Andrzej war nach ihrem Gespräch im Hotelzimmer verschwunden und sie hatte ihn nicht noch einmal gesehen. Sie hatte eine andere Möglichkeit finden müssen, um weiterzureisen, denn ihr Geld reichte nicht so weit, um für die ganze Strecke nach Berlin den Zug zu nehmen und sich auch noch selbst zu versorgen. Bis nach Hrodna war sie mit einer russischen Bauernfamilie gekommen, die hierher ausgesiedelt worden war. Emma hatte nicht viel und wenn, dann sehr leise gesprochen, um ihren Akzent zu verschleiern. Es war sehr hilfreich gewesen, dass sie einen sowjetischen Ausweis und auch ihre Reiseerlaubnis bei sich hatte. Das hatte zum Glück nicht Andrzej eingesteckt, sonst hätte sie ein riesiges Problem gehabt.

Sie blickte auf, als eine Lautsprecherdurchsage erfolgte. Sie kniff die Augen zusammen, doch sie verstand kein einziges Wort, denn die Tonqualität war schlecht und der Bahnangestellte sprach so schnell, dass sie kein einziges Fragment von dem Weißrussisch verstand. Die Gespräche der umstehenden Wartenden nahmen neu Fahrt auf. Emma sah sich um, bis ihr Blick auf einen Angestellten fiel, der Russisch konnte und schon vor einigen Stunden mehr oder weniger begeistert für sie gedolmetscht hatte.

Sie sprang auf und fing gerade noch Ajoschas Bibel auf, die die ganze Zeit in ihrem Schoß gelegen hatte. Sie hatte vor einigen Tagen ein paar Seiten gelesen, doch Ajoschas Notizen zu lesen, kam ihr so intim vor und außerdem konnte sie mit den Texten nichts anfangen. Trotzdem hatte das Buch eine tröstende Wirkung auf sie, wenn auch sich ihr Herz jedes Mal zusammenzog, wenn sie es ansah.

Sie lief nicht zu dem Bahnangestellten, denn sie wollten ihren Koffer nicht unbeaufsichtigt stehen lassen, und zum Hochheben konnte sie gerade nicht genug Kraft aufwenden. »Entschuldigen Sie!«, rief sie daher und hob die Hand, um auf sich aufmerksam zu machen. Sie versuchte, die missbilligenden Blicke der anderen, die ihren deutschen Akzent heraushörten, zu ignorieren.

Sie seufzte innerlich auf, als sie den Mann mittleren Alters die Augen verdrehen sah. »Was ist?«, fragte er, als er zu ihr gekommen war. Er hatte einen Stift und ein Brett mit mehreren Papieren in der Hand, anscheinend hatte sie ihn bei irgendeiner Aufgabe gestört.

»Können Sie mir bitte sagen, was gerade durchgegeben worden ist?« Sie versuchte ein höfliches Lächeln, doch es gelang ihr beim besten Willen nicht.

»Die Arbeiten an den Gleisen dauern voraussichtlich noch elf Stunden.« Er wandte sich wieder ab, ohne auch nur ein Dankeschön von ihr abzuwarten.

Emma blickte ihm nach und seufzte nun deutlich hörbar. Wann würde all das ein Ende nehmen?

»Verzeihen Sie«, hörte sie auf einmal eine deutsche Stimme neben sich sagen.

Sie zuckte überrascht zusammen und drehte sich zu der Person um, die sie angesprochen hatte. Sie blickte in das hagere Gesicht eines Mannes, der Anfang dreißig sein musste. Seine zu große Kleidung hing wie ein Kartoffelsack an seinem dünnen Körper, doch er hatte einen freundlichen Gesichtsausdruck. Der starke Geruch von Permethrin, einem Entlausungsmittel, ging von ihm aus. Seine schwarzen Haare waren kurz geschnitten und er war frisch rasiert.

»Ich will mich nicht aufdrängen, aber ich habe gehört, dass sie Deutsche sind, und ... wir haben uns gedacht, dass Sie diesen Heiligabend vielleicht gern mit ihren Landsleuten verbringen würden.« Er zeigte hinter sich auf eine Gruppe Männer, acht an der Zahl, die in einem Kreis unmittelbar an der Wand beieinandersaßen. Einige nickten ihr zu, manche hoben die Hand zum Gruß.

Für einen Moment starrte Emma auf den Mantel von einem der Männer. Es war ein verschlissener, durchlöcherter Mantel der Wehrmacht. Dann wurde es ihr bewusst: Es waren Deutsche, die in sowjetische Kriegsgefangenschaft geraten und nun entlassen worden waren.

»Ich versichere Ihnen, dass keiner Ihnen etwas tun wird, aber wenn Sie nicht wollen, dann verstehen wir das völlig. Doch andere Gesichter, besonders von Menschen, die dieselbe Sprache wie man selbst sprechen, sind an so einem Tag, wo man die Familie noch schmerzlicher vermisst, etwas Schönes und niemand sollte allein sein.«

Seine Worte berührten sie auf eine ungeahnte Weise und sie musste sich zusammenreißen, um nicht anzufangen zu weinen. »Ich glaube, das wäre wunderbar«, flüsterte sie. Sie verspürte das erste Mal seit Langem das Gefühl von Geborgenheit. Der Mann hatte nichts Aufdringliches an sich. Er nickte. »Ich bin Richard Kreuzberg.«

»Emma … Hoffmann.« Er schien ihr kurzes Zögern nicht bemerkt zu haben oder er ignorierte es einfach gekonnt.

»Darf ich?« Ohne eine Antwort abzuwarten, nahm er ihren Koffer mit der linken Hand und ließ sie dann vorgehen. Es war Emma etwas unangenehm, dass dieser Mann, der sichtlich an Unterernährung litt, ihren schweren Koffer trug. Die Bibel fest an sich gedrückt, schlängelte sie sich durch die anderen wartenden Menschen.

»Jungs, das ist Emma Hoffmann.«

Sie lächelte zaghaft und hob kurz die Hand. »Hallo.« Sie hatte ein ungutes Gefühl dabei, die Männer angelogen zu haben, doch sie würden es sicherlich nicht gut aufnehmen, dass sie einen russischen Nachnamen hatte.

»Ich bin Ernst«, begann der Erste und salutierte ihr spielerisch zu, bevor er ihr die Hand gab. Alle waren in der gleichen schlechten Verfassung wie Richard, wenn nicht sogar in einer noch schlechteren, doch keiner sah sie anzüglich an oder machte irgendwelche Kommentare, die dafür sorgen würden, dass sie sich unwohl gefühlt hätte. Jeder gab ihr die Hand und schließlich setzte Emma sich auf ihren Koffer. Etwas verwundert, dass Richard sie nicht per Handschlag begrüßt hatte, musterte sie ihn unauffällig, bis sich ihr Magen zusammenzog und sie schnell wegsah. Er hatte keinen Unterarm mehr. Der Stoff des zu langen Ärmels hing ab der Höhe des Ellenbogens nur noch locker herunter. Das erklärte auch, warum er mit der linken Hand ihren Koffer getragen hatte.

»Was ist das für ein Buch?«, fragte Hartmund, der der Jüngste der Gruppe zu sein schien. Emma war dankbar, dass niemand nach ihrer Geschichte fragte, woher sie kam, wohin sie wollte, und es schien, als seien die Männer genauso froh, dass auch sie nicht fragte.

Bei Ajoscha war es für Emma extrem ungewohnt gewesen, dass er immer so darauf bedacht gewesen war, über Probleme zu reden. Sie kannte das nicht, nicht aus ihrem früheren Freundeskreis, der Schule oder dem Elternhaus. Man sprach einfach nicht über die Schrecken des Krieges oder die Traumata, die man in sich herumtrug. Aber Emma vermutete, dass Ajoscha sie mit seiner Art, Probleme anzugehen, sehr viel gelehrt hatte. Vielleicht war es genau das. Man sollte darüber reden, was man erlebt hatte.

Hier wollte das jedoch niemand und auch sie selbst war froh, sich nicht mitteilen zu müssen. Sie hatte einem Gott gegenüber ihr Herz vor einigen Nächten ausgeschüttet. Es war das erste Mal gewesen, dass sie aktiv versucht hatte, mit Ajoschas Gott in Kontakt zu treten, auch wenn das Ausbleiben einer Antwort ihre früheren Vorurteile bestätigte.

»Es ist… eine Bibel«, erklärte sie zögerlich und strich mit der Hand über den Einband. Sie hatte Angst, dass die Soldaten jetzt meinten, sie sei eine Heilige. Ein guter, barmherziger, fehlerfreier Mensch, doch genau das war sie nicht. Sie war eine Sünderin, wie Ajoscha es ausdrücken würde. Sie hatte Ehebruch begangen – dieses Vergehen wog für sie am schwersten und sie schämte sich so sehr dafür. Nicht einmal der gutmütige Ajoscha wäre in der Lage, diese Schuld zu vergeben. In gewisser Weise half ihr dieser Gedanke, mit ihm abzuschließen. Sie würde sowieso keine Chance haben, wenn sie zu ihm zurückkehren würde.

»Könnten Sie etwas daraus vorlesen?«, fragte einer der Männer, der zitterte und seine Hände wärmend aneinanderrieb. Emma vermutete, dass er Schüttelfrost hatte. Wer weiß, was für Krankheiten die Männer sich eingefangen hatten, besonders, da ihr Immunsystem erheblich geschwächt war.

Panik stieg auf einmal in ihr hoch. Wie sollte sie erklären, dass sie im Besitz einer russischen Bibel war, wo das Land doch eine atheistische Diktatur war?

»O ja, bitte«, stimmten weitere Männer ein. Richard, der neben ihr saß, nickte, auch wenn er nichts sagte. Irgendwie erinnerte er sie ein bisschen an Ajoscha und das ließ sie noch wehmütiger werden. Dabei wollte sie doch nicht mehr an ihn denken, ihn sogar vergessen.

»Die Weihnachtsgeschichte wäre schön!«

Wieder wurde eine allgemeine Zustimmung laut.

»Ähm«, sie rutschte unbehaglich auf ihrem Koffer hin und her, »die Bibel ist auf Russisch.« Unsicher blickte sie in die Gesichter der Männer. Sie war sich nicht sicher, was sie nun denken würden, doch dass keiner etwas sagte, verunsicherte sie nur noch mehr.

»Die meisten von uns können zumindest einige Worte Russisch. Ich bin sicher, selbst wenn wir nicht alles verstehen, wird es für uns ein Trost sein, zumindest ansatzweise die Weihnachtsgeschichte wiedererkennen zu können. Einige von uns haben sie seit Jahren nicht mehr gehört«, sagte Richard.

Emma starrte das Buch in ihrem Schoß an. Sie hatte keine Ahnung, wo die Weihnachtsgeschichte stand. Sie spürte, wie ihr das Blut in die Wangen schoss, als ihre Hand den Buchdeckel öffnete.

»Ich würde gerne die aus dem Lukasevangelium hören. Oder will irgendjemand unbedingt die aus dem Matthäusevangelium?« Richard blickte in die Runde, aber keiner widersprach ihm. Es schien, als sei er der Anführer. Emma war sich nicht sicher, ob das aus seinem ehemals militärischen Rang herrührte oder ob es sich einfach zwischen den Männern so entwickelt hatte.

Dankbar für Ernsts subtile Andeutung warf sie einen schnellen Blick ins Inhaltsverzeichnis, bevor sie den Anfang des Lukasevangeliums aufschlug. Glücklicherweise fand sich sehr schnell die Textpassage mit der Überschrift *Die Geburt Jesu*.

Sie räusperte sich und begann zu lesen. Sie hob die Bibel so, dass keiner der anderen einen Blick hineinwerfen konnte, sodass Ajoschas Kommentare unbemerkt blieben. Sie versuchte, sich nur auf den Text zu konzentrieren. Nicht unbedingt auf die Botschaft, sondern einfach nur auf das Gefühl, das sie dabei erfüllte. Wenn sie sich nur genug darauf konzentrierte, konnte sie meinen, es wäre Weihnachten 1932 in Königsberg, das sie im Kreise ihrer Familie verbracht hatte. Damals hatte es ein herrliches Weihnachtsessen gegeben, einen Tannenbaum und Geschenke.

Als Emma fertig war mit dem Vorlesen, wurde ihr bewusst, wie hungrig sie eigentlich war. Sie zog den Bauch ein, in der Hoffnung, das Knurren ihres Magens unterdrücken zu können.

»Ich danke Ihnen«, sagte Richard andächtig und Emma meinte, Tränen in seinen Augen glänzen zu sehen.

Ernst beugte sich zu seinem Kameraden neben sich und flüsterte ihm etwas ins Ohr. Es war, als würden die Männer Stille Post spielen, denn sie gaben es einer an den anderen weiter – sie selbst jedoch ausgenommen. Es schien als hätten sie eine stille Übereinkunft getroffen, die schließlich durch ein unauffälliges Zeichen eines jeden bestätigt wurde.

Emma richtete den Blick auf ihre verschränkten Finger.

»Wir würden gern zusammen mit Ihnen essen. Wenn die Russen ihr Wort halten, dann sollten wir bald Kascha erhalten.«

Verwirrt wanderte Emmas Blick zwischen den Männern hin und her, die sie ernst ansahen.

»Ähm, danke für das Angebot, doch … Sie müssen das nicht tun, wirklich nicht«, sagte sie mit einem vehementen Kopfschütteln. Wenn sie wüssten, dass sie mit einem hochrangigen sowjetischen Offizier verheiratet war, würden sie das Angebot augenblicklich zurückziehen. Emma wollte nicht, dass sie sich genötigt sahen, das wenige Essen, das sie selbst bekamen, mit ihr zu teilen.

»Ich habe schon etwas gegessen, glauben Sie mir.« Sie blickte Richard ernst in die Augen, damit er sah, dass sie nicht log – auch wenn die Menge an Essen, die sie zu sich genommen hatte, schwindend gering war. Schließlich begann er zu nicken und schien ihre Antwort zu akzeptieren.

Emma warf einen Blick aus einem der kaputten Fenster nach draußen. »Ich glaube, es wird Zeit für mich, zu gehen.« Sie lächelte zaghaft. Es war klar, dass sie als Frau in der Nacht nicht bei der Gruppe der Männer verbringen konnte, Landsleute hin oder her. Ihr wurde schlecht bei dem Gedanken, was Andrzej zu ihr gesagt hatte.

Dass irgendwann der unausweichliche Moment kommen würde, an dem sie sich verkaufen müsse.

Sie wurde aus ihren Gedanken gerissen, als Richard aufstand und ihren Koffer nehmen wollte. Schnell sprang sie auf und machte eine abwinkende Handbewegung. »Nein, nein. Vielen Dank.« Sie ließ ihren Blick über die Gesichter der anderen Männer gleiten. »Ich danke Ihnen allen und wünschen Ihnen ein gesegnetes Weihnachtsfest.«

Ernst salutierte wieder spielerisch zum Abschied und die anderen bedankten sich herzlich dafür, dass sie die Weihnachtsgeschichte vorgelesen hatte. Sie wechselten noch ein paar Abschiedsworte, bevor Emma ihren Koffer zur Hand nahm und ihnen den Rücken zuwandte.

Es schien, als hätte die Begegnung ihr neue Kraft geschenkt. Sie atmete tief durch, um die aufsteigenden Emotionen in den Griff zu bekommen. Es wäre nicht das erste Mal, dass sie sich in den Schlaf weinen würde.

43

Irgendwo auf polnischem Gebiet
27. Dezember 1945

Mit jedem Ruckeln, das den alten Planwagen durchschüttelte, krallte sich Emmas linke Hand um den Briefbogen, den sie auf ihrem Schoß balancierte, und der Stift in ihrer rechten Hand hinterließ eine krakelige Schrift auf dem Papier.

Sie versuchte, sich abzulenken, indem sie diesen Brief schrieb.

Die Familie Wedrich, bestehend aus den zwei Großeltern und drei Enkeln im Alter zwischen sieben und dreizehn, die Emma gebeten hatte, sie mitzunehmen, waren Deutsche, die aus Polen ausgewiesen worden waren. Und auch, wenn sie sich auf dem Gebiet des ehemaligen Ostpreußens befanden, sah die fünfköpfige Familie Emma nicht als eine von ihnen an. Es gab kein Wir, nur ein Kämpfen für sich selbst und die nächsten Angehörigen. Es schien, als hätten die Deutschen ihre Identität verloren. Und das hatten sie auch. Es gab kein Deutschland, kein Deutsches Reich mehr, sondern nur noch Besatzungszonen, die unter ausländischer Herrschaft standen. Amerikaner, Franzosen, Briten und Sowjets hatten sich die dezimierte Fläche des ehemaligen Deutschen Reiches untereinander aufgeteilt. Die Deutschen, die nicht schon während des Krieges geflohen waren, wie Emma, wurden jetzt aus sämtlichen Gebieten, die dem deutschen Volk abgesprochen worden waren, vertrieben.

Die Familie ließ sich von Emma für die Mitnahme und das Teilen der begrenzten Nahrungsmittel bezahlen. Emma konnte es ihnen nicht verdenken. Und das Schweigen, das die ganze Zeit über herrschte, machte ihr auch nichts aus. Es wurde nicht über das gesprochen, was zurücklag, was im Krieg geschehen war.

Emma befand sich in ihrer alten Heimat. Einer Heimat, deren Grenzen sie bis zum Frühjahr 1945 nie verlassen hatte. Soweit Emma wusste, befanden sie sich nur wenige Kilometer von Olsztyn – Allenstein, wie es früher geheißen hatte – entfernt. Sie wollte nicht daran denken, dass sie dem Ort so nahe war, wo all das Leid angefangen hatte. Ja, sie hatte Gott davon erzählt, doch momentan sah und spürte sie nichts von ihm.

Ich habe dir erzählt, was geschehen ist, genauso, wie Ajoscha mir geraten hat. Damals, vor elf Monaten, und sogar darüber hinaus. Jetzt lass mich gefälligst nicht die ganze Zeit daran denken. Es soll aus meinem Kopf verschwinden. Sie schüttelte leicht den Kopf. Hatte Ajoscha je so mit Gott gesprochen? Sie konnte sich nicht erinnern. Zumindest laut hatte er es nie getan. Ihre Unsicherheit Gott gegenüber ließ sie nervös auf ihrer Unterlippe kauen.

Während der Reise hatte sie viel Zeit gehabt, nachzudenken. Über das, was sie getan hatte und wie sie in Zukunft handeln sollte. Doch auch wenn sie Gott gesagt hatte, dass es ihr leidtat, spürte sie immer noch so eine Last auf sich. Dieser Gott, von dem Ajoscha immer gesprochen hatte, schien nicht da zu sein – zumindest nicht für sie. Er wirkte unnahbar und desinteressiert.

Als die nächste Bodenunebenheit dafür sorgte, dass sie beinahe ihren Stift fallen ließ, konzentrierte sie sich schnell wieder auf ihren Brief. Er war an Roland Schmarowski adressiert, dessen Anschrift sie von Louis hatte. Sie hatte keine Ahnung, wann sie die Möglichkeit haben würde, den Brief abzuschicken, aber sie wollte es tun. Roland hatte seine Brüder, seine Mutter und womöglich seinen Vater verloren – Louis hatte diesen mit keiner Silbe erwähnt, es war nicht klar, ob er noch am Leben war oder ob die mögliche Nachricht über seinen Tod mittlerweile seine Familie erreicht haben würde.

Da Emmas Welt auseinandergebrochen war, wollte sie versuchen, wenigstens einen anderen Menschen mit Worten aufzumuntern. Mit keiner Silbe erwähnte sie, dass sie vergewaltigt worden oder in russischer Gefangenschaft gewesen war. Sie wollte den armen Jungen nicht noch weiter verstören. Sie berichtete nur, dass sie durch ihren Schwager, der französischer Arzt war, von ihm und der Sache mit seiner Mutter wusste. Sie sprach ihm ihr Beileid aus und ihr Hoffen, dass er bald wieder gesund sein würde. Von sich persönlich schrieb sie nur, dass sie gerade dabei sei, Polen zu verlassen. Er musste nicht wissen, dass sie zwischenzeitlich schon mal in den Besatzungszonen gewesen war und dann auch noch in Moskau selbst. Auch Ajoscha fand keine Erwähnung.

Als sie zu Ende geschrieben hatte, zuckten ihre Finger nervös, sodass sie den Stift fallen ließ, um die Hand bewegen zu können. Leicht faltete sie beide Hände auf dem Papier, damit es nicht wegflog.

Moskau, Sowjetunion
28. Dezember 1945

Eisiger Wind fegte durch die Straßen und brachte Schneeflocken mit sich, die überall landeten und eine weiße Decke über alles zogen.

Ajoscha fühlte sich lebendiger, als er spürte, wie der Schnee unter seinen Stiefeln nachgab und er Fußabdrücke hinterließ. Die Kälte brannte in seinen Lungen und verstärkte den Schmerz in seinem Brustkorb. Trotz des Winterwetters schwitzte er, was mit der Anstrengung zu tun hatte, die das Laufen ihn kostete.

»Alles in Ordnung?«, fragte Elana besorgt, als er auf sie gestützt stehen blieb, um zu Atem zu kommen.

Er nickte ihr mit einem Seitenblick zu. Er hatte so lange auf den Arzt eingeredet, bis dieser ihn entlassen hatte. Im Krankenhaus war ihm die Decke auf den Kopf gefallen und zudem machte er nicht viel, außer herumzuliegen, und das konnte er auch zu Hause.

Als Ajoscha wieder so weit war, gingen sie weiter. Der Taxifahrer hielt ihm die Tür des Fahrzeugs auf. Ajoscha verzog das Gesicht, als sich seine Muskulatur anspannte, um auf den Rücksitz zu klettern. Als er endlich saß, keuchte er. Seine Tasche mit ein paar Sachen, die ihm Elana besorgt hatte, wurde eingeladen. Er hatte nicht gewollt, dass Elana vor ihm in seine Wohnung ging, nachdem Emma diese zuletzt betreten hatte. Das war auch der Grund, warum Elana ihn nur bis zum Taxi gebracht hatte und nicht bis nach Haus begleitete. Er wollte allein sein, während er sich dem stellen musste, was Emma ihm hinterlassen hatte.

Widerwillig winkte Elana ihm vom Bürgersteig aus zu, als das Fahrzeug anfuhr.

Wenige Stunden nachdem er aus der letzten Operation aufgewacht war, hatte der Geheimdienst ihn befragt. Ajoscha hatte nicht geleugnet, dass er Simeon und die anderen kannte. Er hatte gesagt, er habe die Familie regelmäßig mit Hilfsgütern unterstützt. Als er gefragt worden war, ob er Christ sei, hatte er nur geschwiegen. Er war sich ziemlich sicher, dass es nur noch eine Frage der Zeit war, bis der Geheimdienst wieder auf ihn zukam – und ihn dann vermutlich nicht mehr gehen ließ.

Er bezahlte den Fahrer dafür, dass er ihm seine Tasche bis zur Wohnungstür hochtrug. Es nahm einige Zeit in Anspruch, bis Ajoscha die Treppenstufen bewältigt hatte. Immer wieder musste er innehalten und zu Atem kommen, denn seine Lunge war ziemlich in Mitleidenschaft gezogen worden.

Schließlich stand er allein im Wohnungsflur. Er atmete durch die Nase ein. Der Geruch von Staub lag in der muffigen Luft. Alle Zimmertüren waren geschlossen. An der Garderobe hing nur noch ein Mantel von ihm, aber nicht mehr der von Emma. Er stand einfach nur da. Wenn er jetzt die verschiedenen Räume betrat, würde er die Realität sehen, die Gegenwart, die ohne Emma stattfand. Er hatte Angst, dass das die Erinnerungen an sie verblassen lassen könnte. Nur langsam löste er sich aus seiner Position und steuerte zuerst das Schlafzimmer an.

Das Bett war gemacht, der Nachttisch, der immer als Ablagefläche gedient hatte für ein Buch, das Emma gerade gelesen hatte, oder einfach auch nur für ihre Haarnadeln, war leer geräumt. Er ging ein paar Schritte in den Raum hinein und blieb bei einer Kommode stehen. Er musste sich mit einer Hand an ihr abstützen, als er sich leicht nach unten beugte und eine Schublade aufzog. Die Naht in seinem Brustkorb zog bei dieser Bewegung unangenehm. Ajoscha versuchte, es zu ignorieren, und befühlte mit seiner Hand das Holz der leeren Schublade, als müsse er sich vergewissern, dass sein Blick ihn nicht trog. Jetzt zu sehen, wie alles, was sonst immer auf Emma hingewiesen hatte, weg war, machte die Tatsache, dass sie ihn verlassen hatte, so schrecklich endgültig.

Nachdem er im Schlafzimmer gewesen war, ging er in sein Arbeitszimmer und sah dort vor dem Sofa eine Kiste stehen. Ein ungutes Gefühl beschlich ihn, als er sich näherte und auf der Couch niederließ, denn viel länger konnte er nicht stehen. Mit einer Hand hielt er sich die Rippen, während er mit der anderen den Deckel der Kiste abnahm. Ein Blatt lag zuoberst, es war nicht sonderlich groß und in der Hälfte einmal gefaltet. Ajoscha griff danach, nahm sich einen Moment, um durchzuatmen, bevor er es aufklappte. Er starrte auf die wenigen Worte, die darauf geschrieben standen.

Du kennst sicherlich jemanden, der mehr damit anfangen kann als ich. Mehr nicht. Ein Satz. Die ganzen letzten Tage im Krankenhaus hatte er sich gefragt, was sie ihm wohl hinterlassen haben könnte. Seine Vorstellungen hatten von gar nichts bis hin zum tollsten Liebesbrief gereicht. Doch damit hatte er nicht gerechnet.

Er starrte ihre Familienbibel an und wusste, dass er nicht nachschauen musste, um zu wissen, dass sie den Familienstammbaum entfernt hatte. Während er den Zettel immer noch in der Hand hielt, strich er mit dem Daumen über die wenigen Worte. Ihre Handschrift schien die letzte Verbindung zu sein, die er noch zu ihr hatte. Vermutlich war Emma zusammen mit Andrzej in Berlin angekommen und begann ein neues Leben.

Auf einmal fielen ihm die Scheidungspapiere ein und ihm wurde schlecht. Er hatte sich so viele Gedanken über Emma und ihre Zukunft gemacht, doch diesen Teil hatte er augenscheinlich gekonnt verdrängt. Doch er schob die Angelegenheit erneut in seinem Kopf beiseite. Momentan war er nicht in der Verfassung, sich näher damit auseinanderzusetzen. Er inspizierte weiter den Inhalt der Kiste, die Bibel hatte er beiseitegelegt. Die Tatsache, dass er ihr seine Bibel in den Koffer geschmuggelt hatte, war gerade der einzige Trost, an den er sich klammerte.

Seine Hand griff nach dem weichen Stoff, auf dem die Bibel gebettet gewesen war, und faltete ihn auseinander. Es war ein Kleidchen von Marleen Charlotte.

Plötzlich begann Ajoschas ganzer Körper zu zittern. Seine Finger krallten sich um das Kleidungsstück, während er in sich zusammensackte. Neben Tränen war es der Schmerz in seiner Brust, der ihm den Atem raubte, doch die Endgültigkeit von Emmas Trennung richtete ihn fast zugrunde. Es war noch nicht einmal zu einem Abschied gekommen.

War das deine Absicht?! Dass wir uns nicht voneinander verabschieden konnten, weil sonst der Schmerz zu groß gewesen wäre?

Er lag stundenlang auf dem Sofa, der seelische und körperliche Schmerz lähmten ihn und machten es ihm unmöglich, sich zu bewegen. Die Heftigkeit des Schmerzes ließ ihn an den Rand der Bewusstlosigkeit kommen, doch er hatte sich geschworen, kein Morphium mehr zu nehmen.

Zu alledem kam noch die Angst vor der Zukunft. Es wunderte ihn, dass der NKWD nicht schon längst seine Wohnung auf den Kopf gestellt hatte. Außerdem wusste er weder, wie es Emma, noch wie es Paul, Simeon und den anderen ging. Seine Gebete waren eine

Mischung aus der Bitte um Bewahrung für die Menschen und Vorwürfen Gott gegenüber, wie er es so weit hatte kommen lassen.

Nun hatte er sich selbst davon überzeugen können, was Emma ihm hinterlassen hatte. Jetzt schien alles egal zu sein. Diese eine Sache hatte er noch erledigen wollen, denn es war nur noch eine Frage der Zeit, bis der Geheimdienst ihn holen kommen würde.

Zwei Stunden später war es so weit. Als sie ihn holen kamen, akzeptierte Ajoscha die Verhaftung ohne Widerstand. Elana erfuhr später davon, dass sie ihn ins NKWD-Hauptquartier gebracht hatten. Sie selbst war dagegen offenbar immer noch sicher.

~

Außerhalb von Berlin, Sowjetische Besatzungszone
20. Januar 1946

Die Flüchtlinge und Vertriebenen, die aus den ehemals deutschen Ostgebieten kamen, wurden auf die vier Besatzungszonen aufgeteilt. Auch wenn Emma ursprünglich 1945 in der französischen Besatzungszone registriert worden war, war sie nun der sowjetischen zugeordnet worden. Noch war sie mit Ajoscha verheiratet, noch war sie sowjetische Staatsbürgerin. Die Flüchtlingsunterkünfte platzten aus allen Nähten, deswegen wurden Flüchtlinge auf private Haushalte verteilt. Dort waren sie meistens nicht willkommen, doch die Menschen wurden zur Aufnahme verpflichtet.

So auch Familie Kleinmann, bei der Emma untergekommen war. Sie bestand aus der Mutter, einer Frau Mitte vierzig, die das Misstrauen in Person war, ihrem Bruder, der aus Berlin geflohen war, und ihren Kindern, einem Sohn Mitte zwanzig und der Tochter, die gerade sechzehn Jahre alt geworden war. Der Vater galt als im Krieg vermisst.

Emma musste sich um sämtliche Aufgaben, die auf dem Bauernhof anfielen, kümmern. Sie war die Erste, die morgens aufstand, und die Letzte, die abends ins Bett ging. Sie tat es zum einen, weil sie diese

Arbeit machen musste, zum anderen auch, weil sie die Familie nicht enttäuschen wollte und das Gefühl hatte, sie müsse sich ihren Platz im Haus verdienen, als würde es die Familie milder stimmen. Doch mit der Zeit wurde ihr klar, dass nichts, was sie tat, einen Unterschied für die Kleinmanns machte. Emma war für sie nur »die Polackin«. Sie wurde nicht als Deutsche gesehen. Sie war nicht willkommen, das wurde ihr in jeder Minute vermittelt.

Emma achtete mit penibler Genauigkeit darauf, kein falsches Wort zu sagen, insbesondere, um zu vermeiden, dass ihr womöglich etwas über ihre Zeit in der UdSSR oder ihre Ehe mit einem Russen herausrutschte. Sie hatte dem russischen Soldaten, der für ihre Einquartierung verantwortlich gewesen war, eine große Menge an Zigaretten zustecken müssen, damit er kein Wort über ihren russischen Nachnamen oder ihre sowjetische Staatsbürgerschaft verlor. Die Schachtel Zigaretten, die Emma wie einen kostbaren Besitz hütete, hatte Andrzej gehört. Emma hatte sie auf dem Boden gefunden, nachdem er wütend das Hotelzimmer verlassen hatte. Ihr war klar gewesen, dass sie in diesen Zeiten viel wertvoller waren als die Rubelscheine, die sie bei sich hatte.

Emma schlief auf dem Betonboden einer Abstellkammer. Zum Wärmen hatte sie nur eine Decke und ihren Mantel. Es war eisig und schon wochenlang hatte sie mit einer Blasenentzündung zu kämpfen. Normalerweise hätte sie bei solch einer Erkrankung Tee getrunken – doch den gab es nicht. Allgemein gab es nur sehr wenige Nahrungsmittel, was dazu führte, dass Emma nicht nur durch das anhaltende Fieber geschwächt war, sondern auch durch die Mangelernährung.

Auf ihre Frage hin, ob sie in der Küche schlafen könne, wo es wenigstens durch den Ofen einigermaßen warm war, hatte sie die Antwort bekommen: »Das fehlt uns noch, dass du uns unsere letzten Vorräte heimlich wegfutterst! Wenn du so unzufrieden bist, undankbares Stück, dann verschwinde doch dahin, wo du hergekommen bist, Polackin!«

Der Bruder der Hausherrin hatte sie geohrfeigt und seitdem hatte sich Emmas Angst ihm gegenüber nur noch verschlimmert. Doch sie konnte sich nicht beschweren, weder bei der sowjetischen Besatzungsmacht noch bei den deutschen Verwaltungsangestellten, die von denselben Sowjets eingesetzt worden waren. In beiden Fällen würde sie als Verräterin dastehen und das würde ihr das Leben sicherlich nicht einfacher machen.

Aber weitaus schlimmer wäre es noch, wenn ihre Zeit in der Sowjetunion und ihre Ehe mit einem Rotarmisten auffliegen würde. Weder offizielle Papiere, dass die Heirat annulliert war, noch die Information, dass sie verwitwet war, erreichten sie. Da beides ausblieb, konnte sie sich nicht sicher sein, ob Ajoscha noch am Leben war. Sie hätte es gerne gewusst – aber warum eigentlich? Wenn er noch lebte, musste er mit einem gebrochenen Herzen leben, das sie ihm zugefügt hatte.

Nachts wachte Emma schreiend aus Albträumen auf, in denen sie sowohl den Tag der Vergewaltigung wieder durchlebte als auch den Tag, an dem sie mit Andrzej geschlafen hatte. Sie sah im Traum Ajoscha, der sie bespuckte, weil sie Ehebruch begangen hatte. Am liebsten hätte sie gar nicht mehr geschlafen, doch meist zwang ihr Körper sie in den Schlaf, da er völlig ausgelaugt war. Wenn sie wach wurde, konnte sie die Tränen, die sie am Tag nicht weinen konnte, nicht zurückhalten. Auch wenn ihr Körper zurück in den Schlaf wollte, versuchte Emma, es mit aller Kraft zu vermeiden. Da sie nichts Besseres zur Hand hatte, las sie im Licht des Mondes Ajoschas Bibel, doch sie verstand nicht, was dort stand. Es schien, als würden ihre Augen die Worte lesen, aber als würden diese nicht ihren Verstand erreichen.

Aus lauter Verzweiflung, da sie weder am Tag noch in der Nacht Ruhe fand, betete sie immer und immer wieder: »Lass es aufhören!« Es war fast schon eine unbewusste Bitte, denn es schien ihr in dem Moment völlig egal zu sein, ob da wirklich jemand war oder nicht.

Wiederum fragte sie sich, ob Gott, wenn es ihn überhaupt gab, wirklich gut sein konnte. Und wohin würde ihre Bitte »Lass es aufhören« führen – in den Tod? War das wirklich besser? Laut Ajoscha würde sie in der Hölle schmoren. Denn selbst wenn sie noch an Gott in irgendeiner Form glaubte, konnte sie nicht an die Sache mit Jesus und seinem Opfer glauben. Ihr Magen zog sich zusammen. Und Marleen Charlotte? Wo würde sie sein? Sie hoffte, sie war im Himmel – wenn es ihn wirklich geben sollte.

Vielleicht würde ihre an Gott gerichtete Bitte aber auch dafür sorgen, dass diese konkrete Situation enden würde. Die Unruhe, die Angst, die Lieblosigkeit und Ablehnung. Dem wollte sie entkommen. Immer wieder erwischte sie sich selbst, wie sie in Gedanken versunken von einem besseren Leben träumte, in dem Ajoscha an ihrer Seite war und sie zusammen glücklich waren, ohne jegliche Differenzen, die zwischen ihnen standen.

Du wirst niemals für ihn an erster Stelle stehen, das war der Satz, der sie zurück auf den Boden der Tatsachen brachte. Gleichzeitig hatte sie auch in Erwägung gezogen, dass das Leben an Ajoschas Seite, auch wenn sie für ihn nicht an erster Stelle stünde, immer noch besser wäre als das, was sie momentan führte. Andrzej hatte ihr vorgegaukelt, dass sie für ihn einen größeren Wert hätte. Doch in Wahrheit hatte er sie nie wirklich begehrt oder der Krieg hatte ihn einfach zu sehr verändert – Emma konnte es nicht genau sagen. Andrzejs Begehren war der Grund gewesen, weswegen sie von Ajoscha weggegangen war. Hatte sie vielleicht sogar bewusst gehofft, dass Andrzej ihr die körperliche Nähe geben würde, der Ajoscha sich am Ende verschlossen hatte? Hatte sie gemeint, damit die Löcher des Schmerzes in ihr verschließen zu können?

Genau das Gegenteil war eingetreten. Die Löcher waren zu riesigen Kratern herangewachsen, die nicht mehr verschlossen werden konnten. Nichts auf der Welt war dafür groß genug – davon war Emma überzeugt.

44

29. Januar 1946

Wenn Emma nicht auf dem Hof der Kleinmanns half, räumte sie in Berlin Trümmer beiseite. Sie wusste nicht, wie lange das noch so gehen sollte. Die Blasen an ihren Händen, die von der schweren Arbeit herrührten, waren mittlerweile von Schorf überzogen, schmerzten aber dennoch bei jeder Berührung. Es würde wohl noch eine Weile dauern, bis sich sowohl ihre Hände als auch ihr restlicher Körper daran gewöhnt hatten, schwer zu schleppen.

Als Hebamme durfte sie nicht arbeiten, auch wenn sie als entnazifiziert galt. Sie hatte wahrheitsgemäß geantwortet, dass sie vor 1936 dem Bund Deutscher Mädel beigetreten war – nicht aus Überzeugung, sondern weil ihr Vater es gewollt hatte, aber diese Begründung hatte niemanden interessiert. Sie hatte eine Strafe zahlen müssen und durfte vorerst nicht als Hebamme arbeiten. Emma wusste nicht, ob sie glücklich darüber sein sollte. Auf der einen Seite würde die Arbeit gewohnte Normalität für sie bedeuten, doch andererseits würde sie sie stets schmerzlich an Marleen erinnern. Sie hatte keine Perspektive und sah keine Zukunft vor sich, in der sie hätte glücklich sein können, und das machte ihr Angst.

Eines Tages kam ein Brief für sie an. In einer kurzen Pause, die sie sich von ihrer Arbeit nahm, suchte sie sich ein stilles Plätzchen, an dem sie ihn lesen konnte. Erwartungsvoll und besorgt zugleich riss sie die Lasche des Umschlags auf. Sie sah, dass sie nicht die Erste war, die ihn nach dem Abschicken bereits geöffnet hatte. Genauso wie in Moskau kam auch hier in der sowjetischen Besatzungszone die Post selten ungelesen beim Empfänger an. Irgendein Beamter hatte sie irgendwo zwischen Absender und Adressat in den Fingern gehabt.

Dieser Brief kam aus der französischen Besatzungszone. Er war von Roland Schmarowski, und dass er überhaupt geschrieben hatte, musste bedeuten, dass er auf dem Weg der Genesung war. Als Emma ihren Brief an ihn letztlich abgeschickt hatte, hatte sie noch etwas Geld für eine Briefmarke beigelegt, in der Hoffnung, es würde auch ankommen. Sie wollte nämlich nicht, dass der Junge selbst für die Kosten einer Briefsendung aufkommen musste, für den Fall, dass er ihr antwortete.

Emma riss den Umschlag auf und überflog die ersten Zeilen. Roland war bei seiner Schwester Paula. Seine Schrift war krakelig, seine Sätze kurz und der ein oder andere Rechtschreibfehler hatte sich eingeschlichen. Emma schluckte. Ihr wurde wieder einmal schmerzlich bewusst, was dieser Krieg für einen Preis hatte. Roland hatte die Schule nicht beenden können. Er schrieb, er müsse sich, sobald er wieder richtig zu Kräften gekommen sei, eine Arbeit suchen. Seine Schwester musste ihre eigenen Kinder versorgen, da ihr Mann als im Krieg vermisst galt. Emma seufzte. Es war schrecklich, mit was für einer Ungewissheit viele Menschen leben mussten, die nicht wussten, ob ihre Männer noch am Leben waren! Aber genauso, wenn nicht sogar noch in größerem Maße verzweifelt mussten die Männer sein, die keinen Kontakt zu ihren Familien hatten, während sie in Kriegsgefangenschaft waren, da die Familie entweder nicht mehr an ihrer früheren Adresse wohnte oder gar nicht mehr lebte.

Als Emma den ersten Absatz fertig gelesen hatte, zeichnete sich ein leichtes Lächeln auf ihren Lippen ab. Sie war froh, dass Roland überlebt hatte und Louis in der Lage gewesen war, ihm zu helfen. Der zweite Teil des Briefes drehte sich um etwas anderes. Entsetzt las Emma, dass Roland und Eva zusammen mit anderen Kindern eine Zeit lang in sowjetischer Gefangenschaft gewesen waren.

Ich glaube, der Mann, der uns befreit hat, war ein Engel.
Die können doch Menschengestalt annehmen, oder?

Und warum sonst hat niemand auf seine Aufforderung, zu verschwinden, reagiert? Warum wurden wir befreit, aber die anderen nicht? Was haben wir getan, dass es so war? Ich glaube, ich hatte das nicht verdient. Aber was sollte ich machen? Mich dagegen wehren, bei den Russen bleiben und womöglich sterben? Da nehme ich lieber etwas an, was ich nicht verdiene, und bestrafe mich nicht selbst.

Emma starrte die Worte an. So viel Weisheit sprach aus den Worten des Jungen. Und sie rührten in ihr etwas an. Ajoscha hatte ihr so oft versucht zu erklären, dass die Rettung durch Jesus bewusst angenommen werden müsse, sonst würde man nicht in den Himmel kommen. War Rolands Geschichte nicht eine passende bildliche Erklärung dessen? Er musste die Rettung in Form des Engels akzeptieren, auch wenn er, wie er selbst sagte, nicht unbedingt besser war als die anderen Kinder. Hätte er es nicht getan, wäre er jetzt irgendwo in Russland und müsste Zwangsarbeit verrichten.

~

Lubjanka-Gebäude in Moskau, Sowjetunion
5. Februar 1946

In Abständen, von denen Ajoscha keine Ahnung hatte, ob sie regelmäßig waren, kam ein Arzt, der kein Wort sprach. Er kümmerte sich die erste Zeit, in der Ajoscha im Gefängnis war, um seine Schusswunde, bis sie augenscheinlich gut genug verheilt war, dass seine Besuche nicht mehr vonnöten waren. Es stand außer Frage, dass der NKWD nicht wollte, dass Ajoscha starb.

Sie wollten ihn lebend. Am Anfang hatten sie sich mit ihren Schlägen zurückgehalten, stattdessen hatten sie auf Nahrungsentzug und psychologische Folter gesetzt, doch nun wurden sie rücksichtsloser, obwohl sich Ajoschas Verfassung eher verschlechtert als verbessert hatte. Manchmal geschah tagelang nichts und er bekam niemanden zu Gesicht, sein Essen wurde nur durch eine Luke unten in der Tür durchgeschoben, doch manchmal wurde er dreißig, vierzig, fünfzig Mal in der Nacht geweckt und endlosen Fragen ausgesetzt.

Bis zu dem einen Tag. Ajoscha wusste nicht, welcher Tag, Monat oder gar welches Jahr es war. Nur sein Bart und seine Haare waren ein Indiz dafür, dass es noch keine Ewigkeit sein konnte, die er hier verbracht hatte. Auf einmal stand sein Vater in der Tür und dann bei ihm im Raum. Das fensterlose Verlies war winzig und fast so geschnitten wie die Zelle von Paul. Nur das kleine Fenster mit Gitterstäben in der Tür ließ ein wenig Licht herein, sodass Ajoscha die Augen zusammenkneifen musste, um etwas zu erkennen.

»Du hast die Scheidungspapiere nicht unterschrieben.« Wassilys Stimme klang rauer als sonst.

Ajoscha lachte leise, während er sich den Brustkorb hielt. Er verstand nicht, warum die Ehe nicht schon längst gelöst worden war, auch ohne seine Unterschrift. »Das ist der erste Satz, den du sagst, wenn du deinen Sohn im Gefängnis besuchst?« Mit verzerrtem Gesicht setzte er sich auf seiner kalten Pritsche auf.

»Du weißt, warum du hier bist?«, fragte Wassily zähneknirschend. Der Dreck knirschte unter seinen Sohlen, als er einen Schritt weiter auf ihn zuging.

»Natürlich«, sagte Ajoscha mit einem Zungenschnalzer. Die Wut, die er die ganze Zeit seinem Vater gegenüber gehegt hatte – sei es wegen seines Erziehungsstils oder seines Verhaltens Emma gegenüber –, schien wie verflogen. Es war nur noch Mitleid, das er empfand. Er konnte es sich nur damit erklären, dass seine Gebete an Gott, in denen er seine ganze Wut abgeladen hatte, ihre Wirkung zeigten und er so etwas wie Frieden empfinden konnte. Er hätte auf die Frage seines Vaters jede Menge zynische Antworten bereitgehabt, doch er sprach sie nicht aus.

»Dein Glaube«, begann sein Vater langsam, aber mit bedrohlicher Stimme, »und diese deutsche Frau sind augenscheinlich die einzigen Dinge, die du dir nicht aus dem Kopf schlagen lässt.«

Ajoscha lächelte leicht, aber die Wehmut, die mitschwang, konnte er nicht leugnen. »Die Entscheidung für Gott und für die Frau, die man liebt, sind auch die einzigen zwei Entscheidungen, die man nur einmal in seinem Leben treffen sollte und die dann unumstößlich sein sollten.«

»Du hast dein Land verraten! Stalin! Die Rote Armee! Verdammt, du hast dein Elternhaus verraten!« Wassily stoppte und Ajoscha konnte ihn grunzen hören, es war wie ein Eingeständnis, dass er falschlag. Sie beide wussten, dass er mit dem Elternhaus falschlag, denn es war seine Mutter gewesen, die Ajoscha christlich sozialisiert hatte.

»Für deine Deutsche scheint es nicht so eine wichtige Entscheidung im Leben gewesen zu sein, wenn sie sich für Geld gegen dich entscheidet.« Ein süffisanter Gesichtsausdruck zog über sein Gesicht.

Abrupt schnellte Ajoschas Kopf in die Höhe. »Bitte was?«, lachte er freudlos auf, bevor er fassungslos schnaubte. Er rückte an den Rand seiner Pritsche. »Was hast du getan?«, blaffte er seinen Vater an.

»Ich habe getan, was ich tun musste, um dich zu beschützen, damit dein Ruf nicht vollends hin ist! Aber du hast dich ja noch tiefer in die Scheiße reingeritten, als ich gedacht habe, und das, wo sie jetzt endlich weg ist!« Wütend lief Wassily auf und ab. Er sah aus, als würde er jeden Moment auf irgendetwas einschlagen.

»War es mein Ruf oder eigentlich dein Ruf, der dich dazu veranlasst hat, deinem Sohn die Liebe seines Lebens zu rauben?«

»Liebe seines Lebens? Ha! Dass ich nicht lache. Ich hatte gehofft, hier unten würdest du zu Verstand kommen, denn es geht um den Ruf unserer Familie! Der Iwanows!« Unruhig klopfte der Armeegeneral mit seinen Fingern auf seine vor der Brust verschränkten Arme.

Ajoscha biss fest die Zähne zusammen, musste sich jedoch zwingen, dass nicht sein ganzer Körper von der Anspannung erfasst wurde, denn das wäre viel zu schmerzhaft gewesen. »Und warum genau bist du hier?«, fragte er leise und müde.

Wassily stoppte in der Bewegung und kniff die Augen leicht zusammen, als er seinen Sohn musterte. »Du wirst unehrenhaft entlassen, verlierst alle Ansprüche, die du hast, verlierst jegliche Auszeichnungen und alles, was dazugehört. Du fliegst aus der Partei.«

Stille.

»Das war doch abzusehen«, sagte Ajoscha irritiert. Er wartete ab, während er dem Blickkontakt seines Vaters standhielt.

Schließlich holte Wassily Luft. »Du wirst aus Moskau verbannt und musst ins Exil.«

Überrascht schossen Ajoschas Augenbrauen in die Höhe. *Was?!* Er konnte die Freude, die ihn auf einmal ergriff, nicht in Worte fassen. Augenscheinlich war das Gottes Erhörung auf Ajoschas Gebete.

»Du bist nicht mehr mein Sohn. Ich verbiete dir außerdem jeglichen Kontakt zu Elana und Dimitrij.« Wassily ließ einige Atemzüge vergehen, bevor er sich wortlos abwandte und die Zelle verließ.

Berlin, Sowjetischer Sektor
11. Februar 1946

Diesmal waren es nicht nur ihr Rücken und ihre Gliedmaßen, die von der harten Arbeit in Berlin schmerzten, sondern auch ihr Bauch. Doch dass ihre Periode eingesetzt hatte, war eine große Erleichterung für Emma. Auch wenn ihr die Schmerzen zusätzlich zu schaffen machten, gab es ihr die Gewissheit, nicht schwanger zu sein. Im letzten Monat war sie ganz ausgeblieben, was mit ziemlich großer Wahrscheinlichkeit auf den Stress und die körperliche Belastung zurückzuführen gewesen war – und nicht auf eine Schwangerschaft, wie sich zum Glück jetzt herausstellte.

Sie lief durch die Straßen von Berlin. Man hätte meinen können, der Krieg habe erst gestern geendet. Es war gespenstisch, während des dämmernden Abends entlang der Häuserfassaden zu laufen, die neben den Trümmerhaufen das Einzige waren, das vielen von ihrem Hab und Gut geblieben war. Der einzige Unterschied zum Mai letzten Jahres war, dass die Wege frei geräumt worden waren, damit man sich wenigstens fortbewegen konnte. Emma war dankbar, dass sie nicht in den Ruinen wohnen musste.

Es war schwierig, ihr Ziel für den heutigen Abend zu finden. Als sie bei der Lebensmittelausgabe Schlange gestanden hatte, hatte sie mitbekommen, dass heute eine Frau aus den Niederlanden bei einer Veranstaltung reden würde. Emma hatte keine Ahnung, warum sie dahin wollte. Irgendetwas an der Tatsache, dass diese Frau, Corrie ten Boom, ihren Beitrag dazu leisten wollte, dass die Deutschen nicht mehr als die Bösen angesehen wurden, schien sie vollkommen zu faszinieren – und die Tatsache, dass sie Christin war.

Egal, an welchen Kirchenbesuch Emma sich zurückerinnerte, kein Mal hatte sie das gehört, was Ajoscha versucht hatte, ihr zu vermitteln. Es schien, als hätten er, Elana und die Menschen bei dem Untergrundkirchentreffen etwas völlig anders in der Bibel gesehen. Emma wusste immer noch nicht, was sie glauben sollte. Sie hatte Gott gebeten, Ajoscha nicht sterben zu lassen, und sie wusste nicht, wie es um ihn stand, ob er tatsächlich noch am Leben war. Aber sie verspürte den inneren Drang, diese Frau sprechen zu hören, in der Hoffnung, dass sie ihr zeigen konnte, was sie übersah.

Sie erschauderte, als ein kalter Windstoß sie ergriff. Es gab keine Schilder mehr mit Straßennamen, sie musste sich an den Weg erinnern, den sie auf einer alten Karte nachgeschaut hatte. Sie hatte einen Jungen dafür bezahlt, dass er sie in den französischen Sektor von Berlin brachte, ohne dass sie an den Sicherheitsschleusen der Sowjets vorbei musste. Sie fand es grotesk, einem gerade einmal Vierzehnjährigen Zigaretten als Bezahlung zu geben, doch das war die Welt, in der sie lebten. Außerdem würde er sie vermutlich sowieso wieder gegen irgendetwas anderes eintauschen und nicht selbst rauchen – zumindest hoffte Emma das.

Sie erreichte das Gebäude zwanzig Minuten nach Beginn der Veranstaltung. Sie fand in einem großen Raum einer ausländischen Hilfsorganisation statt. Emma schlich leise hinein. Der Raum hatte keine Fensterscheiben mehr, deswegen zog der Wind kalt durch das Gebäude. Alle Sitzplätze waren belegt und so stellte sich Emma möglichst unauffällig ganz hinten an die Wand. Licht kam nur von einer Lampe, die wie ein Wunder Strom zu haben schien und das Rednerpult beleuchtete.

Corrie ten Boom war eine dunkelhaarige Frau mit freundlichen Augen, die ein unglaubliches Charisma besaß. Ihre Stimme wurde durch die Wände des Hauses verstärkt, sodass auch Emma in der letzten Reihe sie noch verstehen konnte. Sie sprach auf Deutsch mit niederländischem Akzent und erzählte gerade davon, dass sie dem Mann, der ihre Familie an das NS-Regime verraten hatte, wodurch sie alle in Gefangenschaft gekommen waren, einen Brief geschrieben hatte. Die ten Booms hatten Juden vor den Nazis versteckt und zur Flucht verholfen. Corrie und ihre Schwester waren in das Konzentrationslager Ravensbrück gekommen, wo Betsie, die Schwester, gestorben war.

Emma erschauderte und verspürte den Drang, davonzulaufen. Sie selbst hatte so viel erlebt, musste sie sich dann auch noch die grausamen Geschichten von anderen Menschen anhören? Insbesondere von denen, die gelitten hatten, weil die Deutschen so grausam gewesen waren? Bei solchen Berichten plagte Emma immer eine Art von Schuldgefühl, weil sie Deutsche und nicht Teil des Widerstands gewesen war. Sie hatte all das Böse einfach zugelassen.

»Nach dem Krieg wurde dieser Mann zum Tode verurteilt, weil er den Tod so vieler Niederländer verursacht hatte. Als ich davon hörte, schrieb ich ihm.« Die Rednerin hatte keine Notizen, sie sprach frei aus ihrem Herzen und ihren Erinnerungen. »›Dein Verrat hat meinen vierundachtzigjährigen Vater getötet. Nacht zehn Tagen Gefangenschaft starb er. Meine Schwester starb nach Monaten voller Leid. Mein Bruder kam frei, aber starb an einer Krankheit, die er sich in der Gefangenschaft zugezogen hatte. Und sein Sohn kam nie zurück. Ich selbst habe in drei Gefängnissen furchtbar gelitten.‹« Sie machte eine bedeutungsvolle Pause und man sah, dass sie, auch wenn sie dem Mann vergeben hatte, um ihre Familie trauerte und einige Momente brauchte, um gefasst weitersprechen zu können. »›Aber ich vergebe dir, weil Jesus Christus in meinem Herzen ist.‹ Ich schickte diesem Mann das Neue Testament und unterstrich die Zeilen, die den Weg zur Erlösung zeigten. Er schrieb mir zurück: Dass Sie mir vergeben können, ist ein solches Wunder, dass ich sagte: ›Jesus, wenn du deinen Nachfolgern so viel Liebe gibst, dann gibt es Hoffnung für mich.‹«

Emma schluckte, als ihr Mund trocken wurde. Sie war sich sicher, dass sie Wassily und den anderen nie würde vergeben können. Umso beeindruckter war sie von dieser Frau, doch zugleich fühlte sie sich schlecht, weil sie eben nicht so gütig war wie diese mutige Frau.

Corrie sprach davon, dass ihre Schwester vor ihrem Tod gesagt habe, sie müssten nach Deutschland gehen, denn die Deutschen hätten so viel Leid erfahren, ihre Häuser würden in Trümmern liegen und sie hätten keine Kraft mehr. Corrie erklärte sich die Tatsache, dass ihre Schwester das gewusst habe, damit, dass sie eine Vision oder einen starken Traum gehabt haben musste, denn in ihrer Gefangenschaft seien sie von jeglichen Informationen von außen abgeschnitten gewesen.

Während Corrie ten Boom sprach, keimte in Emma die Hoffnung, dass Ajoscha ihr vergeben könnte, denn sie hatte den Eindruck, dass er genau das glaubte, was diese Frau gerade sagte. Doch so viele Dinge passten in ihrem Kopf nicht zusammen. Sie verstand nicht, warum die Rednerin dem Mann vergab, wo es doch so offensichtlich war, dass er falsch gehandelt hatte und dass der Gott der Bibel ihn auch verurteilte. Bei Ajoscha wiederum hatte sie gesehen, dass er seinem Vater wegen der Taten in seiner Kindheit immer noch nicht richtig vergeben konnte – wie könnte er ihr dann ihren Fehltritt verzeihen?

Emma schüttelte kaum merklich den Kopf und versuchte, sich wieder auf die Worte von Corrie ten Boom zu konzentrieren. Diese erklärte, dass ihre Schwester sie dazu inspiriert habe, ein Rehabilitationszentrum für die Opfer der nationalsozialistischen Gewaltherrschaft zu gründen. Nun fühlte sich Emma noch mehr fehl am Platz als schon zuvor, denn sie war wahrhaftig keine Person, der von dem NS-Regime Gewalt angetan worden war. Sie war kein Opfer der Konzentrationslager, der Ausgrenzung oder sonst etwas gewesen. Sie spielte zuerst mit dem Gedanken sich aus dem Gebäude zu schleichen, doch irgendetwas trieb sie dazu an, weiter dem Vortrag zu lauschen. Vielleicht konnte sie im Anschluss daran besser verstehen, warum Gott für Ajoscha an erster Stelle stand. Das war eine Frage, die sie ziemlich umtrieb.

Corrie ten Boom kam zum Abschluss ihrer Rede, indem sie eine Stickerei hochhielt, von der man allerdings nur die Rückseite sah. Es war eine chaotische Ansammlung von Fäden. So sehe unser Leben für uns aus, sagte sie, wenn wir in unseren dunklen Stunden nur wenig Sinn in allem sähen. Doch es gebe eine Sache, die uns bewusst sein sollte. Während sie sprach, drehte sie die Stickerei herum, sodass man auf der anderen Seite eine prächtige, gestickte Krone sah. Irgendwann, versprach Corrie ten Boom, würden wir erkennen, wie Gott das Leben zu einer mächtigen Krone verwoben habe. Für Gott seien die Dinge jederzeit ganz klar erkennbar gewesen.

Sie kam zu ihren finalen Worten: »Bete für dich selbst und für die anderen Christen. Wo die Menschen nicht sehen, gehen sie unter, und wir alle wissen, dass wir in einer Zeit leben, in der die Welt in

Dunkelheit und in einen Schleier gehüllt ist. Die große Freude ist, dass wir Gottes Wort haben. Wir können die Dinge so sehen wie er. Schau dich um«, sie machte eine ausholende Handbewegung, »und du bist erschüttert.« Sie tippte mit den Fingern auf ihre Brust. »Schau in dich und du bist bedrückt.« Ein Lächeln zog über ihr Gesicht und sie zeigte in Richtung Decke. »Schau auf Jesus und du kommst zur Ruhe.«

Mit diesen Worten schloss sie ihren Vortrag. Die Leute begannen, sich auf den Weg nach Hause zu machen. Doch Emma blickte auf einen unbestimmten Punkt, während sie weiter starr gegen die Wand gelehnt dastand.

Du kommst zur Ruhe. Ja, Emma wünschte sich Ruhe, doch sie hatte gleichzeitig Angst davor. Sie fürchtete sich davor, was in der Ruhe hochkommen würde. Dass sie einholte, was sie versuchte, durch Beschäftigung von sich fernzuhalten.

»Ist alles in Ordnung?«

Emma erschrak. Die Frau, an deren Lippen gerade der ganze Raum gehangen hatte und die für ihren Mut bewundert worden war, stand vor ihr und schaute sie lächelnd an. Emmas Herz begann vor Aufregung höher zu schlagen. Nervös wischte sie ihre schweißnassen Hände an ihrem Mantel ab. »Ähm, ich … ich sollte gar nicht hier sein«, stammelte sie, während sie spürte, dass die Röte ihr den Hals hinaufkroch.

»Hat nicht jeder das Recht, hier zu sein?«, fragte Corrie ten Boom mit schief gelegtem Kopf. Auf ihren Lippen zeichnete sich immer noch ein leichtes Lächeln ab.

»Ich meine … Sie hatten gesagt, dass Sie sich für Opfer des Nationalsozialismus einsetzen wollen, und … das bin ich nicht.« Gegen Ende war Emmas Stimme immer leiser geworden, bis sie die Lippen aufeinanderpresste.

»Das heißt ja nicht, dass Sie nicht hören können, was ich zu sagen habe. Abgesehen davon ist jeder von irgendetwas Opfer und meine

Botschaft gilt für jeden.« Sie faltete vor sich die Hände und wartete ruhig, bis Emma etwas sagen würde. Ihre Geste erinnerte Emma daran, dass Ajoscha für sie gebetet hatte, einen Tag, bevor sie ihn verlassen hatte.

»Sie haben gesagt, dass Menschen Ruhe finden, wenn sie auf Jesus blicken … Doch ich habe Angst, was diese Ruhe offenbart, was in ihr hochkommt«, flüsterte sie.

Die Niederländerin schüttelte den Kopf. »Ich glaube, dass diese Ruhe wirkliche Ruhe bedeutet, in der nichts anderes sie verdrängen kann. Aber vielleicht gibt es jemanden, der Sie in die Ruhe begleiten könnte, der zusammen mit Ihnen den Weg geht, denn Sie anscheinend gehen wollen.«

Emma zitterte, sowohl innerlich auch als äußerlich. Sie sah den besorgten Blick ihres Gegenübers. Sie wusste, dass sie nicht gut aussah, denn sie war am Ende. Mit der Hand tastete sie hinter sich, als ob sie sich vergewissern müsste, dass die Wand noch da war und sie hielt. »Sie sind so … gütig, barmherzig, dass Sie diesem Mann vergeben konnten.«

»Und Sie wissen nicht, ob die Person, mit der Sie das machen würden, Ihnen vergeben kann?«

Emma nickte. »Er glaubt an Gott. Ich glaube, dass ist eine gute Voraussetzung«, sagte sie leise.

»Ja, das ist es. Aber wenn Sie es nicht probieren, dann können Sie nie wissen, ob er es kann.«

Emma fuhr sich mit der Hand über den Mund.

»Ich weiß nicht«, begann Corrie, »was Sie getan haben, dass Sie der Vergebung bedürfen, doch nur, weil wir meinen, dass wir sie nicht verdienen, heißt das nicht, dass wir sie nicht annehmen sollten. Gott liebt Sie und darüber sollten Sie Ihren Wert bestimmen.« Sie machte eine Pause und als sie weitersprach, trafen ihre Worte Emma wie eine Wucht: »Haben Sie sich selbst vergeben? Denn Gott hat Ihnen schon lange vergeben.« Ihre Lippen verzogen sich zu einem

Lächeln, als sie sah, wie sehr Emma die Worte erschüttert hatten. »Akzeptieren Sie, was Sie getan haben. Und selbst, wenn Ihr Gegenüber Ihnen nicht vergeben wird, ist das kein Grund zur Verzweiflung. Manchmal können wir nicht wieder alles geraderücken, was wir selbst verbogen haben. Aber es wird eine Zeit kommen, in der das keine Rolle mehr spielt. Also warum sollten Sie sich jetzt davon negativ beeinflussen lassen?«

Emma wusste nicht, was sie sagen sollte. Kam deswegen all der Groll immer wieder in ihr hoch? Weil sie sich selbst immer nur als schuldig ansah?

»Wenn Sie Gott um Vergebung gebeten haben und bitten, sollte ihnen bewusst sein, dass das bedeutet, dass Sie sich selbst nicht mehr verurteilen dürfen und sollen. Sonst erklären Sie Gottes Rettung für unnütz.«

Ihre Aufmerksamkeit wurde auf eine Frau gelenkt, deren Absätze auf dem Boden der Kirche widerhallten. Sie kam vom vorderen Bereich und hatte Unterlagen unter den Arm geklemmt.

»Verzeihen Sie, ich fürchte, dass ich gehen muss. Wir müssen morgen früh raus«, sagte sie mit einem Blick über ihre Schultern, bevor sie Emma entschuldigend anlächelte.

»Kein Problem. Ich danke Ihnen. Wirklich«, sagte Emma, bevor sie fast schon fluchtartig das Haus verließ. Sie wusste immer noch nicht, wie sie zu Gott stehen sollte, doch einiges von dem, was Ajoscha und jetzt Corrie ten Boom erzählt hatten, war tief in ihr Herz gesickert.

Draußen hatte wieder Regen eingesetzt und die Luft war kälter geworden. Emma vergrub ihre Hände tief in den Taschen ihres Mantels. Sie konnte nicht leugnen, dass sie sich nach Ruhe sehnte – und nach Ajoscha. Sie liebte ihn. Sie atmete lange aus, sodass weißer Rauch sich vor ihrem Gesicht in der Luft ausbreitete. Moment mal, was hatte sie da gerade gedacht? Warum wurde ihr jetzt erst bewusst, dass sie ihn liebte? Hatte sie es vorher nicht wahrhaben wollen?

Genauso hatte ihr erst Corrie ten Boom aufzeigen müssen, dass sie sich selbst nicht vergeben hatte. Emma hätte nicht gewusst, wie sie aus dem Teufelskreis der Selbstbeschuldigung wieder hätte herauskommen können, ohne zu versuchen, sich selbst zu rechtfertigen. Allzu gerne hätte sie die ganze Schuld nur auf Andrzej geschoben, doch sie war genauso mitschuldig. Und wenn sie es nun schaffen würde, sich selbst zu vergeben? Könnte sie dann zu Ajoscha zurückkehren? Aber da waren immer noch so viele andere Faktoren. Sie war in der UdSSR nicht willkommen, das war ihr klar, insbesondere, da Wassily eine Gefahr für sie sein würde.

Und schließlich ging es noch darum, ob sie all das, was Corrie ten Boom und Ajoscha glaubten, auch selbst glaubte. Es klang so schön, dass einem alles vergeben werden konnte. Aber glaubte Emma das auch? Das wusste sie beim besten Willen nicht. Doch in einem Winkel ihres Herzens schien es ihr fast so. Irgendwann in der letzten Zeit musste sie sich dafür entschieden haben, ohne es wirklich wahrzunehmen. Sie lachte leise in sich hinein. Funktionierte das überhaupt?

Auf jeden Fall war ihr klar, dass keiner der Fehler, den sie begangen hatte, durch wie viele gute Taten auch immer ungeschehen gemacht werden konnte. Allein die Gnade Gottes, die zurückzuführen war auf seine Liebe, und die etwaige Gnade Ajoschas sowie ihre Entscheidung für das Opfer von Jesus konnten ihr ermöglichen, Freiheit zu erleben.

Emma erinnerte sich an die Geschichte vom verlorenen Sohn, die Ajoscha ihr aus der Bibel vorgelesen hatte. Sie verstand nun, dass Gott auch seine Tochter, die zur Hure geworden war, zurücknehmen würde.

Während sie mit großen Schritten den Weg in ihr vorübergehendes Zuhause schritt, spürte sie jedoch gleichzeitig die Angst, dass Ajoscha sie nicht mehr wollte und ihr nicht vergeben würde.

Lass diese Befürchtungen bitte unbegründet sein!

45

Berlin, Sowjetischer Sektor
22. Februar 1946

Verärgert und mit zusammengebissenen Zähnen schlängelte Emma sich durch die Passanten in den Berliner Straßen. Ihr Antrag auf Einreise in die Sowjetunion war in Rekordzeit abgelehnt worden.

Und ich dachte, du willst, dass ich zurückkehre!, knurrte sie innerlich gen Himmel.

Sie war weder offiziell verwitwet – was bedeuten musste, dass Ajoscha noch am Leben war – noch offiziell geschieden. Sie war sowjetische Staatsbürgerin, was ihr nicht unbedingt gefiel, was ihr aber, so hätte man meinen können, den Weg in dieses Land hätte ebnen müssen – doch allem Frust zum Trotz tat es das nicht.

Zwar hatte Emma gesagt, dass sie dieses Leben nicht mehr wolle. Doch sah die Zukunft wirklich so aus, dass sie zurück nach Russland zu Ajoscha kehrte? Dorthin, wo sie eigentlich ihr altes Leben hatte hinter sich lassen wollen? Sie strich sich die Haare hinters Ohr. Das war alles so verwirrend. War diese Ablehnung ihres Antrags jetzt ein Zeichen Gottes, dass sie es doch nicht tun sollte, oder einfach ein Hindernis, das es zu überwinden galt?

Sie reihte sich in der Schlange der anderen Arbeiterinnen ein, die alle am Wochenende ihren Lohn abholen wollten. Es war nicht viel, was sie bekamen. Die zusätzlichen Lebensmittelrationen, die ihnen aufgrund ihrer harten Arbeit zugeteilt wurden, waren das, was sie eigentlich über Wasser hielt. Emmas Blick fiel auf eine Mutter mit einem wenige Monate alten Kind auf dem Arm, das sie durch seine großen Augen anschaute. Ein Speichelfaden lief ihm aus dem Mund, doch der Mutter schien es nicht aufzufallen. Emma wandte den Blick ab und biss sich auf die Unterlippe. Was würde sie nur darum geben, jetzt Marleen bei sich zu haben! Da wäre es ihr auch egal, wenn sie ihre wenigen Lebensmittel mit ihr teilen müsste. Auch wenn sie nicht mehr nur mit einem großen Schmerz an ihre Tochter dachte, wusste sie doch, dass sie immer noch um sie trauerte und über ihren Tod noch nicht hinweg war.

Seit ihrer Ankunft in Berlin schämte sich Emma dafür, dass sie in den letzten Monaten bei Ajoscha in Moskau ein so privilegiertes Leben geführt hatte. Sie war nicht unterernährt gewesen, sie hatte sich keine Gedanken darüber machen müssen, was ihre Tochter essen würde. Nicht nur einmal war sie dafür dem Vorwurf ausgesetzt gewesen, sie habe sich prostituiert. Doch für viele Frauen war das auch jetzt der einzige Weg, zu überleben und ihre Kinder zu versorgen. Auch wenn alles in Emma danach schrie, dass sie so etwas nie tun könnte, belehrte sie die Nacht mit Andrzej eines Besseren.

Selbstvergebung, rief sie sich ins Gedächtnis.

Die Schlange bewegte sich einen Schritt weiter vorwärts.

Auch wenn Emma sich nach den Bequemlichkeiten von Ajoschas Wohnung sehnte, die größte Sehnsucht hatte sie nach ihm. Die Art, wie er sie ansah und unter seinem Blick ihr Herz raste, wie er sie küsste. Sie spürte zwar, dass sie über ihr Vergewaltigungstrauma noch nicht hinweg war. Sie zuckte zusammen, wenn sie plötzlich jemand berührte, und brauchte mindestens so viel Abstand zu einer anderen Person, dass sie nicht deren Körperwärme spürte. Es waren viele Dinge, die zusammenkamen, doch die meisten davon hatten keine Relevanz, wenn sie sich Ajoscha hingab, nicht auf einer körperlichen, sondern auf einer emotionalen Ebene, wenn sie ihm vertraute.

Gedankenverloren trommelte Emma mit ihren Fingern auf ihren Arm. Gott nahm sie mit offenen Armen wieder an. Das war ein unvorstellbarer Trost, doch Ajoscha war nicht Gott, er war ein simpler Mensch, der zwar in Gott war, wie es Corrie ten Boom ausgedrückt hatte, aber trotzdem war seine Liebe zu ihr nicht perfekt, weil es keine perfekten Menschen gab. Sie konnte sich also nicht darauf verlassen, dass er sie annahm, wenn er wusste, was sie getan hatte. Dass sie es ihm verschwieg, wenn sie zurückkehrte, war keine Möglichkeit. Sie wollte ihr Leben nicht auf Lügen aufbauen, nur damit es dann irgendwann schiefging. Außerdem hatte Gott gesagt, sie solle mit ihm um Vergebung bitten, er würde sie begleiten und sie könne sich jederzeit an ihn wenden, wenn sie zweifelte oder Angst hatte. Aber auch diese Aussage Gottes war keine Garantie dafür, dass Ajoscha ihr ebenfalls vergab.

Sie kam an die Reihe, nahm ihren Lohn entgegen und verstaute ihn in ihrer Tasche. Das Geld, das sie von Wassily Iwanow bekommen hatte, hatte sie größtenteils für die Reise nach Berlin und für die Strafe, die sie wegen der Entnazifizierung hatte zahlen müssen, aufgebraucht. Den Rest und ihren Lohn würde sie brauchen, um die Reise zurück nach Moskau zu finanzieren, für zusätzliches Essen blieb da kaum etwas übrig.

Emma trat zurück nach draußen und wollte gerade die Straße überqueren, als sich ihr ein Mann in Anzug in den Weg stellte. Mit seiner in einem schwarzen Lederhandschuh steckenden Hand deutete er auf ein schwarzes Fahrzeug, das neben ihm am Straßenrand hielt. »Würden Sie bitte einsteigen, Frau Iwanowa?« Es war kein höflicher Ausdruck auf dem Gesicht des Mannes. Sein russischer Akzent war unüberhörbar.

Emma erschauderte und trat einen Schritt zurück, als der Mann sich ihr näherte. »Wer sind Sie?«, fragte sie und blickte kurz über ihre Schulter. Passanten mischten sich für gewöhnlich nicht in Angelegenheiten ein, an denen offenkundig Russen beteiligt waren.

»Wenn Sie wissen wollen, was mit Ihrem Ehemann ist, sollten Sie einsteigen«, erklärte er und sie war sich sicher, dass er nicht lockerlassen würde. Er öffnete die hintere Tür des Automobils. Emma sah, dass ein anderer Mann auf der Rückbank saß. Im ersten Moment hatte sie tatsächlich in Betracht gezogen, dass entweder Andrzej oder Ajoscha dahinterstecken würden – doch beides stellte sich als falsch heraus.

Bitte lass es nicht den Geheimdienst sein!, schoss es Emma durch den Kopf, als sie sich langsam in den Wagen setzte. Es war ein luxuriöses Fahrzeug, doch vielmehr erregte der Mann, der neben ihr saß, ihre Aufmerksamkeit. Graueres, lichtes Haar, ein Schnurrbart und ein augenscheinlich teurer Anzug bildeten zusammen mit seiner ernsten Miene sein äußerliches Erscheinungsbild.

»Wer sind Sie?«, fragte Emma mit heiserer Stimme. Ihre Hand krallte sich in den Stoff ihres Mantels, als das Automobil anfuhr. Der Mann, der ihr die Tür aufgemacht hatte, hatte auf dem Beifahrersitz Platz genommen. »Wo fahren wir hin?« Ihre Stimme wurde schriller und ihr Verhalten panischer.

Der Mann neben ihr warf ihr einen kritischen Blick zu. Er nahm sich die Zeit, die Zigarette, die er zwischen die Lippen genommen hatte, anzuzünden und einmal daran zu ziehen, bevor er ihr antwortete. »Sie werden heute wieder sicher bei der Familie Kleinmann sein, keine Sorge.«

»Wer sind Sie?«, fragte Emma wieder. Sein russischer Akzent wies ihn als Sowjet aus und, wie es schien, als einen sehr reichen und mächtigen. Eine Uniform trug er allerdings nicht.

»Sie scheinen ziemlich viel über mich zu wissen.«

»Wissen Sie, was Fraternisierung ist?« Er atmete den Rauch durch die Nase aus.

Emma nickte, während ihre Hände so fest gefaltet waren, dass ihre Knöchel weiß hervortraten.

»Dann wissen Sie, dass es den Rotarmisten untersagt ist, sich mit Deutschen einzulassen.«

»Das mit Ajoscha war etwas …«

»Unterbrechen Sie mich nicht!«, schnauzte er sie an. Emma zuckte zusammen und schwieg dann, während ihr Herz raste. Vielleicht hätte sie gar nicht erst den Mund aufmachen sollen. Nicht nur, weil er nicht unterbrochen werden wollte, sondern auch, weil sie vielleicht besser gar nichts sagen sollte, was irgendetwas preisgab, denn sie wollte Ajoscha nicht in Gefahr bringen. Immer wieder warf sie einen Blick aus dem Fenster, um sich zu vergewissern, dass sie Berlin nicht verließen. Sie war sich nicht sicher, aber sie glaubte, dass ihre Tür nicht verriegelt worden war, im schlimmsten Fall konnte sie also versuchen, während der Fahrt herauszuspringen.

»Eigentlich wäre also Ihre Heirat mit Ajoscha Iwanow nicht möglich gewesen. Wie erklären Sie sich, dass es trotzdem funktioniert hat?«

Emma starrte den Sitz vor sich an. Sie wusste nicht, was sie antworten sollte. Wollte er sie in irgendeine Falle locken? Irgendetwas gegen sie oder Ajoscha verwenden, was sie gesagt hatte? Sie betete, dass dem nicht so war. »Wassily Iwanow ist ein mächtiger Mann ...«

»Der von Anfang an strikt gegen diese Heirat war«, fiel er ihr ins Wort.

Der triumphierende Blick zeigte Emma, dass sie nicht das gesagt hatte, was er hören wollte. Er nahm sich die Zeit, einen weiteren Zug aus seiner Zigarette zu nehmen und Emma versuchte krampfhaft dem Drang zu widerstehen, husten zu müssen.

»Ihr Ehemann«, genüsslich musterte er seine Zigarette, die er zwischen zwei Fingern hielt, »muss also etwas getan haben, dass ihn dazu berechtigt hätte, Sie zu heiraten.« Er gestikulierte mit der Zigarette in ihre Richtung, sodass sie noch mehr Rauch abbekam – wenn das überhaupt noch möglich war. »Und was wäre wohl das Naheliegendste?«

Abwartend blickte er sie an. Sein Verhalten missfiel ihr genauso wie sein Blick, doch nach dem zu urteilen, was er über sie wusste, war es auch wahrscheinlich, dass er etwas über Ajoschas Verbleib wusste. »Ich weiß es nicht«, sagte sie leise.

Missbilligend schnalzte er die Zunge und rieb sich am Kinn. »Die einzigen Deutschen, die die Russen nicht als Erbfeinde ansehen, sind ...« Er machte eine Pause, um ihr die Chance zu einer Antwort zu geben. Als sie es nicht tat, seufzte er. »Sie haben echt keine

Ahnung, auf was ich hinauswill.« Energisch zog er an seiner Zigarette. »Kommunisten.«

Verständnislos schüttelte Emma den Kopf. »Sie meinen, dass Ajoscha mich als Kommunistin ausgegeben hat, damit er mich heiraten kann? Das kann doch gar nicht sein! Den Sowjets liegen sämtliche Informationen über mich vor …«

»Sie wissen anscheinend nicht, was in dieser Welt alles möglich ist. Ihr Antrag auf Einreise in die UdSSR ist abgelehnt worden und wie ich vermute, wollen Sie zu Ihrem Mann zurück.«

Er warf ihr einen Seitenblick zu, um sich die Bestätigung der indirekten Frage zu holen. Emma nickte verunsichert. »Also … Ajoscha ist am Leben?«

»Würde ich sonst den ganzen Aufwand auf mich nehmen?!«, schnaubte er verständnislos. Emma achtete gar nicht auf sein Verhalten. Erleichtert atmete sie auf und schloss für einen Augenblick die Augen. Ajoscha lebte. *Danke!*

»Ajoscha Iwanow ist am Leben, aber nicht in einer sonderlich guten Verfassung.«

Abrupt hob Emma den Kopf. »Was? Warum?«

»Weil er durch den Geheimdienst inhaftiert wurde«, nuschelte der alte Mann mit seiner Zigarette im Mund, während er, völlig ungerührt von ihrem Entsetzen, einen Aktenkoffer auf seinen Schoss hob und das Schloss aufschnappen ließ. »Eigentlich wäre er gehängt, erschossen oder auf irgendeine andere Art, die den Russen eingefallen wäre, getötet worden, aber es gab jemanden, der veranlasst hat, dass er freigelassen wird.«

»Waren Sie das?«

Er ignorierte ihre Frage und sprach ungerührt weiter, während Emma unruhig auf ihrem Sitz hin und her rutschte. »Er ist aus der Partei geworfen, unehrenhaft entlassen und aus Moskau verbannt worden. Aber sagen wir so: Die Folter hat ihn, wie bereits erwähnt, in eine schlechte Verfassung gesetzt, doch es wurde dafür gesorgt, dass er sich an einem geheimen Ort erholt, um irgendwann parat zu sein.«

»Parat für was?«

Er griff in seinen Aktenkoffer und hielt ihr eine Karte hin, auf der eine Wegbeschreibung eingezeichnet worden war. »Am fünften März wird er am besagten Ort erwartet. Sie haben zwei Minuten, um sich den Weg einzuprägen.«

Schnell griff Emma nach dem Papier und versuchte, sich alles zu merken. Sie war überfordert. Sie verstand nicht, was der Mann bezweckte. Warum er ihr augenscheinlich helfen wollte, zu Ajoscha zurückzukehren.

Emma hatte im Kopf nicht mitgezählt, doch als er die Karte wieder an sich nahm, hatte sie das Gefühl, dass nur ein Bruchteil der versprochenen Zeit abgelaufen war. Er zündete mit einem Sturmfeuerzeug die Karte an. Die Flammen verschlangen das Papier und erst als die Wege unkenntlich verbrannt waren, ließ er es durch das offene Autofenster fallen.

»Ihr Zugticket.« Er hielt ihr einen Umschlag hin.

Emma öffnete ihn und zog ein Ticket heraus, ebenso Geld. »Warum sagen Sie mir das alles? Warum geben Sie mir das? Und außerdem ist meine Einreise nicht genehmigt worden, wie Sie ja wissen.«

»Sehr engstirnig von Ihnen anzunehmen, dass ich dafür nicht auch sorgen würde«, entgegnete er in seiner sarkastischen Art. »Normalerweise lasse ich mich für Dienstleistungen bezahlen«, sprach er weiter und sah Emma das erste Mal seit Beginn der Konversation wieder richtig an. »Doch … bei Ihnen mache ich eine Ausnahme. Aber richten Sie Ihrem Mann etwas von mir aus: Er ist mir etwas schuldig. In geraumer Zeit wird einer meiner Männer zu ihm Kontakt aufnehmen und er wird etwas für mich … sagen wir: erledigen, sonst muss ich auf Sie zurückgreifen.« Mit der Zigarette zeigte er auf sie, während er sprach. Emma wurde schlecht. Sie ballte ihre Hände zu Fäusten, um das Zittern ihrer Finger zu unterdrücken.

»Augenscheinlich scheinen Sie kein Anhänger des Regimes zu sein«, begann sie.

»Meine Loyalität wechselt. Sie ist abhängig von verschiedenen Dingen. Sie sollten also vorsichtig sein, was Sie sagen oder wie Sie handeln.« Er schenkte ihr ein süffisantes Lächeln, was ihn noch bedrohlicher wirken ließ. »Das heißt, wenn Sie irgendjemand anderem, außer Ihrem Ehemann, von mir erzählen, dann werde ich mich rächen.«

Emma erschauderte. Sie war abhängig von ihm und das gefiel ihr ganz und gar nicht. »Wissen Sie etwas über den Verbleib von Paul Brückner?«, fragte sie mit leiser Stimme.

Sie zuckte zusammen, als er sie auf einmal anschrie: »Erwähnen Sie noch einmal irgendeinen Namen in meiner Gegenwart und Ihr Mann wird schneller am Galgen baumeln, als Sie aus meinem Fahrzeug steigen können.«

Wie auf ein Stichwort hielt das Auto und Emma wurde die Tür geöffnet. Erst dachte sie, es hinge mit ihrer Frage zusammen, doch dann sah sie, dass sie sich unmittelbar an der Einfahrt zu dem Bauernhof der Kleinmanns befanden. Der Mann steckte sich eine neue Zigarette an. Die alte Kippe warf er in einen Aschenbecher. Als Emma nicht sofort reagierte, packte sie der Beifahrer, der inzwischen ausgestiegen war, grob am Oberarm und zog sie aus dem Fahrzeug. Er stieß sie von dem Auto weg, sodass sie strauchelte, sich aber noch rechtzeitig wieder fangen konnte. Noch einmal kurz trafen sie die Scheinwerfer des Wagens, als er wendete, doch irgendwann wurden die Rücklichter von der Dunkelheit verschluckt. Emma spürte das Zugticket in ihrer Hand und steckte es zusammen mit ihren Händen in ihre Manteltasche.

Da sie ohnehin im Dunkeln nicht viel erkannte, lief sie querfeldein zum Hintereingang des Wohnhauses. Mal stieß sie mit dem

Fuß gegen einen Stein, der den Rand des Weges bildete, doch es war Emma egal, sie wollte so schnell wie möglich ins Trockene. Sie kramte mit ihren von der Kälte steif geworden Fingern nach ihrem Schlüssel. Von Ostpreußen her kannte sie zwar die kalten Winter, doch trotzdem schienen ihr die Temperaturen, die nur wenige Grad über null lagen, einiges anzuhaben. Es schien zumindest mit dem Schnee nun ein Ende zu nehmen. Wenn es nicht zu einem neuen Wintereinbruch käme, würde ihre Reise nach Russland immerhin nicht vom Wetter ausgebremst werden.

Schnell öffnete Emma die Tür und schlüpfte herein. Möglichst leise drückte sie sie zurück ins Schloss. Es war schon spät und sie wollte niemanden wecken. Eigentlich wäre es auch heute ihre Pflicht gewesen, das Abendessen zuzubereiten, doch dadurch, dass sie dieser Mann, dessen Namen sie immer noch nicht kannte, abgefangen hatte, war sie nicht rechtzeitig dagewesen und jetzt war sogar schon Nacht. Sie würde einen gehörigen Ärger bekommen. Doch selbst ihre Befürchtungen, was morgen früh passieren konnte, überschatteten nicht ihre Freude darüber, dass sie Ajoscha wiedersehen würde. Mit ihren Fingern tastete sie noch einmal nach dem Papier in ihrer Tasche. Ja. Es war real. Es war wirklich noch da. Sie lächelte. *Danke, Gott.* Emma schlich in ihr Kämmerchen.

»Wo warst du?«

Emma schreckte zusammen und stieß einen kleinen Schrei aus. Sie hatte nicht gesehen, dass der Bruder der Hausherrin, Rudolf Kleinmann, an ihrer Zimmertür lehnte. Neben ihm auf dem Boden stand eine Lampe, die ein schwaches Licht in den Gang warf. Sie schluckte und zwang sich dazu, ihre Angst möglichst zu verbergen. »Ich bin aufgehalten worden. Entschuldigen Sie bitte.« Sie wollte an ihm vorbei in ihr Zimmer gehen, doch er stellte sich ihr mit verschränkten Armen in den Weg.

»Ich weiß genau, was du treibst, Polackin!«, spuckte er ihr nicht sonderlich laut, aber sehr bedrohlich ins Gesicht. »Ich habe genau gesehen, wer dich gerade abgesetzt hat! Wenn das nicht ein Russe gewesen ist, mit dem du es getrieben hast!«

Empört keuchte Emma auf und machte einen Schritt zurück. »Natürlich habe ich nichts dergleichen getan! Ich …«

»Ach nein?! Was wollte er denn sonst von so jemandem wie dir?« Seine Hand schnellte vor und packte sie unsanft am Oberarm. Emma versuchte, sich aus seinem Griff zu winden, doch er war zu stark für sie und ließ sich nicht abschütteln.

»Lassen Sie mich sofort los!«

»Jeder weiß doch, dass du für die Sowjets, diese Dreckskerle, anschaffen gehst! Woher hast du denn sonst das ganze Geld?« Er hielt ihr ein Bündel Rubelscheine direkt unter die Nase. Entsetzt erstarrte Emma. Er hatte ihre Sachen durchwühlt. Das Geld war der Rest von dem, was Wassily Iwanow ihr gegeben hatte.

»Und dieses russische Buch da, was auch immer das sein mag.« Er machte eine abwertende Handbewegung. »Du kannst deine Verbindung zu den Kommunisten nicht leugnen!« Sein stinkender Atem ließ sie fast würgen, während er mit seiner Nase fast ihr Gesicht berührte.

»Wo ist das Buch?! Was haben Sie damit gemacht?!«, keifte Emma.

Ein Stück wich Rudolf vor ihr zurück. Mit seinem Fuß stieß er gegen die Lampe und für einen Moment flackerte das Licht. Sie wehrte sich auf einmal mit einer ungeheuren Kraft gegen ihn, die er ihr gar nicht zugetraut hatte. Er ließ ihren Arm los und stieß sie von sich.

»Ich habe es verbrannt«, grunzte er mit einem mokanten Lächeln.

»Nein!«, schrie Emma. Sie rannte in die Küche und ließ sich vor dem Ofen auf die Knie fallen. Ihre Finger durchsuchten die noch warme Asche nach den Überresten von Ajoschas Bibel, doch nichts außer pulverisierte Kohle glitt durch ihre Finger und hinterließ eine schwarze Färbung. Sie tastete und grub ihre Hände tiefer in die Asche, doch sie konnte nichts spüren. Verzweiflung hatte von ihr Besitz ergriffen. Die Bibel war das gewesen, was ihr von Ajoscha geblieben war. Konnte sie ihm wirklich gegenübertreten, ohne seinen wertvollsten Besitz noch zu haben?

»Verdammte Polackin, jetzt heul hier nicht so rum!«

Schnell wischte sich Emma mit ihren Handrücken über ihre Wangen, bis sie ihre Hände anstarrte und ihr bewusst wurde, dass sie nun die ganze Asche in ihrem Gesicht verteilt hatte. Sie holte gerade Luft, um ihn anzufahren, als auf einmal Frau Kleinmann in der Tür stand. »Was in Gottes Namen ist hier los!?«, donnerte sie, die Hände in die Seiten gestemmt.

Emma rappelte sich auf. »Er hat mein Eigentum durchsucht und es zerstört!« Wütend zeigte sie hinter sich auf den Kamin.

»Ich bin sicher, er hatte einen guten Grund dafür, also stellen Sie sich nicht so an!« Abwertend musterte sie Emma, deren Hände rußgeschwärzt waren.

Empört schnaubte Emma. »Wie …«

Sie konnte nicht weitersprechen, denn ein fester Schlag von Rudolf traf sie im Gesicht. Sie keuchte, als sie das Blut in ihrem Mund schmeckte. Sie schrie auf, als er sie an den Haaren packte und sie ganz nah an sein Gesicht zog. »Noch ein einziges Wort …«, zischte er, bevor er sie losließ.

Emma landete unsanft auf allen vieren. Sie hörte, wie die Kleinmanns abfällig über sie redeten, als sie sich zurück in ihre Schlafzimmer begaben. Sie konnte nicht anders, als zu weinen. Die Angst umklammerte sie so fest, dass sie nicht atmen konnte. Eine Panikattacke. Sie legte sich die Hand auf die Brust, um sich bewusst zu machen, dass sie noch atmete und Luft bekam. Es war ihr Kopf, der ihr etwas anderes weismachen wollte. Beim Einatmen schmeckte sie das Blut und musste husten, weil sie meinte, sie würde daran ersticken. *Einatmen, warten, ausatmen.* Es brauchte seine Zeit, bis ihr Köper wieder herunterfuhr und sie normal atmen ließ.

Emma öffnete die Augen und sah die kleine Pfütze Blut vor sich auf dem Boden. Das Blut aus ihrer aufgeplatzten Lippe war an ihrem

Kinn herabgelaufen und auf den Boden getropft. Sie zog scharf die Luft ein, als sie mit ihrer Zunge die Verletzung berührte. Sie war es so leid, geschlagen zu werden! Sie war es leid, dass Männer Macht über sie ausübten.

Das Rascheln des Papiers in ihrer Tasche, wenn sie sich bewegte, war das, was sie aufstehen ließ. Ajoscha. Wenn er sie nicht nahm, war es nur noch eine höhere Macht, die sie auffangen konnte.

TEIL 5

Unglaube wird die Besten
unter uns zerstören;
Glaube die Schlimmsten
unter uns retten.[5]

Charles H. Spurgeon

46

5. März 1946
Olewsk, Ukrainische Sozialistische Sowjetrepublik USSR

Am liebsten wäre Emma aufgesprungen und auf und ab gelaufen, doch damit hätte sie nur ungewollte Aufmerksamkeit auf sich gezogen. Also blieb ihr nichts anderes übrig, als ihre Hände mit dem verbogenen Löffel, den sie in die magere Suppe tauchte, die ihr serviert worden war, zu beschäftigen.

Ob sie im falschen Lokal war? Es war ein recht heruntergekommener Ort und dass sie die einzige Frau im Schrankraum war, verbesserte die Situation auch nicht gerade.

Die letzten Tage waren herausfordernd gewesen, sie hatte kaum geschlafen. Nach dem Konflikt mit den Kleinmanns war sie direkt am nächsten Morgen verschwunden. Bis ihr Antrag zur Einreise in die UdSSR genehmigt worden war, hatte sie bei einem mürrischen Pfarrer Unterschlupf gefunden. Sie hatte gehofft, er könnte ihr Fragen beantworten, die ihr bezüglich Gott noch unter den Nägeln brannten, doch eher das Gegenteil war der Fall gewesen. Er hatte durch sein Verhalten eher noch mehr Fragen aufgeworfen.

In den letzten Tagen hatte sie begonnen, sich zu fragen, ob sie wirklich Gott suchte und es ernst mit ihm meinte, oder ob sie nur glauben wollte, um Zugang zu Ajoscha zu haben. Sie war nicht stolz darauf, aber sie hatte dem Pfarrer eine Bibel gestohlen, denn sie wollte darin lesen. Eine erschreckende, wenn auch interessante Parallele war ihr aufgefallen: Margarete war mit dem Wissen gestorben, dass dadurch die anderen Frauen frei sein würden – auch Emma, die eigentlich die Schuld hätte tragen sollen. Und Emma hatte es letzten Endes akzeptiert, denn es war ihr eine willkommene Rettung gewesen, um nicht als die vermeintlich Schuldige entlarvt zu werden. Das war das Prinzip, was Ajoscha versucht hatte, ihr zu erklären. Jesus war gestorben, aber nur, wenn sie sein Opfer akzeptierte und ihn ihre Schuld tragen ließ, konnte sie frei sein.

Emma warf einen Blick auf ihre Armbanduhr. Es war Punkt achtzehn Uhr.

Am Nebentisch, wo Karten gespielt wurden, brach Gegröle aus, doch es war kein Freudengeschrei. Ein Mann war aufgesprungen, sodass sein Stuhl hintenüberkippte. »Du hast ein Ass im Ärmel, das habe ich genau gesehen!«

Das Geschrei, eine Mischung aus Russisch und Ukrainisch und die Anschuldigungen nahmen zu, während der Mann auf einen seiner Mitspieler zeigte. Es kam zu Handgreiflichkeiten und schließlich einer Prügelei. Die anderen Lokalbesucher standen auf und versuchten, die Streithähne auseinanderzubringen. Der Wirt kam erbost mit einem Handtuch über der Schulter hinter seinem Tresen hervor. Er schrie. Alle schrien. Es war ein unvorstellbarer Lärm.

Emma rutschte von der Sitzbank, drückte ihre Handtasche fest an sich und nahm ihren kleinen Koffer. Schnellen Fußes flüchtete sie zur Tür. Ihr Essen hatte sie schon längst bezahlt. Sie hatte ihre Zweifel, dass Ajoscha bei diesem Lärm überhaupt hier auftauchen würde. Sie hatte schon die Hand auf die Eingangstür gelegt, um sie aufzustoßen, als diese aufschwang und sie erschrocken einen Satz zurückmachte. Ein Mann, der einen alten Hut tief in sein Gesicht gezogen und in einem übergroßen Mantel förmlich zu versinken schien, rempelte sie an und ging ohne ein Wort der Entschuldigung schnurstracks durch den Schankraum und schlüpfte durch die Tür am anderen Ende des Raumes. Mit leicht geöffnetem Mund starrte Emma ihm nach. Sie schien für den ersten Moment wie gelähmt zu sein, bevor sie aus ihrer Starre erwachte.

»Ajoscha«, keuchte sie.

»Ajoscha!«, rief sie ein zweites Mal lauter, um die streitenden Männer zu übertönen. Sie rannte Ajoscha hinterher. Die Tür, hinter der er verschwunden war, führte zu einem langen Gang. Panik machte sich in Emma breit. War es wirklich Ajoscha gewesen oder hatte sie es sich nur eingebildet? Und wo war er überhaupt hin? Hatte er sie nicht erkannt oder wissentlich ignoriert?

Ihre Schritte verlangsamten sich. Sie schluckte. *Ich habe Angst.* Sie folgte einem Luftzug. Irgendwo musste eine offene Tür sein. Sie folgte dem Verlauf des Ganges. Am anderen Ende befand sich eine Tür, die einen Spaltbreit geöffnet war. Ein großer Stein, der vor dem Türrahmen lag, verhinderte, dass sie ins Schloss fiel.

Emma ging auf die Tür zu, als sie von der Seite jemand packte. Sie wollte schreien, doch eine Hand presste sich fest auf ihren Mund, während ihr Angreifer den Arm fest um ihren Körper schlang. Der starke Geruch von Zigaretten stach unangenehm in ihrer Nase.

»Ganz ruhig«, flüsterte Ajoschas Stimme an ihrem Ohr, während er sie in einen der Räume zerrte.

Emma atmete auf, während ihr das Blut in den Ohren pulsierte. Es war Ajoscha. Er würde ihr nichts tun. Sie zitterte unkontrolliert. Ihr schossen Situationen durch den Kopf, als er sie schon einmal in den Armen gehalten hatte. Als Offizier. Als Ehemann. Als Geliebter.

Die Tür hinter ihnen klickte leise, als Ajoscha sie ins Schloss drückte. Doch er ließ sie nicht los. Es machte Emma Angst, dass er kein Wort sagte und dass sein Griff so hart war. Sekunden verstrichen, bis Schritte erklangen. Es waren schwere Schritte, die bedächtig gesetzt wurden – so, als würde die Person jemanden suchen.

Doch niemand betrat ihren Raum. Emma wusste nicht, warum, doch ihr blieb nichts anderes übrig, als Ajoscha zu vertrauen und sich still zu verhalten. Weitere Minuten vergingen, bevor Ajoscha sich wieder bewegte. Erleichtert entspannte sich auch Emmas Hand, die die ganze Zeit über krampfhaft den Griff ihres Koffers umklammert hatte.

»Emma, du solltest nicht hier sein.« Wenn er überrascht war, dann ließ er sich es nicht anmerken, und das verletzte Emma.

»A … Ajoscha, ich … liebe dich«, stammelte sie und stieß ein kurzes Lachen über sich selbst aus, weil sie nicht wusste, was sie sonst hätte sagen sollen.

Er hatte sie losgelassen und als Emma sich zu ihm umdrehte, sah sie, dass er sie anstarrte. Das erste Mal seit Monaten konnte sie in sein Gesicht sehen. Als sie ihn das letzte Mal gesehen hatte, war er beinahe gestorben. Doch sie erschrak, als sie ihn anblickte. Seine Mimik war hart. Er war hager geworden, dünn. Ihre Knie wurden weich. Warum sagte er nur nichts?

»Nicht hier.« Er packte sie grob am Ellenbogen, als er aus seiner Starre erwachte. Er sah sie nicht an, als er schweigend und ohne Rücksicht auf ihre kurzen Beine mit großen Schritten das Gebäude verließ.

»Wohin gehen wir hin?«, fragte Emma mit heiserer Stimme.

»Dorthin, wo uns niemand findet.«

Emma atmete schwer. Ihre Lungen brannten von der kalten Luft. »Ajoscha, ich … kann nicht mehr«, japste sie.

»Wir sind gleich da.«

In Emmas Augen brannten Tränen. War es falsch gewesen, hierherzukommen?

Sie liefen durch dunkle Gassen und mieden die Hauptstraßen, bis sie durch eine Seitentür ein heruntergekommenes Gebäude betraten. Sie stiegen eine Treppe hinauf und schließlich schloss Ajoscha die Tür eines Zimmers auf. Anscheinend handelte es sich auch bei diesem Gebäude um eine Gaststätte.

Ajoscha ließ sie los und nahm ein paar Schritte Abstand. Den Hut ließ er auf eine alte Matratze fallen, die auf einem metallenen Bettgestell lag. Emma konnte nicht wirklich beurteilen, wie es ihm ging. Sie konnte sich vorstellen, dass er einiges vor ihr verbarg. Er war dünn geworden und hatte Muskeln abgebaut, doch trotzdem war er noch stärker als sie. Er hatte ihr den Rücken zugewandt, während sie sich gegen die Wand lehnte und schließlich an ihr herunterrutschte. Ihre Tasche und ihr Koffer blieben unbeachtet neben der Tür liegen. Sie starrte Ajoscha an und konnte es kaum fassen, dass er da war, doch sie schaffte es nicht, irgendetwas über ihre Lippen zu bringen.

Langsam drehte sich Ajoscha um und ihr Blick traf den seinen. Sie lächelte zaghaft. Es war diese Intensität in seinen Augen, die Art, wie er sie ansah, die sie sich so wertgeschätzt fühlen ließ. Seine Haare waren länger geworden, sodass sie ihm ins Gesicht fielen. »Emma«, flüsterte er.

Bei dem weichen Tonfall seiner Stimme zog sich alles in Emma zusammen. Jede Härte, die ihn zuvor gezeichnet hatte, war verschwunden. Sie raufte sich die Haare und schüttelte den Kopf. Es standen so viele unausgesprochene Fragen zwischen ihnen. Wie sie hergekommen war, was in den letzten Monaten mit ihm passiert war, wie es ihm und den anderen ging… doch keine wurde ausgesprochen.

Als Ajoscha sich langsam auf sie zubewegte, hob sie die Hand. »Bitte. Bleib stehen… Sonst kann ich das nicht.«

»Was kannst du nicht?«, fragte er mit rauer Stimme. Sie sah ihm an, dass er sie in den Arm nehmen wollte, sanft und liebevoll, jetzt, da er wusste, dass sie sicher waren.

Emma schloss die Augen. Sie konnte ihn dabei nicht ansehen. »Dir sagen, was ich getan habe.«

Sie hörte die Bettfedern quietschen, als sich Ajoscha auf das alte Gestell niederließ, dabei schnaufte er leicht. Hatte er Schmerzen? Was hatte er durchmachen müssen? Wusste er von seinem geheimnisvollen Retter? Was hatte er in dem Gasthaus zu suchen und wer hatte ihn verfolgt? Doch jetzt war sie an der Reihe, denn seine Reaktion auf ihr Geständnis würde bestimmen, wie es zwischen ihnen beiden weiterging und ob es überhaupt erklärende Worte geben würde.

»Ich… O Gott.« Emma fuhr sich mit den Händen übers Gesicht.

»Sprich es einfach aus«, sagte er ruhig. Doch würde er auch noch so ruhig sein, nachdem sie es ausgesprochen hatte? Würde er sie dann noch voll Liebe anschauen können?

Hilf mir.

»Ich habe einen Fehler gemacht.« Sie schüttelte wieder leicht den Kopf. Er dachte sicher, sie meinte, dass sie ihn verlassen hatte. Doch da war noch mehr. »Andrzej … hat mich unter Druck gesetzt und … deswegen … habe ich mit ihm geschlafen«, schluchzte sie mit tränenerstickter Stimme. Sie zog die Knie an ihre Brust und barg das Gesicht in ihren Händen. Alles in ihr schrie. Sie weinte, während Ajoscha sich nicht rührte. Sie weinte, als würde so das elende Gefühl in ihr zusammen mit den Tränen ausgeschwemmt werden. Doch dem war nicht so. Sie rief sich ins Gedächtnis, wie Ajoscha sie gerade noch angesehen hatte – denn es war vermutlich das letzte Mal, dass er das auf diese Weise getan hatte. Was würde sie jetzt sehen, wenn sie die Augen aufmachte? Missbilligung, Verurteilung, Verletzlichkeit? Er war nicht Gott, sie konnte nicht darauf bauen, dass er sie zurücknahm. Trotzdem war sie hier. *Der Liebe eine Chance geben*, dachte sie sich. Und Gott hatte ihr den Weg für diese Reise geebnet.

Emma fuhr sich mit der Hand über ihr Gesicht und musste mehrere Male blinzeln, bis der Schleier vor ihren Augen, den die Tränen hinterlassen hatten, verschwunden war. Ajoscha saß da mit geröteten Augen und es berührte Emma zutiefst, dass er auch weinte. Vielleicht, weil er durch sie verletzt war, vielleicht, weil sie ihm leidtat, sie konnte es nicht genau sagen, aber sie sah ihm seinen Schmerz an. Langsam und zitternd stand sie auf und nahm ihren ganzen Mut zusammen. Ihre eine Hand krallte sich in ihre Mantelfalte. Zeitgleich mit ihr erhob sich Ajoscha.

Emma schluckte. »Ajoscha … ich«, stammelte sie, als Ajoscha sich plötzlich abwandte. Er hatte ihr nicht in die Augen sehen können und sie war nicht in der Lage, nur noch ein einziges Wort über ihre

Lippen zu bringen. Hatte Gott einfach gewollt, dass sie Ajoscha ihre Schuld gestand und dann für immer aus seinem Leben verschwinden sollte?

Sachte griff sie nach seiner Hand. Ihre Finger hatten ihn kaum berührt, als er einen Schmerzenslaut von sich gab und von ihr wich. »Entschuldigung«, japste Emma überrascht. Sie starrte auf seine Hand oder zumindest ihre Umrisse, denn der lange Ärmel seines Mantels bedeckte sie.

»Was ist mit deiner Hand?«, fragte Emma leise. Ajoscha stützte vorsichtig seine Linke mit seiner Rechten. Er drehte sich um, sodass er Emma ansehen konnte.

Sein Adamsapfel hüpfte auf und ab. »Emma«, seine Stimme war so unglaublich weich, doch er konnte anscheinend genauso wie sie kaum sprechen, denn die ganzen aufsteigenden Emotionen schnürten ihm die Kehle zu. Vorsichtig zog er seinen Ärmel hoch. Seine Hand war mit einem schmutzigen Verband bandagiert, seine Fingerspitzen rot und geschwollen.

Entsetzt öffnete sich Emmas Mund.

Leise sagte Ajoscha: »Sie ist mehrfach gebrochen.« Er blickte von seiner Verletzung hoch zu Emma und eine unglaubliche Entschlossenheit stand auf einmal in seinem Gesicht geschrieben. »Du musst von hier verschwinden. Sofort.«

Er ließ es gar nicht dazu kommen, dass sie seine Hand inspizierte, sondern zog etwas aus seiner Manteltasche, was wie ein Stück Papier aussah. Während er es kurz auffaltete, etwas las und es dann anzündete und in die kalte Asche eines Kamins fallen ließ, starrte Emma das brennende Papier an. Sie hatte seinen Brief verbrannt. Sie wusste nicht, was er ihr darin geschrieben hatte. Vielleicht hatte er darin gesagt, dass er sie nie wiedersehen wolle! Emma spürte, wie in ihrem Inneren etwas zerbrach. So lange sie hatte hoffen können, waren die Bruchstücke zusammengehalten worden.

Ich werde dich auffangen.

»Du musst verschwinden, du darfst nicht hier sein!«, sagte Ajoscha diesmal deutlich schärfer. Hatte Emma den Blick in seinen Augen vorhin missverstanden?

Als sie sich nicht von der Stelle rührte, hörte sie Ajoscha seufzen und statt geschäftig durch den Raum zu gehen, blieb er stehen. Er fuhr sich mit der Hand über das Gesicht. »Ich bringe dich in zu große Gefahr. Ich werde verfolgt, beschattet. Es ist so viel passiert …«

»Ich habe mein Leben Gott gegeben«, flüsterte Emma. Sie riss ihren Blick von der unbestimmten Stelle los, auf die sie die ganze Zeit über gestarrt hatte, und sah direkt in Ajoschas blaue Augen. »Nach … der Sache mit Andrzej … Ich habe deine Bibel gefunden und …« Sie zuckte unsicher mit den Schultern. »In diesem Moment war es das Einzige, das mir noch möglich war.«

Erneut beschlich sie die Angst, dass Gott womöglich wollte, dass sie Ajoscha ihr Herz öffnete und dann aus seinem Leben verschwinden sollte. Ajoscha näherte sich ihr einen Schritt und das gab Emma den Mut, weiterzusprechen. »Ich habe deinen Brief nicht gelesen. Ich habe ihn verbrannt. Und dann … dann war ich bei dem Vortrag einer Christin und das, was sie gesagt hat, klang so unglaublich. Dass die Möglichkeit bestand, dass du mir vergibst, war das Einzige, das mich hat weitermachen lassen, nachdem ich Andrzej verlassen hatte und am Ende war. Und Gott schien mir den Auftrag gegeben zu haben, dich um Verzeihung zu bitten. Dann ist aber mein Antrag auf Einreise abgelehnt worden. Ich habe Gott Vorwürfe gemacht, weil ich annahm, dass er doch eigentlich wollte, dass ich zu dir zurückkehre. Und dann war da dieser Mann, der dafür gesorgt hat, dass ich hierherkomme und mir gesagt hat, wann du kommen wirst …«

»Was für ein Mann?«, fiel ihr Ajoscha mit verschränkten Armen ins Wort, während ein Muskel in seinem Kiefer nervös zuckte.

Emma nahm sich ein paar Sekunden, um ihn einfach anzuschauen. Sie glaubte, auch in seinem Inneren eine Veränderung zu sehen. Er war traumatisiert. Es zeigte ihr, dass sie würden kämpfen müssen.

Sie beide waren jetzt noch schwerer belastet als damals, bevor sie ihn verlassen hatte. Sie konnte nicht erwarten, dass immer nur er derjenige war, der Geduld aufbrachte. In ihrer Beziehung hatte es bisher nur eine kurze Zeit gegeben, in der auch sie emotional auf ihn eingegangen war. An diesen Punkt wollte sie wieder kommen.

»Was für ein Mann?!«, wiederholte Ajoscha eindringlich.

Emma schüttelte leicht den Kopf, um sich wieder zu fokussieren. »Ich weiß nicht, wie er heißt. Er ist Sowjet, stinkreich und sehr mächtig. Er hat mir gesagt, dass es dir nicht so gut ginge und du an einem Ort seist, an dem du dich erholen würdest.« Sie ließ den Blick durch den Raum schweifen. Es gab keine Tasche, keine Dekoration, gar keine persönlichen Gegenstände oder überhaupt Gegenstände, die nicht zum Inventar des Zimmers gehörten. »Wohnst du hier?«, fragte sie. Sie konnte es sich nicht vorstellen.

»Bitte nicht alles durcheinander. Hat er noch etwas gesagt?«

Emmas Mund wurde trocken und ihr Kiefer begann zu zittern. Sie presste die Lippen fest aufeinander. Angst begann sich in ihr auszubreiten. »Er hat gesagt«, begann sie mit heiserer Stimme zu sprechen, »dass du ihm etwas schuldig bist, weil er dafür gesorgt hat, dass ich zu dir kann.« Sie sank auf den Boden, während sie wieder anfing zu weinen. »Es tut mir leid«, japste sie. »Ich bin so egoistisch und entscheide immer über deinen Kopf hinweg ...« Sie konnte nicht weitersprechen, sondern barg das Gesicht in ihren Händen. Ajoscha hatte genug Probleme, da war es nur von Vorteil für ihn, wenn er sie wegschicken würde. So konnte er behaupten, diesem Mann nichts schuldig zu sein, und der Unbekannte würde sich stattdessen an ihr rächen.

Der Boden knarrte unter Ajoschas Gewicht, als er sich ihr näherte, sich vor ihr hinkniete und die Arme um sie schlang. Diese plötzliche Zuneigungsbekundung ließ das letzte Stück Selbstbeherrschung, die sie versucht hatte aufrechtzuerhalten, völlig dahinschwinden. Emma lehnte ihren Kopf gegen seine Brust und atmete seinen Duft ein, denn es schien nur seine Kleidung zu sein, die abgrundtief nach Zigaretten roch. Zögerlich legte sie ihre Arme um ihn und fuhr mit ihrer Hand durch seine Haare. Sie wollte ihn nie wieder loslassen.

»Ich kann nicht leugnen, dass ich nicht verletzt wäre«, begann Ajoscha. Als Emma die Augen öffnete und ihn ansah, schien sie förmlich dahinzuschmelzen. Dass er vor ihr weinte, war etwas unglaublich Intimes, das ihr sagte, dass er ein Schatz war, ein Geschenk Gottes.

»Ich bin verletzt. Zutiefst. Aber ich weiß, dass du es auch bist, und ich weiß nicht, wie ich mit der Tatsache, dass du mit ihm geschlafen hast, umgehen soll.« Er räusperte sich kurz. »Ich kann dir nicht versprechen, dass ich dir auf Anhieb vergeben kann, dass ich einmal sage ›Ich vergebe dir‹ und es dann nie wieder ein Problem sein wird. Trotzdem hoffe ich, dass ich es dir nie im Streit zum Vorwurf machen werde, denn Gott hat dir schon längst vergeben. Und ja«, sagte er mit einem leichten Lächeln, »dass du gegangen bist, war eine egoistische Handlung, doch wenn du es nicht getan hättest, wo wärest du, wo wären wir dann? Würdest du dann deine Identität als Gottes Kind gefunden haben? Würdest du dann in meinen Armen hier liegen?« Er schüttelte den Kopf. »Ich habe da irgendwie meine Zweifel, dass es ohne diesen Schmerz mit uns funktioniert hätte. Auch, wenn es wehgetan hat und immer noch wehtut, scheint es, als wäre dein Weggehen nötig gewesen. Und Emma Iwanowa, du lebst in einer Welt und in einer Zeit, in der Männer dir mit so viel Respektlosigkeit begegnet sind und immer wieder begegnen werden, dass ich es dir fast nicht zum Vorwurf machen kann, dass du Angst beziehungsweise das Gefühl gehabt hast, bei mir nicht wertgeschätzt zu werden.«

»Nein, es lag nicht an dir! Du bist mir mit so viel Respekt, Liebe und Anstand begegnet wie, so glaube ich, noch nie jemand zuvor. Einerseits war es zu schön, um wahr zu sein, und andererseits hatte ich falsche Prioritäten. Marleens Tod … ich konnte danach einfach nicht dort bleiben.« Emma schluckte schwer.

Ajoscha rieb ihre Oberarme, als er ihr Zittern spürte. Emma atmete tief durch und löste sich so weit aus der Umarmung, dass sie in sein Gesicht sehen konnte. »Bitte«, flüsterte sie. »Schick mich nicht weg.«

Schmerzlich kam ein Seufzen über Ajoschas Lippen und er schloss kurz die Augen. »Wenn es nach mir gehen würde, würde ich dich nie wieder aus den Augen lassen – doch das wäre egoistisch. Es ist gefährlich für dich. In Moskau als Sohn eines mächtigen Mannes konnte ich dir noch einen gewissen Schutz bieten, doch jetzt bleibt mir nichts außer meinem eigenen Leben und dem Glauben an Gott, die ich einsetzen kann, damit dir nichts passiert.«

Vehement schüttelte Emma den Kopf, während ihre Hand auf seinem Arm ruhte. »Nein, Ajoscha, das ist nicht egoistisch, denn ich will auch bei dir bleiben! Ich weiß, dass es gefährlich ist, doch ist es das nicht überall in irgendeiner Form?«

»Es ist immer noch etwas anderes, ob du dich in der UdSSR aufhältst oder in einer der Besatzungszonen.«

»Hör auf! Hör einfach damit auf!«, fuhr Emma ihn impulsiv an. »Ich weiß, dass du Angst hast, das habe ich auch, doch ich möchte, dass wir beisammen sind.«

Ajoschas Gesichtszüge wurden wieder weich. Er musste seine Position verändern, setzte sich ebenfalls auf den Boden und streckte seine Beine rechts und links von Emma aus. Sachte berührte er ihr Kinn und beugte sich vor. Sein warmer Atem strich über ihre Haut, als er sich ihrem Gesicht näherte – doch beide zögerten.

»Sollten wir das wirklich tun?«, fragte Emma mit heiserer Stimme und gerunzelter Stirn. Sie fuhr mit ihren Fingern durch seine Haare.

»Mhm«, schnaubte Ajoscha leicht und zögerte ebenfalls, sie zu küssen. Er seufzte und lehnte seine Stirn gegen ihre. Sie schwiegen eine ganze Weile. Emma ließ Ajoscha Zeit. Sie wollte ihm Zeit und Raum geben, über seine Erlebnisse zu sprechen, ohne dass sie sich ihm aufdrängte. Zwischen ihnen lag unausgesprochen in der Luft, dass sie vorerst körperlichen Abstand zueinander halten wollten.

Als ihr Magen knurrte, senkte Emma beschämt den Blick. Schnell presste sie ihre Hand auf den Bauch.

»Wann hast du das letzte Mal etwas gegessen?«, fragte Ajoscha und strich ihr über die Oberarme. Als sie noch in Moskau gewesen waren, hatte er stets dafür gesorgt, dass es ihr an nichts mangelte – selbst wenn er dann weniger für sich gehabt hatte.

Emma öffnete gerade den Mund und wollte antworten, als ihr Blick an ihm hinunterglitt. Er war derjenige von ihnen beiden, der mehr unter Unterernährung litt. Sie hatte wenigstens das Geld von Wassily gehabt, mit dem sie sich über Wasser gehalten hatte. Emma schluckte schwer und seufzte dann. Wie viel würde ihr noch einfallen, was sie ihm gestehen musste, um sich befreit zu fühlen?

Leg es mir hin.

Emma erschauderte angesichts der Stimme. *O Gott, ich habe so viel falsch gemacht, so viel, was ich nicht hätte tun sollen. Ich will es dir ans Kreuz legen – immerhin bist du dafür gestorben.* Sie schmunzelte insgeheim über die Beziehung, die sie mit Gott unterhielt.

»Wassily, er hat mich … bedroht und«, sie atmete tief durch. Ihr Geständnis würde zeigen, wie oberflächlich für sie ihre Beziehung mit Ajoscha gewesen war und wie wenig sie ihr wert gewesen war. Sie wagte es nur kurz, Ajoscha anzusehen. Sie sah die Verwirrung in seinem Gesicht, da er ihren Gedankensprüngen so schnell nicht folgen konnte. »Er hat mir Geld gegeben, damit ich aus deinem Leben verschwinde. Damit habe ich meine Reise finanziert, nachdem ich nicht weiter mit Andrzej mitgegangen bin, und habe mir auch Essen gekauft«, sagte sie schnell und kniff dann die Augen zusammen, als könnte seine Reaktion auf ihre Worte einen Faustschlag auslösen.

»Oh, Emma«, flüsterte er sanft und traurig zugleich. »Wann war das?«

»Einen Tag, bevor ich gesagt habe, dass ich mit Andrzej gehe.«

»Und inwieweit hat das deine Entscheidung beeinflusst?«

Emma verzog das Gesicht. Jedes Wort stach in ihrer Brust, doch seine Fragen waren nur berechtigt. »Zu viel. Ich hatte Angst und ich könnte auch jetzt nicht von mir behaupten, dass ich in so einer Situation womöglich nicht wieder vor Angst etwas Falsches tun würde.«

Schweigen. »Nimmst du mich zurück?« fragte Emma. Krampfhaft hatte sie ihre Hände zusammengefaltet. Ihre äußerliche Angespanntheit spiegelt das Chaos in ihrem Innern wider. Sie liebte diesen Mann. Doch sie wusste, sie sollte mehr Gott lieben, und das könnte bedeuten, dass sie ihre Liebe Ajoscha verließ, um den Willen Gottes zu tun.

»Natürlich. Wenn du meinen Brief gelesen hättest, wüsstest du das.« Er streckte die Hand aus. »Es wird nicht einfach werden. Ich weiß nie, was am nächsten Morgen kommt, was ich essen soll.«

Emma lächelte leicht und stieß ihn spielerisch an. »Du weißt doch, Gott ist unser Versorger. Hast du das nicht immer gesagt?«

Er antwortete mit dem Lächeln, das sie so attraktiv an ihm fand. »Du hast recht«, nickte er. »Ich glaube, nun muss ich dir auch noch wenigstens ein paar Dinge erklären. Der Mann, der dafür gesorgt hat, dass du einreisen kannst: Ich vermute, dass das der Chef der Untergrundorganisation ist, mit der ich in Kontakt stehe.«

Emma runzelte die Stirn. »Aber er hat gesagt, seine Loyalität wechselt. Wie soll das zusammenpassen? Und was für eine Untergrundorganisation?«

»Ich weiß nicht, wie das zusammenpasst. Vielleicht wollte er dich nur einschüchtern, um zu gewährleisten, dass du schweigst. Ich bin ihm noch nie persönlich begegnet, ich kann ihn nicht einschätzen.«

»Du hast ihn nicht beauftragt, mich zu finden?«

Ajoscha meinte, einen Hauch an Enttäuschung aus ihrer Stimme herauszuhören. »Nein«, sagte er langsam. »Deswegen wusste ich auch nicht, dass ich dir hier begegnen würde.«

»Und diese Untergrundorganisation ist gegen Stalin? Inwieweit bist du involviert?«

»Ja. Über Kontaktmänner, tote Briefkästen und regelmäßige Treffen an wechselnden Orten werden Informationen ausgetauscht.«

Emma erschauderte und rieb sich die Oberarme. Ajoscha sprach sachlich, aber ihr war durchaus bewusst, wie gefährlich es für ihn war, mit so einer Gruppe in Kontakt zu stehen. Besonders, weil er erst aus dem Gefängnis entlassen worden war und unter Bewachung stand.

»Und was ist euer Ziel? Wollt ihr Anschläge verüben?« Ihr inneres Unbehagen wuchs, je länger sie über das nachdachte, was Ajoscha ihr erzählt hatte.

»Nein, Emma«, stellte Ajoscha klar. »Mir ist es aber wichtig, zu wissen, was sich in der nationalen und internationalen Politik tut, um im Notfall vorbereitet zu sein, wenn die Stimmung wieder umschlägt und der NKWD meint, er müsste mich wieder verhaften.«

»Und …«

Ajoscha hob die Hand, damit sie innehielt. »Bitte, alles Weitere klären wir später, wir sollten uns nicht so lange an einem Ort aufhalten.

»Nur noch eine Sache: Was ist mit Paul? Und Elana? Ist sie auch verhaftet worden?«

Ein Schatten zog über Ajoschas Gesicht. »Bei meiner Entlassung hat mir ein Gefängniswärter erzählt, dass Paul verlegt wurde. In einen Gulag«, sagte er gepresst.

»O nein«, hauchte Emma, während ihre Schultern nach unten sackten. Ajoschas Worte von kurz vor ihrer Hochzeit schossen ihr durch den Kopf. *Die Deutschen haben es KZ genannt, in der UdSSR ist es der Gulag. Jedoch mit dem großen Unterschied, dass hier kein systematischer Massenmord wie bei den Deutschen begangen wird.* Auch wenn im sowjetischen Lager keine Menschen in Gaskammern getötet wurden, stand es außer Frage, dass die Sowjets nicht gerade zimperlich mit Paul umgehen würden. Besonders weil er deutsche Wurzeln hatte. Sie musste an die ausgemergelten Körper der deutschen Wehrmachtssoldaten denken, die aus russischer Gefangenschaft entlassen worden waren und die sie an Heiligabend getroffen hatte.

»Elana ist nicht verhaftet worden. Aber ich darf keinen Kontakt zu ihr oder Dmitrij haben. Und ich gehe stark davon aus, dass Wassily sie nicht aus den Augen lassen wird.«

Emma drückte Ajoschas Hand, als sie seinen Schmerz sah. Er fand Trost in ihrer Nähe. Das war ihr nun klar, nachdem sie viel Zeit gehabt hatte, über ihre Trauerphase nach Marleens Tod nachzudenken.

~

Beide erschraken, als es an der Tür klopfte.

»Ich bin's«, rief eine russische Stimme. Ajoscha schien sie zu kennen, denn er atmete erleichtert auf. Er bedeutete Emma, sitzen zu bleiben. Schwerfällig erhob er sich und öffnete die Tür. Emma konnte nicht hören, was die Männer zueinander sagten, doch sie erkannte Ajoschas Gesprächspartner als denjenigen, der die Prügelei im Gastraum angefangen hatte, als er jemanden beschuldigt hatte, beim Kartenspiel zu betrügen. Nach dem, was Ajoscha ihr gerade erzählt hatte, ging sie stark davon aus, dass dieser Mann zur besagten Untergrundorganisation gehörte.

»Ich bin gleich wieder da«, sagte Ajoscha leise über seine Schulter, bevor er verschwand.

Emma stand nun auch vom kalten Boden auf und setzte sich aufs Bett, das unter ihrem Gewicht knarrte. Sie schlang ihren Mantel enger um sich und verharrte in dem Moment. Sie war in der Ukraine.

Bei Ajoscha. Ein Lächeln umspielte ihre Lippen. »Danke«, flüsterte sie in den Raum hinein.

Ajoscha kam nach wenigen Augenblicken wieder. In den Händen hielt er eine Wodkaflasche.

»Ich glaube nicht, dass das uns den Magen füllen wird«, sagte Emma skeptisch und zog die Stirn in Falten. Sie folgte ihm mit ihrem Blick, als er von der Tür aufs Bett zu ging und sich neben sie setzte. »Oder glaubst du, Gott verwandelt sie in einen Laib Brot?«

»Er wird uns wärmen. Du wirst ihn zwar hassen, dich wahrscheinlich übergeben, besonders, weil du ihn auf leeren Magen trinken wirst, und du wirst dir wünschen, zu sterben, doch er wird uns wärmen. Es wird sonst schwer sein, den Weg zu dem Ort, an dem ich wohne, zu überstehen.«

»Wie weit ist dieser Weg?« Mit immer noch skeptischer Miene nahm sie die Flasche entgegen und trank ein paar Schlucke. Sie begann zu husten und musste würgen, sodass sie tatsächlich fürchtete, sich übergeben zu müssen.

Ajoscha sah sie mit einer Mischung aus Besorgnis und Belustigung an. »Geht's?«, fragte er.

Emma sah ihn böse an, während ihre Kehle brannte. »Jetzt verstehe ich, warum Russen so viel trinken und wie sie den Winter überstehen«, keuchte sie mit rauer Stimme. Sie schüttelte sich vor Ekel.

»Du warst noch nie in Sibirien.« Ajoscha zwinkerte ihr zu. »Sechs Kilometer«, antwortete er auf ihre Frage.

Emma stöhnte auf. Ajoscha setzte die Flasche an seine Lippen an und nahm ein paar große Züge. Nachdem er die Flasche zwischen seine Knie geklemmt hatte, fuhr er sich mit dem Handrücken über den Mund. Emma hatte ihn noch nie Alkohol trinken gesehen.

»Der Mann an der Tür, das war der aus dem Gastraum, oder?«, fragte sie.

Er nickte.

»Er gehört auch zur Untergrundorganisation, oder?«

Ajoscha beugte sich langsam nach vorne und stellte die Flasche auf den Boden. Er streckte seine gesunde Hand aus und legt sie über die ihre. »Ja, er ist Teil davon. Aber ich kann dir auf unserem langen Fußmarsch noch mehr darüber erzählen.« Er sah ihr in die Augen. »Darf ich für uns beten? Dass Gott uns begleitet? Auf diesem neuen Lebensabschnitt?«

Emma lächelte. Seine Bitte berührte sie. Es zeigte ihr, wie er seine Prioritäten setzte, und es machte sie stolz, ihn als Ehemann zu haben. Sie war so unfassbar dankbar. Wenn sie sich Gott gegenüber dafür auch nie erkenntlich würde zeigen können, wollte sie doch zumindest ihr Bestes tun, seinen Willen zu tun und ihn zu ehren. Trotz aller Gefahren freute sie sich auf die gemeinsame Zukunft.

»Lass uns gehen«, sagte Ajoscha, als er mit dem Gebet fertig war.

Er ließ ihre Hand nicht los, als sie das Gebäude verließen, und es fühlte sich für Emma an wie ein Versprechen, dass er sie immer lieben würde.

ANMERKUNGEN DER AUTORIN

Die fiktiven Charaktere Ajoscha und Emma verkörpern in meinen Augen verschiedene Wirklichkeiten: So teilt Emma im Buch das Schicksal der vielen vergewaltigten Frauen dieser Zeit. Mir ist allerdings wichtig zu erwähnen, dass nicht nur die Sowjets sexuelle Gewalt ausgeübt haben. Während dieses Thema damals ein Tabu war, haben die älteren Menschen heute, die als Zeitzeugen aussagen, meinen Respekt. In diesem Zusammenhang auch noch ein Satz zu Armeegeneral Wassily Iwanow: Es gibt keine mir bekannten Belege dafür, dass so hohe Militärs, wie er einer war, sich an sexuellen Gewalttaten beteiligt haben. Es handelt sich daher um eine rein fiktive Darstellung.

Ajoscha steht stellvertretend für die Menschen, deren Schicksal viel zu wenig bekannt ist: Verfolgte und unterdrückte Christen und Anhänger anderer Religionen in der UdSSR (und später auch in der DDR. Etwas anderes als die Ideologie des Staates an die erste Stelle in seinem Leben zu setzen, war nicht gerne gesehen und ging oft mit Repressionsmaßnahmen und Benachteiligung einher). Während Stalin die orthodoxe Kirche in einem gewissen Rahmen noch tolerierte, waren andere Konfessionen mit westlicher Prägung und Auslandskontakten eine Gefahr für den Bolschewismus und passten nicht zu der Idee des Totalitarismus. Und auch nach dem Fall des Eisernen Vorhangs werden heute so viele Christen auf der ganzen Welt verfolgt wie nie zuvor in der Menschheitsgeschichte.

Ich habe mich bei der Recherche besonders mit Einzelschicksalen zur Flüchtlingsproblematik aus den deutschen Ostgebieten auseinandergesetzt. Leider wird es nie möglich sein, die Geschichte jedes

Menschen zu erzählen. Doch eine für mich besondere Geschichte wollte ich in diesen Roman zumindest am Rande miteinfließen lassen: die meines Opas Roland.

Geflohen, überfallen, verschleppt, befreit, traumatisiert. Diese fünf Wörter beschreiben seine persönlichen Kriegserfahrungen. Zu der Erkenntnis, dass der Mann, der ihm die Flucht ermöglicht hatte, ein Engel war, kam mein Opa erst Jahrzehnte nach dem Krieg, als meine Oma und er zum Glauben an Jesus Christus gefunden hatten. Um den Leser daran teilhaben zu lassen, habe ich diese Erkenntnis in den Brief meiner Romanfigur Roland an Emma verpackt. Da ich noch ziemlich klein war, als mein Opa gestorben ist, und er mir nur einmal von seinen Erlebnissen erzählt hat, kann es sein, dass ich nicht alles im Detail korrekt wiedergegeben habe.

Dem ein oder anderen ist beim Lesen sicherlich aufgefallen, dass noch eine Person real existiert hat: Corrie ten Boom (1892–1983). Sie hat an vielen Orten solch eine Rede gehalten, wie sie Emma im Buch von ihr hört. Allerdings habe ich mir die künstlerische Freiheit genommen, die nachgelesenen und nachgehörten Aussagen Corrie ten Booms entsprechend in die Umstände meines Romans und in Corries fiktives Gespräch mit Emma einzufügen.

Zum Schluss möchte ich noch darauf hinweisen, dass die Inhalte vieler Predigten, insbesondere vom ICF Mannheim und ICF München, mich beim Schreiben beeinflusst haben und in angepasster Form in diesem Buch verarbeitet wurden.

DANKE

Allein hätte ich es niemals geschafft, dieses Projekt auf die Beine zu stellen, deswegen möchte ich mich im Folgenden bei einigen Personen bedanken.

Ich danke meiner Mama und meiner Schwester, ohne die ich nicht in einem Haushalt aufgewachsen wäre, in dem viel gelesen wurde. Und ohne das Lesen wäre ich wohl nie auf die Idee gekommen, selbst zu schreiben! Außerdem bist du, Johanna, eine wahnsinnig ehrliche Korrekturleserin, die mir offen ins Gesicht sagt, wenn etwas schlecht ist, aber auch umso mehr ihre Begeisterung ausdrückt bei dem, was ihr gefällt.

Ich danke meiner Freundin Michelle. Unsere vielen Spaziergänge, unser Austausch und auch der ein oder andere Konflikt waren wichtige Stationen auf dem Weg zum Ziel und auch in meinem Lernprozess des Schreibens.

Ich danke Sandra, meiner Deutschlehrerin aus der Oberstufe. In deinem Unterricht konnte ich viele wertvolle Erfahrungen sammeln, nicht nur, was das Schreiben von Texten angeht, sondern auch weit darüber hinaus. Es waren definitiv zweieinhalb viel zu kurze Jahre.

Ich danke jedem Menschen, der daran beteiligt ist, dass aus meinem ungeschliffenen Manuskript ein fertiges Buch geworden ist, mit dem die Leser in andere Welten abtauchen können. Besonders danke ich meiner Ansprechpartnerin beim SCM Verlag, die mich ungemein unterstützt hat.

Ich danke dir als Leserin und Leser, dass du mit auf diese Reise gegangen bist.

Ich danke Gott, der sich immer wieder als so gut erweist, obwohl wir an ihm zweifeln.

ANMERKUNGEN

[1] C.S. Lewis: Über den Schmerz. Brunnen, Gießen, 2019, S. 137.

[2] Übersetzung der Autorin. Originalzitat: »I have given God countless reasons not to love me. None of them has been strong enough to change Him.« Tweet von Paul Washer am 31. Juli 2013. Online unter: https://twitter.com/paulwasher/status/362672102823833600 (zuletzt abgerufen am 3. August 2022).

[3] Corrie ten Boom mit John und Elizabeth Sherrill: Die Zuflucht. Corrie ten Boom erzählt aus ihrem Leben 1892–1945. R.Brockhaus Verlag, Wuppertal, 1972, S. 8.

[4] Übersetzung der Autorin. Originalzitat: »Just because you don't believe in the Lord doesn't mean his power isn't working for you.« Francine Rivers: Redeeming Love. 2021 Movie Tie-In Edition, Multnomah, Colorado Springs 2021, S. 417. Original deutsche Übersetzung: »Dass Sie nicht an Gott glauben, heißt noch lange nicht, dass er nicht an Sie glaubt.« Francine Rivers: Die Liebe ist stark. Gerth Medien, Asslar, 2015, S. 422.

[5] Übersetzung der Autorin. Originalzitat: »Unbelief will destroy the best of us: Faith will save the worst of us.« Charles Haddon Spurgeon: The Present Truth. A Collection of Sermons Preached at the Metropolitan Tabernacle. Robert Carter & Brothers, New York 1883, S. 183.

Cathy Gohlke

Das Medaillon

Warschau 1939. Die Stadt liegt in Trümmern. Um das Leben ihrer Tochter zu retten, trifft Rosa die schwerste Entscheidung ihres Lebens und schickt sie fort. All ihre Hoffnung, sie nach dem Krieg wiederzufinden, hängt an der Medaillonhälfte, die sie ihr um den Hals legt.

Gebunden, 13,5 × 21,5 cm, 448 Seiten
Nr. 396.154, ISBN 978-3-7751-6154-1
Auch als E-Book *e*

SCM
Hänssler

Amanda Barratt
Geliebter Dietrich
Die Liebesgeschichte
von Dietrich Bonhoeffer
und Maria von Wedemeyer
SCM
Hänssler